百年学术

北京大学中文系名家文存

文学卷

温儒敏 费振刚 主编

北京大学出版社
PEKING UNIVERSITY PRESS

图书在版编目(CIP)数据

百年学术:北京大学中文系名家文存(文学卷)/温儒敏,费振刚主编. —北京:北京大学出版社,2008.5

ISBN 978-7-301-13616-4

Ⅰ.百… Ⅱ.①温…②费… Ⅲ.①汉语-语言学-文集②文学研究-文集 Ⅳ.H1-53 I0-53

中国版本图书馆 CIP 数据核字(2008)第 048702 号

书　　　名:百年学术——北京大学中文系名家文存(文学卷)
著作责任者:温儒敏　费振刚　主编
责 任 编 辑:艾　英
标 准 书 号:ISBN 978-7-301-13616-4/G·2334
出 版 发 行:北京大学出版社
地　　　址:北京市海淀区成府路 205 号　100871
网　　　址:http://www.pup.cn　　电子邮箱:pkuwsz@yahoo.com.cn
电　　　话:邮购部 62752015　发行部 62750672　出版部 62754962
编辑部 62752022
印　刷　者:北京飞达印刷有限责任公司
经　销　者:新华书店
650mm×980mm　16 开本　26.5 印张　466 千字
2008 年 5 月第 1 版　2008 年 5 月第 1 次印刷
定　　　价:42.00 元

主　编：温儒敏
费振刚
学术顾问：
孙玉石　孙钦善　孙　静
吕德申　何九盈　张少康
陈平原　陆俭明　袁行霈
唐作藩　徐通锵　钱理群
郭锡良　裘锡圭
编　辑：陈保亚　黄　卉

目 录

序：珍惜文脉　守正创新

温儒敏

北京大学中文系正式建立是在1910年，迄今98年。如果从1898年京师大学堂创办、开设“中文”、“文学”等科目算起，则有100年了。我们把1910年作为北大中文系创立之年，这一年3月31日京师大学堂分科大学成立，“中国文学门”作为一个独立的教学建制，这时有了我国最早的中文系。其建立标志着中国语言文学开始形成现代的独立的学科。其后，北大中文系历经1919年废门改系（改为国文系），1925年的“分科专修制”（分为文学、语言文字和整理国故三大学科），抗战西南联大时期，1952年院系调整（清华、燕京国文系、新闻系与北大国文系合并，成为北大中文系，分设中国语言文学和新闻两个专业；1954年中山大学语言学系并入，设立语言专业）；1964年增设古典文献专业，形成文学、汉语、文献三个专业鼎足而立的格局。2001年试验增设本科中文信息处理专业。此外，与中文系相关的单位有1953年组建的北大文学研究所（即现在的中国社科院文学研究所前身），1983年教育部所属高校古籍整理工作委员会秘书处机构挂靠中文系。1984和1985年先后成立北大古典文献研究所和比较文学研究所，1998年这两个所归入中文系建制。2001年汉语语言学和古典文献学两个教育部科研基地挂靠中文系。目前北大中文系已经发展成为有四个专业（文学、汉语、古典文献与应用语言学），包括六个全国重点学科（同时是一级重点学科）和八个博士点的系，其学科构设之齐全、特色之明显，在全国也是首屈一指的。

近百年来，北大中文系和所属的北大一起，历经风雨坎坷，始终关怀民生，关注现实，和祖国民族同呼吸共命运。在五四新文化运动中，在各个历史转折关头和革命大潮中，北大中文系师生常常站在时代前沿，肩负先锋的使命，倾情奉献她的心血、智慧乃至生命，建树卓越的功勋。中文系光荣的革命传统和学生传统,都是我们极其宝贵的精神资源。

作为一个教学和学术单位,学术为本,育人为本,始终是北大中文系坚持不懈的方向。中文系的每一代师生,都努力适应时代的需求,协调西方学术方法与中国传统固有学术的关系,建立和遵循现代学术规范,在中文学科教学体制、课程设置以及研究方法的建立与完善等方面,在探求文科人才培养的规律方面,不断取得卓越的成绩,对全国同一学科乃至整个人文学科的建设产生辐射性的良好的影响。北大中文系是现代中国学术建立和发展的一个缩影,每个阶段都吸纳和涌现出许多在学界领衔的著名学者,有的属于大师级人物,他们之中就有林纾、严复、陈独秀、沈尹默、鲁迅、刘师培、吴梅、马叙伦、周作人、钱玄同、杨振声、刘半农、胡适、孙楷第、朱自清、杨晦、罗常培、游国恩、王力、冯沅君、俞平伯、唐兰、魏建功、废名、沈从文、袁家骅、岑麒祥、浦江清、吴组缃、杨伯峻、林庚、高名凯、季镇淮、周祖谟、王瑶、朱德熙,等等。一个又一个世代过去了,仰望北大中文系近百年的历史星空,我们为她的璀璨辉煌而骄傲。

北大中文系学术鼎盛的时期是二三十年代,以及 50 年代院系调整,清华、燕京等校中文系合并到北大后的那一段时期,其在中文学科的学术建树上对全国相关的系科有过辐射性的影响。北大中文系的学科特色,也主要在这些时期形成。北大中文系在其发展的各个阶段,那些著名学者的学术理路和风格可能彼此不同,甚至互相砥砺,但都对学术抱有严肃诚挚的态度,共同形成了严谨和创新的学风。这是北大中文系极为宝贵的精神财富,是值得彰扬和继承的优良传统。北大中文系在本学科的形成和发展中始终是站在前沿的,其经验得失可以影现一门学术史的脉络。我们编这部文集,首先也是看重学术史的意义,试图以此概览北大中文系的学术变迁,同时也可以从一个侧面探究中文学科近百年的历史足迹。

近百年来,先后在北大中文系任过教的学者数百人,本文集只选取了其中最有成就和学术影响的 62 人,都是已经逝去的先贤。一看目录上所排列的名单就可以知道,他们不但是北大中文系不同历史阶段的学术代表,也是对本学科的建设作出过巨大贡献的先驱,其中不少人的影响远远超出本学科范围。限于篇幅,每位先贤只选取其一篇论作,大都是他们的成名作和代表作,有的为了照顾篇幅,则选收了文字较短的篇什。论文的选择曾反复征询有关专家的意见,并经过系学术委员会和部分资深教授的讨论。

中国语言文学学科是一个宽泛的学科,其实又可以分出古代文学、现代文学、汉语史、现代汉语、古典文献和文字学等不同的分支学科,也就是通常说的二级学科。本书所选的论作涉及所有这些分支学科,许多文章的论述又非常专门化,因此一般读者读起来可能会觉得庞杂,但这种"杂"的印象也可以帮助人们了解本学科发展的多种纹理。和当今常见的那些大而无当的高头讲章比较起来,本书所选的众家先贤名作显得那样殷实,别有一种学术的尊严气度。如果读者特别是青年学生能从这本文集中领略到那种严谨求实而又不乏创新锐气的学风,多少识得什么是真正的大家风范,那么我们编书的第二个目的也就达到了。

当然,编这本文集更主要的目的是为了一种纪念,我们要以这种普通的形式纪念所有那些为北大中文系的创建和发展献出过智慧与辛劳的先哲前贤,当然也包括那些文章未能被收集进这部文集中的前辈老师。还当感谢所有从中文系毕业的校友以及所有关心北大中文系,为中文系建设作出过贡献的人们。

这部文集初版是在 1998 年,北大正百年校庆之时。现在又十年过去了,北大正迎来 110 周年华诞,我们增订再版这部文集,增加了八位学者的论作。他们都是近十年间离开我们的,借此对他们表示深切的怀念。

北大中文系人才济济,大家云集。如今还健在并在教学岗位或科研领域持续发挥大的影响的学者有数十人之多,其中包括:袁行霈(古代文学)、葛晓音(古代文学)、费振刚(古代文学)、孙静(古代文学)、钱志熙(古代文学)、严家炎(现代文学)、孙玉石(现代文学)、钱理群(现代文学)、温儒敏(现代文学)、陈平原(现代文学)、谢冕(当代文学)、洪子诚(当代文学)、曹文轩(当代文学)、吕德申(文艺理论)、张少康(古典文论)、董学文(文艺理论)、王岳川(文艺美学)、段宝林(民间文学)、乐黛云(比较文学)、严绍璗(比较文学)、孟华(比较文学)、戴锦华(文化研究)、蒋绍愚(汉语史)、郭锡良(汉语史)、唐作藩(汉语史)、何九盈(汉语史)、朱庆之(汉语史)、陆俭明(现代汉语)、王福堂(方言学)、王洪君(语言学)、袁毓林(语言学)、陈保亚(语言学)、李家浩(文字学)、李零(古代文化)、安平秋(古典文献)、孙钦善(古典文献),等等。此外,还有一批发展势头劲健的年轻学者。按说"名家文存"也应当收入这些著名学者的作品,但篇幅所限,在此只能罗列一下他们的大名了。

编就这部书,我们有一种历史的沧桑感,同时也有一种学术的自豪和自信:前辈学人给我们留下如此丰富的学术遗产。温习光荣的历史也使我们产生一种紧迫感:在新的形势下,北大历来作为"新学之冠"的地位面临挑战,北大中文系的优势地位也不可能总是无可争议的,我们没有理由不兢兢业业,适应新的时代,发扬优良的学统,把前人所建树的学术事业继续向前推进。

我1996年担任北大中文系副主任,1999年至今担任系主任,近十年过去了,这期间我一直主张以"守正创新"作为办学的思路,也得到全系师生的认可与支持。我们这个有近百年"文脉"的中文系,如何既保持自己的学术传统优势,也就是"守正",同时又适应社会需求,在学术和教育上不断有所推进,是值得认真探索的。能在当前这种浮躁的环境中"守住"良好的学统,也就是属于"正"的那些优势,这本身就是保值和增值,当然,这也需要创新才能保得住。或者说,"守正"是"创新"的前提,"守正"过程也需要"创新"。现在"守正"可能比"创新"更难,需要更多关注,下更大力气。这些年人文学科越来越受到挤压,北大中文系能取得一些成绩,在全国同一学科仍能居于整体领先地位,主要也是靠"老本钱",是在"守正"方面多下了一些功夫,我们有"创新",那也是在"守正"基础上实施的"创新",决不是甩开传统盲目跟进那些好看而无根的"新潮"。所以我又愿意把"守正"的意义理解为继续保持严谨而又宽松自由的学术氛围,让中文系的"文脉"生生不息,每一位师生都能从中获益。拜读先贤的著作,感受北大中文系的传统,我们有理由相信,北大中文系只要珍惜文脉,守正创新,就能克服各种困难,继往开来,以更加青春而又雄健的姿态,领衔学界,冠冕芳林,谱写绚丽夺目的新篇章。

2008年3月6日

林纾

林纾(1852—1924),近代文学家、翻译家。原名群玉,字琴南,号畏庐,别署冷红生,晚称蠡叟、补柳翁、践卓翁、长安卖画翁。福建闽县人。光绪八年(1882)举人,考进士不中。1900年在北京任王城中学国文教员,所作古文为桐城派大师吴汝纶所推重,乃任京师大学堂(北京大学)讲习,自此即长居北京。与人共译法国小仲马《茶花女遗事》,得人欢迎,便专于译事。又工画,晚年专以译书售稿与卖文卖画为生。

所著古文有《畏庐文集》、《续集》、《三集》等,诗有《畏庐诗存》、《闽中新乐府》,论文有《春觉斋论文》、《韩柳文研究法》等。其对于文坛贡献最大的是译书,前后所译,多至156种。凡世界著名文学家如莎士比亚、狄更斯、司各特、大仲马、易卜生、托尔斯泰、小仲马、欧文、塞万提斯等一流作品,均有所译。

撒克逊劫后英雄略序

伍昭扆太守至京师，访余于春觉斋。相见道故，纵谈英伦文家，则盛推司各德，以为可侪吾国之史迁。顾司氏出语隽妙，凡史莫之或逮矣。余适译述此篇，即司氏书也，故叩太守以所云隽妙者安指？太守曰：吾稔读《吕贝珈传》中叙壳漫黑司得善射，乃高于养叔，吾已摭拾其事入英文课本矣。余大笑，立检此稿示太守，自侈与太守见合。太守亦大喜，翻叩余以是书隽妙所在，趣余述之。余曰：纾不通西文，然每听述者叙传中事，往往于伏线，接笋、变调、过脉处，大类吾古文家言。若但以是书论，盖有数妙。古人为书，能积至十二万言之多，则其日月必绵久，事实必繁伙，人物必层出，乃此篇为人不过十五，为日同之，而变幻离合，令读者若历十余稔之久，此一妙也。吾闽有苏三其人者，能为盲弹词，于广场中，以相者囊琵琶至，词中遇越人则越语，吴人、楚人则又变为吴、楚语，无论晋、豫、燕、齐，一一皆肖，听者倾靡。此书亦然，述英雄语，肖英雄也；述盗贼也，肖盗贼也；述顽固语，肖顽固也。虽每人出话恒至千数百言，人亦无病其累复者，此又一妙也。书中主义，与天主教人为难，描写太姆不拉壮士，英姿飒爽，所向无敌，顾见色即靡，遇财而涎，攻剽椎埋，靡所不有，其雅有文采者，又谲容诡笑，以媚妇人，穷其丑态，至于无可托足，此又一妙也。《汉书·东方曼倩传》叙曼倩对侏儒语及拔剑割肉事，孟坚文章，火色浓于史公，在余守旧人眼中观之，似西文必无是诙诡矣。顾司氏述弄儿汪霸，往往以简语泄天趣，令人捧腹。文心之幻，不亚孟坚，此又一妙也。且犹太人之见唾于欧人久矣，狗斥而奴践之，吮其财而尽其家，欧人顾乃不怜，转以为天道公理之应尔。然国家有急，又往往假资于其族，春温秋肃之容，于假资还资时，斗变其气候。犹太人之寓欧，较幕乌为危，顾乃知有家，而不知有国，抱金自殉，至死不知国为何物。此书果令黄种人读之，亦足生其畏惕之心，此又一妙也。包本王裔之于拿破仑，漆身吞炭，百死无恤，又日为秦廷之哭。英、俄怜之，挟以普、奥之怒，因得复辟。虽为祚弗修，其复仇念国之心，可取也。今书中叙撒克逊王孙，乃嗜炙慕色，形如土偶，遂令垂老亡国之英雄，激发其哀厉之音。愚智互形，妍媸对待，令人悲笑交作，此又一妙也。吕贝珈者，犹太女郎也，洞明大义，垂青英雄，又能以坚果之力，峻斥豪暴，在犹太中，未必果有其人，然司氏既恶天主教人，特高犹太人以摧践之，文心奇幻，此又一妙也。华德马者，合贾充成济为一手者也。其劝喻诸将，虽有狡诈者，亦将为之动容。天下以义感人，人固易动，从未闻用篡窃之语，宣之广众，竟似节节可听者，则司氏词令之美，吾不测其所至矣。此又一妙也。综此数妙，太守乃大韪余论。惜余年已五十有四，不能抱书从学生之后，请业于西师之门，凡诸译著，均恃耳而屏目，则真吾生之大不幸矣。西国文章大老，在法吾知仲马父子，在英吾知司各德、哈葛德两先生，而司氏之书，涂术尤别。顾以中西文异，虽欲私淑，亦莫得所从。嗟夫！青年学生，安可不以余老悖为鉴哉！

光绪三十一年七月六夕，闽县林纾畏庐甫叙于春觉斋。

（商务印书馆排印本《撒克逊劫后英雄略》，选自《中国历代文论选》第四册，上海古籍出版社 1980 年 11 月版）

严 复

严复(1853—1921),近代思想家、文学家、翻译家。初名传初,改名宗光,字又陵(一作幼陵),又字幾道,后改名复,晚号愈野老人,别号尊疑,又署天演哲学家。福建侯官(今福州)人。十四岁时考取沈葆桢所创设的船政学校。1877年被派赴英国海军学校,学习战术及炮台诸学,成绩优异。最擅长数学,又治伦理学、演化论,兼涉社会、法律、经济等学。归国后任北洋海军学堂教授。1896年,助张元济办通艺学堂,提倡新学。民国初年(1912),任京师大学堂(北京大学)校长。严复所译之书,文笔典雅,当时思想界颇受其影响,如其所译的《天演论》、《穆勒名学》、《群学肄言》、《群己权界论》、《原富》、《法意》、《社会通诠》、《名学浅说》、《中国教育议》。为介绍西方学术思想第一人。

译《天演论》自序[①]

英国名学家穆勒约翰[②]有言：欲考一国之文字语言，而能见其理极，非谙晓数国之言语文字者不能也[③]。斯言也，吾始疑之，乃今深喻笃信[④]，而叹其说之无以易也。岂徒言语文字之散者而已，即至大义微言，古之人殚毕生之精力，以从事于一学[⑤]，当其有得，藏之一心则为理，动之口舌，著之简策则为词，固皆有其所以得此理之由，亦有其所以载焉以传之故。呜呼，岂偶然哉！自后人读古人之书，而未尝为古人之学，则于古人所得以为理者，已有切肤精忾[⑥]之异矣。又况历时久远，简牍沿讹，声音代变，则通叚难明，风俗殊尚，则事意参差[⑦]。夫如是，则虽有故训疏义[⑧]之勤，而于古人诏示来学之旨，愈益晦矣。故曰：读古书难。虽然，彼所以托焉而传之理，固自若也。

---

① 《天演论》：亦译《进化与伦理》(*Evolution and Ethics and Other Essays*)，英国生物学家及哲学家赫胥黎(Thomas Henry Huxley，1825—1895)著，是宣传进化论的书。王栻《严复传》说他看到光绪乙未(廿一年)三月陕西味经售书处重刊的《天演论》本，那么此书至迟在光绪廿一年译成，在光绪廿年译成的可能性更大些。不过那个刊本没有自序，译文也颇不同。按自序末书明“光绪丙申(廿二年)重九严复序”，又说“夏日如年，聊为迻译”，那么可能是光绪廿二年(1896 年)夏重加修订，在那年阴历九月初九日(重九)写自序的。

② 穆勒约翰(John Stuart Mill，1806—1873)：英国哲学家。严复翻译他的《穆勒名学》，原名《论理学大纲》(*System of logic*)。名学即论理学，亦称逻辑。名学家即逻辑学家。

③ 理极：理论的极至，最高深的理论。谙晓：精通。

④ 深喻：深切理解。笃信：深信不疑。

⑤ 大义微言：文中的重大意旨，精微的含义。殚(ㄉㄢ)：用尽。

⑥ 切肤精忾：切和精指深切精微，肤和忾指表面粗浅。忾(ㄨˋ)，张大，指粗浅说。

⑦ 简牍沿讹：古代的书，用文字写在竹简或木板(牍)上，简牍即指书本。这里指书本的抄写或刊刻有沿袭的错误。讹(ㄜˊ)，误。声音：字的读音。通叚：即通假，通用假借。古代字少，在文中往往借用同音字，到了后代，这些同音字的读音变了，后人就不容易明白这些通假字指的是什么了。比方《汉书·地理志》：“开仟伯。”借仟伯为阡陌，原来的读音是相同的，后来伯和陌的读音不同了，人们就不容易明白仟伯就是指阡陌了。风俗殊尚：古今的风俗爱好不同。事意参差：在事意的理解上就跟原意有出入。参差，不一致。

⑧ 故训：解释古代语言，如“五经”的注。疏义：疏是讲解经书中的注文，因注得简单，所以还要把注文解释一番。疏又称正义。

使其理诚精，其事诚信，则年代国俗，无以隔之。是故不传于兹，或见于彼，事不相谋而各有合。考道之士，以其所得于彼者，反以证诸吾古人之所传，乃澄湛精莹，如寐初觉，其亲切有味，较之占毕为学者，万万有加焉[1]。此真治异国语言文字者之至乐也。

今夫六艺之于中国也，所谓日月经天、江河行地者尔；而仲尼之于六艺也，《易》《春秋》最严[2]。司马迁曰：《易》本隐而之显，《春秋》推见至隐[3]。此天下至精之言也。始吾以谓本隐之显者，观象系辞以定吉凶而已，推见至隐者，诛意褒贬而已[4]。及观西人名学，则见其于格物致知之事，有内籀之术焉，有外籀之术焉。内籀云者，察其曲而知其全者也，执其微以会其通者也；外籀云者，据公理以断众事者也，设定数以逆未然者也[5]。乃推卷起曰：有是哉，是固吾《易》《春秋》之学也。迁所谓本隐之显者，外籀也，所谓推见至隐者，内籀也，其言若诏之矣。二者即物穷理之最要途术也，而后人不知广而用之者，未尝事其事，则亦未尝咨其术而已矣[6]。

近二百年，欧洲学术之盛，远迈古初；其所得以为名理公例者，在在见极[7]，不可复摇。顾吾古人之所得，往往先之，此非傅会扬己[8]之言也。吾将

---

① 澄湛(ㄓㄢ)：清楚。湛，清澄。精莹(一ㄥ)：精纯光洁，喻了解得透彻。占毕：看书，读书。占同觇。毕，简牍。加：胜过。

② 六艺：指《易》《书》《诗》《礼》《乐》《春秋》六经，《乐》没有书，所以实际上是五经。日月经天，江河行地：言六经像日月江河那样成为不朽的书。《后汉书·冯衍传》："日月经天，河海带地。"仲尼之于六艺：《史记·孔子世家》说孔子整理"六经"。严：尊。

③ 本隐而之显：根据隐微的推求到显著的。《易经》根据卜卦来推测人事的吉凶，卜卦是隐微的，人事是显著的。推见(现)至隐：《春秋》从具体的事件推到褒贬的道理，事件是显现的，道理是隐微的。《史记·司马相如传赞》："《春秋》推见至隐，《易》本隐以之显。"

④ 观象系辞以定吉凶：卜卦时，用火灼龟甲观察它的裂纹是观象，象指龟甲裂纹。观象系辞以定吉凶，是从裂纹确定哪一卦，根据卦辞来判断吉凶。系辞，指附在卦下解释卦的话。诛意褒贬：《春秋》记录事件，根据具体事件来加褒贬。诛意，用贬辞来指斥乱臣贼子的罪恶用意。

⑤ 内籀(ㄓㄡˋ)：归纳法，观察各种特殊事例(察其曲)归纳出一般道理(知其全)。曲：一曲，一部分，跟全部相对。外籀：演绎法，根据普遍原理(据公理)来推断各种特殊事例(断众事)。

⑥ 最要途术：顶重要的方法。严复当时还不知道辩证唯物主义，所以认归纳演绎为顶重要的方法。咨其术：访问归纳演绎的方法。咨(ㄗ)，问。

⑦ 远迈古初：远远超过古代。在在见极：往往看到极点，指看到真理。

⑧ 傅会：附会。扬己：赞美自己。

试举其灼然不诬者，以质天下[①]。夫西学之最为切实，而执其例可以御蕃变[②]者，名数质力四者之学是已。而吾《易》则名数以为经，质力以为纬[③]，而合而名之曰易。大宇之内，质力相推，非质无以见力，非力无以呈质[④]。凡力皆乾也，凡质皆坤也[⑤]。奈端[⑥]动之例三，其一曰，静者不自动，动者不自止，动路必直，速率必均。此所谓旷古之虑[⑦]，自其例出，而后天学明人事利者也。而《易》则曰："乾，其静也专，其动也直。"[⑧]后二百年，有斯宾塞尔[⑨]者，以天演自然言化，著书造论，贯天地人而一理之，此亦晚近之绝作也[⑩]。其为天演界说曰：翕以合质，辟以出力，始简易而终杂糅[⑪]。而《易》则曰："坤，其静也翕，其动也辟。"[⑫]至于全力不增减之说，则有自强不息为之先[⑬]；凡动必复之说，则有消息之义居其始[⑭]；而《易》不可见，乾坤或几乎息之旨，尤与热力平均天地乃毁之言相发明也[⑮]。此岂可悉谓之偶合也耶？

---

① 灼然不诬：明白可信。以质天下：以就正于天下人。

② 御蕃变：掌握了公理可以驾御繁复变化的事物，指名学、数学、化学、物理（当时以力指物理）是一切学问的根本。当时严复还不知道辩证唯物主义，所以这样说。

③ 《易》本来是根据卜卦来推断人事的吉凶，后来儒家拿它来说明变化的道理，并不是名数质力的综合，这里是牵强附会的说法。

④ 质力：这里的质指物体，力指运动静止等等。没有物体显不出运动静止的力，没有运动静止的力也显不出物体来。

⑤ 乾坤：《易》以乾为天，坤为地。这里以乾为力，坤为质，是附会的说法。

⑥ 奈端：即牛顿，英国大科学家。

⑦ 旷古之虑：空前的发现。

⑧ 《易·系辞上》："夫乾，其静也专，其动也直。"专，专一。直，刚正。这是说静时专一不杂乱，动时刚正不差忒，即动静皆正确。这里用来说明力学，也是附会。

⑨ 斯宾塞尔：英国哲学家。

⑩ 贯天地人：拿解释自然（天地）的道理来解释社会（人），这是斯宾塞尔理论上的错误。

⑪ 翕以合质：翕（ㄒㄧ），敛，合。吸力凝聚为物质，如星气由吸力凝聚为星球。辟以出力：物质凝聚后为热、为光、为声，都是散发出本力。始简易而终杂糅：万物始于简单，终于复杂。见《天演论》导言二"广义"后的案语。

⑫ 《易·系辞上》："夫坤，其静也翕，其动也辟。"坤是地，静时闭藏，故称翕。动时生长万物，故称辟。辟是开辟生长，这里用来说进化论，也是附会。

⑬ 全力不增减：宇宙中的全部能量是不会增减的。自强不息：《易·乾》："君子以自强不息。"那是指品德修养说的，这里用来指"全力不增减"，也是附会。

⑭ 凡动必复：力作用于物一定引起反作用。消息：《易·丰》："天地盈虚，与时消息。"指寒暑往来，陵谷变迁的盛衰变化。这里用来比"凡动必复"也是附会。

⑮ 易不可见两句：见《易·系辞上》。《易》的变化从乾坤中看出，除非乾坤毁灭才没有易的变化。热力平均，天地乃毁：宇宙间的热和力是不平衡的，一旦平衡宇宙要毁灭。这里用《易》说来比"热力平均"说也是附会。

虽然,由斯之说,必谓彼之所明,皆吾中土所前有,甚者或谓其学皆得于东来,则又不关事实,适用自蔽之说也。夫古人拔其端,而后人莫能竟其绪,古人拟其大,而后人未能议其精,则犹之不学无术未化之民而已。祖父虽圣,何救子孙之童昏[①]也哉!大抵古书难读,中国为尤。二千年来,士徇利禄,守阙残,无独辟之虑[②]。是以生今日者,乃转于西学得识古之用焉。此可与知者道,难与不知者言也。风气渐通,士知弇陋之耻,西学之事,问涂日多[③]。然亦有一二巨子,訑然谓彼之所精,不外象数形下之末,彼之所务,不越功利之间,逞臆为谈,不咨其实[④]。讨论国闻审敌自镜之道[⑤],又断断乎不如是也。赫胥黎氏此书之旨,本以救斯宾塞任天为治之末流[⑥]。其中所论,与吾古人有甚合者。且于自强保种之事,反复三致意焉。夏日如年,聊为迻译[⑦]。有以多符空言,无裨实政相稽者,则固不佞所不恤也[⑧]。光绪丙申重九严复序。

这篇自序,主要是针对当时的顽固派说的。当时的顽固派认为西学"不外象数形下之末","不越功利之间",所以要举出西洋的名数质力之学来打

---

① 童昏:像孩子那样知识未开。

② 徇利禄:徇(ㄒㄩㄣˊ),以身从物,指不顾一切追求利禄。守阙残:抱守住残缺不全的学问。无独辟之虑:没有独创精神。

③ 弇陋:鄙陋。弇(一ㄢㄢ),愚鄙。问涂:找学习的门径。

④ 巨子:巨头,指洋务派的代表人物,如李鸿章、张之洞等。訑(yí):訑訑,自以为了不起。象数:古代卜问吉凶,烧龟壳看它的裂纹是象,用蓍草计它的数目是数。形下:形而下者谓之器,指具体的器物。这是说,西洋人只懂得研究物象数学及具体东西,不懂得高深的理论。不越功利:不能超出功利,指他们在道德上不行。逞臆为谈:臆(ㄧˋ),意,随意乱说。不咨其实:不问问他们的实际。

⑤ 国闻:国内外知识。审敌自镜:审察敌情用作自己的鉴戒。

⑥ 任天为治:《天演论》导言五"互争"后按语说:"复案:于上二篇(指'人为''互争'),斯宾塞、赫胥黎二家言治之殊,可以见矣。斯宾塞之言治也,大旨存于任天,而人事为之辅。……赫胥黎……独于此书,非之如此。"斯宾塞认为饥则自然思食,假如去掉饥而思食之自然,那么人必忘掉食而饿死。因此认为保身保种合群进化之事,凡所当为皆有其自然,所以主张任天为治,就是治理国家只要听其自然就行了。赫胥黎认为一切听其自然是不行的,必须加以人为。如造桥筑堤,倘听其自然,不免败坏,必须加以人为的修治。末流:最后的流弊。

⑦ 聊:且。迻译:翻译。迻同移。

⑧ 稽:计较。《汉书·贾谊传》:"妇姑不相说(悦),则反唇而相稽。"严复在"原强"中反对义理、辞章、考据,说是"无用""无实",他怕人家也用无用无实来反唇相稽,所以这样说。不佞所不恤:我所不顾的。不佞,不才,自称谦词。

破这种谬论，有利于国人的学习西学。当时的顽固派迷信中国的经典，这也会妨碍大家接受西学，所以严复要提出学了西学才能够真正懂得中国经书的精义微言，他的目的还是在鼓舞国人去学西学。他又恐这样说会起副作用，所以说明“必谓彼之所明，皆吾中土所前有”，“则又不关事实，适用自蔽之说也”。他这种宣传西学的苦心是值得钦佩的。不过这种牵强附会的方法是不足取的，而且也不符合事实的。至于严复提倡西学翻译“天演论”的用心，因为书中于“自强保种之事，反复三致意焉”，正是给国人敲起危亡的警钟，要大家发奋有为起来自强保种。因此，这篇自序中的比附虽然是错误的，但在当时引起人们对危亡的警惕，对西学的重视，注意研究西学来救亡图存，还是有其一定作用的。

（选自《严复诗文选》，人民文学出版社 1959 年版）

马其昶

马其昶(1855—1930),近代散文家。字通伯,晚号抱润翁,安徽桐城人。自幼受桐城派家学熏陶,师事吴汝纶及张裕钊,学古文。屡乡试不第,长期教习乡里,研治群经,兼及子史,辑《桐城古文集略》,声名日起。1910年,清廷召纂《礼》经课本,授学部主事,充京师大学堂(北京大学)教习。不久回皖,任安徽高等学堂监督。1914年至北京,主持政法学堂教务。1916年清史馆聘为总纂,主修儒林、文苑及光宣大臣传,后以老病归里。

马其昶与姚永概、林纾同为桐城派末期代表人物。所著《抱润轩文集》10卷,学术著作有《屈赋微》、《桐城古文集略》等17种。

濂亭集序

往者武昌张先生主讲金陵凤池书院，年六十矣。门人查燕绪谋所以为寿，因写录先生文稿刊行之，曰濂亭文集八卷。未几，移主保定讲席；又移鄂；最后就养西安，遂卒，年七十有二。黎庶昌莼斋观察蜀中，为刻续著文二卷，诗二卷，曰濂亭遗集。今先生孙孝移既重刻遗集于京师，而复取查本刻之，合为全集，属识其缘起。其昶于先生文诵习久，乃敢究论之曰——

文章之传尚矣。古无所谓宗派之说也。自周末文胜，百氏杂家并出，非尧、舜，薄汤、武，觝排周、孔，坑焚之祸遂作。其历灰烬而幸存者，皆文之至精者也。世徒咎秦燔书，不知诗、书六艺至精之文，非秦所能燔也，故不久而遂出。若夫非圣无法之篇，澌灭亦固其所；使其尽存，为祸当益烈。

汉隆儒术，其文辞彬彬尔雅，冠绝后代。建安以还，竞尚藻缋。至唐韩子，乃矫而返之六经。于是欧阳公称：韩、李之徒出，元和之文始复于古。又称：宋兴几百年，而古文始盛于今。由欧公之言观之，疑若示天下以不广；然而，后世知言君子，卒不能易其说也。

自欧公之存，南丰、临川、眉山父子相与为师友，诚可谓极盛。其后数百年，明则有归氏，清则有方氏、姚氏、梅氏，此数家者，尤学者所归向。同治中兴，曾文正公以德行文学，铸陶天下，群材辐辏，不专一长。曾公论文，私淑方、姚，而友梅氏；其于门徒，则盛称张廉卿、吴至父两人。廉卿者，先生字也。吴先生后死，文名被海内外，乃独心折先生。由二先生之言，以上溯文正及姚、方、归氏，又上而至宋、唐大家，而至两汉，犹循庭阶入宗庙而禘昭穆也。

古今为文者众矣。然而，浅深离合之际，其辨至严。世固有能审雅宴之声，而别淄、渑之味者。宗派之说，即由此起焉。曾公序欧阳生文集详矣。学问之渊源渐被，诚未可诬。要皆不盭乎经术，足以持世而章教。

当曾文正公开阁延士，宾僚极一时之选。朝廷置封疆大臣，率取材曾门。先生受知最夙,不缘旧恩有所阶进。弱冠举于乡,选内阁中书舍人,即弃去,一肆力于文,故其成就卓卓如此。

今先生殁逾二十年耳,而国论大变,视古圣籍若粪土矣。读先生文,因寄其慕思于千载上,不知世变之何所终极,乃慨然而书之。

(录自《抱润轩文集》卷四,选自《濂亭集序》,
《中国近代文论选》1981年版)

陈 衍

陈衍(1856—1937),近代诗人。字叔伊,号石遗老人,福建侯官(今福建闽侯县)人。清光绪(1875—1908)间举人,曾为张之洞幕僚,为官报局总编纂,后任学部主事。清亡后在南北各大学授课,曾受聘任北京大学教授。晚年寓居苏州,任无锡国学专修学校教授。

陈衍通经史训诂之学,特长于诗。著有《石遗室丛书》18 种,116 卷,其中辑录 8 种,自著 10 种,包括《石遗室文集》12 卷、《石遗室诗集》6 卷、《石遗室诗集补遗》1 卷、《说文举例》7 卷、《朱丝词》2 卷。又有《辽词纪事》、《金诗纪事》、《元诗纪事》。又选有《近代诗钞》、《宋诗精华录》。

《石遗室诗话》卷一

道咸以来，何子贞绍基祁春圃寯藻魏默深源曾涤生国藩欧阳磵东辂郑子尹珍莫子偲友芝诸老，始喜言宋诗。何郑莫皆出程春海侍郎恩泽门下。湘乡诗文字，皆私淑江西。洞庭以南。言声韵之学者，稍改故步。而王壬秋闿运，则为骚选盛唐如故，都下亦变其宗，尚张船山黄仲则之风。潘伯寅李纯客诸公，稍为翁覃谿。吾乡林欧斋布政寿图，亦不复为张亨甫而学山谷。嗣后樊榭定盦，浙派中又分两途矣。

丙戌在都门，苏堪告余，有嘉兴沈子培者，能为同光体。同光体者，余与苏堪，戏目同光以下诗人，不专宗盛唐者也。见子培数诗，雅健有意理。后十年相见，索旧作，皆弃斥无一存者。余谓君博探群书，治史学，洎西北舆地。余亦喜治考据之学，其实皆为人作计，无与己事。作诗尚是自家意思，自家言说。子培意不能无动，间一为之。次年余移居水陆街。君居姚园，相去不数武。秋冬病疟寒困卧，遂日有所作。或一日数夸示之。或夜三四鼓，犹打门送诗。不两三月，已积百余首，多可存。中有威灵仙金鸡那霜二诗，至佳妙，为梁节庵持去，不复得矣。时余有冬述四首示子培，其一云："诣谈无晨昏，积雨断还往。泥涂败驰道，搏跃可过颡。昨闻东山下，寒色足泱漭。千松聚一壑，中有一泉响。稍为群赭山，一洗貌粗犷。驾言思出游，怀哉几吾党。梁公节庵劳教授，郑老苏堪疲鞅掌。宽间尚有子，合作马曹赏。却思去年雪，招手鹤楼上。薄寒中背吕，拳曲不可强。波及居士装，披蓑代鹤氅。今年诗逐疟，破胆到蜩蝄。乌头时为帝，腰脚藉稍养。屡期阅市行，且抱樊口想。稍晴具三餐，聊用适莽苍。"其二云："与子既南来，夏甑遭蒸炊。屋旁有废圃，侥幸南风吹。露宿息喘汗，稍苏星汉移。风湿作薄癣，爬搔遍肌肤。先生屋打头，相从对念叩。藏冰淜北陆，浮瓜非南皮。借问清凉散，寄书郑当时。答言生地黄，捣之以终葵。焦焚至毒时，沃之聊数匙。皖公有乡祠，百亩环荷池。追凉仍挥汗，薄啜荷叶糜。蔚然苻娄庭，移居惜微迟。石台抚双梧，凉露忽已滋。子由将北行，瘦马不独骑。追送平山堂，茱萸仍分持。痁寒岂杵臼，乃以秋为期。净名久默然，文字禅在兹。”其三云：“往余游京华，郑君过我邸。告言子沈子，诗亦同光体。杂然见赠答，色味若粲醴。十年始会面，辍乐正读礼。从之索旧作，发箧空如洗。能者不自珍，翻悔笔轻泚。我言诗教微，百喙乃争启。风雅道殆丧，庞言天方痱。内轻感外重，怨悱遂丑诋。何人抱微尚，不绝似追蠡。宋唐皆贤劫，胜国空祖祢。当涂逮典午，导江仅至澧。先生特自牧，颇谓语中綮。年来积怀抱，发泄出根柢。虽肆百态妍，石濑下见底。我虽不晓事，老去自未眯。谅有古性情，汩汩任有泲。”第四首不言作诗事。

子培有寒雨积闷，杂书遣怀，襞积成篇，为石遗居士一笑诗，八十余韵。余与君论诗语，略具其中。诗云：“寒云如覆盂，漏天不可补。曜灵避面久，畏客牢键户。黯霿江海蒸，襂纚霰霄聚。闭关且何事，卧听檐溜汙。断续缀残更，啌嗟铄虚鬴。失行雁濡翼，噤晓鸡上岠。水官厉威严，雨师从吕距。尽收天一气，并作银潢抒。代云不成马，卫蛛空饮甒。河亡九里润，海溢万家沪。南朔相倚伏，亢霪不均普。物物固难量，笺天奈何许。雌风四维来，龙具不能御。了无喁于唱，亦不土囊怒。翕习惯投隙，披拂仅如缕。俄焉目中瞡，惐若负尸疰。老妻颇多智，装棉剂吴楚。臧绀燕赵产，缩朒甚饥鼠。固知广川谷，实有异寒暑。荆南五月来，炙热剧烹煮。伏金骨俱烁，秋暴背其腐。商飙一泠沃，暂得宽肠肚。宁复此愁霖，而兼湿寒茹。不忧灶生蛙，将恐皿为蛊。橘枳改柯实，蜃爵纷介羽。嗟惟人不化，何用适风土。狐裘故黄黄，掩形不如褚。清川浴垢疥，焉事资章甫。西园蕃草木，花叶故举举。蠵花实非梅，滇茶讵能苦。瑳瑳老楮树，占地冻不瘉。旁有南烛实，浪称仙饭糈。名虽疏药录，味不厕菱蒟。鲜鲜若新沐，风槛群媚妩。兹族畏霜乾，徽幸且濡湑。宁知膏泽赢，蠋蝎益孳乳。穷阴未肯释，蹙頞唏老圃。陈君泥滑滑，税舆践今雨。幽室共棐辟，高吟忽扬诩。长舒汲古绠，高纩克敌弩。相君笔削资，谈笑九流叙。乃知古诗人，心斗日迎拒。程马蜕形骸，杯棬代尊俎。莫随气化运，孰自喙鸣主，开天启疆域，元和判州部。奇出日恢今，高攀不输古。韩曰刘柳骞，郊岛贺籍仵。四河道昆极，万派播溟渚。唐余逮宋兴，师说一香炷。勃兴元佑贤，夺嫡西江祖。寻视薪火传，皙如斜上谱。中州苏黄余，江湖张贾绪。譬彼鄱阳孙，七世肖王父。中泠一勺泉，味自岷觞取。沿元虞范唱,涉明李何数。强欲判唐宋,坚城捍楼橹。咄兹盛中晚,帜自闽严树。氏昧荀中行,谓句弦偭矩。持兹不根说,一眇引群瞽。丛棘限墙闱,通涂成岨峿。谁开人天眼,玉振待君拊。啁嘻奇扬推,名相递参伍。零星寒具油,沾渍落毛麈。奈何细字札,衔袖忽持去。坐令诵苕人,倍文失言诂。郑侯凌江来,高论天尺五。画地说三关,撰策筹九府。瘴颜戴火色,烈胆执凋虎。荡胸万千字,得句故难住。梁鸿瓜庐身,礼殿击鼍鼓。沧海浩横流,中蝉屹砥柱。可怜灌灌口,味肉失腒脯。那复问尖叉,秋虫振翅股。怀哉海陵生,江草罥柔橹。痯痯济阳跛,海燕对胥宇。季子踏京华,尺书重圭组。太阴沈暮节,病叟偶寒女。出户等夜行,焉将燎庭炬。百忧中缴缭,四望眩方所。赖君排偪侧,冰窟日曳谈。消此雨森森,蠲彼愁处处。天门开诜荡,曷月日加午。城隅卓刀泉,中有铁花黈。楙栝百千株,夹道俨围簴,樊口渺东望,松风冷相语。千载漫郎游,招招若呼侣。东坡眠食地,固是余所伫。郁没老涪皤,赭山畴踵武。兴来舴艋艇,径欲掠江浒。政恐回飒挡,商羊复跳舞。"盖余谓诗莫盛于三元,上元开元,中元元和,下元元祐也。君谓三元。皆外国探险家觅新世界,殖民政策,开埠头本颈,故有开天启疆域云云。余言今人强分唐诗宋诗,宋人皆推本唐人诗法,力破余地耳。庐陵、宛陵、东坡、临川、山谷、后山、放翁、诚斋,岑、高、李、杜、韩、孟、刘、白之变化也。简斋、止斋、沧浪四灵,王、孟、韦、柳、贾岛、姚合之变化也。故开元元和者,世所分唐宋人之枢斡也。若墨守旧说,唐以后之书不读有日蹙国百里而已。故有唐余逮宋兴,及强欲判唐宋各云云。

(选自陈衍《石遗室诗话》,商务印书馆 1929 年 5 月版)

姚永朴

姚永朴(1861—1939),近代文史学家。字仲实,晚号蜕私老人。1894 年参加顺天乡试。不乐仕进,一意殚精学术。初与其弟姚永概治诗古文辞于挂车山中,其后从同里方存之、吴挚父、萧敬孚及迁安郑东甫诸先生游,专治经,于注疏及宋、元、明、清诸家经说无不洽熟淹贯,更旁及子、史、小学、音韵,博稽而汲取,成一家之言。历任广东起凤书院、山东大学、安徽高等学堂、北京大学、法政专门学校讲席。曾受清史馆之聘纂修清史。1920 年南归,历任江苏东南大学、秋浦周氏宏毅学舍、安徽大学讲习。1935 年谢病归里。抗战爆发,避乱桂林。1939 年逝世。

所著有《尚书谊略》、《蜕私轩易说》、《诗说》、《论语解注合编》、《大学古本解》、《十三经举要》、《群经考略》、《史实举要》、《盐法考略》、《史学研究法》、《小学广》、《我师录》、《诸子考略》、《群儒考略》、《惜抱轩诗训纂》、《历代圣哲学粹》、《文学研究法》、《旧闻随笔》、《蜕私轩集》、《续集》等。

文学研究法(节选)

派　别

唐、虞、三代，人居一官，世修其业，譬如宫商之相应，水火之相资，初无彼此怨怒不相通晓之事。道术之裂，其在东周以后乎？然其时虽诸子各自标异，而文章犹未尝以流派名也。文学之裂，其在东汉以后乎？魏文帝《典论》云："文人相轻，自古已然。傅毅之于班固，伯仲之间耳，而固小之，与弟超书曰：'武仲以能属文为兰台令史，下笔不能自休。'"盖门户之争，由此起矣。自后骈俪之文日盛。及唐韩昌黎出，乃复于古，而古文辞之名立。又唐多诗人，能文者较少，于是诗与文为二派。文之中，古文与骈文复为二派。考当时诸派中巨子，犹未有判若鸿沟之意，故洪景卢(迈)《容斋随笔》云："王勃等四子之文，皆精切有本原，其用骈俪作记、序、碑碣，盖一时体格如此，而后来颇议之。杜诗云：'王杨卢骆当时体，轻薄为文哂未休。尔曹身与名俱灭，不废江河万古流。'正谓此耳。'身名俱灭'以责轻薄子；'江河万古'指四子也。"韩公《滕王阁记》云："江南多游观之美，而滕王阁独为第一，及得三王所为《序》、《赋》、《记》等，壮其文词。"又云："中丞命为《记》，窃喜载名其上，词列三王之次，有荣耀焉。"(三王者，勃作《序》，绪作《赋》，仲舒前为从事，作《记》，今为中丞。)则韩之所以推勃者，亦为不浅矣。今案白乐天诗与退之有难易之不同，而作《老戒》诗云："我有白头戒，闻于韩侍郎。"李义山于文第长于骈体，而称韩公《平淮西碑》，乃以二《典》与《清庙》、《生民》诗为比。古人不以己之所能，愧人之不能，以己之不能，忌人之能，其宅心宽厚，为何如哉！派之别由末流而生，实根于党同伐异之见。夫人之精力有限，势不能兼众美。故杜子美之文掩于诗，曾子固之诗掩于文。昔宋邵博《闻见后录》云："李习之与韩退之、孟东野善。习之于文，退之所敬也；退之与东野唱酬倾一时，习之独无诗，退之不议也。尹师鲁(洙)与欧阳永叔、梅圣俞善。师鲁于文，永叔所敬也；永叔与圣俞唱酬倾一时，师鲁独无诗，永叔不议也。”叶少蕴《石林诗话》云：“李翱、皇甫湜，皆退之高弟，而不传其诗。不应散亡无存者，计或非所长故不作耳。以非所长而不作，贤于世之不能而强为之者也。”顾亭林《日知录》云：“古人之会君臣朋友，不必人人作诗。人各有能有不能，不作诗何害？”惜抱先生与先大父石甫府君（讳莹）书云：“大抵古文深人难于诗，故古今作者少于诗人。然亦有能文不能诗者，此亦自由天分耳。”诸家所言，盖有见于此。然不兼为之可也；或主之，或奴之，则不可也。

吾尝论有韵之文与无韵之文之发生，必有韵之文居乎先。观尧之戒、舜之歌可见。若《典》、《谟》不尽用韵，乃出夏之史臣，盖在其后。《日知录》云：“古人之文，化工也，自然而合于音，则虽无韵之文，而往往有韵，苟不其然，则虽有韵之文，而时亦不用韵，终不以韵害意也。《三百篇》之诗，有韵之文也，乃一章之中，有二三句不用韵者，如‘瞻彼洛矣，维水泱泱’之类是矣；一篇之中有全章不用韵者，如《思齐》之四章、五章、《召旻》之四章是矣；又有全篇无韵者，《周颂》《清庙》、《维天之命》、《昊天有成命》、《时迈》、《武》诸篇是矣。说者以为当有余声。然以余声相协，而不入正文，此则所谓‘不以韵而害意’者也，孔子赞《易》十篇，其《彖》、《象》传、《杂卦》五篇用韵，然其中无韵者，亦十之一；《文言》、《系辞》、《说卦》、《序卦》五篇不用韵，然亦间有一二，如‘鼓之以雷霆，润之以风雨；日月运行，一寒一暑；乾道成男，坤道成女。’‘君子知微知彰，知柔知刚，万夫之望。’此所谓‘化工之文，自然而合’者，固未尝有心于用韵也。《尚书》之体本不用韵，而《大禹谟》‘帝德广运，乃圣乃神，乃武乃文’以下，《伊训》‘圣谟洋洋，嘉言孔彰’以下，《太誓》‘我武惟扬，侵于之疆’之下，《洪范》‘无偏无陂，遵王之义’以下，诸语皆用韵。又如《曲礼》‘行前朱鸟而后元武，左青龙而右白虎’以下，《礼运》‘元酒在室，醴醆在户，粢醍在堂，澄酒在下’以下，《乐记》‘夫古者天地顺而四时当，民有德而五谷昌’以下，《中庸》‘故君子不可以不修身，思修身不可以不事亲’以下，《孟子》‘师行而粮食，饥者弗食，劳者弗息’以下，诸语亦然。此类秦汉诸子书并有之。太史公作赞亦时一用韵，而汉人乐府诗反有不用韵者。”据此则文之有韵无韵，皆顺乎自然，诗固有韵，而文亦未必不用韵。东汉以降，乃以无韵属之文，有韵属之诗，判而二之，文章日衰，未始不因乎此。而况诗之造句隶事虽与文异，然如李、杜之五七言古诗，与杜公之五言长律，其中章法笔法，何尝不与文相通?至韩、欧、苏、王诸家本长于古文,其诗即以古文法为之经纬。必谓诗与文两道,何啻痴人说梦哉!

若夫偏于用奇之文与偏于用偶之文之发生,则用奇者必居乎先,观伏羲画卦、先《乾》后《坤》可见。但有奇即当有偶,此亦顺乎自然而不可以已者。昔李申耆(兆洛)《骈体文钞序论》云:"天地之道,阴阳而已,奇偶也,方圆也,皆是也。阴阳相并俱生,故奇偶不能相离,方圆必相为用,道奇而物偶,气奇而形偶,神奇而识偶。孔子曰:'道有变动故曰爻,爻有等故曰物,物相杂故曰文。'又曰:'分阴分阳,迭用柔刚。'故《易》六位而成章,相杂而迭用。文章之用,其尽于此乎!六经之文,班班具在。自秦迄隋,其体递变,而文无异名。自唐以来,始有古文之目,而目六朝之文为骈俪,而为其学者,亦自以为与古文殊路。既歧奇与偶为二,而于偶之中,又歧六朝与唐与宋为三。夫苟第较其字句、猎其影响而已,则岂徒二焉三焉而已,以为万有不同可也。夫气有厚薄,天为之也;学有纯驳,人为之也;体格有迁变,人与天参焉者也;义理无殊途,天与人合焉者也。得其厚薄纯杂之故,则于其体格之变,可以知世焉,于其义理之无殊,可以知文焉。文之体至六代而其变尽矣,沿其流极,而溯之以至乎其源,则其所出者一也。吾甚惜夫歧奇偶而二之者之毗于阴阳也。毗阳则躁剽,毗阴则沉膇,理所必至也,于相杂迭用之旨,均无当也。"曾涤生《周荇农序》云:"天地之数,以奇而生,以偶而成。一则生两,两则还归于一,一奇一偶,互为其用,是以无息焉。物无独必有对。太极生两仪,倍之为四象,重之为八卦,此一生两之说也。两之所该,分而为三,殽而为万,万则几于息矣,物不可以终息,故还归于一。天地细缊,万物化醇,男女构精,万物化生,此两而致于一之说也。一者阳之变,两者阴之化,故曰一奇一偶者,天地之用也。文字之道何独不然?六籍尚已。自汉以来,为文者莫善于司马迁。迁之文其积句也奇,而义必相傅,气不孤伸,彼有偶焉者存焉。其他善者,班固则毗于用偶,韩愈则毗于用奇。蔡邕、范蔚宗以下,如潘、陆、沈、任等比者,皆师班氏者也;茅坤所称八家,皆师韩氏者也。转相祖述,源远而流益分,判然若黑白之不类,于是刺议互兴,尊丹者非素。而六朝隋唐以来,骈偶之文,亦已久王而将厌,宋代诸子乃承其敝,而倡为韩氏之文,而苏轼遂称曰'文起八代之衰'。非直其才之足以相胜,物穷则变,理固然也。豪杰之士,所见类不甚远。韩氏有言:'孔子必用墨子,墨子必用孔子,不相用不足为孔、墨。'由是言之,彼其于班氏相师而不相非,明矣。耳食者不察,遂附此而抹摋一切。又其言多根六经,颇为知道者所取,故古文独尊,而骈偶之文乃屏而不得于其列。夫适王都者,或道晋,或道齐,要于达而已。司马迁文家之王都也。为骈偶之文者,进而不已,则且达于班氏而不为韩氏所非,则王都矣。"据此,则用奇与用偶,其流异,其源同,彼此訾謷,亦属寡昧。

至于近世张文襄公《书目答问》,于古文中又析之曰"'桐城派'古文家"、"'阳湖派'古文家"、"不立宗派古文家",尤不足据。韩退之《答刘正夫书》云:"文无难易,惟其是尔。"惜抱先生《古文辞类纂序》云:"夫文无所谓古今也,惟其当而已。"苟知其是与当,尚何派别之可言? 考"桐城派"之名所由生,曾文正《欧阳生文集序》尝言之云:"乾隆之末,桐城姚姬传先生鼐,善为古文辞,慕效其乡先辈方望溪侍郎之所为,而受法于刘君大櫆及其世父编修君范。三子既通儒硕望,姚先生治其术益精,历城周永年书昌为之语曰:'天下之文章,其在桐城乎?',由是学者多归向'桐城',号'桐城派',犹前世所称'江西诗派'者也。"夫"江西诗派",由唐末温飞卿(庭筠)、李义山,以缛丽之体,为后进倡。迨宋杨大年(亿)、刘子仪(筠)辈沿其余波,作《西昆酬唱集》,诗家遂有"西昆体",致伶官有"挦扯"之讥。元祐诸人矫之,盖起于欧阳公,而盛于黄山谷。山谷弟子最著者为陈后山(师道)。及吕居仁(本中)作《江西诗派图》列后山以下二十五人,以己殿于末(二十五人,据王厚斋《小学绀珠》所定,乃陈师道、饶节、汪革、江经本、潘大观、潘大临、祖可、李錞、杨符、王直方、谢逸、徐俯、韩驹、谢迈、善权、洪朋、林敏修、李彭、夏倪、高荷、洪刍、洪炎、晁冲之、林敏功、吕本中),名由是起。虽末流学之者或至生硬,然山谷要不得不谓之大家,且其传颇久,南宋陈简斋、曾吉甫、杨诚斋皆其后劲,而茶山授陆剑南,遂为南渡后大宗。桐城之文,末流亦失之单弱;然自方氏以来,气体清洁,与庞杂者自不同,故《四库全书总目》于《望溪集》称之云:"源流极正。"大抵方、姚诸家论文诸语,无非本之前贤,固未尝标帜以自异也,与居仁之作《图》殊不类。当是时阳湖亦多为古文者。据陆祁孙(继辂)《七家文钞序》云:"我朝自望溪方氏,别裁诸伪体,一传为刘海峰,再传为姚惜抱。桐城一大县耳,而有三君子接踵辉映其间,可谓盛矣。吾常谓自荆川没,此道中绝。乾隆间钱伯坰鲁斯亲受业于海峰之门,时时诵其师说于其友恽子居(敬)张皋文(惠言),二子者始尽弃其考据骈俪之学,专志以治古文。"而皋文《送鲁斯序》亦云:“余学为古辞赋,乾隆戊申示鲁斯,鲁斯大喜,顾而谓余:‘吾尝受古文法于桐城刘海峰先生,顾未暇以为,子倘为之乎?’余愧谢未能。已而余游京师,思鲁斯言,乃尽屏置曩时所习诗赋不为,而为古文,三年乃稍稍得之。”又文稿《自序》云:“余友王悔生(灼)见余《黄山赋》而善之,劝余为古文,语余以所受于其师刘海峰者,为之一二年,稍稍得规矩。”然则“阳湖”之古文,其源实出“桐城”,诸先辈亦未尝有角立门户之见也。故惜抱先生《与陈硕士书》亦称子居为作手。两派合而不分,即此可见。善乎长沙王益吾(先谦)《续古文辞类纂序》云:“立言之道,义各有当而已。愚柔者仰企而不及,贤智者则务为浩侈,不肯自抑其才。姚氏见之真,守之严,其撰述有以入乎人人之心,如规矩准绳不可逾越,乃古今天下之公言,非姚氏私言也。”宗派之说,起于乡曲竞名者之私,播于流俗之口,而浅学者据以自便,有所作弗协于轨,乃谓吾文派别焉耳。近人论文,或以“桐城”、“阳湖”离为二派,疑误后来,吾为此惧。更有所谓“不立宗派之古文家”,殆不然欤!

【校记】

吕本中作《江西诗社宗派图》,于黄庭坚以下“列陈师道、潘大临、谢逸、洪刍、饶节、僧祖可、徐俯、洪朋、林敏修、洪炎、汪革、李錞、韩驹、李彭、晁冲之、江端本、杨符、谢薖、夏倪、林敏功、潘大观、何觊、王直方、僧善权、高荷,合二十五人,以为法嗣”。《苕溪渔隐丛话》所列江西诗派图,人名与次第,与《小学绀珠》所列略有不同。

(选自姚永朴《文学研究法》,黄山书社1989年版)

姚永概

姚永概(1866—1923),近代散文家、诗人。字叔节,号幸孙,安徽桐城人。光绪十四年(1888)中举,后屡试不第。清末各省兴办学堂,曾任安徽高等学堂教务长等职。民国后,先后任北京大学文科学长、正志学校教务长和清史馆协修。诗文兼长,文能传桐城衣钵。尤善作传记,即使为他人诗人集作序,也都以述写人物行迹、交游为主,如《畏庐文续集序》、《陶庐文集序》等。他的诗有清遒俊逸之气,时具国势、身世之感。

著有《慎宜轩文集》12卷,《慎宜轩诗集》8卷,《续录》4卷。

畏庐续集序

文各肖其性情以出,而后其言立。古之善为文者,性情不同,故面目万变,而其不变者,法度出于一轨而已。虽有纯杂高下之别,要必无伪存乎其中,而后读者感焉。世士涂饰以为工,征引以炫博,固无性情之真,且不足以自信,又乌足以信千百世谁何之人乎?若畏庐者,殆余所谓可信者也!光绪庚戌,余始识之于京师。及壬子癸丑,共事大学堂,既皆不合以去,临别赠余文,且媵以画。今年又同应徐君之聘,教授正志中学校。畏庐长余十四年,弟视余,余亦以兄事之。每有所作,辄出相示,违覆而不厌,故余知畏庐深其性情,真古人也。畏庐名重当世,文集已印行者售至六千部之多,虽取法韩柳,而其真仍不可掩阏。一日手巨帙示余,乃所编续集也,曰:吾两人志业颇同,序吾文者必子。余发读竟夕,太息不止,私念畏庐与余生际今日,五六十年来所闻见,多古人所未尝有,区区抱孤旨于京师尘壒之中,引迹自远,虽颓废而不悔,然则畏庐文集之序,不属我而谁属也?乙卯十一月桐城姚永概叙。

(选自姚永概《畏庐续集序》,中国书店 1985 年 3 月版)

黄　节

黄节(1873—1935),近代作家、学者、诗人。原名晦闻,字玉昆,号纯熙,后改名节,别署晦翁、黄史氏。广东顺德人。辛亥革命前,他曾与邓实等创办《国粹学报》。辛亥革命后反对帝制。五四时期反对新文化运动。晚年任北京大学、清华大学等校教授,从事古典文学的教学。

黄节著有《蒹葭楼诗》、《汉魏乐府风笺》、《曹子建诗注》、《魏文帝魏武帝诗注》、《谢康乐诗注》等。论文散见于《国粹学报》、《南社丛刊》等。

诗学绪论

诗序曰:“小雅尽废,则四夷交侵,中国微矣。”夫诗教之大关于国之兴微。而今之论诗者,以为不急,或则沉吟乎斯矣,而又敖敖于江湖裙屐间,借以为揄扬赠答者有之。诗之衰也,诗义之不明也。诗序自鹿鸣以至菁菁者莪,述文武成康之治,治之以生人之道,所谓义者而已。记曰:诗以理性情。人之情时藉诗以伸其义,义寄于诗,而俗行于国,故义废则国微。奈何今之论诗者以为不急乎?夫诗三百篇,学者童而习之。然闻其义而忽其辞,则不能引诸吾身,以称情而出,其失在不学作诗,盖声之感人深也。夫作诗者必尽求之三百,则经学所说诗亦已足矣。虽然,诗之义存乎三百,而辞则与世而移。顾亭林曰:“不似则失其所以为诗,似则失其所以为我”,又曰三百篇之不能不降而楚辞,楚辞之不能不降而汉魏,汉魏之不能不降而六朝,六朝之不能不降而唐也,势也。然则学诗者只求之三百,抑岂能尽其辞者乎?殆亦亭林所不许已。是故学诗者于三百求其义,于楚辞以降求其辞,由是引诸吾身,以称情而出。经学所说诗,求其义者也。兹编之讲习,求其辞于后世,而衷其义于三百者也。刘梦得曰感人心者,莫先乎情,莫始乎言,莫切乎声,莫深乎文。呜呼!诗教浸微,国故垂绝。愿与邦人诸友,商榷乎斯旨,倘亦有不可废者欤。

(选自黄节《诗学》,国立北京大学出版部 1929 年 10 月版)

陈独秀

陈独秀(1879—1942),政治学家、文字学家,五四运动的领导人,中国共产党创建人之一。谱名庆同,科举考试时名乾,字仲甫,安徽怀宁人。早年留学日本,名陈由己。辛亥革命后用名陈独秀。1915 年,创办《青年杂志》(第二卷起改名《新青年》)。1916 年任北京大学教授。1918 年和李大钊创办《每周评论》,发表《文学革命论》等进步文章,首先提出"文学革命"口号。1920 年发起组织上海共产主义小组。1921 年中国共产党第一次代表大会上当选为党的总书记。1922 年"二大"、1923 年"三大"被选为中央执行委员会委员长。1927 年"八七"会议被撤销总书记职务。1929 年 11 月被开除出党。1932—1937 年被国民党逮捕。出狱后居重庆、江津。1942 年病逝。

陈独秀的论著,前期散见于《新青年》、《每周评论》、《向导》及《独秀文存》,后期见《陈独秀先生抗战文集》、《陈独秀最后对于民主政治的见解》、《陈独秀最后论文和书信》。

文学革命论

今日庄严灿烂之欧洲,何自尔来乎?曰,革命之赐也。欧语所谓革命者,为革故更新之义,与中土所谓朝代鼎革,绝不相类;故自文艺复兴以来,政治界有革命,宗教界亦有革命,伦理道德亦有革命,文学艺术,亦莫不有革命,莫不因革命而新兴而进化。近代欧洲文明史,宜可谓之革命史。故曰,今日庄严灿烂之欧洲,乃革命之赐也。

吾苟偷庸懦之国民,畏革命如蛇蝎,故政治界虽经三次革命,而黑暗未尝消减。其原因之小部分,则为三次革命,皆虎头蛇尾,未能充分以鲜血洗净旧污;其大部分,则为盘踞吾人精神界根深底固之伦理道德文学艺术诸端,莫不黑幕层张,垢污深积,并此虎头蛇尾之革命而未有焉。此单独政治革命所以于吾之社会,不生若何变化,不收若何效果也。推其总因,乃在吾人疾视革命,不知其为开发文明之利器故。

孔教问题,方喧呶于国中,此伦理道德革命之先声也。文学革命之气运,酝酿已非一日,其首举义旗之急先锋,则为吾友胡适。余甘冒全国学究之敌,高张“文学革命军”大旗,以为吾友之声援。旗上大书特书吾革命军三大主义:曰,推倒雕琢的阿谀的贵族文学,建设平易的抒情的国民文学;曰推倒陈腐的铺张的古典文学,建设新鲜的立诚的写实文学;曰,推倒迂晦的艰涩的山林文学,建设明了的通俗的社会文学。

《国风》多里巷猥辞,《楚辞》盛用土语方物,非不斐然可观。承其流者,两汉赋家,颂声大作,雕琢阿谀,词多而意寡,此贵族之文古典之文之始作俑也。魏晋以下之五言,抒情写事,一变前代板滞堆砌之风,在当时可谓为文学一大革命,即文学一大变化;然希托高古,言简意晦,社会现象,非所取材,是犹贵族之风,未足以语通俗的国民文学也。齐梁以来,风尚对偶,演至有唐,遂成律体。无韵之文,亦尚对偶。《尚书》《周易》以来,即是如此。古人行文,不但风尚对偶,且多韵语,故骈文家颇主张骈体为中国文章正宗之说。(亡友王无生即主张此说之一人）不知古书传钞不易，韵与对偶，以利传诵而已。后之作者，乌可泥此？

东晋以后，即细事陈启，亦尚骈丽。演至有唐，遂成骈体。诗之有律，文之有骈，皆发源于南北朝，大成于唐代。更进而为排律，为四六。此等雕琢的阿谀的铺张的空泛的贵族古典文学，极其长技，不过如涂脂抹粉之泥塑美人，以视八股试帖之价值，未必能高几何，可谓为文学之末运矣！韩柳崛起，一洗前人纤巧堆朵之习，风会所趋，乃南北朝贵族古典文学，变而为宋元国民通俗文学之过渡时代。韩，柳，元，白，应运而出，为之中枢。俗论谓昌黎文章起八代之衰，虽非确论，然变八代之法，开宋元之先，自是文界豪杰之士。吾人今日所不满于昌黎者二事：

一曰，文犹师古。虽非典文，然不脱贵族气派，寻其内容，远不若唐代诸小说家之丰富，其结果乃造成一新贵族文学。

二曰，误于"文以载道"之谬见。文学本非为载道而设，而自昌黎以讫曾国藩所谓载道之文，不过抄袭孔孟以来极肤浅极空泛之门面语而已。余尝谓唐宋八家文之所谓"文以载道"，直与八股家之所谓"代圣贤立言"同鼻孔出气。

以此二事推之，昌黎之变古，乃时代使然，于文学史上，其自身并无十分特色可观也。元明剧本，明清小说，乃近代文学之粲然可观者。惜为妖魔所厄，未及出胎，竟尔流产，以至今日中国之文学，委琐陈腐，远不能与欧洲比肩。此妖魔为何？即明之前后七子及八家文派之归方刘姚是也。此十八妖魔辈，尊古蔑今，咬文嚼字，称霸文坛，反使盖代文豪若马东篱，若施耐庵，若曹雪芹诸人之姓名，几不为国人所识。若夫七子之诗，刻意模古，直谓之抄袭可也。归刘方姚之文，或希荣誉墓，或无病而呻，满纸之乎者也矣焉哉。每有长篇大作，摇头摆尾，说来说去，不知道说些什么。此等文学，作者既非创造才，胸中又无物，其伎俩惟在仿古欺人，直无一字有存在之价值，虽著作等身，与其时之社会文明进化无丝毫关系。

今日吾国文学，悉承前代之敝：所谓"桐城派"者，八家与八股之混合体也；所谓"骈体文"者，思绮堂与随园之四六也；所谓"西江派"者，山谷之偶像也。求夫目无古人，赤裸裸的抒情写世，所谓代表时代之文豪者，不独全国无其人，而且举世无此想。文学之文，既不足观，应用之文，益复怪诞：碑铭墓志，极量称扬，读者决不见信，作者必照例为之。寻常启事，首尾恒有种种谀词。居丧者即华居美食,而哀启必欺人曰"苫块昏迷"。赠医生以匾额,不曰"术迈岐黄",即曰"著手成春"。穷乡僻壤极小之豆腐店,其春联恒作"生意兴隆通四海,财源茂盛达三江。"此等国民应用之文学之丑陋,皆阿谀的虚伪的铺张的贵族古典文学阶之厉耳。

际兹文学革新之时代,凡属贵族文学,古典文学,山林文学,均在排斥之列。以何理由而排斥此三种文学耶?曰:贵族文学,藻饰依他,失独立自尊之气象也;古典文学,铺张堆砌,失抒情写实之旨也;山林文学,深晦艰涩,自以为名山著述,于其群之大多数无所裨益也。其形体则陈陈相因,有肉无骨,有形无神,乃装饰品而非实用品;其内容则目光不越帝王权贵,神仙鬼怪,及其个人之穷通利达。所谓宇宙,所谓人生,所谓社会,举非其构思所及,此三种文学共同之缺点也。此种文学,盖与吾阿谀夸张虚伪迂阔之国民性,互为因果。今欲革新政治,势不得不革新盘踞于运用此政治者精神界之文学。使吾人不张目以观世界社会文学之趋势,及时代之精神,日夜埋头故纸堆中,所目注心营者,不越帝王,权贵,鬼怪,神仙,与夫个人之穷通利达,以此而求革新文学,革新政治,是缚手足而敌孟贲也。

欧洲文化,受赐于政治科学者固多,受赐于文学者亦不少。予爱卢梭巴士特之法兰西,予尤爱虞哥左喇之法兰西,予爱康德赫克尔之德意志,予尤爱桂特郝卜特曼之德意志;予爱倍根达尔文之英吉利,予尤爱狄铿士王尔德之英吉利。吾国文学界豪杰之士,有自负为中国之虞哥,左喇,桂特郝,卜特曼,狄铿士,王尔德者乎?有不顾迂儒之毁誉,明目张胆以与十八妖魔宣战者乎?予愿拖四十二生的大炮,为之前驱!

一九一七,二,一

(选自陈独秀《独秀文存》卷一)

鲁　迅

鲁迅(1881—1936),现代文学家、思想家,中国现代文学的奠基人。鲁迅姓周,幼名樟寿,字豫山,后改为字豫才,1898 年又改名树人。"鲁迅"是他发表《狂人日记》时开始用的笔名。浙江绍兴人。鲁迅 1898 年到南京水师学堂学习,第二年改入江南陆师学堂附设的铁路矿务学堂。1902 年赴日留学,开始在东京弘文学院学习。1904 年到仙台医学专门学校学医。1906 年到东京,开始文学活动,翻译《人的历史》、《科学史教篇》、《文化偏至论》、《摩罗诗力说》等论文。1908 年参加"光复会"。1909 年编《域外小说集》,同年回国,先后在杭州、绍兴任教。1912 年受教育部长蔡元培之邀任职教育部,任科长、佥事。1918 年发表小说《狂人日记》,后又有《阿 Q 正传》、《药》、《故乡》、《孔乙己》及《呐喊》集问世。1920—1926 年,他一面从事文学创作,一面在北京大学、北京师范大学教书和研究古典文学,编定了《中国小说史略》、《嵇康集》、《小说旧文钞》、《唐宋传奇》等。之后又出版短篇集《彷徨》、《野草》及小说《祝福》、《伤逝》。1926 年赴厦门大学任文科教授,写了《汉文学史纲》。1927 年到上海,编《语丝》、《奔流》。1930 年代是"左联"的发起人。1936 年病逝。

有《鲁迅全集》20 卷。留下小说集 3 部,杂文集 17 部,散文诗 1 部,回忆散文 1 部,书信 1400 多封和日记及《中国小说史略》、《汉文学史纲》等学术著作,总共 400 万字。翻译了 14 个国家 100 位作家作品 250 万字以上。

中国小说史略(节选)

第五篇　六朝之鬼神志怪书(上)

中国本信巫,秦汉以来,神仙之说盛行,汉末又大畅巫风,而鬼道愈炽;会小乘佛教亦入中土,渐见流传。凡此,皆张皇鬼神,称道灵异,故自晋讫隋,特多鬼神志怪之书。其书有出于文人者,有出于教徒者。文人之作,虽非如释道二家,意在自神其教,然亦非有意为小说,盖当时以为幽明虽殊途,而人鬼乃皆实有,故其叙述异事,与记载人间常事,自视固无诚妄之别矣。

《隋志》有《列异传》三卷,魏文帝撰,今佚。惟古来文籍中颇多引用,故犹得见其遗文,则正如《隋志》所言,"以序鬼物奇怪之事"者也。文中有甘露年间事,在文帝后,或后人有增益,或撰人是假托,皆不可知。两《唐志》皆云张华撰,亦别无佐证,殆后有悟其抵牾者,因改易之。惟宋裴松之《三国志注》,后魏郦道元《水经注》皆已征引,则为魏晋人作无疑也。

> 南阳宗定伯年少时,夜行逢鬼,问曰,"谁?"鬼曰,"鬼也。"鬼曰,"卿复谁?"定伯欺之,言我亦鬼也。鬼问欲至何所,答曰欲至宛市,鬼言我亦欲至宛市。共行数里,鬼言步行大亟,可共迭相担也。定伯曰大善。鬼便先担定伯数里,鬼言卿大重,将非鬼也?定伯言,我新死,故重耳。定伯因复担鬼,鬼略无重。如是再三。定伯复言,我新死,不知鬼悉何所畏忌?鬼曰,唯不喜人唾。……行欲至宛市,定伯便担鬼至头上,急持之。鬼大呼,声咋咋索下。不复听之,径至宛市中,著地化为一羊。便卖之。恐其便化,乃唾之,得钱千五百。(《太平御览》八百八十四,《法苑珠林》六)
>
> 神仙麻姑降东阳蔡经家,手爪长四寸。经意曰,"此女子实好佳手,愿得以搔背。"麻姑大怒。忽见经顿地,两目流血。(《太平御览》三百七

十)

武昌新县北山上有望夫石，状若人立者。相传云，昔有贞妇，其夫从役，远赴国难，妇携幼子，饯送此山，立望而形化为石。(《太平御览》八百八十八)

晋以后人之造伪书，于记注殊方异物者每云张华，亦如言仙人神境者之好称东方朔。张华字茂先，范阳方城人，魏初举太常博士，入晋官至司空，领著作，封壮武郡公，永康元年四月赵王伦之变，华被害，夷三族，时年六十九(二三二——三〇〇)，传在《晋书》。华既通图纬，又多览方伎书，能识灾祥异物，故有博物洽闻之称，然亦遂多附会之说。梁萧绮所录王嘉《拾遗记》(九)言华尝"捃采天下遗逸，自书契之始，考验神怪，及世间闾里所说，造《博物志》四百卷，奏于武帝"，帝令芟截浮疑，分为十卷。其书今存，乃类记异境奇物及古代琐闻杂事，皆刺取故书，殊乏新异，不能副其名，或由后人缀辑复成，非其原本欤？今所存汉至隋小说，大抵此类。

《周书》曰，"西域献火浣布，昆吾氏献切玉刀，火浣布污则烧之则洁，刀切玉如蜡。"布汉世有献者，刀则未闻。(卷二《异产》)

取鳖锉令如棋子大，捣赤苋汁和合，厚以茅苞，五六月中作，投池中，经旬脔脔尽成鳖也。(卷四《戏术》)

燕太子丹质于秦，……欲归，请于秦王。王不听。谬言曰，"令乌头白，马生角，乃可。"丹仰而叹，乌即头白，俯而嗟，马生角。秦王不得已而遣之，为机发之桥，欲陷丹，丹驱驰过之而桥不发。遁到关，关门不开，丹为鸡鸣，于是众鸡悉鸣，遂归。(卷八《史补》)

老子云，"万民皆付西王母；唯王，圣人，真人，仙人，道人之命，上属九天君耳。"(卷九《杂说》上)

新蔡干宝字令升，晋中兴后置史官，宝始以著作郎领国史，因家贫求补山阴令，迁始安太守，王导请为司徒右长史，迁散骑常侍(四世纪中)。宝著《晋纪》二十卷，时称良史；而性好阴阳术数，尝感于其父婢死而再生，及其兄气绝复苏，自言见天神事，乃撰《搜神记》二十卷。以"发明神道之不诬"(自序中语),见《晋书》本传。《搜神记》今存者正二十卷,然亦非原书,其书于神祇灵异人物变化之外,颇言神仙五行,又偶有释氏说。

汉下邳周式,尝至东海,道逢一吏,持一卷书,求寄载,行十余里,谓式曰,“吾暂有所过,留书寄君船中,慎勿发之!”去后,式盗发视,书皆诸死人录,下条有式名。须臾吏还,式犹视书。吏怒曰,“故以相告,而忽视之!”式叩头流血,良久,吏曰,“感卿远相载,此书不可除卿名,今日已去,还家三年勿出门,可得度也。勿道见吾书!”式还,不出已二年余,家皆怪之。邻人卒亡,父怒使往吊之,式不得已,适出门,便见此吏。吏曰,“吾令汝三年勿出,而今出门,知复奈何?吾求不见连累为鞭杖,今已见汝,可复奈何?后三日日中,当相取也。”……至三日日中,果见来取,便死。(卷五)

阮瞻字千里,素执无鬼论,物莫能难,每自谓此理足以辨正幽明。忽有客通名诣瞻,寒温毕,聊谈名理,客甚有才辨,瞻与之言良久,及鬼神之事,反复甚苦,客遂屈,乃作色曰,“鬼神古今圣贤所共传,君何得独言无?即仆便是鬼!”于是变为异形,须臾消灭。瞻默然,意色大恶,岁余而卒。(卷十六)

焦湖庙有一玉枕,枕有小坼。时单父县人杨林为贾客,至庙祈求,庙巫谓曰,“君欲好婚否?”林曰,“幸甚。”巫即遣林近枕边,因入坼中,遂见朱楼琼室。有赵太尉在其中,即嫁女与林,生六子,皆为秘书郎。历数十年,并无思归之志,忽如梦觉,犹在枕傍,林怆然久之。(今本无此条,见《太平寰宇记》一百二十六引)

续干宝书者,有《搜神后记》十卷。题陶潜撰。其书今具存,亦记灵异变化之事如前记,陶潜旷达,未必拳拳于鬼神,盖伪托也。

干宝字令升,其先新蔡人。父莹,有嬖妾。母至妒,宝父葬时,因生推婢著藏中,宝兄弟年小,不之审也。经十年而母丧,开墓,见其妾伏棺上,衣服如生,就视犹暖,舆还家,终日而苏,云宝父常致饮食,与之寝接,恩情如生。家中吉凶辄语之,校之悉验,平复数年后方卒。宝兄常

病,气绝积日不冷,后遂寤,云见天地间鬼神事,如梦觉,不自知死。(卷四)

晋中兴后,谯郡周子文家在晋陵,少时喜射猎。常入山,忽山岫间有一人长五六丈,手捉弓箭,箭镝头广二尺许,白如霜雪,忽出声唤曰,“阿鼠!”(原注,子文小字)子文不觉应曰“喏”。此人便牵弓满镝向子文,子文便失魂厌伏。(卷七)

晋时,又有荀氏作《灵鬼志》,陆氏作《异林》,西戎主簿戴祚作《甄异传》,祖冲之作《述异记》,祖台之作《志怪》,此外作志怪者尚多,有孔氏殖氏曹毗等,今俱佚,间存遗文。至于现行之《述异记》二卷,称梁任昉撰者,则唐宋间人伪作,而袭祖冲之之书名者也,故唐人书中皆未尝引。

刘敬叔字敬叔,彭城人,少颖敏有异才,晋末拜南平国郎中令,入宋为给事黄门郎,数年,以病免,泰始中卒于家(约三九〇——四七〇),所著有《异苑》十余卷,行世。(详见明胡震亨所作小传,在汲古阁本《异苑》卷首)《异苑》今存者十卷,然亦非原书。

魏时,殿前大钟无故大鸣,人皆异之,以问张华,华曰,“此蜀郡铜山崩,故钟鸣应之耳。”寻蜀郡上其事,果如华言。(卷二)

义熙中,东海徐氏婢兰忽患羸黄,而拂拭异常,共伺察之,见扫帚从壁角来趋婢床,乃取而焚之,婢即平复。(卷八)

晋太元十九年,鄱阳桓阐杀犬祭乡里绥山,煮肉不熟。神怒,即下教于巫曰,“桓阐以肉生贻我,当谪令自食也。”其年忽变作虎,作虎之始,见人以斑皮衣之,即能跳跃噬逐。(卷八)

东莞刘邕性嗜食疮痂,以为味似鳆鱼。尝诣孟灵休,灵休先患炙疮,痂落在床,邕取食之,灵休大惊,痂未落者悉褫取饴邕。南康国吏二百许人,不问有罪无罪,递与鞭,疮痂落,常以给膳。(卷十)

临川王刘义庆(四〇三——四四四)为性简素,爱好文义,撰述甚多(详见《宋书》《宗室传》),有《幽明录》三十卷,见《隋志》史部杂传类,《新唐志》入小说。其书今虽不存,而他书征引甚多,大抵如《搜神》《列异》之类;然似皆集录前人撰作,非自造也。唐时尝盛行,刘知几(《史通》)云《晋书》多取之。

宋散骑侍郎东阳无疑有《齐谐记》七卷,亦见《隋志》,今佚。梁吴均作《续齐谐记》一卷,今尚存,然亦非原本。吴均字叔庠,吴兴故鄣人,天监初为吴兴主簿,旋兼建安王伟记室,终除奉朝请,以撰《齐春秋》不实免职,已而复召,使撰通史,未就,普通元年卒,年五十二(四六九——五二〇),事详《梁书·文学传》。均夙有诗名,文体清拔,好事者或模拟之,称"吴均体",故其为小说,亦卓然可观,唐宋文人多引为典据,阳羡鹅笼之记,尤其奇诡者也。

> 阳羡许彦于绥安山行,遇一书生,年十七八,卧路侧,云脚痛,求寄鹅笼中。彦以为戏言,书生便入笼,笼亦不更广,书生亦不更小,宛然与双鹅并坐,鹅亦不惊。彦负笼而去,都不觉重。前行息树下,书生乃出笼谓彦曰:"欲为君薄设。"彦曰:"善。"乃口中吐出一铜奁子,奁子中具诸肴馔。……酒数行,谓彦曰:"向将一妇人自随。今欲暂邀之。"彦曰:"善。"又于口中吐一女子,年可十五六,衣服绮丽,容貌殊绝,共坐宴。俄而书生醉卧,此女谓彦曰:"虽与书生结妻,而实怀怨,向亦窃得一男子同行,书生既眠,暂唤之,君幸勿言。"彦曰:"善。"女子于口中吐出一男子,年可二十三四,亦颖悟可爱,乃与彦叙寒温。书生卧欲觉,女子口吐一锦行障遮书生,书生乃留女子共卧。男子谓彦曰:"此女虽有情,心亦不尽,向复窃得一女人同行,今欲暂见之,愿君勿泄。"彦曰:"善。"男子又于口中吐一妇人,年可二十许,共酌,戏谈甚久,闻书生动声,男子曰:"二人眠已觉。"因取所吐女人,还纳口中。须臾,书生处女乃出谓彦曰:"书生欲起。"乃吞向男子,独对彦坐。然后书生起谓彦曰:"暂眠遂久,君独坐,当悒悒耶?日又晚,当与君别。"遂吞其女子,诸器皿悉纳口中,留大铜盘可二尺广,与彦别曰:"无以藉君,与君相忆也。"彦大元中为兰台令史,以盘饷侍中张散;散看其铭题,云是永平三年作。

然此类思想,盖非中国所故有,段成式已谓出于天竺,《酉阳杂俎》(《续集·贬误篇》)云:"释氏《譬喻经》云,昔梵志作术,吐出一壶,中有女子与屏,处作家室。梵志少息,女复作术,吐出一壶,中有男子,复与共卧。梵志觉,次第互吞之,柱杖而去。余以吴均尝览此事,讶其说以为至怪也。"所云释氏经者,即《旧杂譬喻经》,吴时康僧会译,今尚存;而此一事,则复有他经为本,如《观佛三昧海经》(卷一)说观佛苦行时白毫毛相云:"天见毛内有百亿光,其光微妙,不可具宣。于其光中,现化菩萨,皆修苦行,如此不异。菩萨不小,毛亦不大。"当又为梵志吐壶相之渊源矣。魏晋以来,渐译释典,天竺故事亦流传世间,文人喜其颖异,于有意或无意中用之,遂蜕化为国有,如晋人荀氏作《灵鬼志》,亦记道人入笼子中事,尚云来自外国,至吴均记,乃为中国之书生。

> 太元十二年,有道人外国来,能吞刀吐火,吐珠玉金银,自说其所受师,即白衣,非沙门也。尝行,见一人担担,上有小笼子,可受升余,语担人云,"吾步行疲极,欲寄君担。"担人甚怪之,虑是狂人,便语之云,"自可耳。"……即入笼中,笼不更大,其人亦不更小,担之亦不觉重于先。既行数十里,树下住食,担人呼共食,云"我自有食",不肯出。……食未半,语担人"我欲与妇共食",即复口吐出女子,年二十许,衣裳容貌甚美,二人便共食。食欲竟,其夫便卧;妇语担人,"我有外夫,欲来共食,夫觉,君勿道之。"妇便口中出一年少丈夫,共食。笼中便有三人,宽急之事,亦复不异。有顷,其夫动,如欲觉,妇便以外夫内口中。夫起,语担人曰,"可去!"即以妇内口中,次及食器物。……(《法苑珠林》六十一,《太平御览》三百五十九)

第六篇　六朝之鬼神志怪书(下)

释氏辅教之书,《隋志》著录九家,在子部及史部,今惟颜之推《冤魂志》存,引经史以证报应,已开混合儒释之端矣,而余则俱佚。遗文之可考见者,有宋刘义庆《宣验记》,齐王琰《冥祥记》,隋颜之推《集灵记》,侯白《旌异记》四种,大抵记经像之显效,明应验之实有,以震耸世俗,使生敬信之心,顾后世则或视为小说。王琰者,太原人,幼在交阯,受五戒,于宋大明及建元(五世纪中)年,两感金像之异,因作记,撰集像事,继以经塔,凡十卷,谓之《冥祥》,自序其事甚悉(见《法苑珠林》卷十七)。《冥祥记》在《珠林》及《太平广记》中所存最多,其叙述亦最委曲详尽,今略引三事,以概其余。

汉明帝梦见神人,形垂二丈,身黄金色,项佩日光。以问群臣,或对曰,“西方有神,其号曰佛,形如陛下所梦,得无是乎?”于是发使天竺,写致经像。表之中夏,自天子王侯,咸敬事之,闻人死精神不灭,莫不惧然自失。初,使者蔡愔将西域沙门迦叶摩腾等赍优填王画释迦佛像,帝重之,如梦所见也,乃遣画工图之数本,于南宫清凉台及高阳门显节寿陵上供养。又于白马寺壁画千乘万骑绕塔三匝之像,如诸传备载。(《珠林》十三)

晋谢敷字庆绪,会稽山阴人也,……少有高操,隐于东山,笃信大法,精勤不倦,手写《首楞严经》,当在都白马寺中,寺为灾火所延,什物余经,并成煨尽,而此经止烧纸头界外而已,文字悉存,无所毁失。敷死时,友人疑其得道,及闻此经,弥复惊异。……(《珠林》十八)

晋赵泰字文和,清河贝丘人也,……年三十五时,尝卒心痛,须臾而死。下尸于地,心暖不已,屈伸随人。留尸十日,平旦,喉中有声如雨,俄而苏活。说初死之时,梦有一人来近心下,复有二人乘黄马,从者二人,扶泰腋径将东行,不知可几里,至一大城,崔巍高峻,城色青黑。将泰向城门入,经两重门,有瓦屋可数千间,男女大小亦数千人,行列而立。吏著皂衣,有五六人,条疏姓字,云“当以科呈府君”。泰名在三十,须臾,将泰与数千人男女一时俱进。府君西向坐,简视名簿讫,复遣泰南入黑门。有人著绛衣坐大屋下,以次呼名,问“生时所事?作何孽罪?行何福善?谛汝等辞,以实言也!此恒遣六部使者常在人间,疏记善恶,具有条状,不可得虚。”泰答“父兄仕宦,皆二千石。我少在家,修学而已,无所事也,亦不犯恶。”乃遣泰为水官将作。……后转泰水官都督知诸狱事,给泰兵马,令案行地狱。所至诸狱,楚毒各殊:或针贯其舌,流血竟体;或被头露发,裸形徒跣,相牵而行,有持大杖,从后催促,铁床铜柱,烧之洞然,驱迫此人,抱卧其上,赴即焦烂,寻复还生;……或剑树高广,不知限量,根茎枝叶,皆剑为之,人众相訾,自登自攀,若有欣竞,而身首割截,尺寸离断。泰见祖父母及二弟在此狱中,相见涕泣。泰出狱门,见有二人赍文书,来语狱吏,言有三人,其家为其于塔寺中悬幡烧香,救解其罪,可出福舍。俄见三人自狱而出,已有自然衣服,完整在身，南诣一门，云名开光大舍。……泰案行毕，还水官处。……主者曰，“卿无罪过，故相使为水官都督，不尔，与地狱中人无以异也。”泰问主者曰，“人有何行，死得乐报？”主者唯言“奉法弟子精进持戒，得乐报，无有谪罚也。”泰复问曰，“人未事法时所行罪过，事法之后，得以除不？”答曰，“皆除也。”语毕，主者开縢箧检泰年纪，尚有余算三十年在，乃遣泰还。……时晋太始五年七月十三日也。……（《珠林》七，《广记》三百七十七）

佛教既渐流播，经论日多，杂说亦日出，闻者虽或悟无常而归依，然亦或怖无常而却走。此之反动，则有方士亦自造伪经，多作异记，以长生久视之道，网罗天下之逃苦空者，今所存汉小说，除一二文人著述外，其余盖皆是矣。方士撰书，大抵托名古人，故称晋宋人作者不多有，惟类书间有引《神异记》者，则为道士王浮作。浮，晋人；有浅妄之称，即惠帝时（三世纪末至四世纪初）与帛远抗论屡屈，遂改换《西域传》造老子《明威化胡经》者也（见唐释法琳《辩正论》六）。其记似亦言神仙鬼神，如《洞冥》《列异》之类。

陈敏，孙皓之世为江夏太守，自建业赴职，闻宫亭庙验（原注云言灵验），过乞在任安稳，当上银杖一枚。年限既满，作杖拟以还庙，捶铁以为干，以银涂之。寻征为散骑常侍，往宫亭，送杖于庙中讫，即进路。日晚，降神巫宣教曰，“陈敏许我银杖，今以涂杖见与，便投水中，当以还之。欺蔑之罪，不可容也！”于是取银杖看之，剖视中见铁干，乃置之湖中。杖浮在水上，其疾如飞，遥到敏舫前，敏舟遂覆也。（《太平御览》七百十）

丹丘生大茗，服之生羽翼。（《事类赋》注十六）

《拾遗记》十卷，题晋陇西王嘉撰，梁萧绮录。《晋书·艺术列传》中有王嘉，略云，嘉字子年，陇西安阳人，初隐于东阳谷，后入长安，苻坚累征不起，能言未然之事，辞如谶记，当时鲜能晓之。姚苌入长安，逼嘉自随；后以答问失苌意，为苌所杀（约三九〇）。嘉尝造《牵三歌谶》，又著《拾遗录》十卷，其事多诡怪，今行于世。传所云《拾遗录》者，盖即今记，前有萧绮序，言书本十九卷,二百二十篇,当苻秦之季,典章散灭,此书亦多有亡,绮更删繁存实,合为一部,凡十卷。今书前九卷起庖牺迄东晋,末一卷则记昆仑等九仙山,与序所谓"事讫西晋之末"者稍不同。其文笔颇靡丽,而事皆诞谩无实,萧绮之录亦附会,胡应麟(《笔丛》三十二)以为"盖即绮撰而托之王嘉"者也。

少昊以金德王,母曰皇娥,处璇宫而夜织,或乘桴木而昼游,经历穷桑沧茫之浦。时有神童,容貌绝俗,称为白帝之子,即太白之精,降乎水际,与皇娥宴戏,奏便娟之乐,游漾忘归。穷桑者,西海之滨,有孤桑之树,直上千寻,叶红椹紫,万岁一实,食之后天而老。……帝子与皇娥并坐,抚桐峰梓瑟,皇娥倚瑟而清歌曰,"天清地旷浩茫茫,万象回薄化无方,浛天荡荡望沧沧,乘桴轻漾著日傍,当其何所至穷桑,心知和乐悦未央。"俗谓游乐之处为桑中也,《诗》《卫风》云"期我乎桑中",盖类此也。……及皇娥生少昊,号曰穷桑氏,亦曰桑丘氏。至六国时,桑丘子著阴阳书,即其余裔也。……(卷一)

刘向于成帝之末,校书天禄阁,专精覃思。夜,有老人著黄衣,植青藜杖,登阁而进,见向暗中独坐诵书,老父乃吹杖端,烟燃,因以见向,说开辟已前。向因受五行洪范之文,恐辞说繁广忘之,乃裂帛及绅,以记其言,至曙而去。向请问姓名,云"我是太一之精,天帝闻卯金之子有博学者,下而观焉"。乃出怀中竹牒,有天文地图之书,"余略授子焉"。至向子歆,从向授其术。向亦不悟此人焉。(卷六)

洞庭山浮于水上,其下有金堂数百间,玉女居之,四时闻金石丝竹之声,彻于山顶。楚怀王之时,举群才赋诗于水湄。……后怀王好进奸雄,群贤逃越。屈原以忠见斥,隐于沅湘,披蓁茹草,混同禽兽,不交世务,采柏实以和桂膏,用养心神,被王逼逐,乃赴清泠之水,楚人思慕,谓之水仙。其神游于天河,精灵时降湘浦,楚人为之立祠,汉末犹在。(卷十)

第七篇 《世说新语》与其前后

汉末士流,已重品目,声名成毁,决于片言,魏晋以来,乃弥以标格语言相尚,惟吐属则流于玄虚,举止则故为疏放,与汉之惟俊伟坚卓为重者,甚不侔矣。盖其时释教广被,颇扬脱俗之风,而老庄之说亦大盛,其因佛而崇老为反动,而厌离于世间则一致,相拒而实相扇,终乃汗漫而为清谈。渡江以后,此风弥甚,有违言者,惟一二枭雄而已。世之所尚,因有撰集,或者掇拾旧闻,或者记述近事,虽不过丛残小语,而俱为人间言动,遂脱志怪之牢笼也。

记人间事者已甚古,列御寇韩非皆有录载,惟其所以录载者,列在用以喻道,韩在储以论政。若为赏心而作,则实萌芽于魏而盛大于晋,虽不免追随俗尚,或供揣摩,然要为远实用而近娱乐矣。晋隆和(三六二)中,有处士河东裴启,撰汉魏以来迄于同时言语应对之可称者,谓之《语林》,时颇盛行,以记谢安语不实,为安所诋,书遂废(详见《世说新语·轻诋篇》)。后仍时有,凡十卷,至隋而亡,然群书中亦常见其遗文也。

娄护字君卿,历游五侯之门,每旦,五侯家各遗饷之,君卿口厌滋味,乃试合五侯所饷之鲭而食,甚美。世所谓"五侯鲭",君卿所致。(《太平广记》二百三十四)

魏武云:"我眠中不可妄近,近辄斫人不觉。左右宜慎之!"后乃阳冻眠,所幸小儿窃以被覆之,因便斫杀,自尔莫敢近。(《太平御览》七百七)

钟士季尝向人道:"吾年少时一纸书,人云是阮步兵书,皆字字生义,既知是吾,不复道也。"(《续谈助》四)

祖士言与钟雅语相调,钟语祖曰:"我汝颍之士利如锥,卿燕代之士钝如槌。"祖曰:"以我钝槌,打尔利锥。"钟曰:"自有神锥,不可得打。"祖曰:"既有神锥,必有神槌。"钟遂屈。(《御览》四百六十六)

王子猷尝暂寄人空宅住,使令种竹。或问暂住何烦尔?啸咏良久,直指竹曰:"何可一日无此君。"(《御览》三百八十九)

《隋志》又有《郭子》三卷,东晋中郎郭澄之撰,《唐志》云"贾泉注",今亡。审其遗文,亦与《语林》相类。

宋临川王刘义庆有《世说》八卷,梁刘孝标注之为十卷,见《隋志》。今存者三卷曰《世说新语》,为宋人晏殊所删并,于注亦小有剪裁,然不知何人又加新语二字,唐时则曰新书,殆以《汉志》儒家类录刘向所序六十七篇中,已有《世说》,因增字以别之也。《世说新语》今本凡三十八篇,自《德行》至《仇隙》,以类相从,事起后汉,止于东晋,记言则玄远冷俊,记行则高简瑰奇,下至缪惑,亦资一笑。孝标作注,又征引浩博。或驳或申,映带本文,增其隽永,所用书四百余种,今又多不存,故世人尤珍重之。然《世说》文字,间或与裴郭二家书所记相同,殆亦犹《幽明录》《宣验记》然,乃纂辑旧文,非由自造:《宋书》言义庆才词不多,而招聚文学之士,远近必至,则诸书或成于众手,未可知也。

阮光禄在剡,曾有好车,借者无不皆给。有人葬母,意欲借而不敢言。阮后闻之,叹曰:"吾有车而使人不敢借,何以车为?"遂焚之。(卷上《德行篇》)

阮宣子有令闻,太尉王夷甫见而问曰:"老庄与圣教同异?"对曰:"将无同。"太尉善其言,辟之为掾,世谓"三语掾"。(卷上《文学篇》)

祖士少好财,阮遥集好屐,并恒自经营,同是一累,而未判其得失。人有诣祖,见料视财物,客至,屏当未尽,余两小簏,著背后倾身障之,意未能平。或有诣阮,见自吹火蜡屐,因叹曰:"未知一生当著几量屐?"神色闲畅。于是胜负始分。(卷中《雅量篇》)

世目李元礼"谡谡如劲松下风"。(卷中《赏誉篇》)

公孙度目邴原:"所谓云中白鹤,非燕雀之网所能罗也。"(同上)

刘伶恒纵酒放达,或脱衣裸形在屋中。人见讥之。伶曰:"我以天地为栋宇,屋室为裈衣,诸君何为入我裈中?"(卷下《任诞篇》)

石崇每要客燕集,常令美人行酒,客饮酒不尽者,使黄门交斩美人。王丞相与大将军尝共诣崇,丞相素不能饮,辄自勉强,至于沉醉。每至大将军,固不饮以观其变,已斩三人,颜色如故,尚不肯饮,丞相让之,大将军曰:"自杀伊家人,何预卿事?"(卷下《汰侈篇》)

梁沈约(四四一—五一三,《梁书》有传)作《俗说》三卷,亦此类,今亡。梁武帝尝敕安右长史殷芸(四七一—五二九,《梁书》有传)撰《小说》三十卷,至隋仅存十卷，明初尚存，今乃止见于《续谈助》及原本《说郛》中，亦采集群书而成，以时代为次第，而特置帝王之事于卷首，继以周汉，终于南齐。

> 晋咸康中，有士人周谓者，死而复生，言天帝召见，引升殿，仰视帝，面方一尺。问左右曰："是古张天帝耶？"答云："上古天帝，久已圣去，此近曹明帝也。"(《绀珠集》二)
>
> 孝武未尝见驴，谢太傅问曰："陛下想其形当何所似？"孝武掩口笑云，"正当似猪。"(《续谈助》四。原注云：出《世说》。案今本无之。)
>
> 孔子尝游于山，使子路取水。逢虎于水所，与共战，揽尾得之，内怀中；取水还。问孔子曰："上士杀虎如之何？"子曰："上士杀虎持虎头。"又问曰："中士杀虎如之何？"子曰："中士杀虎持虎耳。"又问："下士杀虎如之何？"子曰："下士杀虎捉虎尾。"子路出尾弃之，因恚孔子曰："夫子知水所有虎，使我取水，是欲死我。"乃怀石盘欲中孔子，又问："上士杀人如之何？"子曰："上士杀人使笔端。"又问曰："中士杀人如之何？"子曰："中士杀人用舌端。"又问："下士杀人如之何？"子曰："下士杀人怀石盘。"子路出而弃之，于是心服。(原本《说郛》二十五。原注云：出《冲波传》。)
>
> 鬼谷先生与苏秦张仪书云："二君足下，功名赫赫，但春华到秋，不得久茂。日数将冬，时讫将老。子独不见河边之树乎？仆御折其枝，波浪激其根；此木非与天下人有仇怨，盖所居者然。子见嵩岱之松柏，华霍之树檀？上叶干青云，下根通三泉，上有猿狖，下有赤豹麒麟，千秋万岁，不逢斧斤之伐：此木非与天下之人有骨肉，亦所居者然。今二子好朝露之荣，忽长久之功，轻乔松之求延，贵一旦之浮爵，夫'女爱不极席，男欢不毕轮'，痛夫痛夫，二君二君！"(《续谈助》四。原注云：出《鬼谷先生书》。)

《隋志》又有《笑林》三卷，后汉给事中邯郸淳撰。淳一名竺，字子礼，颍川人，弱冠有异才，元嘉元年(一五一)，上虞长度尚为曹娥立碑，淳者尚之弟子，于席间作碑文，操笔而成，无所点定，遂知名，黄初初(约二二一)，为魏博士给事中，见《后汉书·曹娥传》及《三国·魏志·王粲传》等注。《笑林》今佚,遗文存二十余事,举非违,显纰缪,实《世说》之一体,亦后来诽谐文字之权舆也。

> 鲁有执长竿入城门者,初,竖执之不可入,横执之亦不可入,计无所出。俄有老父至曰:“吾非圣人,但见事多矣,何不以锯中截而入!”遂依而截之。(《太平广记》二百六十二)
>
> 平原陶丘氏,取渤海墨台氏女,女色甚美,才甚令,复相敬,已生一男而归,母丁氏,年老,进见女婿。女婿既归而遣妇。妇临去请罪,夫曰:“曩见夫人年德已衰,非昔日比,亦恐新妇老后,必复如此,是以遣,实无他故。”(《太平御览》四百九十九)
>
> 甲父母在,出学三年而归。舅氏问其学何所得,并序别父久。乃答曰:“渭阳之思,过于秦康。”既而父数之:“尔学奚益。”答曰:“少失过庭之训,故学无益。”(《广记》二百六十二)
>
> 甲与乙争斗,甲啮下乙鼻,官吏欲断之,甲称乙自啮落。吏曰:“夫人鼻高而口低,岂能就啮之乎?”甲曰:“他踏床子就啮之。”(同上)

《笑林》之后,不乏继作,《隋志》有《解颐》二卷。杨松玢撰,今一字不存,而群书常引《谈薮》,则《世说》之流也。《唐志》有《启颜录》十卷,侯白撰。白字君素,魏郡人,好学有捷才,滑稽善辩,举秀才为儒林郎,好为诽谐杂说,人多爱狎之,所在之处,观者如市。隋高祖闻其名,召令于秘书修国史,后给五品食,月余而死(约六世纪后叶)。见《隋书·陆爽传》。《启颜录》今亦佚,然《太平广记》引用甚多,盖上取子史之旧文,近记一己之言行,事多浮浅,又好以鄙言调谑人,诽谐太过,时复流于轻薄矣。其有唐世事者,后人所加也;古书中往往有之,在小说尤甚。

> 开皇中,有人姓出名六斤,欲参(杨)素,赍名纸至省门,遇白,请为题其姓,乃书曰“六斤半”。名既入,素召其人,问曰:“卿姓六斤半?”答曰:“是出六斤。”曰:“何为六斤半?”曰:“向请侯秀才题之,当是错矣。”即召白至,谓曰:“卿何为错题人姓名?”对云:“不错。”素曰:“若不错,何因姓出名六斤,请卿题之,乃言六斤半?”对曰:“白在省门,会卒无处觅

称，既闻道是出六斤，斟酌只应是六斤半。”素大笑之。（《广记》二百四十八）

山东人娶蒲州女，多患瘿，其妻母项瘿甚大。成婚数月，妇家疑婿不慧，妇翁置酒盛会亲戚，欲以试之。问曰：“某郎在山东读书，应识道理。鸿鹤能鸣，何意？”曰：“天使其然。”又曰：“松柏冬青，何意？”曰：“天使其然。”又曰：“道边树有骨骴，何意？”曰：“天使其然。”妇翁曰：“某郎全不识道理，何因浪住山东？”因以戏之曰：“鸿鹤能鸣者颈项长，松柏冬青者心中强，道边树有骨骴者车拨伤：岂是天使其然？”婿曰：“虾蟆能鸣，岂是颈项长？竹亦冬青，岂是心中强？夫人项下瘿如许大，岂是车拨伤？”妇翁羞愧，无以对之。（同上）

其后则唐有何自然《笑林》，今亦佚，宋有吕居仁《轩渠录》，沈征《谐史》，周文玘《开颜集》，天和子《善谑集》，元明又十余种；大抵或取子史旧文，或拾同时琐事，殊不见有新意。惟托名东坡之《艾子杂说》稍卓特，顾往往嘲讽世情，讥刺时病，又异于《笑林》之无所为而作矣。

至于《世说》一流，仿者尤众，刘孝标有《续世说》十卷，见《唐志》，然据《隋志》，则殆即所注临川书。唐有王方庆《续世说新书》（见《新唐志》杂家，今佚），宋有王谠《唐语林》，孔平仲《续世说》，明有何良俊《何氏语林》，李绍文《明世说新语》，焦竑《类林》及《玉堂丛话》，张墉《廿一史识余》，郑仲夔《清言》等；然纂旧闻则别无颖异，述时事则伤于矫揉，而世人犹复为之不已，至于清，又有梁维枢作《玉剑尊闻》，吴肃公作《明语林》，章抚功作《汉世说》，李清作《女世说》，颜从乔作《僧世说》，王晫作《今世说》，汪琬作《说铃》而惠栋为之补注，今亦尚有易宗夔作《新世说》也。

（选自鲁迅《中国小说史略》）

刘师培

刘师培(1884—1919),近代语言文字学家、经学家。字申叔,一名光汉,号左盦,江苏仪征人。其家三世以经术闻,幼承家学,精训诂。18 岁为县学生员,19 岁中举人。20 岁至上海与章炳麟交游,曾为《国粹学报》主要撰稿人。又到芜湖任皖江中学教员。后到日本,与章炳麟办《民报》。返国后先后在四川国学院讲学,后经山西入北京加入筹安会。1917 年被蔡元培聘为北京大学教授,1919 年病逝。

刘师培著作甚丰,有《左盦文集》8 卷,《刘申叔先生遗书》74 种,又有《读左札记》、《论文杂记》、《中国中古文学史》。

中国中古文学史(节选)

第一课　概　论

物成而丽,交错发形:分动而明,刚柔判象:在物佥然,交亦犹之。惟是捈欲通噎,纮埏实同;偶类齐音,中邦臻极。何则?准声署字,修短揆均,字必单音,所施斯适。远国异人,书违颉、诵,翰藻弗殊,侔均斯逊。是则音泮轻轩,象昭明两,比物丑类,泯迹从齐,切响浮声,引同协异,乃禹域所独然,殊方所未有也。

此一则明俪文律诗为诸夏所独有;今与外域文学竞长,惟资斯体。

《易大传》曰:"物相杂故曰文。"《论语》曰:"郁郁乎文哉。"由《易》之说,则青白相比、玄黄厝杂之谓也;由《语》之说,则会集众彩、含物化光之谓也。嗣则汶长说文,诂遣相诠;成国释名,即绣为辟。准萌造字之基,顾諟正名之指,文匪一端,殊途同轨。必重明丽正,致饰尽亨,缀兆舒疾,周旋矩规,然后考命物以极情性,观形容以况物宜,故能光明上下,劈措万类,未有志白贲而诋翰如,执素功以该缋事者也。

此一则申明文诂,俾学者顾名思义,非偶词俪语,弗足言文。

文区科臬,流衍万殊:董、贾摛词,未均羡绌;彦和综律,始阐音和。清浊周疏,间世斯审;后贤所闿,古或未昭。何则?人性之能,别声被色而已。声弗过五,而生变比音,弗可胜奏;色弗过五,而成文不乱,不可胜宣。故舞佾在庭,方员自形;蕤宾孔和,林钟遐应:因物而作,或秉自然。至若龙璪齐晖,上下异昭;笙镛节律,间代而鸣:彰彩谐音,率繇世巧。由是而言,前哲因情以纬文,后贤截文以适轨。故沈思翰藻,今古斯同;而美媲黄裳,六朝臻极。挽近论文,恒以后弗承前为诟。然六爻之位,皆繇左右,剪偶隆奇,曷云成列?况周晚玉藻,前后邃延,骤易夏收,必乖俯仰。至于律吕宫商,虽基沈沦;然锡銮失和,虽有缊韨樊缨,末由昭其度;双璜错鸣,虽有缊韨幽衡,末由俑其娓。故文而弗俪，治丝以棼之说也；俪不和律，琴瑟婞壹之说也。

此一则证明齐、梁文词于律为进；弗得援后世弗逮程律之作，上薄齐、梁。

“著诚去伪”，“从质舍文”，两词频似，旨弗同科。世儒瞀犹，以“质”诠“诚”。不知说而丽明，物睽斯类；明不可息，冥升奚贞？古人公门，必彰列彩，杂能是习，不愆安礼。火龙可贱，于昔蔑闻。夫蔑席之平，素衣之襮，犹必昼纯铄其华，朱纬炜其裼；况于记久明远，经纬天地者乎？孔崇先进，旨主刺时；故有质无文，葛卢垂贬。质果可复，则是彪蒙匪吉，虎炳匪孚，子羽未可休，棘成未足绌也。又隋、唐以前，便章文笔；五代而降，桴类翕观。福祸在躬，袭蒙衮裳之名；土铏是饭，因云雕俎可齐。董仲舒有言：“名生于真，非其真，弗以为名。”背厥真名，此万民所由丧察也。

此一则诠明沈思翰藻，弗背文律；归、茅、方、姚之伦，弗得以华而弗实相訾。

文崇六代，惟主考型；若夫宣究流衍，掸引绪专，习肄所及，两汉实先。譬之大飨，丹漆丝纩，庭实旅陈，斯蒲槁鞂，兼昭贵本，于礼有然，庸伤翩反？况复娴习雅故，底究六籍，扬、马、张、蔡，各臻厥茂；伐柯取则，执一封越，率迪众长，或庶几焉。

此一则明六朝以前之文，必当研习。

第二课　文学辨体

此篇以阮氏《文笔对》为主。特所引群书，以类相从，各附案词，以明文轨。

《晋书・蔡谟传》：文笔论议，有集行于世。

《宋书・傅亮传》：高祖登庸之始，文笔皆是记室参军滕演；北征广固，悉委长史王诞。

《北史・魏高祖纪》：有大文笔，马上口授。

《魏书・温子升传》：台中文笔，皆子升为之。

《北史・温子升传》：张皋写子升文笔，傅于江外。

《北齐书・李广传》：毕义云集其文笔十卷。

《陈书・陆琰传》：其所制文笔多不存本。

《陈书·刘师知传》:工文笔。

《陈书·徐伯阳传》:年十五以文笔称。

据上九证,知古云文笔,犹今人所云诗文、诗词,确为二体。

《南史·颜延之传》:宋文帝问延之诸子才能。延之曰:“竣得臣笔,测得臣文。”

据上一证,知文之与笔,弗必两工;犹今工文者,弗必工诗也。

梁元帝《金楼子·立言篇》云:夫子门徒,转相师受,通圣人之经者谓之儒。屈原、宋玉、枚乘、长卿之徒,止于辞赋,则谓之文。今之儒,博穷子史,但能识其事,不能通其理者,谓之学。至如不便为诗如阎纂,善为章奏如伯松,若此之流,泛谓之笔;吟咏风谣,流连哀思者谓之文。

又云:笔,退则非谓成篇,进则不云取义,神其巧惠,(案:惠、慧古通。)笔端而已。至如文者,惟须绮縠纷披,宫徵靡曼,唇吻遒会,情灵摇荡。而古之文笔,今之文笔,其源又异。

刘勰《文心雕龙·总术篇》云:今之常言,有文有笔,以为无韵者笔也,有韵者文也。

据上三证,是偶语韵词谓之文,凡非偶语韵词概谓之笔。盖文以韵词为主,无韵而偶,亦得称文。《金楼》所诠,至为昭晰。

《汉书·楼护传》:长安号曰“谷子云笔札”。

《梁书·任昉传》:尤长载笔。

《南史·沈约传》:彦升工于笔。

《陈书·徐陵传》:国家有大手笔,皆陵草之。

《陈书·陆琼传》:讨周迪、陈宝应等,都官符及诸大手笔,并敕付琼。

《唐书·蒋偕传》:三世踵修国史,世称良笔。

据上六证,是官牍史册之文,古概称笔。盖“笔”从“聿”声,古名“不聿”,“聿”、“述”谊同。故其为体,惟以直质为工,据事直书,弗尚藻彩。《礼·曲礼》篇曰:“史载笔。”孔修《春秋》,亦曰:“笔则笔,削则削。”后世以降,凡体之涉及传状者,均笔类也。陆机《文赋》,诠述诗赋十体,弗及传记,亦其明证。

《南史·孔珪传》:与江淹对掌辞笔。

《陈书·岑之敬传》:雅有辞笔。

据上二证,均辞、笔并言。“辞”当作“词”,“词”与“文”同。《说文》云:“词,意内而言外也。”《周易·乾·文言》曰:“修辞立其诚。”又《系辞上》曰:“系辞焉以尽其言。”系、饰互文,素、缀同情,是词之为体,迥异直言。屈、宋之作,汉标《楚辞》,亦其证也。是知六朝之辞,亦以偶语韵文为限。

《梁书·刘潜传》:字孝仪,秘书监孝绰弟也。绰常曰“三笔六诗”,三即孝仪,六孝威也。

《梁书·庾肩吾传》载简文《与湘东王论文》曰:诗既若此,笔又如之。

《北史·箫圆肃传》:撰时人诗笔为《文海》四十卷。

《杜甫集·寄贾司马严使君诗》:贾笔论孤愤,严诗赋几篇。

赵璘《因话录》:韩文公与孟东野友善。韩公文至高,孟长于五言,时号“孟诗韩笔”。

据上五证,均诗、笔并言。盖诗有藻韵,其类亦可称文;笔无藻韵,唐人散体概属此类。故昌黎之作,在唐称笔;后世文家,奉为正宗,是均误笔为文者也。

《南齐书·晋安王子懋传》:文章诗笔,乃是佳事。

据上一证,是笔与诗、文并殊。

刘禹锡《中山集·祭韩侍郎文》:子长在笔,予长在论。

据上一证,是笔与论殊。盖笔主直书,论则兼尚植指。故文赋隶论于文,于记事之体则否。

合前列各证观之,知散行之体,概与文殊。唐、宋以降,此谊弗明,散体之作,亦入文集。若从孔子“正名”之谊,则言无藻韵,弗得名文;以笔冒文,误孰甚焉。又文苑列传,前史佥同。唐、宋以降,文学陵迟,仅工散体,恒立专传。名实弗昭,万民丧察,因并辨之。

第三课 论汉魏之际文学变迁

建安文学,革易前型,迁蜕之由,可得而说:两汉之世,户习《七经》,虽及子家,必缘经术。魏武治国,颇杂刑名,文体因之,渐趋清峻。一也。建武以还,士民秉礼。迨及建安,渐尚通侻。侻则侈陈哀乐,通则渐藻玄思。二也。献帝之初,诸方棋峙,乘时之士,颇慕纵横,骋词之风,肇端于此。三也。又汉之灵帝,颇好俳词(见杨赐《蔡邕传》),下习其风,益尚华靡;虽迄魏初,其风未革。四也。今摘史乘群书之文,涉及文学变迁者,条列如下。

《文心雕龙·时序篇》:自哀、平陵替,光武中兴,深怀图谶,颇略文华。然杜笃献诔以免刑,班彪参奏以补令,虽非旁求,亦不遐弃。及明帝叠耀,崇爱儒术,肄礼璧堂,讲文虎观,孟坚珥笔于国史,贾逵给札于瑞颂;东平擅其懿文,沛王振其通论,帝则藩仪,辉光相照矣。自安、和已下,迄至顺、桓,则有班、传、三崔,王、马、张、蔡,磊落鸿儒,才不时乏,而文章之选,存而不论。然中兴之后,群才稍改前辙,华实所附,斟酌经辞,盖历政讲聚,故渐靡儒风者也。降及灵帝,时好辞制,造《羲皇》之书,开鸿都之赋,而乐松之徒,招集浅陋,故杨赐号为驩兜,蔡邕比之俳优,其余风遗文,盖蔑如也。自献帝播迁,文学蓬转。建安之末,区宇方辑。魏武以相王之尊,雅爱诗章;文帝以副君之重,妙善辞赋;陈思以公子之豪,下笔琳琅:并体貌英逸,故俊才云蒸。仲宣委质于汉南,孔璋归命于河北,伟长从宦于青土,公干徇质于海隅,德琏综其斐然之思,元瑜展其翩翩之乐,文蔚、休伯之俦,于叔(邯郸淳字,元作子俶)、德祖(杨修字)之侣,傲雅觞豆之前,雍容衽席之上,洒笔以成酣歌,和墨以藉谈笑。观其时文,雅好慷慨,良由世积乱离,风衰俗怨,并志深而笔长,故梗概而多气也。至明帝纂戎,制诗度曲,征篇章之士,置崇文之观,何晏刘劭群才,迭相照耀。少主相仍。唯高贵英雅,顾盼合章,动言成论。于时正始余风,篇体轻澹,而嵇、阮、应、缪,并驰文路矣。

案:此篇略述东汉、三国文学变迁,至为明晰,诚学者所当参考也。

《魏志·王粲传》:粲字仲宣,山阳高平人也。献帝西迁,粲徙长安左中郎将。蔡邕见而奇之。时邕才学显著,贵重朝廷,常车骑填巷,宾客盈坐,闻粲在门,倒屣迎之。粲至,年既幼弱,容状短小,一坐尽惊。邕曰:"此王公孙也。有异才,吾不如也。吾家书籍文章,尽当与之。"年十七,司徒辟,诏除黄门侍郎,以西京扰乱,皆不就,乃之荆州依刘表。表以粲貌寝而体弱通侻,不甚重也。表卒,粲劝表子琮令归太祖,太祖辟为丞相掾,赐爵关内侯,后迁军谋祭酒。魏国既建,拜侍中。博物多识,问无不对。时旧仪废弛,兴造制度,粲恒典之。初,粲与人共行,读道边碑。人问曰:"卿能暗诵乎?"曰:"能。"因使背而诵之,不失一字。观人围棋,局坏,粲为覆之;棋者不信,以帕盖局,使更以他局为之,用相比校,不误一道。其强记默识如此。性善算,作算术,略尽其理。善属文,举笔便成,无所改定,时人常以为宿构,然正复精意覃思,亦不能加也。著诗赋论议垂六十篇。建安二十一年,从征吴。二十二年春,道病，卒，时年四十一。始文帝为五官将，及平原侯植，皆好文学。粲与北海徐干字伟长、广陵陈琳字孔璋、陈留阮瑀字元瑜、汝南应玚字德琏、东平刘桢字公干，并见友善。干为司空军谋祭酒掾属，五官将文学。琳前为何进主簿。进欲诛诸宦官，太后不听，进乃召四方猛将，并使引兵向京城，欲以劫恐太后，竟以取祸。琳避难冀州，袁绍使典文章。袁氏败，琳归太祖。瑀少受学于蔡邕，建安中，都护曹洪欲使掌书记，瑀终不为屈。太祖并以琳、瑀为司空军谋祭酒，管记室，军国书檄，多琳、瑀所作也。琳徙门下督，瑀为仓曹掾属。玚、桢各被太祖辟为丞相掾属。玚转为平原侯庶子，后为五官将文学。桢以不敬被刑，刑竟署吏。咸著文赋数十篇。玚以十七年卒。干、琳、玚、桢二十二年卒。文帝书与元城令吴质曰："昔年疾疫，亲故多离其灾：徐、陈、应、刘，一时俱逝。观古今文人，类不护细行，鲜能以名节自立；而伟长独怀文抱质，恬淡寡欲，有箕山之志，可谓彬彬君子矣；著《中论》二十余篇，辞议典雅，足传于后。德琏常斐然有述作意，其才学足以著书，美志不遂，良可痛息。孔璋章表殊健，微为繁富。公干有逸气，但未遒耳。元瑜书记翩翩，致足乐也。仲宣独自善于辞赋，惜其体弱，不起其文，至于所善，古人无以远过也。昔伯牙绝弦于钟期，仲尼覆醢于子路，痛知音之难遇，伤门人之莫逮也。诸子但为未及古人，自一时之俊也。"自颍川邯郸淳、繁钦、陈留路粹、沛国丁仪、丁廙、弘农杨修、河内荀纬等，亦有文采，而不在此七人之例。玚弟璩，璩子贞，咸以文章显。璩官至侍中，贞咸熙中参相国军事。瑀子籍，才藻艳逸，而倜傥放荡，行己寡欲，以庄周为模则，官至步兵校尉。时又有谯郡嵇康，文辞壮丽，好言老、庄，而尚奇任侠，至景元中坐事诛。景初中，下邳桓威，出自孤微，年十八而著浑舆经，依道以见意，从齐国门下书佐司徒署吏，后为安成令。吴质，济阴人，以文才为文帝所善，官至振威将军，假节都督河北诸军事，封列侯。(摘录)

《卫觊传》：觊字伯儒。少夙成，以才学称，受诏典著作，又为《魏官仪》，凡所撰述数十篇。建安末河南潘勗，黄初时河内王象，亦与觊并以文章显。

《刘廙传》：廙字恭嗣，著书数十篇，乃与丁仪共论刑礼，并传于世。

《刘劭传》：劭字孔才。凡所撰述《法论》、《人物志》之类百余篇。同时东海缪袭，亦有才学，多所述叙。袭友人山阳仲长统，汉末作《昌言》。陈留苏林、京兆韦诞、谯国夏侯惠、任城孙该、河东杜挚等，亦著文赋，颇传于世。

《陈思王植传》:撰录植前后所著赋、颂、诗、铭、《新论》凡百余篇。

《中山恭王衮传》:能属文,凡所著文章二万余言。才不及陈思王,而好与之侔。

《王朗传》:朗著《易》、《春秋》、《孝经》、《周官》传,奏议、论、记咸传于世。

《刘放传》:善为书檄,三祖诏命,有所招喻,多放所为。

《蜀志郤正传》:凡所著述,诗、论、赋之属垂百篇。

《吴志韦曜》、《华核传》:曜、核所论事章疏,咸传于世也。

据以上诸传,可审三国人文之大略。

《魏志·文帝纪评》:文帝天资文藻,下笔成章,博闻强识,才艺兼该。

《陈思王植传评》:陈思文才富艳,足以自通后叶。

《王粲等传评》:昔文帝、陈王以公子之尊,博好文采。同声相应,才士并出。惟粲等六人,最见名目。

又云:卫觊亦以多识典故,相时王之式。刘劭该览学籍,文质周洽。刘廙以清鉴著。

《蜀志·秦宓传评》:文藻壮美。

《郤正传评》:文辞粲烂,有张、蔡之风。

《吴志王蕃》、《楼玄》、《贺邵》、《韦曜》、《华覈传评》:薛莹称蕃弘博多通;玄才理条畅;邵机理清要;曜笃学好古,有记述之才。胡冲以为玄、贺、蕃一时清妙,略无优劣;必不得已,玄宜在先,邵当次之;华覈文赋之才,有过于曜,而典诰不及也。(节录)

据以上诸评,可审三国文体之大略。

魏文帝《典论》:文人相轻,自古而然。傅毅之于班固,伯仲之间耳;而固小之,与弟超书曰:"武仲以能属文为兰台令史,下笔不能自休。"夫人善于自见,而文非一体,鲜能备善,是以各以所长,相轻所短。里语曰:"家有弊帚,享之千金。"斯不自见之患也。今之文人,鲁国孔融文举、广陵陈琳孔璋、山阳王粲仲宣、北海徐干伟长、陈留阮瑀元瑜、汝南应玚德琏、东平刘桢公干,斯七子者,于学无所遗,于辞无所假,咸以自骋骥騄于千里,仰齐足而并驰,以此相服,亦良难矣。盖君子审己以度人,故能免于斯累,而作论文。王粲长于辞赋;徐干时有齐气,然粲之匹也。如粲之《初征》、《登楼》、《槐赋》、《征思》,干之《玄猿》、《漏卮》、《圆扇》、《橘赋》,虽张、蔡不过也;然于他文,未能称是。琳、瑀之章、表、书记,今之隽也。应玚和而不壮;刘桢壮而不密;孔融体气高妙,有过人者,然不能持论,理不胜词,以至乎杂以嘲戏,及其所善,扬、班俦也。常人贵远贱近,向声背实,又患暗于自见,谓己为贤。夫文本同而末异:盖奏议宜雅,书论宜理,铭诔尚实,诗赋欲丽:此四科不同,故能之者偏也,唯通才能备其体。文以气为主,气之清浊有体,不可力强而致。譬诸音乐,曲度虽均,节奏同检,至于引气不齐,巧拙有素,虽在父兄,不能以移子弟。盖文章,经国之大业,不朽之盛事;年寿有时而尽,荣乐止乎其身,二者必至之常期,未若文章之无穷。是以古之作者,寄身于翰墨,见意于篇籍,不假良史之辞,不托飞驰之势,而声名自传于后。故西伯幽而演《易》,周旦显而制礼,不以隐约而弗务,不以康乐而加思。夫然,则古人贱尺璧而重寸阴,惧乎时之过已。而人多不能强力,贫贱则慑于饥寒,富贵则流于逸乐,遂营目前之务,而遗千载之功,日月逝于上,体貌衰于下,忽然与万物迁化,斯志士之大痛也。融等之已逝,唯干著论,成一家言。

案:此篇推论建安文学优劣,深切著明。文气之论,亦基于此。

魏文帝《与吴质书》:昔年疾疫,亲故多离其灾:徐、陈、应、刘,一时俱逝,痛可言邪!昔日游处,行则连舆,止则接席,何曾须臾相失?每至觞酌流行,丝竹并奏,酒酣耳热,仰而赋诗,当此之时,忽然不自知乐也;谓百年已分,可长共相保;何图数年之间,零落略尽,言之伤心!顷撰其遗文,都为一集,观其姓名,已为鬼录,追思昔游,犹在心目,而此诸子,化为粪壤,可复道哉!观古今文人,类不护细行,鲜能以名节自立;而伟长独怀文抱质,恬淡寡欲,有箕山之志,可谓彬彬君子者矣;著《中论》二十余篇,成一家之言,辞义典雅,足传于后,此子为不朽矣。德琏常斐然有述作之意,其才学足以著书,美志不遂,良可痛惜。间者历览诸子之文,对之抆泪,既痛逝者,行自念也。孔璋章表殊健,微为繁富。公干有逸气,但未遒耳;其五言诗之善者,妙绝时人。元瑜书记翩翩,致足乐也。仲宣独自善于辞赋,惜其体弱,不足起其文;至于所善,古人无以远过。昔伯牙绝弦于钟期,仲尼覆醢于子路,痛知音之难遇,伤门人之莫逮。诸子但为未及古人,自一时之隽也。今之存者,已不逮矣;后生可畏,来者难诬,然恐吾与足下不及见也。年行已长大,所怀万端,时有所虑,至通夜不瞑,志意何时复类昔日?已成老翁,但未白头耳。光武言:“年三十余,在兵中十岁,所更非一。”吾德不及之,年与之齐矣。以犬羊之质，服虎豹之文；无众星之明，假日月之光：动见瞻观，何时易乎？恐永不复得为昔日游也！少壮真当努力，年一过往，何可攀援？古人思秉烛夜游，良有以也。（此篇据《文选》录）

曹子建《与杨德祖书》：仆少小好为文章，迄至于今，二十有五年矣。然今世作者，可略而言也：昔仲宣独步于汉南，孔璋鹰扬于河朔，伟长擅名于青土，公干振藻于海隅，德琏发迹于北魏，足下高视于上京。当此之时，人人自谓握灵蛇之珠，家家自谓抱荆山之玉。吾王于是设天网以该之，顿八纮以掩之，今悉集兹国矣。然此数子，犹复不能飞轩绝迹，一举千里。以孔璋之才，不闲于辞赋，而多自谓能与司马长卿同风，譬画虎不成，反为狗也。前书嘲之，反作论盛道仆赞其文。夫钟期不失听，于今称之，吾亦不能妄叹者，畏后世之嗤余也。世人之著述，不能无病。仆尝好人讥弹其文，有不善者，应时改定。昔丁敬礼常作小文，使仆润饰之，仆自以才不过若人，辞不为也。敬礼谓仆："卿何所疑难？文之佳恶，吾自得之。后世谁相知定吾文者耶？"吾尝叹此达言，以为美谈。昔尼父之文辞，与人通流；至于制《春秋》，游、夏之徒，乃不能措一辞。过此而言不病者，吾未之见也。盖有南威之容，乃可以论于淑媛；有龙泉之利，乃可以议其断割。刘季绪才不能逮于作者，而好诋诃文章，掎摭利病。昔田巴毁五帝，罪三王，呰五霸于稷下，一日而服千人；鲁连一说，使终身杜口。刘生之辩，未若田氏，今之仲连，求之不难，可无息乎？人各有好尚：兰茝荪蕙之芳，众人所同好，而海畔有逐臭之夫；《咸池》、《六茎》之发，众人所共乐，而墨翟有非之之论，岂可同哉？今往仆少小所著辞赋一通，相与夫街谈巷说，必有可采，击辕之歌，有应风雅，匹夫之思，未易轻弃也。辞赋小道，固未足以揄扬大义，彰示来世也。昔扬子云，先朝执戟之臣耳，犹称壮夫不为也。吾虽德薄，位为番侯，犹庶几戮力上国，流惠下民，建永世之业，留金石之功，岂徒以翰墨为勋绩，辞赋为君子哉？又德祖答书亦云：若仲宣之擅江表，陈氏之跨冀城，徐、刘之显青、豫，应生之发魏国，斯皆然矣。至于脩者，听采风声，仰德不暇，自周章于省览，何遑高视哉？

案：以上数书，于建安诸子文学得失，足审大凡。

《文心雕龙·才略篇》：孔融气盛于为笔，祢衡思锐于为文，有偏美焉。潘勗凭经以骋才，故绝群于锡命；王朗发愤以托志，亦致美于序铭。然自卿、渊已前，多俊才而不课学；雄、向已后，颇引书以助文：此取与之大际，其分不可乱者也。魏文之才，洋洋清绮；旧谈抑之，谓去植千里。然子建思捷而才俊，诗丽而表逸；子桓虑详而力缓，故不竞于先鸣，而乐府清越，《典论》辩要，迭用短长，亦无懵焉。但俗情抑扬，雷同一响，遂令文帝以位尊减才，思王以势窘益价，未为笃论也。仲宣溢才，捷而能密，文多兼善，辞少瑕累，摘其诗赋，则七子之冠冕乎。琳、瑀以符檄擅声，徐干以赋论标美，刘桢情高以会采，应玚学优以得文；路粹、杨修颇怀笔记之工，丁仪、邯郸亦含论述之美，有足算焉。刘劭《赵都》，能攀于前修；何晏《景福》，克光于后进。休琏应璩《风情》，则《百壹》标其志；吉甫璩子应贞字《文理》，则《临丹》成其采。

《文心雕龙·体性篇》：仲宣躁锐，故颖出而才果；公干气褊，故言壮而情骇。

《文心雕龙·风骨篇》：故魏文称文以气为主，气之清浊有体，不可力强而致。故其论孔融则云体气高妙，论徐干则云时有齐气，论刘桢则云时有逸气。公干亦云孔氏卓卓，信含异气，笔墨之性，殆不可胜。并重气之旨也。

案：彦和所论三则，于建安文学得失，品评綦当。

《宋书·谢灵运传论》：若夫平子艳发，文以情变，绝唱高踪，久无嗣响。至于建安，曹氏基命，三祖陈王，咸蓄盛藻，甫乃以情纬文，以文被质。自汉至魏，四百余年，辞人才子，文体三变：相如巧为形似之言；班固长于情理之说；子建、仲宣，以气质为体：并摽能擅美，独映当时。是以一世之士，各相慕习。源其飚流所始，莫不同祖《风》、《骚》；徒以赏好异情，故意制相诡。

案：此节独标气质为说，与彦和所论文气合。

《文心雕龙·明诗篇》：又古诗佳丽，或称枚叔；其孤竹一篇，则傅毅之词，比采而推，两汉之作乎。观其结体散文，直而不野，婉转附物，怊切情，实五言之冠冕也。至于张衡《怨篇》，清曲可味，《仙诗缓歌》，雅有新声。暨建安之初，五言腾踊。文帝、陈思，纵辔以骋节；于、徐、应、刘，望路而争驱。并怜风月，狎池苑，述恩荣，叙酣宴，慷慨以任气，磊落以使才；造怀指事，不求纤密之巧；驱词逐貌，惟取昭晰之能：此其所同也。

案：此节明建安诗体殊于东汉中叶之作。

《文心雕龙·乐府篇》：至宣帝雅颂，诗效《鹿鸣》，迩及元、成，稍广淫乐，正音乖俗，其难也如此。暨后郊庙，惟杂雅章，辞虽典文，而律非夔、旷。至于魏之三祖，气爽才丽，宰割辞调，音靡节平。观其“北上”众引，“秋风”列篇，或述酣宴，或伤羁戍，志不出于淫荡，辞不离于哀思，虽三调之正声，实《韶》、《夏》之郑曲也。

案：此节明建安乐府变旧作之体。

《文心雕龙·铨赋篇》：及仲宣靡密，登端必遒；伟长博通，时逢壮采。

《文心雕龙·颂赞篇》：魏、晋辨颂，鲜有出辙。

《文心雕龙·诔碑篇》：至如崔骃诔赵，刘陶诔黄，并得宪章，工在简要。陈思叨名，而体实烦缓，《文皇诔》末，旨言自陈，其乖甚矣。

又云：自后汉以来，碑碣云起，才锋所断，莫高蔡邕。孔融所创，有慕伯喈，张、陈两文，辨给足采，亦其亚也。

《文心雕龙·哀吊篇》：建安哀辞，惟伟长差善，《行女》一篇，时有恻怛。

《文心雕龙·谐隐篇》：至魏文因俳说以著《笑书》，薛综憑宴会而发嘲调，虽抃推(疑"雅"字。)席而无益时用矣。

又云：荀卿《蚕赋》，已兆其体。至魏文、陈思，约而密之。高贵乡公博举品物，虽有小巧，用乖远大。

《文心雕龙·论说篇》：魏之初霸，术兼名、法。传嘏、王粲，校练名理。

《文心雕龙·诏策篇》：建安之末，文理代兴。潘勖《九锡》，曲雅逸群；卫觊《禅诰》，(疑有脱字)符命炳耀，弗可加矣。

《文心雕龙·章表篇》：昔晋文受册，三辞从命，是以汉末让表，以三为断。曹公称为表不必三让，又勿得浮华。所以魏初表章，指事造实；求其靡丽，则未足美矣。

又云：文举之荐祢衡，气扬采飞；孔明之辞后主，志尽文畅：虽华实异旨，并表之英也。琳、瑀章表，有誉当时；孔璋称健，则其标也。陈思之表，独冠群才；观其体赡而律调，辞清而志显，应物掣巧，随变生趣，执辔有余，故能缓急应节矣。

《文心雕龙·奏启篇》：魏代名臣，文理迭兴。若高堂《天文》，黄观(即王观。)《教学》，王朗《节省》，甄毅《考课》，亦尽节而知治矣。

《文心雕龙·书记篇》：公干笺记，丽而规益。子桓弗论，故世所共遗；若略名取实，则有美于为诗矣。

案：以上各条，于建安文章各体之得失，以及与两汉异同之故，均能深切著明，故摘录之。(魏人所作文集，具详《隋经籍志》，兹不赘述。)

又案:建安文学,实由文帝、陈王提倡于上。观文帝《典论选篇》云:“所著书、论、诗、赋,凡六十篇。”(《御览》九十三引)又《与王朗书》曰:“惟立德扬名,可以不朽,其次莫如著篇籍。故论撰所著《典论》、诗、赋,盖百余篇,集诸儒于肃城门内,讲论大义,侃侃无倦。”(《魏志文帝纪》注)又作《叙诗》云:“为太子时,北园及东阁讲堂并赋诗,命王粲、刘桢、阮瑀、应玚称同作。”(《初学记》十引)此均文帝自述之词也。(卞兰《赞述太子赋》序,亦谓“沈思泉涌,发藻云浮”。)

又案:陈思王《前录序》曰:“故君子之作也,俨乎若高山,勃乎若浮云,质素也如秋蓬,摛藻也知春葩,泛乎洋洋,光乎皓皓,与《雅》、《颂》争流可也。余少而好赋,其所尚也,雅好慷慨;所著繁多,虽触类而作,然芜秽者众,故删定别撰,为《前录》七十八篇。”(《艺文类聚》五十五篇)此为思王自述之词。故明帝《追录陈思王遗文诏》亦曰:“自少至终,篇籍不离于手。”又曰:“撰录植前后所著赋、颂、诗、铭、著论,凡百余篇,副藏内外。”(《魏志·植传》)是思王之文,久为当世所传,故一时文人兴起者众。至于明帝,虽文采渐衰,然亦笃好艺文,观其《以所作平原公主诔手诏陈王植》曰:“吾既薄才,至于赋、诔特不闲。从儿陵上还,哀怀未散,作儿诔,为田公家语耳。”(《御览》五百九十六引。案此诔不传。)陈王答表则言:“文义相扶,章章殊兴,句句感切。”(《御览》五百九十六引)此为明帝工文之证。又高贵乡公《原和逌等作诗稽留诏》云:“吾以暗昧,爱好文雅,广延诗赋,以知得失。”(《魏志》本纪)此又少王提倡文学之证也。故有魏一朝,文学独冠于吴、蜀。

又案:魏代名贤,于当时文学之士,亦多评品之词。如吴质《答魏太子笺》曰:“陈、徐、应、刘,才学所著,于雍容侍从,实其人也。”(《文选》)《答东阿王书》亦曰:“众贤所述,亦各有志。”(《文选》)均即七子之文言也。

又案:陈思王《王仲宣诔》曰:“文若春华,思若涌泉,发言可咏,下笔成篇。”(《文选》)王粲《阮文瑜诔》曰:“简书如雨,强力敏成。”(《艺文类聚》引)鱼豢《魏略·武诸王传论》曰:“植之华采,思若有神。”(《魏志任城王等传》裴注引)亦均文章定论。自此以外,若陈思王《与吴季重书》云:“后所来讯,文采委曲,烨若春华,浏若清风。”(《文选》)殷褒《荐朱俭表》曰:“飞辞抗论,骆驿奇逸。”(《艺文类聚》五十三引)明帝诏何桢云:“扬州别驾何桢,有文章才。”(《御览》五百八十七引)亦足补史传之缺。至若吴质论元瑜、孔璋,以为不能持论。(吴质《答魏太子笺》谓:“东方朔、枚皋之徒,不能持论,即阮、陈之俦也。”)鱼豢论王、繁诸子,仅云“光泽足观”。(《魏志·王粲传》注引鱼豢《魏略》、《王》、《繁》、《阮》、《陈》、《路传论》曰:“寻省往者,鲁连、邹阳之徒,援譬引类,以解缔结,诚彼时文辨之儁也。今览王、繁、阮、陈、路诸人,前后文旨,亦何昔不若哉!其所以不论者,时世异耳。”又曰:“譬之朱漆,虽无桢干,其为光泽,亦壮观也。”)虽为一时之言,亦千古之定说也。

又案:文章各体,至东汉而大备。汉、魏之际,文家承其体式,故辨别文体,其说不淆。如魏文《答卞兰教》云:“赋者,言事类之所附也。颂者,美盛德之形容。”(《魏志·卞后传》注引)又陈思王《上卞太后诔表》曰:“臣闻铭以述德,诔以述哀。”(《艺文类聚》十五)均其证也。惟东汉以来,赞颂铭诔之文,渐事虚辞,颇背立诚之旨。故桓范《世要论·赞象篇》曰:“夫赞象所作,所以昭述勋德,思咏政惠;此盖诗颂之末流,宜由上而兴,非专下而作也。若言不足纪,事不足述,虚而为盈,亡而为有,此圣人之所疾,庶人之所耻。”又《铭诔篇》曰:“夫渝世富贵,乘时要世,爵以赂至,官以贿成。而门生故吏,合集财货,刊石纪功,称述勋德:高邈伊、周,下陵管、晏,远追豹、产,近逾黄、邵;势重者称美,财富者文丽,欺耀当时,疑误后世。”(以上二篇均见《群书治要》。)于当时文弊,诠论至详。(其《铭诔篇》又谓诔谥乃人主权柄,而汉世不禁,使私称与王命争流,臣子与君上俱用。盖谓诔文乃君上所锡,不当私作,其说亦与古合。)盖文而无实,始于斯时。非惟韵文为然也,即作论著书,亦蹈此失。故《世要论·序作篇》曰:“世俗之人,不解作体,而务泛溢之言,不存有益之义。”(《群书治要》)文胜之弊,即此可睹。故援引其说,以见当时文学之得失,亦以见文章各体,由质趋华,非一朝一夕之故,其所由来者渐矣。(汉人惟为己书作序,未有为他书作序者。有之,自三国始。)

(选自刘师培《中国中古文学史》,人民
文学出版社 1984 年 5 月版)

吴 梅

吴梅（1884—1939），近代文学家，戏曲学家。字瞿安，一字灵鳷，号霜厓，江苏苏州人。他笃嗜词曲，尝与著名曲家俞粟庐交往切磋，是南社成员，在诗、文、词、曲的研究和创作上，都有很深的造诣。戏曲方面尤为突出，兼擅制曲、谱曲、度曲、演曲以及校定曲本，审定曲律等，被誉为近代“曲家泰斗”。吴梅终生以教书为业，先后在东吴大学、北京大学、中山大学、中央大学等校任教授，主讲词曲 20 年。抗战后，带病辗转于武汉、湘潭、桂林、昆明等地。1939 年在云南去世。

主要著作有《顾曲麈谈》、《南北九宫简谱》、《中国戏曲概论》等专著和杂剧、传奇 11 种，刻有《霜厓三剧》、《奢摩他室曲丛》两集。

曲学通论(节选)

第一章　曲　原

剧曲之兴，由来已久，而词变为曲，其间迁嬗之迹，皆在有宋一代。世之论者，以其勃起于金元之际，遂疑出自异域，其实非也。曲之为道，托体既卑，为时又近。宋元史志，与《四库》集部，均不著录，后世儒硕，皆鄙弃不复齿及，而治此艺者，大都不学之徒，即有一二文士，喜其可以改易风俗，亦不过余力及此，未闻有观其会通窥其奥窔者，此亦文学家一憾事也。夫杂剧之名，见于《宋志》(宋时每春秋圣节三大宴，小儿队、女弟子队各进杂剧队舞，见《宋史·乐志》)。其时歌词，今无可考，惟教坊致语，皆一时文人为之。宋人集中，多乐语一种，大抵铺陈皇猷颂扬藻饰之词(其文节目颇繁：一、教坊致语，二、口号，三、勾合曲，四、勾小儿队，五、队名，六、问小儿队，七、小儿致语，八、勾杂剧，九、放小儿队，十、勾女童队，十一、队名，十二、问女童队，十三、女童致语，十四、勾杂剧，十五、放女童队)，此天子大宴时用之。民间宴会伎乐，至为简略，而歌词独存，如曾慥《乐府雅词》所录，谓之大曲，所用词牌，有〔水调歌〕、〔道宫薄媚〕、〔逍遥乐〕诸曲。其中节目，多寡不一，有散序、靸排、偏攧、正攧、入破、虚催、实催、衮遍、歇拍、煞衮诸名。其词有赋物者，有分咏故事者，初无定则也。陈旸《乐书》云："大曲前缓叠不舞，至入破则羯鼓、襄鼓、大鼓与丝竹合作，勾拍益急，舞者入场，投节制容，故有催拍歇拍，姿制俯仰，百态横出。"据此，则当时歌舞之状，犹可想见。论曲之原起，当孕育于此焉。盖词之与曲，黎然为二，其蝉蜕之渐，不易定断。虽大曲舞态，与后世不同，而勾放舞队，已开后人科介之先。大遍诸词，又为金元套数之始。至如传奇家记一人一事，备述离合悲愉之况，其体虽为创见，顾如赵德麟〔蝶恋花〕十阕，述《会真记》事，分段歌之，视后代戏曲之格律，更具体而微。金董解元《西厢》，仍德麟之旧，而杂剧体例，遂因之不变。是曲体虽成于解元，而其因固造端于赵宋。迨胡元入主中华,所用胡乐,嘈杂缓急之间,旧词至不能按,乃更造新声,而北曲大备。天意若悯文明禹甸,拘文牵义者之无所措其手足,别辟一新文界以处之,至不惜破华夏之防,放此异彩,以吹箛鸣角之雄风,汰金粉靡丽之末习,此亦文学上至奇之局也。南人好事者,又推演两宋之旧制,力求雅正,而南曲以兴。由是南北两家,各树旗鼓,北剧盛于元时,实甫最称淹雅,至明初尚不失其传。传奇定于永嘉,《琵琶》一记,卓然千古,《荆钗》、《拜月》,望尘莫追。终明之世,南词盛行,流传诵习,卷帙至多。实则南北之面目虽殊,而精神终一。北人虽广罗词藻,以示典雅,而反失其真;南人虽力摹伧荒口吻,以昭真率,而诘屈聱牙,适形其弱。王元美曰:"北主劲切雄壮,南主清峭柔婉;北字多而调促,促处见筋,南字少而调缓,缓处见眼;北宜和歌,南宜独奏。"洵深造有得之言也。此南北曲之大要也。

第十二章　家　数

金元以来,士大夫好以俚语入诗词,酒边灯下,四字〔沁园春〕,七字〔瑞鹧鸪〕,粗豪横决,动以稼轩、龙州自况。自董解元作《西厢》,以方言俗语杂砌成文,世多诵习,于是杂剧作者,大率以谐俗之词实之,如《天宝遗事》、《王焕》、《乐昌分镜》、《王魁》等。今所传者,皆道路悠谬之语。故杂剧之始,仅有本色一家,无所谓辞藻缤纷,纂组缜密也。王实甫作《西厢》,始以研炼浓丽为能,此是词中异军,非曲家出色当行之作。观其《丽春堂》一剧,〔耍孩儿〕云:"睁开你那驴眼可便觑着阿谁,我便更歹杀者波,是将相的苗裔。"可知元人曲,本无藻饰之功。即如《西厢》中,"鹘伶渌老不寻常"及"老的少的"、"村的俏的"、"没颠没倒",亦非雅人口吻,是故知元人以本色见长,方可追论流别也。元人善词曲者,以大都、东平及浙中最盛。(平阳亦盛,惟传作少见。)其散处行省者,又皆浮沉下僚不得志之士(见李中麓《小山小令序》),而江西嘌唱,尤能变易故常,别创南北合套之格。繁声一启,词法大备,《辍耕录》所载家门,有和尚、先生、秀才、列良、禾下、大夫、卒子、良头、邦老、都子、孤下、司吏、仵作、撅徕诸种,不过剧中角目分析之,无当于文字之高下。即《正音谱》所列,黄冠、江东、承安诸体,亦就剧情言之,而于作家无涉焉。大抵元剧盛,首推大都,自实甫继解元之后,创为妍丽之言,而关汉卿以雄肆易其赤帜，所作《救风尘》、《玉镜台》、《谢天香》诸剧，类皆奔放滉漾，跅弛以自喜。东篱又以清俊开宗，《汉宫》、《荐福》，允推大家。自是三家鼎立，矜式群英。仲文骚雅，服膺实甫，《五丈原》剧，蜚声日下，今惜不传。显之撰述，低首已斋，《临江》、《皓寒》，悉经藻饰，虎贲中郎，持论太严。子章《听琴》，自谓得东篱神髓，而幽艳过之。真定一隅，作者亦富，《天籁》一集，质有其文，“秋雨梧桐”直驾“碧云黄花”之上，盖亲炙遗山謦欬，斯咳唾不同流俗也。“圯桥进履”、“石州醉词”，瓣香兰谷，实近江右。他如尚仲贤《夺槊》、石君宝《戏妻》、戴善甫“邮亭记梦”，论其高下，若分天壤矣。东平高氏，力追汉卿，毕生绝艺，雕缋梁山(文秀善记梁山事，谱黑旋风剧多至八种)，上较王关，差觉才弱，享年不永，悼惜尤深，锲而不舍，可推作者。时起擅名，仅在《山塞》，《垓下别姬》，即为明代练川之本，其词散佚，无可评骘。丹丘谓“雁阵惊寒”，意者植基不厚欤。仲清《伏剑》，寿卿《红梨》，风格翩翩，居然二甫也。大名宫天挺，襄陵郑光祖，平江姚守中，山东王廷秀，或以豪迈胜，或以艳冶胜，或以恬淡胜，要皆不出三家围范。至江州沈氏，作《潇湘八景》、《欢喜冤家》，以南北词合成，极为工巧。参军代面，蛮子关卿，开后代传奇之先，结金元散套之局，可谓豪杰之士矣。浙中学术，夙号彬彬，填词名家，指不胜数。仁山“西湖之梦”，(金仁杰有《文姬还朝》、《西湖梦》等剧，刊自建康)范康“竹叶之舟”，天祐言情，肇“眉山之秀”，仲彬写怨，吟“杜曲之诗”。人文蔚起，他方不逮焉。(周文质有《春风杜韦娘》、《苏武还乡》等剧。)流寓中如乔孟符、曾瑞卿等又皆一时彦士，雍容坛坫，啸傲湖山，极裙屐之胜概矣。尝谓元人之词，约分三端:熹豪放者学关卿，工研炼者宗二甫，尚轻俊者效东篱。而张小山以小令著称，不入戾家爨弄，斯又词品之高卓者也。明代作家，符采辉映，咸有可观。开国之初，若王子一十六家，半承元季余习，今读《城南柳》、《误入桃源》，其词绮组纷纶，不若前元之沈著。自《琵琶》、《拜月》出，而作者多喜拙素。自《香囊》、《连环》出，而作者又尚辞采。自玉茗“四梦”，以北词之法作南词，而偭越规矩者多。自吴江诸传，以俚俗之语求合律，而打油钉铰者众。于是矫拙素之弊者用骈语，革辞采之烦者尚本色。正玉茗之律，而复工于琢词者，吴石渠、孟子塞是也。守吴江之法，而复出以都雅者，王伯良、范香令是也。夫词曲之道，夙尚本色，《香囊》以文人藻采为之，遂泛滥而有文词家一体。及《玉玦》、《玉合》诸记作，益工修词，本质几掩，抑知曲以模写物情，体贴入理，所贵委曲宛转，以代说词，一涉藻缋，即蔽本来。而文人学子，积习未忘，不胜其靡，此体遂不能废，犹诗文之有六朝三唐也。今复备论之。《琵琶》尚矣，《荆》、《刘》、《拜》、《杀》，固世所谓四大传奇也。而《白兔》、《杀狗》俚鄙腐俗，读者至不能终卷。正统间，丘文庄以元老大儒，愜志音乐，《五伦》、《投笔》，《举鼎》、《香囊》，虽迂叟之谰言，实盛世之鼓吹。惟其时专工写实，不尚摹情，且青衿城阙，既放佚于少年，而"白纻管弦"，欲弥缝于晚岁，伯玉寡过，殊苦未能矣。邵氏《香囊》，独工写怨；雨舟《连环》，仅尚涂泽，非作者之极轨也，而好之者珍若璠玙，转相摹拟。郑若庸之《玉玦》，屠长卿之《昙花》，喜以骈语入科白。伯龙《浣纱》，伯起《祝发》，至通本皆作俪语(《江东白纻》有《补明珠》一折，通首亦作骈语)，斯又变之极者矣。《琵琶》、《拜月》，古今咸推圣手也。则诚以本色见长，而未尝不事采饰(记中《赏荷》、《赏秋》亦工绮语，不尚白描，惟末后八折为后人所补)。君美以浑脱著誉，而间亦伤于俚俗(君美此记为后人羼杂，殊失旧观，故魏良辅不点拍板)。是以学则诚易失之腐，学君美易失之喭，画虎不成，此类是也。而献王《荆钗》，且直摩则诚之垒，出词鄙倍，亦十倍于永嘉。继之者涅川《双珠》，弇州《鸣凤》，叔回《八义》，道行《青衫》，肤浅庸劣，皆学则诚之失也。近究《绣襦》，工于调笑，中麓《宝剑》，不憙词华，虽追步《幽闺》，终伤粗率，反不如槎仙《蕉帕》。稊玉《红梅》，俊词翩翩，不失雅范焉。吴江诸传，独知守法，《红蕖》一记，足继高施。其余诸作，颇伤庸率，虽持法至严，而措词殊拙。临川天才，不甘羁靮，天葩耀采，争巧天孙，而诘屈聱牙，歌者咋舌，吴江尝谓"宁协律而词不工，读之不成句，而讴之始协"，是为中之之巧。曾为临川改易《还魂》字句之不协者，吕玉绳以致临川，临川不怿，复书玉绳曰："彼恶知余意哉？余意所至，不妨拗折天下人嗓子。"世谓临川近狂，吴江近狷，自是持平之论。惟宁庵守法，可以学力求之，若士修辞，不可勉强企及，大匠能与人规矩，不能使人巧也。于是为两家之调人者，如梅鼎祚《玉合》、《昆仑》，陆天池《怀香》、《明珠》，吴石渠《情邮》、《疗妒》，孟称舜《娇红》、《节义》，此以临川之笔，协吴江之律也。自词隐作谱，海内向风，衣钵相承，不失矩度者，如吕勤之《烟鬟》、《神女》，卜大荒《乞麾》、《冬青》，王伯良《男后》、《题红》，范文若《鸳鸯》、《花梦》(吕天成字勤之，会稽人，自号郁蓝生，有《神女》、《金合》、《戒珠》、《神镜》、《三星》、《双栖》、《双阁》、《四相》、《四元》、《二婬》、《神剑》十一种皆佚)皆承词隐之法，而大荒《冬青》，终帙不用上去叠字，勤之《神剑》、《二娙》等记，并科段转折，亦效宁庵，其境益苦矣。此又以宁庵之律，学若士之词也。他若冯梦龙《太霞新奏》，史叔考《梦磊》、《合纱》，徐复祚《红梨》、《宵光》，沈孚中《绾春》、《息宰》，修词协律，并臻妙境。而袁凫公奉谱严整，辞韵恬和，《西楼》一帙，即能引用谱书，以畅己意，笔端慧识，迥异诸家。《九宫谱》词，为声音滞义，藉作者疏通之，凫公诚出昆山上也。（郑若庸，字中伯，昆山人，有《玉玦》、《大节》、《五福》诸记。）有明曲家，作者至多，论其家数，实不出吴江、临川、昆山三家。惟昆山一席，衣钵无传，伯龙客游，家居绝少，吴中绝艺，仅在歌伶，斯由太仓传宗，故工伎独冠一世。中秋虎阜，斗韵流芬，沿至清初，斯风未泯。世祖入关，南方作者，盛称百子，梅村、展成，咸工此技。一时坛坫，宗仰吴门，而错词亦复美善。湖上笠翁，仅供优孟衣冠而已。乾嘉以后，作者渐少，间有操翰，大抵宗法藏园，嗣徽湖上，而能洞悉正变者少矣。当明崇弘间，皖人阮圆海，瓣香汤奉常，以尖刻为能，所作《燕子笺》、《春灯谜》、《牟尼盒》、《双金榜》诸种，布局造事，务极诡秘，亟欲一新词场之耳目。而湖上笠翁、红友花农，亦以新颖之思，状物情之变，论其优劣，阳羡实远胜湖上，即就曲律言，红友尤兢兢慎守也。（笠翁十五种，文词至劣，独排场角目新俊可喜。红友《拥双艳三种》而外，他不多见，布局既新，措词尤雅，清初作者莫能及也。）至取订律诸家言之，自宁庵作谱，殊未尽善，伯明新谱，就正犹龙，沧桑一更，缃帙遂逸。墨憨定谱，灵昭新书，堙没不传，更可悼惜。康熙间，吴县张心其，长洲钮少雅，咸以审音博洽，驰誉词坛，而心其所作，未读一字，少雅心力，仅见《还魂》（少雅《南词谱》未刊）。迨《南词定律》、《九宫大成》出，而博综旧籍，汇补新腔，虽互有纯疵，不相掩蔽。自后作者，寂无闻矣。曲阜孔尚任，钱唐洪升，先后以传奇进御，世称南洪北孔是也。顾《桃花》、《长生》二剧，仅以文字观之，似孔胜于洪，不知排场布置，宫调分配，则昉思远出东塘之上。余尝谓《桃花扇》有佳词而无佳调，深惜云亭不谙度声，三百年来，词场不祧，独有稗畦而已。二家既出，于是词人各以征实为尚，不复为凿空之谈，所谓陋巷言怀，人人青紫，香闺寄怨，字字桑间者，此风几乎革尽，曲家中兴，断推洪、孔焉。至如马佶人（有《梅花楼》、《荷花荡》、《十锦塘》三种）、刘晋充（有《罗衫合》、《天马媒》、《小桃源》三种）、薛既扬（有《书生愿》、《醉月缘》、《战荆轲》、《芦中人》等）、叶稚斐（有《琥珀匙》、《女开科》、《开口笑》、《铁冠图》等)、朱良卿(有《乾坤啸》、《艳云亭》、《渔家乐》等三十种)、丘屿雪(有《虎囊弹》、《党人碑》、《蜀鹃啼》等九种)之徒,虽一时传唱,遍于旗亭,而律以文辞,正如面墙而立。独李玄玉《一》、《人》、《永》、《占》(《一捧雪》、《人兽关》、《永团圆》、《占花魁》),直可追步奉常。且《眉山》一剧,尤非明季诸家所及。而朱素臣《苼庵》二十种,一时可称瑜亮,李笠翁虽刻意诋排,实不足以服素臣之心也。若周坦纶《火阵》、《绨袍》(《火牛阵》、《绨袍赠》为果庵最得意作),张大复《菩提》、《如是》(《醉菩提》、《如是观》。心其共二十三种),高晋音《风雪》、《貂裘》(《风雪缘》、《貂裘赚》),盛际时《双虬》、《飞盖》(《双虬判》、《飞龙盖》),平正无奇,止足供优孟之搬美。惟西堂乐府,陶铸古今,熟探三藏,不独前无古人,抑且后无来者。虽坦庵《转轮》,抱犊《续骚》,玉叔之《祭皋陶》,而农之《龙舟会》,持较工拙,亦难分轩轾。至若元恭《万古愁》,虽受九重殊遇,而实非词家之正则也。乾嘉之际,首推藏园,《临川》、《冬青》(《临川梦》、《冬青树》,九种中之最佳者),尤推杰作。一传为黄韵珊,尚不失矩矱,再传为杨恩寿,已昧厥本来。阳湖陈烺,宣城李文瀚,等诸自桧,更无讥焉。其有拔类超群,直追金元者,如唐蜗寄之改易旧词(有《女弹词》、《长生殿补阙》等。唐名英,官九江关监督),舒铁云之自制《箫谱》,不袭金元之格,独抒性情,斯又非元明诸家可束缚矣。雅雨《旗亭》,恒岩《芝龛》,一拾安史之昔尘,一志边徼之逸史,骎骎入南声之奥室。而陈厚甫《红楼》一记,好摹《紫钗》,曲律乖方,亦与相等,不知妄作,宜其取讥于后人,益信荆石山民之高雅矣。(陈厚甫《红楼梦》传奇一无足取,远不及荆石山民散套十六折。)咸同以还,作者绝响,惟《梨花雪》、《芙蓉碣》二记,略传述士大夫之口,顾皆拾藏园之余唾,且耳不闻吴讴,又何从是正其句律。盖当时学子,皆注意于决科射策之文,经籍史材,且置不论,遑及音乐。况光宣间,黄冈俗剧,正遍海内,内廷宴集,大率北鄙噍杀之声,词曲之道,几几亡失矣。夫词家正轨,亦有三长,文人作词,名工制谱,伶家度声,苟失其一,即难奏弄。自文人不善讴歌,而词之合律者渐少,俗工不谙谱法,而曲之见弃者逐多,重以胡索淫哇,弃盈里耳,伶人习技,率趋时尚,而度曲之道尽废。居今之世,求负此一长者,渺不可得,而况斟酌古今之宜,损益点拍之节,茫茫天壤,又孰能启予之益也。

(选自《吴梅戏曲论文集》,中国戏剧出版社 1983 年版)

周作人

周作人(1885—1967),现代散文家。原名櫆寿,字星杓,后改名奎绶,自号起孟、启明(又作岂明)、知堂等。重要的笔名有独应、仲密、药堂、周遐寿等。浙江绍兴人。1901年入南京水师学堂,始用周作人名。1906年赴日本留学,与鲁迅一起编译《域外小说集》,后入东京政法大学、立教大学学习。1911年回国后,先后任浙江省教育司视学和绍兴教育会会长、浙江省第五中学英文教员。1917年任北京大学文科教授兼国史编纂处纂辑员。五四时期,是新文化运动重要代表人物之一,发起文学研究会,是《新青年》撰稿人之一。撰写《人的文学》、《平民文学》、《思想革命》等重要文章。五四后,作为"语丝"派主要成员,写了大量"社会批评"与"文明批评"的散文,一面提倡"以表现个人情思为主"的文学。1937年抗战爆发,北京大学南迁,周作人留在北平,出任南京国民政府委员、华北政务委员会常委兼教育总督督办、东亚文化协会会长等伪职。1945年以叛国罪入狱,1949年保释。

一生著述涉猎十分广泛,在民俗学研究、儿童文学与民间文学研究、希腊及日本文化研究、性心理等方面都作出开拓性贡献。主要著作有散文集《知堂文集》、《自己的园地》、《雨天的书》、《泽泻集》、《谈龙集》、《谈虎集》、《永日集》、《看云集》、《苦茶随笔》、《苦竹杂记》、《瓜豆集》、《秉烛集》,小说集《孤儿记》,论文集《艺术与生活》、《中国新文学的源流》、《儿童文学小论》,文学史著作《欧洲文学史》,书信集及序跋集、文学史料集、回忆录及大量评著。

中国新文学源流(节选)

3. 第二讲　中国文学的变迁

两种潮流的起伏
历代文学的变迁
明末的新文学运动
公安派及其文学主张
竟陵派之继起
公安竟陵两派的结合

上次讲到文学最先是混在宗教之内的,后来因为性质不同分化了出来。分出之后,在文学的领域内马上又有了两种不同的潮流:

(甲)诗言志——言志派

(乙)文以载道——载道派

言志之外所以又生出载道派的原因,是因为文学刚从宗教脱出之后,原来的势力尚有一部分保存在文学之内,有些人以为单是言志未免太无聊,于是便主张以文学为工具。再借这工具将另外的更重要的东西——"道",表现出来。

这两种潮流的起伏,便造成了中国的文学史。我们以这样的观点去看中国的新文学运动,自然也比较容易看得清楚。

中国的文学,在过去所走的并不是一条直路,而是像一道弯曲的河流,从甲处流到乙处,又从乙处流到甲处。遇到一次抵抗,其方向即起一次转变。略如下图:

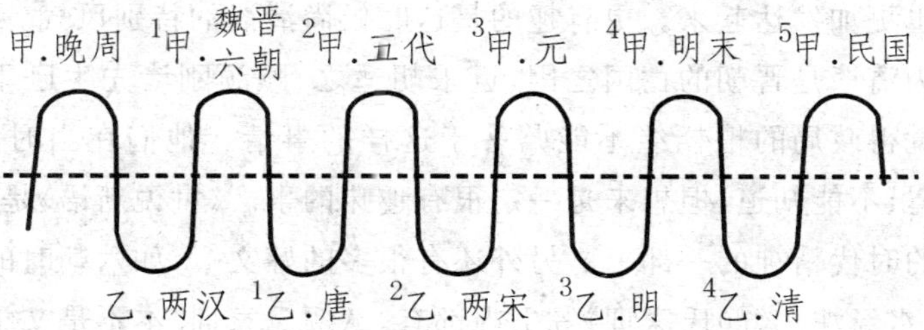

图中的虚线是表示文学上的一直的方向的，但这只是可以空想得出来，而实际上并没有的。

民国以后的新文学运动，有人以为是一件破天荒的事情，胡适之先生在他所著的《白话文学史》中，他以为白话文学是中国文学唯一的目的地，以前的文学也是朝着这个方向走，只因为障碍物太多，直到现在才得走入正轨，而从今以后一定就要这样走下去。这意见我是不大赞同的。照我看来，中国文学始终是两种互相反对的力量起伏着，过去如此，将来也总如此。

要说明这次的新文学运动，必须先看看以前的文学是什么样。现在我想从明末的新文学运动说起，看看那时候是什么情形，中间怎样经过了清代的反动，又怎样对这反动起了反动而产生了最近这次的文学革命运动。更前的在这里只能略一提及，希望大家自己去研究，得以引申或订正我的粗浅的概说。

晚周，由春秋以至战国时代，正是大纷乱的时候，国家不统一，没有强有力的政府，社会上更无道德标准之可言，到处只是乱闹乱杀，因此，文学上也没有统制的力量去拘束它，人人都得自由讲自己愿讲的话，各派思想都能自由发展。这样便造成算是最先的一次诗言志的潮流。

文学方面的兴衰，总和政治情形的好坏相反背着的。西汉时候的政治，在中国历史上总算是比较好些的，然而自董仲舒而后，思想定于一尊，儒家的思想统治了整个的思想界，于是文学也走入了载道的路子。这时候所产生出来的作品，很少做得好的，除了司马迁等少数人外，几乎所有的文章全不及晚周，也不及这时期以后的魏晋。

魏时三国鼎立，晋代也只有很少年岁的统一局面，因而这时候的文学又重新得到解放，所出的书籍都比较有趣一些。而在汉朝已起头的骈体文，到这时期也更加发达起来。更有趣的是这时候尚清谈的特别风气。后来有很多人以为清谈是晋朝的亡国之因,近来胡适之、顾颉刚诸先生已不以为然,我们也觉得政局的糟糕绝不能归咎于这样的事情。他们在当时清谈些什么,我们虽不能知道,但想来是一定很有趣味的事。《世说新语》是可以代表这时候的时代精神的一部书。另外还有很多的好文章,如六朝时的《洛阳伽蓝记》、《水经注》、《颜氏家训》等书内都有。《颜氏家训》本不是文学书,其中的文章却写得很好,尤其是颜之推的思想,其明达不但为两汉人所不及,即使他生在现代,也绝不算落伍的人物。对各方面他都具有很真切的了解,没一点固执之处。《水经注》是讲地理的书,而里边的文章也特别好。其他如《六朝文絜》内所有的文章,平心静气地讲,的确都是很好的,即使叫现代的文人写,怕也很难写得那样好。

唐朝,和两汉一样,社会上较统一,文学随又走上载道的路子,因而便没有多少好的作品。这时代的文人,我们可以很武断地拿韩愈作代表。虽然韩愈号称文起八代之衰,六朝的骈文体也的确被他打倒了,但他的文章,即使是最有名的《盘谷序》,据我们看来,实在作得不好。仅有的几篇好些的,是在他忘记了载道的时候偶尔写出的,当然不是他的代表作品。

自从韩愈好在文章里面讲道统而后,讲道统的风气遂成为载道派永远去不掉的老毛病。文以载道的口号,虽则是到宋人才提出来的,但那只是承接着韩愈的系统而已。

诗是唐朝新起的东西,诗的体裁也在唐时加多起来,如七言诗,绝句,律诗等都是。但这只是由于当时考诗的缘故。因考诗所以作诗的加多,作品多了自然就有很多的好诗。然而这情形终于和六朝时候的创作情形是不相同的。

唐以后,五代至宋初,通是走着诗言志的道路。词,虽是和乐府的关系很大,但总是这时期新兴的一种东西。在宋初好像还很大胆地走着这条言志的路,到了政局稳定之后,大的潮流便又转入于载道方面。陆放翁、黄山谷、苏东坡诸人对这潮流也不能抵抗,他们所写下的,凡是我们所认为有文学价值的,通是他们暗地里随便一写认为好玩的东西。苏东坡总算是宋朝的大作家,胡适之先生很称许他,明末的公安派对他也捧得特别厉害,但我觉得他绝不是文学运动方面的人物,他的有名,在当时只是因为他反对王安石,因为他在政治方面的反动。(我们看来,王安石的文章和政见,是比较好的,反王派的政治思想实在无可取。)他的作品中的一大部分,都是摹拟古人的。如《三苏策论》里面的文章,大抵都是学韩愈,学古文的。只因他聪明过人,所以学得来还好。另外的一小部分,不是正义文章,只是他随便一写的东西,如书信题跋之类,在他本认为不甚重要,不是想要传留给后人的,因而写的时候,态度便很自然,而他所有的好文章,就全在这一部分里面。从这里可以见出他仍是属于韩愈的系统之下,是载道派的人物。

清末有一位汪琼批评扬雄,他说扬雄的文章专门摹仿古人,写得都不好。好的,只有《酒箴》一篇。那是因为他写的时候随随便便,没想让它传后之故。这话的确不错。写文章时不摆架子,当可写得十分自然。好像一般官僚,在外边总是摆着官僚架子,在家里则有时讲讲笑话,自然也就是得很真诚了。所以,宋朝也有好文章,却都是在作者忘记摆架子的时候所写的。

元朝有新兴的曲,文学又从旧圈套里解脱了出来。到明朝的前后七子,认为元代以至明初时候的文学没有价值,于是要来复古:不读唐代以后的书籍,不学杜甫以后的诗,作文更必须学周秦诸子。他们的时代是十六世纪的前半。前七子是在弘治年间,为李梦阳何景明等人,后七子在嘉靖年间,为李攀龙王世贞等人。他们所生时代虽有先后,其主张复古却是完全一样的。

对于这复古的风气,揭了反叛的旗帜的,是公安派和竟陵派。公安派的主要人物是三袁,即袁宗道、袁宏道、袁中道三人,他们是万历朝的人物,约当西历十六世纪之末至十七世纪之初。因为他们是湖北公安县人,所以有了公安派的名称。他们的主张很简单,可以说和胡适之先生的主张差不多。所不同的,那时是十六世纪,利玛窦还没有来中国,所以缺乏西洋思想。假如从现代胡适之先生的主张里面减去他所受到的西洋的影响,科学,哲学、文学以及思想各方面的,那便是公安派的思想和主张了。而他们对于中国文学变迁的看法,较诸现代谈文学的人或者还更要清楚一点。理论和文章都很对很好,可惜他们的运气不好,到清朝他们的著作便都成为禁书了,他们的运动也给乾嘉学者所打倒了。

"独抒性灵,不拘格套"这是公安派的主张。在袁中郎(宏道)《叙小修诗》内,他说道:

……其间有佳处，亦有疵处。佳处自不必言，即疵亦多本色独造语。然予则极喜其疵处，而所谓佳者，尚不能不以粉饰蹈袭为恨，以为未能尽脱近代文人习气故也。

盖诗文至近代而卑极矣。文则必欲准于秦汉，诗则必欲准于盛唐。剿袭模拟，影响步趋。见人有一语不相肖者，则共指以为野狐外道。曾不知文准秦汉矣，秦汉人曷尝字字准六经欤。诗准盛唐矣，盛唐人曷尝字字学汉魏欤。秦汉而学六经，岂复有秦汉之文？盛唐而学汉魏，岂复有盛唐之诗？惟夫代有升降而法不相沿，各极其变，各穷其趣，所以可贵，原不可以优劣论也。

且夫天下之物，孤行则必不可无，必不可无虽欲废焉而不能。雷同则可以不有，可以不有则虽欲存焉而不能。……

这些话，说得都很得要领，也很像近代人所讲的话。

在中郎为江进之的《雪涛阁集》所作序文内，说明了他对于文学变迁的见解：

……夫古有古之时，今有今之时．袭古人语言之迹而冒以为古，是处严冬而袭夏之葛者也。骚之不袭雅也，雅之体穷于怨，不骚不足以寄也。后人有拟而为之者，终不肖也，何也？彼直求骚于骚之中也。至苏李述别，十九等篇，骚之音节体制皆变矣，然不谓之真骚不可也。……

后面，他讲到文章的“法”——即现在之所谓“主义”或“体裁”：

夫法因于敝而成于过者也：矫六朝骈丽饤饾之习者以流丽胜，饤饾者固流丽之因也，然其过在于轻纤，盛唐诸人以阔大矫之；已阔矣又因阔而生莽，是故续盛唐者，以情实矫之；已实矣，又因实而生俚，是故续中唐者以奇僻矫之。然奇则其境必狭，而僻则其务为不以根相胜。故诗之道至晚唐而益小。有宋欧苏辈出，大变晚习，于物无所不收，于法无所不有，于情无所不畅，于境无所不取。滔滔莽莽，有若江河。今之人徒见宋之不法唐，而不知宋因唐而有法者也。

对于文学史这样看法,较诸说“中国文学在过去所走的全非正路,只有现在所走的道路才对”要高明得多。

批评江进之的诗,他用了“信腕信口,皆成律度”八个字。这八个字可说是诗言志派一向的主张,直到现在,还没有比这八个字说的更中肯的,就连胡适之先生的八不主义也不及这八个字说的更得要领。

因为他们是反对前后七子的复古运动的,所以他们极力地反对摹仿。在刚才所引中郎的《雪涛阁集》序内,有着这样的话:

> 至以剿袭为复古,句比字拟,务为牵合,弃目前之景,摭腐滥之辞,有才者绌于法而不敢自伸其才,无才者拾一二浮泛之语,帮凑成诗。智者牵于习而愚者乐其易。一倡亿和,优人驺从,共谈雅道。吁,诗至此亦可羞哉!

我们不能拿现在的眼光,批评他的“优人驺从,共谈雅道”为有封建意味,那是时代使然的。他的反对摹仿古人的见解实在很正确。摹仿可不用思想,因而他所说的这种流弊乃是当然的,近来各学校考试,每每以“董仲舒的思想”或“扬雄的思想”等作为国文题目,这也容易发生如袁中郎所说的这种毛病,使得能作文章的作来不得要领,不能作的更感到无处下笔。外国大学的入学试题,多半是“旅行的快乐”一类,而不是“关于莎士比亚的戏曲”一类的,中国,也应改变一下,照我想,如能以太阳或杨柳等作为作文题目,当比较合适一些,因为文学的造诣较深的人,可能作得出好文章来。

伯修(宗道)的见解较中郎稍差一些。在他的《白苏斋集》内的《论文》里边,他也提出了反对学古人的意见:

> 今之圆领方袍,所以学古人之缀叶蔽皮也。今之五味煎熬,所以学古人之茹毛饮血也。何也?古人之意期于饱口腹蔽形体,今人之意亦期于饱口腹蔽形体,未尝异也。彼摘古人字句入己著作者,是无异缀皮叶于衣袂之中,投毛血于淆核之内也。大抵古人之文专期于达,而今人之文专期于不达。以不达学达,是可谓学古者乎?(《论文》上)

……有一派学问则酿出一种意见,有一种意见,则创出一般言语。言语无意见则虚浮,虚浮则雷同矣。故大喜者必绝倒,大哀者必号痛,大怒者必叫吼动地,发上指冠。惟戏场中人,心中本无可喜而欲强笑,亦无可哀而欲强哭,其势不得不假借模拟耳。今之文士,浮浮泛泛,原不曾的然做一项学问。叩其胸中亦茫然不曾具一丝意见,徒其古人有立言不朽之说,有能诗能文之名,亦欲搦管伸纸,入此行市,连篇累牍,图人称扬。夫以茫昧之胸而妄意鸿巨之裁,自非行乞左马之侧,募缘残溺,盗窃遗矢,安能写满卷帙乎?试将诸公一编,抹去古语陈句,几不免曳白矣。

……然其病源则不在模拟,而在无识。若使胸中的有所见,苞塞于中,将墨不暇研,笔不暇挥,兔起鹘落,犹恐或逸,况有闲力暇晷引用古人词句耶?故学者诚能从学生理,从理生文,虽驱之使模不可得矣。(《论文》下)

这虽然一半讲笑话,一半挖苦人,其意见却很可取。

从这些文章里面,公安派对文学的主张,已可概见。对他们自己所作的文章,我们也可作一句总括的批评,便是:“清新流丽”。他们的诗也都巧妙而易懂。他们不在文章里面摆架子,不讲治国平天下的大道理,只要看过前后七子的假古董,就可很容易看出他们的好处来。

不过,公安派后来的流弊也就因此而生,所作的文章都过于空疏浮滑,清楚而不深厚。好像一个水池,污浊了当然不行,但如清得一眼能看到池底,水草和鱼类一齐可以看清,也觉得没有意思。而公安派后来的毛病即在此。于是竟陵派又起而加以补救。竟陵派的主要人物是钟惺、谭元春,他们的文章很怪,里边有很多奇僻的词句,但其奇僻绝不是在摹仿左马,而只是任着他们自己的意思乱作的,其中有许多很好玩,有些则很难看得懂。另外的人物是倪元璐、刘侗诸人,倪的文章现在较不易看到,刘侗和于奕正合作的《帝京景物略》在现在可算是竟陵派唯一的代表作品,从中可看出竟陵派文学的特别处。

后来公安竟陵两派文学融合起来,产生了清初张岱(宗子)诸人的作品,其中如《琅嬛文集》等,都非常奇妙。《琅嬛文集》现在不易买到,可买到的有

《西湖梦寻》和《陶庵梦忆》两书,里边通有些很好的文章。这也可以说是两派结合后的大成绩。

那一次的文学运动,和民国以来的这次文学革命运动,很有些相像的地方。两次的主张和趋势,几乎都很相同。更奇怪的是,有许多作品也都很相似。胡适之,冰心,和徐志摩的作品,很像公安派的,清新透明而味道不甚深厚。好像一个水晶球样,虽是晶莹好看,但仔细地看多时就觉得没有多少意思了。和竟陵派相似的是俞平伯和废名两人,他们的作品有时很难懂,而这难懂却正是他们的好处。同样用白话写文章,他们所写出来的,却另是一样,不像透明的水晶球,要看懂必须费些功夫才行。然而更奇怪的是俞平伯和废名并不读竟陵派的书籍,他们的相似完全是无意中的巧合。从此,也更可见出明末和现今两次文学运动的趋向是怎样的相同了。

6. 第五讲　文学革命运动

清末政治的变动所给予文学的影响

梁任公和文学改革的关系

白话作品的出现

《新青年》杂志的刊行和文学革命问题的提出

旧势力的恐怖和挣扎

文学革命运动和明末新文学运动根本精神之所以相同

用白话的理由

清末文学方面的情形,就是前两次所讲到的那样子,现在再加一总括的叙述:

第一,八股文在政治方面已被打倒,考试时已经不再作八股文而改作策论了。其在社会方面,影响却依旧很大,甚至,直到现在还没有完全消失。

第二,在乾隆嘉庆两朝达到全盛时期的汉学,到清末的俞曲园也起了变化,他不但弄词章,而且弄小说,而且在《春在堂全集》中的文字,有的像李笠翁,有的像金圣叹,有的像郑板桥和袁子才。于是,被章实斋骂倒的公安派,又得以复活在汉学家的手里。

第三,主张文道混合的桐城派,这时也起了变化,严复出而译述西洋的科学和哲学方面的著作,林纾则译述文学方面。虽则严复的译文被章太炎先生骂为有八股调;林纾译述的动机是在于西洋文学有时和《左传》《史记》中的笔法相合;然而在其思想和态度方面,总已有了不少的改变。

第四,这时候的民间小说,比较低级的东西,也在照旧发达。其作品有《孽海花》等。

受了桐城派的影响,在这变动局面中演了一个主要角色的是梁任公。他是一位研究经学而在文章方面是喜欢桐城派的。当时他所主编的刊物,先后有《时务报》,《新民丛报》,《清议报》和《新小说》等等,在那时的影响都很大,不过,他是从政治方面起来的,他所最注意的是政治上的改革,因而他和文学运动的关系也较为异样。

自从甲午年(1894)中国败于日本之后,中间经过了戊戌政变(1898),以至于庚子年的八国联军(1900),这几年间是清代政治上起大变动的开始时期。梁任公是戊戌政变的主要人物,他从事于政治的改革运动,也注意到思想和文学方面。在《新民丛报》内有很多的文学作品。不过那些作品都不是正路的文学,而是来自偏路的,和林纾所译的小说不同。他是想借文学的感化力作手段,而达到其改良中国政治和中国社会的目的的。这意见,在他的一篇很有名的文章《论小说与群治之关系》中可以看出。因此他所刊载的小说多是些"政治小说",如讲匈牙利和希腊的政治改革的小说《经国美谈》等是。《新小说》内所登载的,比较价值大些,但也都是以改良社会为目标的,如科学小说《海底旅行》,政治小说《新罗马传奇》,《新中国未来记》和其他的侦探小说之类。这是他在文学运动以前的工作。

梁任公的文章是融和了唐宋八家,桐城派,和李笠翁,金圣叹为一起,而又从中翻陈出新的。这也可算他的特别工作之一。在我年小时候,也受了他的非常大的影响,读他的《饮冰室文集》《自由书》《中国魂》等书,都非常有兴趣。他的文章,如他自己在《清代学术概论》中所讲,是"笔锋常带情感",因而影响社会的力量更加大。

他曾作过一篇《罗兰夫人传》。在那篇传文中,他将法国革命后欧洲所起的大变化,都归功于罗兰夫人身上。其中有几句是:

> 罗兰夫人何人也?彼拿破仑之母也,彼梅特涅之母也。
>
> 彼玛志黎,噶苏士,俾士麦,加富尔之母也。……

因这几句话,竟使后来一位投考的人,在论到拿破仑时颇惊异于拿破仑和梅特涅既属一母所生之兄弟何以又有那样不同的性格。从这段笑话中,也可见得他给予社会上的影响是如何之大了。

就这样,他以改革政治改革社会为目的,而影响所及,也给予文学革命运动以很大的助力。

在这时候,曾有一种白话文字出现,如《白话报》,《白话丛书》等,不过和现在的白话文不同,那不是白话文学,而只是因为想要变法,要使一般国民都认些文字,看看报纸,对国家政治都可明了一点,所以认为用白话写文章可得到较大的效力。因此,我以为那时候的白话和现在的白话文有两点不同:

第一,现在白话文,是"话怎样说便怎样写"。那时候却是由八股翻白话,有一本《女诫注释》,是那时候的《白话丛书》之一,序文的起头是这样:

> 梅侣做成了《女诫》的注释,请吴芙做序,吴芙就提起笔来写道,从古以来,女人有名气的极多,要算曹大家第一,曹大家是女人当中的孔夫子,《女诫》是女人最要紧念的书。……

又后序云:

> 华留芳女史看完了裘梅侣做的曹大家《女诫》注释,叹一口气说道,唉,我如今想起中国的女子,真没有有再比他可怜的了。……

这仍然是古文里的格调,可见那时的白话,是作者用古文想出之后,又翻作白话写出来的。

第二,是态度的不同——现在我们作文的态度是一元的,就是:无论对什么人,作什么事,无论是著书或随便地写一张字条儿,一律都用白话。而以前的态度则是二元的:不是凡文字都用白话写,只是为一般没有学识的平民和工人才写白话的。因为那时候的目的是改造政治，如一切东西都用古文，则一般人对报纸仍看不懂，对政府的命令也仍将不知是怎么一回事，所以只好用白话。但如写正经的文章或著书时，当然还是作古文的，因此我们可以说，在那时候，古文是为“老爷”用的，白话是为“听差”用的。

总之，那时候的白话，是出自政治方面的需求，只是戊戌政变的余波之一，和后来的白话文可说是没有大关系的。

不过那时候的白话作品，也给了我们一种好处：使我们看出了古文之无聊。同样的东西，若用古文写，因其形式可作掩饰，还不易看清它的缺陷，但用白话一写，即显得空空洞洞没有内容了。

这样看来，自甲午战后，不但中国的政治上发生了极大的变动，即在文学方面，也正在时时动摇，处处变化，正好像是上一个时代的结尾，下一个时代的开端。新的时代所以还不能即时产生者，则是如《三国演义》上所说的：“万事齐备，只欠东风”。

所谓“东风”在这里却正应改作“西风”，即是西洋的科学，哲学，和文学各方面的思想。到民国初年，那些东西已渐渐输入得很多，于是而文学革命的主张便正式地提出来了。

民国四五年间，有一种《青年杂志》发行出来，编辑者为陈独秀，这杂志的性质是和后来商务印书馆的《学生杂志》差不多的。后来，又改名为《新青年》，乃至蔡孑民作了北大校长，他请陈独秀作了文科学长，但《新青年》杂志仍由陈编辑，这是民国六年的事。其时胡适之尚在美国，他由美国向《新青年》投稿，便提出了文学革命的意见。但那时的意见还很简单，只是想将文体改变一下，不用文言而用白话，别的再没有高深的道理。当时他们的文章也还都是用文言作的。其后钱玄同刘半农参加进去，“文学运动”“白话文学”等等旗帜口号才明显地提了出来。接着又有了胡适之的“八不主义”，也即是复活了明末公安派的“独抒性灵，不拘格套”和“信腕信口，皆成律度”的主张。只不过又加多了西洋的科学哲学各方面的思想，遂使两次运动多少有些不同了。而在根本方向上，则仍无多大差异处——这是我们已经屡次讲到的了。

对此次文学革命运动起而反对的，是前次已经讲过的严复和林纾等人。西洋的科学哲学和文学，本是由于他们的介绍才得输入中国的，而参加文学革命运动的人们，也大都受过他们的影响。当时林译的小说，由最早的《茶花女》到后来的《十字军英雄记》和《黑太子南征录》,我就没有不读过的。那么,他们为什么又反动起来呢?那是他们有载道的观念之故。严林都十分聪明,他们看出了文学运动的危险将不限于文学方面的改革,其结果势非使儒教思想根本动摇不可。所以怕极了便出面反对。林纾有一封很长的信,致蔡孑民先生。登在当时的《公言报》上,在那封信上他说明了这次文学运动将使中国人不能论中国古书,将使中国的伦常道德一齐动摇等危险,而为之担忧。

关于这次运动的情形,没有详细讲述的必要,大家翻看一下《独秀文存》和《胡适之文存》,便可看得出他们所主张的是什么。钱玄同和刘半农先生的文章没有收集印行,但在《新文学评论》(王世栋编,新文化书社出版)内可以找到,这是最便当的一部书,所有当时关于文学革命这问题的重要文章,主张改革和反对改革的两方面的论战文字,通都收进里面去了。

我已屡次地说过,今次的文学运动,其根本方向和明末的文学运动完全相同,对此,我觉得还须加以解释:

有人疑惑:今次的文学革命运动者主张用白话,明末的文学运动者并没有如此的主张,他们的文章依旧是用古文写作,何以二者会相同呢?我以为:现在的用白话的主张也只是从明末诸人的主张内生出来的。这意见和胡适之先生的有些不同。胡先生以为所以要用白话的理由是:

(1) 文学向来是向着白话的路子走的,只因有许多障碍,所以直到现在才入了正轨,以后即永远如此。

(2) 古文是死文字,白话是活的。

对于他的理由中的第(1)项,在第二讲中我已经说过:我的意见是以为中国的文学一向并没有一定的目标和方向,有如一条河,只要遇到阻力,其水流的方向即起变化,再遇到即再变。所以,如有人以为诗言志太无聊,则文学即转入"载道"的路,如再有人以为"载道"太无聊,则即再转而入于"言志"的路。现在虽是白话,虽是走着言志的路子,以后也仍然要有变化,虽则未必再变得如唐宋八家或桐城派相同,却许是必得对于人生和社会有好处的才行,而这样则又是"载道"的了。

对于其理由中的第(2)项,我以为古文和白话并没有严格的界限,因此死活也难分。几年前,曾有过一桩笑话:那时章士钊以为古文比白话文好,于是以“二桃杀三士”为例,他说这句话要用白语写出则必变为“两个桃子,害死了三个读书人”,岂不太麻烦么?在这里,首先他是将“三士”讲错了:“二桃杀三士”为诸葛亮《梁父吟》中的一句,其来源是《晏子春秋》里边所讲的一段故事,三士所指原系三位游侠之士,并非“三个读书人”。其次,我以为这句话就是白话而不是古文。例如在我们讲话时说,“二桃”就可以,不一定要说“两个桃子”,“三士”亦然。杀字更不能说是古文。现在所作的白话文内,除了“呢”“吧”“么”等字比较新一些外,其余的几乎都是古字,如“月”字从甲骨文字时代就有,算是一个极古的字了,然而它却的确没有死。再如“粤若稽古帝尧”一句,可以算是一句死的古文了,但其死只是由于字的排列法是古的,而不能说是由于这几个字是古字的缘故,现在,这句子中的几个字,还都时常被我们应用,那么,怎能算是死文字呢?所以文字的死活只因它的排列法而不同,其古与不古,死与活,在文字的本身并没有明了的界限。即在胡适之先生,他从唐代的诗中提出一部分认为是白话文学,而其取舍却没有很分明的一条线。即此可知古文白话很难分,其死活更难定。因此,我以为现在用白话,并不是因为古文是死的,而是尚有另外的理由在:

(1) 因为要言志,所以用白话,——我们写文章是想将我们的思想和感情表达出来的。能够将思想和感情多写出一分,文章的艺术分子即加增一分,写出得愈多便愈好。这和政治家外交官的谈话不同,他们的谈话是以不发表意见为目的的,总是愈说愈令人有莫知究竟之感。我们既然想把思想和感情尽可能地多写出来,则其最好的办法是如胡适之先生所说的:“话怎么说,就怎么写”,必如此,才可以“不拘格套”,才可以“独抒性灵”。比如,有朋友在上海生病,我们得到他生病的电报之后,赶即到东车站搭车到天津,又改乘轮船南下,第三天便抵上海。我们若用白话将这件事如实地记载出来,则可以看得出这是用最快的走法前去。从这里,我和那位朋友间的密切关系,也自然可以看得出来。若用古文记载,势将怎么也说不对。“得到电报”一句,用周秦诸子或桐城派的写法都写不出来,因“电报”二字找不到古文来代替,若说接到“信”,则给人的印象很小,显不出这事情的紧要来。“东车站”也没有适当的古文可以代替,若用“东驿”,意思便不一样,因当时驿站间的交通是用驿马。“火车”“轮船”等等名词也都如此。所以,对于这件事情的叙述,应用古雅的字不但达不出真切的意思,而且在时间方面也将弄得不与事实相符。又如现在的“大学”若写作古代的“成均”和“国子监”,则其所给予人的印象也一定不对。从这些简单的事情上,即可知道想要表达现在的思想感情,古文是不中用的。

我们都知道,作战的目的是要消灭敌人而不要为敌人所消灭。因此,选用效力最大的武器是必须的:用刀棍不及用弓箭,用弓箭不及用枪炮,只有射击力最大的才最好,所以现在都用大炮而不用刀剑。不过万一有人还能以青龙偃月刀与机关枪相敌,——能够以青龙偃月刀发生比机关枪更大的效力,这当然是不可能的事了,但万一有人能够做到呢,则青龙偃月刀在现在也仍不妨一用的。文学上的古文也如此,现在并非一定不准用古文,如有人能用古文很明了地写出他的思想和感情,较诸用白话文字写还能表现得更多更好,则也大可不必用白话的,然而谁敢说他能够这样做呢?

传达思想和感情的方法很多,用语言,用颜色,用音乐或文字都可以,本无任何限制。我自己是不懂音乐的,但据我想来,对于传达思想和感情,也许那是一种最便当,效力最大的东西吧,用言语传达就比较难,用文字写出更难。譬如我们有时候非常高兴,高兴的原因却有很多:有时因为考试成绩好,有时因为发了财,有时又因为恋爱的成功等等,假如对这种种事件都只用“高兴”的字样去形容,则各种高兴间不同的情形便表示不出,这样便是不得要领。所以,将我们的思想感情用文字照原样完全描绘出来,是一件很不容易的事。既很不容易而到底还想将它们的原面目尽量地保存在文字当中,结果遂不能不用最近于语言的白话。这是现在所以用白话的主要原因之一,而和明末“信腕信口”的主张,原也是同一纲领——同是从“言志”的主张中生出来的必然结果。在明末还没想到用白话,所以只能就文言中的可能以表达其思想感情而已。

向来还有一种误解,以为写古文难,写白话容易。据我的经验说却不如是:写古文较之写白话容易得多,而写白话则有时实是自讨苦吃。我常说,如有人想跟我学作白话文,一两年内实难保其必有成绩;如学古文,则一百天的功夫定可使他学好。因为教古文,只须从古文中选出百来篇形式不同格调不同的作为标本,让学生去熟读即可。有如学唱歌,只须多记住几种曲谱:如国歌,进行曲之类,以后即可按谱填词。文章读得多了,等作文时即可找一篇格调相合的套上。如作寿序作祭文等,通可用这种办法。古人的文字是三段,我们也作三段,五段则也五段。这样则教者只对学者加以监督,使学者去读去套,另外并不须再教什么。这种办法,并非我自己想出的,以前的作古文的人们,的确就是应用这办法的,清末文人也曾公然地这样主张过,但难处是:譬如要作一篇祭文,想将死者全生平的历史都写进去,有时则限于古人文字中的段落太少而不能做到,那时候便不得不削足以适履了。古文之容易在此,其毛病亦在此。

白话文的难处,是必须有感情或思想作内容,古文中可以没有这东西,而白话文缺少了内容便作不成。白话文有如口袋装进什么东西去都可以,但不能任何东西不装。而且无论装进什么,原物的形状都可以显现得出来。古文有如一只箱子,只能装方的东西,圆东西则盛不下,而最好还是让他空着,任何东西都不装。大抵在无话可讲而又非讲不可时,古文是最有用的。譬如远道接得一位亲属写来的信,觉得对他讲什么都不好,然而又必须回复他,在这样的时候,若写白话,简单的几句便可完事,当然不相宜的,若用古文,则可以套用旧调,虽则空洞无物,但八行书准可写满。

(2) 因为思想上有了很大的变动,所以须用白话——假如思想还和以前相同,则可仍用古文写作,文章的形式是没有改革的必要的。现在呢,由于西洋思想的输入,人们对于政治,经济,道德等的观念,和对于人生,社会的见解,都和从前不同了。应用这新的观点去观察一切,遂对一切问题又都有了新的意见要说要写。然而旧的皮囊盛不下新的东西,新的思想必须用新的文体以传达出来,因而便非用白话不可了。

现在有许多文人,如俞平伯先生,其所作的文章虽用白话,但乍看来其形式很平常,其态度也和旧时文人差不多,然在根柢上,他和旧时的文人却绝不相同。他已受过了西洋思想的陶冶,受过了科学的洗礼,所以他对于生死,对于父子,夫妇等问题的意见,都异于从前很多。在民国以前人们,甚至于现在的戴季陶张继等人,他们的思想和见地,都不和我们相同,按张戴的思想讲,他们还都是庚子以前的人物,现在的青年,都懂得了进化论,习过了生物学,受过了科学的训练。所以尽管写些关于花木,山水,吃酒一类的东西,题目和从前相似,而内容则前后绝不相同了。

(选自周作人《中国新文学源流》)

刘文典

刘文典(1889—1958),语言学家。字叔雅,原名文聪,安徽合肥人。1906年到芜湖入安徽公学,师从陈独秀、刘师培,受其影响很深。1909年东渡日本求学,就读早稻田大学,并成为章太炎的学生。1912年回国与于右任、邵力子办《民主报》。1913年流亡日本,在孙中山秘书处任秘书,参加中华革命党。1916年回国由陈独秀介绍到北京大学任教,开始了著书立说和教学生涯。在北京大学十年,开设过“淮南子研究”、“文选学”、“校勘学”、“先秦诸子研究”、“庄子研究”等课程。1927年出任安徽大学校长。1928年回北京大学任教。1929年由罗家伦介绍,到清华大学任国文系主任,同时在北京大学兼课至1937年。1938年经香港、海防,辗转到昆明在西南联大任教至抗战胜利。1945年留在云南大学任教,直至逝世。

刘文典毕生从事高等教育和学术研究,校勘方面成绩尤为显著。主要著作有《淮南鸿烈集解》、《庄子补正》、《说苑斠补》、《三余札记》、《群书校补》、《杜甫年谱》等。

庄子琐记

齐物论篇

昔者庄周梦为胡蝶,栩栩然胡蝶也。自喻适志与?不知周也。

典案:“自喻适志与”五字,疑是后人注语误入正文者也。“昔者庄周梦为胡蝶,栩栩然胡蝶也,不知周也”,文义正相连贯,羼入此五字,则上下隔绝矣。“自喻适志欤”(“与”、“欤”同)正是后人语意。

人间世篇

将执而不化。

注:“故守其本意也。”疏:“饰非暗主,不能从人谏如流,固执本心,谁肯变恶为善者也?”

典案:注“故”字当为“固”,声之误也。成疏“固执本心”即承用注语,字正作“固”,是其证矣。“固”、“故”古亦通用,惟晋、唐人注疏中若此之类皆为声误,学者不可不辨也。

彼且为无町畦,亦与之为无町畦;彼且为无崖,亦与之为无崖。

典案:《说文》有“厓”无“涯”,“无崖”即“无涯”也。《尔雅·释水》:“浒,水厓。”字或作“涯”。《淮南子·原道篇》高注:“浔,厓也。”《文选·谢希逸〈宋孝武宣贵妃诔〉·注》引许注作“浔,涯也”。(《郭景纯〈江赋〉注》、《沈休文〈应诏乐游苑钱吕僧珍诗〉·注》引作“浔,水涯也”。)《养生主篇》:“吾生也有涯而知也无涯,以有涯随无涯,殆矣。”是“无涯”二字之见于本书者。

德充符篇

彼且择日而登假,人则从是也。

注:“以不失会为择耳,斯人无择也,任其天行而时动者也。故假借之人,由此而最之耳。”疏:“至人无心,止水留鉴,而世间虚假之人,由是而从之也。”郭庆藩云:“‘登假’即‘登格’也。‘假’、‘格’古通用。”

典案:“假”为“遐”叚,“登假”即“登遐”也。《列子·黄帝篇》:“又二十有八年,天下大治,几若华胥氏之国,而帝登假”,张湛注:“‘假’当为‘遐’。”《周穆王篇》:“世以为登假焉”,注:“‘假’音‘遐’,世以为登遐,明其实死也。”《淮南子·齐俗篇》:“其不能乘云升假亦明矣”,“升假”,犹“登假”也。本书《大宗师篇》:“是知之能登假于道者也。”亦以“登假”二字连文。注“假借之人”,疏“虚假之人”,并以“登”字句绝,“假”字属下读,皆不得其读而曲为之解耳。郭以“假”为“格”亦非。

大宗师篇

禺强得之,立乎北极。

疏:“禺强,水神名也。亦曰‘禺京’。”

典案:“彊”、“京”古同音通用,故“京台”又为“彊台”,“鱷”或从“京”作“鲸”。“禺彊”、“禺京”一也。

俄而子舆有病,子祀往问之。

疏:“友人既病,须往问之。”

典案:古书多言“有疾”,罕言“有病”。《说文·疒部》:“病,疾加也。”是“有病”在古语为不词矣。罗大经《鹤林玉露》引“病”作“疾”,疑当从之。《淮南子·精神篇》作“子求行年五十有四而病”。疏“友人既病”文法并与此不同,不得缘以为比。

颐隐于齐,肩高于顶。

疏:“头低则颐隐于脐,膊耸则肩高于顶。”

典案:《鹤林玉露》引“齐”作“脐”,与疏合。

应帝王篇

虎豹之文来田,猨狙之便执。

典案:“猨狙之便执”句有脱误,“便”下当有“来”字。《淮南子·缪称篇》:“虎豹之文来射,猨狖之捷来措”,《说林篇》:“虎豹之文来射,猨狖之捷来乍”,并有“来”字,是其证。

在宥篇

故贵以身于为天下,则可以托天下;爱以身于为天下,则可以寄天下。

典案:“身于为天下”义不可通,两“于”字疑当在“托”字、“寄”字下。《道经》“猒耻”第十三正作“故贵以身为天下者,则可寄于天下;爱以身为天下者,乃可以托于天下”。《淮南子·道应篇》引《老子》作“贵以身为天下,焉可以托天下;爱以身为天下,焉可以寄天下矣”,两“身”字下并无“于”字。

天地篇

夫子阖行邪?无落吾事!

典案:“无落吾事”,《吕氏春秋·长利篇》作“无虑吾农事”,《新序·节士篇》作“无留吾事”,“落”、“虑”、“留”皆声之转耳。

泰初有无无,有无名。

注:“无有,故无所名。”疏:“太初之时,惟有此无,未有于有。有既未有,名将安寄?故无有无名。”

典案:此文当以“泰初有无无”为句,“有无名”为句。本书《知北游篇》:“予能有无矣,而未能无无也”,即“无无”之谊。《道经》“无名,天地之始”,“泰初者,天地之始也”,注:“无有故无所名”,疏:“有既未有,名将安寄?故无有无名”,皆不得其谊,而曲为之解,非庄生之指也。

其名为槔。

《释文》:“‘槔’本又作‘桥’。”疏:“即今之所用桔槔也。”

典案:“槔”一本作“桥”者,是。作“槔”者,疑后人依《天运篇》改之也。《说苑·反质篇》字正作“桥”。《淮南子·主术篇》“桥直植立而不动,俛仰取制焉”,高注:“桥,桔皋上衡也。”是其义矣。疏:“即今之所用桔槔也”,是其所见本亦正作“桥”。若作“槔”,则无须以今之所用“桔槔”为解矣。

天运篇

杀盗非杀人，自为种而天下耳。

典案：此当以“杀盗非杀人”为句。《荀子·正名篇》：“‘杀盗非杀人也’，此惑于用名以乱名者也。”《墨子·小取篇》：“杀盗人，非杀人也。”注、疏以“人”字属下为句，失其读矣。“自为种而天下耳”句，有脱误。虽以“人”字属下读，义亦不可通也。《荀子·正名篇》杨倞注：“‘杀盗非杀人’，亦见《庄子》。”则杨氏亦以“人”字属上为句读之。

刻意篇

悲乐者，德之邪；喜怒者，道之过；好恶者，德之失。

典案：上既言“德之邪”，此又言“德之失”，于词为复。“德之失”当作“心之失”。《淮南子·原道篇》：“喜怒者，道之邪也；忧悲者，德之失也；好憎者，心之过也。”《精神篇》：“夫悲乐者，德之邪也；而喜怒者，道之过也；好憎者，心之暴也。”《文子·九守篇》：“夫哀乐者，德之邪；好憎者，心之累；喜怒者，道之过。”文虽各异，然皆以“道”、“德”、“心”三者并言，是其证矣。

缮性篇

缮性于俗俗学，以求复其初，滑欲于俗思，以求致其明。

典案：“缮性于俗学”、“滑欲于俗思”相对为文，“学”上“俗”字不当重。

物之傥来寄者也。

郭庆藩《集释》云：“《淮南·臣道篇》：‘怪星之党见’，杨倞注训‘党’为‘频’。”

典案：《淮南子》无《臣道篇》，《荀子·臣道篇》无此文。“怪星之傥见”，语出《荀子·天论篇》。郭氏《集释》《淮南·臣道》为《荀子·天论》之误。

达生篇

五六月累丸二而不坠，则失者锱铢。

注:"累二丸于竿头,是用手之停审也。故其承蜩,所失者不过锱铢之间也。"

典案:《列子·黄帝篇》张湛注引向秀云:"累二丸而不坠,是用手之停审也。故承蜩,所失者不过锱铢之间耳。"与此注文正同。是此为向秀注也。

用志不分,乃凝于神。

俞樾云:"'凝'当作'疑'。《列子·黄帝篇》正作'疑',可据以订正。"

典案:俞说是也。张淏《云谷杂记》记苏东坡语云:"自予少时,前辈皆不敢轻改书,故蜀本大字书皆善本。"《庄子》云:"'用志不分,乃疑于神。'此与《易》'阴疑于阳',《礼》'使人疑汝于夫子'同。今四方本皆作'凝'。"是俞说之确证矣。

十日又问,曰:"几矣。"

疏:"几,尽也。养鸡之妙,理尽于斯。"

典案:"几"无"尽"义。《汉书·东方朔传·注》:"几,庶几也。"谓鸡庶几可斗也,疏非。

见一丈夫游之,以为有苦而欲死也,使弟子并流而拯之。

疏:"忽见丈夫,谓之遭溺而困苦,故命弟子随流而拯接之。"

典案:"以为有苦而欲死也",谓孔子见此丈夫游吕梁之水,以为彼盖有所苦痛而欲自杀者也。《列子·黄帝篇》作"以为有苦而欲死者也"。文并明显易知,疏乃以"谓之遭溺而困苦"释之,非其指矣。

休居乡,不见谓不脩

疏:"我居乡里,不见道我不修饰。"

典案:"脩,善也。"("脩"之训"善",古籍类然,不烦缕觋。)谓居乡不见道我不善也。疏以"修饰"释之,非是。

山木篇

不求文以待形,固不待物。

疏:"既不求文藉以饰形,故知当分各足,不待于外物也。"

典案:"固"当为"故",声之误也。疏:"故知当分各足,不待于外物也",是所见本尚作“故”。“故”、“固”古虽通用，然成所见本作“故”，则此必为声之误矣。

行贤而去自贤之行，安往而不爱哉！

疏：“夫种德立行而去自贤轻物之心者，何往而不得爱重哉！”

典案：“自贤之行”，“行”当为“心”字之误。《韩非子·说林上篇》正作“心”，是其证也。《列子·黄帝篇》作“行”，盖袭《庄子》之误。疏：“而去自贤轻物之心者”，是所见本作“心”，不误。

知北游篇

何从何道则得道？

疏：“何所依从，何所道说，则得其道也？”

典案：道，由也。谓何从何由则得道也。疏以“何所道说”释之，是未明古训，望文生义以为解也。

人生天地之间，若白驹之过郤。

典案：《墨子·兼爱下篇》：“人之生乎地上之无几何也，譬之犹驷驰而过隙也”，《文选·刘孝标〈重答刘秣陵沼书〉·注》引《墨子》“隙”作“郄”，云：“‘郄’，古‘隙’字。”

于是泰清中而叹曰。

《释文》：“崔本‘中’作‘卬’。”

典案：崔撰本“中”作“卬”，是也。《淮南子·道应篇》作“仰而叹曰”，“卬”、“仰”古今字。《天地篇》：“为圃者卬而视之”，《释文》：“本又作‘仰’。”与此一例。

及为无有矣，何从至此哉！

典案：“无有”当为“无无”。此承上文“未能无无”而言，作“无有”则非其指矣。《淮南子·俶真篇》：“予能有无，而未能无无也。及其为无无，至妙何从及此哉”，《道应篇》：“予能有无矣，未能无无也。及其为无无，又何从至于此哉”，并袭用《庄子》此文，是其证矣。疏：“故叹无有至深，谁能如此玄妙”，是所见本已误。

庚桑楚篇

兵莫憯于志，镆铘为下；寇莫大于阴阳，无所逃于天地之间。

典案:“寇莫大于阴阳”下当有“枹鼓为小”四字。《淮南子·主术篇》:“兵莫憯于志,而莫邪为下;寇莫大于阴阳,而枹鼓为小”,《缪称篇》:“兵莫憯于意志,莫邪为下;寇莫大于阴阳,枹鼓为小”,并以“枹鼓为小”与“莫邪为下”相对,是其证矣。

外物篇

木与木相摩则然,金与火相守则流。

俞樾云:“《淮南子·原道篇》亦云:‘两木相摩而然。’然两木相摩,未见其然。下句云:‘金与火相守则流。’疑此句亦当作‘木与火’。”

典案:两木相摩而生火,事之至易见者也。俞氏昧于物情,至欲轻改古书,斯为谬矣。且木与火安得言相摩乎?

阴阳错行,则天地大絯。

典案:“絯”当为“骇”,左半相同而误也。《天运篇》:“天下大骇”,与此文同一例。疏云:“惊骇万物”,则所见本正作“骇”。

若是劳者之务也,非佚者之所未尝过而问焉。

注:“若是,犹有劳,故佚者超然不顾。”

典案:“非”字疑衍。下文“神人未尝过而问焉”,“圣人未尝过而问焉”,“贤人未尝过而问焉”,“君子未尝过而问焉”,正与此文一律,则“佚”上不当有“非”字明矣。注:“故佚者超然不顾”,则所见本尚未衍“非”字。

寓言篇

终身言,未尝不言。

典案:“不”字疑衍。此与下文“终身不言,未尝不言”相对成义。注:“虽出吾口皆彼言耳。”正释“未尝言”之义。若作“未尝不言”,既与下句相复,又非注意矣。

天下篇

指不至,至不绝。

典案:《世说新语·文学篇》:“客问乐令‘旨不至’者,乐亦不复剖析文句,直以麈尾柄确几曰:‘至不?’客曰:‘至!’乐因又举麈尾曰:‘若至者,那得去?’”刘注:“飞鸟之影,莫见其移;驰车之轮,曾不掩地,是以去不去矣,庸有至乎?至不至矣,庸有去乎?然则前至不异后至,至名所以生;前去不异后去,去名所以立。”据此,则晋人所见本“指”作“旨”,“至不绝”作“去不绝”也。

镞矢之疾而有不行不止之时。

《释文》:“司马云:分无所止,则其疾无间。矢疾而有间者,中有止也。”

典案:《庄子》此篇所举辩者之言,多本《墨经》,皆今之所谓 Reductio ad absurdum 也。希腊辩者 Zone 以为:镞矢飞行,视之似疾,然中侯之前,必当行过无数点,即连占此诸点也。既在一定之时间,占空间之一点,斯不行矣。正与司马说同。

一尺之捶,日取其半,万世不竭。

《释文》:“司马云:‘捶’,杖也。若其可析,则常有两;若其不可析,其一常存。故曰‘万世不竭’。”

典案:司马说得其谊。Zone 有 Achilles 追龟终不可及之喻,以谓 Achilles 行虽遗风逮日,然欲超龟前,必先越过与龟距离之半。半尚有半,分之将无穷期,故永不能及此。即司马“若其可析,则常有两;若其不可析,其一常存”之说也。

(选自刘文典《三余札记》,黄山书社 1990 年版)

杨振声

杨振声(1890—1956),现代作家。字今甫,山东蓬莱县人。在北京大学读书时参加了五四运动,爱好文学,发表了文学作品《玉君》、《渔家》、《一个兵的家》等。北京大学毕业后,赴美国哈佛大学、哥伦比亚大学学习。回国后致力于教育工作,抗战前历任中山大学、武汉大学、燕京大学、清华大学教授,兼清华大学文学院院长和教务长、青岛大学校长。抗战后,在长沙临时大学任教授、校务委员兼秘书长。临时大学南迁,改名西南联合大学后,任叙永分校主任,兼教授现代文学讨论及习作课程。抗战胜利后,回北京进行北京大学迁回的筹备工作,后任北京大学教授兼中文系主任。1952年调任东北人民大学(吉林大学)教授,兼文学教研室主任。

创作的作品收入《玉君》集,并有《杨振声作品选》。

传记文学的歧途

近来谈传记文学的文章似乎不少,又似乎谈起来都很内行。但一般的说来,总认为中国的传记不成,西洋的传记,"大概总是很好的吧。"说中国的传记不成,若把《史记》作为例外,恐怕很少的人能为中国传记辩护。但认为西洋的传记总是好的,也如有些西洋人认为中国人画的山水画总是好的,一样的"并不尽然"。即使所谓西洋传记,指的是十八世纪以后的传记,甚至指的是发展到一九〇〇以来的传记,同样的还是"并不尽然"。仅只一个事实就可说明了一切,从一九〇〇到一九一五,这十五年间,单就英国说,每年出版的传记不下五百部。这些"妄灾梨枣"的大著,除了寥寥几部未曾给人"覆瓿"外,几近万本的宏篇巨制,都被人类的选择力淘汰尽了。诚如 Lytton Strachey[①] 所说:"那些肥肥的两本大装,我们习惯上用以纪念死者的——谁不认识那些东西,他们对于材料的消化不良,'管中窥豹'的作风(Slipshod Style)。他们那种可厌的'谀墓'(Panegyric)口吻,再加上缺乏选择能力,超然态度与艺术结构到了可怜的地步?"(一九一八年《维多利亚王朝名人传·序》)他指出两本装,说的是十八世纪以来直至现代的传记了。

我们这里所想讨论的,还不是 Strachey 所指斥的那些传记(那当然没有讨论的价值),而是 Strachey 打破旧日的传统,创立的近代传记。提到这位近代传记的泰斗,一般认为传记到他手里,已臻善美,以前传记上的问题已经解决,以后只是遵循摹仿了。(这不免使人想到普鲁泰克的传记方法,自二世纪到十六世纪,一直被人遵循与摹仿着,到了把传记写死为止。)可是那部伊利沙白王后传(Elizabeth and Essex),——他退隐在柏克省中几乎费了三年功夫写成的一部精心杰作,他最好的朋友吴尔孚夫人(Mrs. Virginia Woolf),却认为是一种失败,虽然她同时承认维多利亚王后传是极成

① 斯特拉彻(1880—1932),英国文艺批评家、传记作家。

功的传记(她死前写过一篇《传记的艺术》,载美国大西洋月刊一九三九年四月号)。这里的问题并不是 Strachey 写过《维多利亚王朝名人传》与《维多利亚传》,那些光荣的成功之后,他的传记艺术退步了,与我们平常说"江淹才尽"一般,而是他的传记艺术更向文学走进一步,同时也可以说更离历史远了一步,这不能不引起一个更根本的问题:传记到底是历史的?还是文学的?

在我们文史方面的传统上,司马迁是第一个写传记的人,也是第一个把历史与文学配合得最好的史才,他不独处处写来富有戏剧性(后来的散文家写传记,碑志,行状,逸事及小说皆宗《史记》),而对于史料的去取也颇为谨慎。《史记》不写三皇而起自五帝,独谓"百家言黄帝,其文不雅驯……择其言尤雅者,故著为本纪书首"。而《荆轲传》不取"天雨粟,马生角"之传说,以为"大过"。其于荆轲刺秦王一幕,独取当时躬逢其盛,以药囊提荆轲头而又因此得到秦王赏赐的夏无且的亲口传说。于韩信少时葬母的故事,而自己到淮阴亲视其母家,方认为"信然"。凡此及其他相类的事情,足证司马迁真不愧为"良史之才"。且其才犹不止此,他把这些征信的史料,用文学上所谓"创造的想象",鼓舞而复活之,才写出那些栩栩如生的传记来。自班固而后,史传越走向严格的历史性,也就越少文学的戏剧性,直至史料全据官书(晋书得到《世说新语》的帮助是例外,《四库提要》讥之,也正为此),传记也如其所传的人一样,早是"寿终正寝"了。

史官的传记既然写不好,而一般的学者,又以列传始于《史记》,便一口咬定必史官才可写传。顾亭林,章实斋,刘海峰诸人,皆认为非当作史之职,不能为人立传,至清乾隆四十年定为一品官乃赐谥,而史官凡非赐谥及死事者不得立传。是极权皇帝的生杀予夺之权,不独加诸生人并且及于死鬼了。

以此,中国的传记就命定地死于史官之手,从不再发生传记文学的问题。

西洋的传记,传统上与中国不同,第一个写传记成功的希腊人普鲁泰克(晚生于司马迁约一百九十年)就不是史官,所以他们的传记一直在摹仿着普鲁泰克,也就一直的在私人手里。虽然他们承袭着普鲁泰克的写法,一千五百年间可说是只有摹仿(摹仿永远是取法乎上,仅得乎中;取法乎中,不免乎下的)而无发展,但至十七八世纪回忆录余的风行与小说,戏剧的发达,影响了传记并促进传记走入了近代的雏形。

这里不允许我们征引一大串人名与书名去细说传记在十八世纪的发展，我们只指出一部纪程碑式的著作或许就够了。我是想提一提大家都熟悉鲍斯威尔的约翰逊传。那部自鲍斯威尔认识约翰逊起（一七六三、五月十六日）直至约翰逊死（一七八四），他追随了这位名人二十一年，会面共二百七十有六次，所产生的一部传记杰作，成为了长传里一种典型（Nicolson 称之为 Boswell formula[①]）。事实也是如此，自一七九一约翰逊传出版后，长篇传记风行一时，而体裁不出其规模，特别在英国是如此。直至 Strachey 才另变了一种作风。所谓典型，特别是在史料与方法方面。那部一千三百多页的约翰逊传，不但文字清丽，写来富有戏剧性，处处可以看出一个约翰逊活跃在纸上，而史料多取之约翰逊的谈话与书札，其早年史料，得之于约翰逊的家庭，亲戚与朋友的，也多经约翰逊自己辨别一番真伪。而记载的方法又只是按年按月地排比下来，极似我国的年谱而又非年谱，让读者自己去看出约翰逊自少至老的发展来。这种传记的典型，是严格历史性的，也可以说是科学化的，虽然鲍斯威尔不必自己意识到这层，可是他的确创造了一种科学传记的典型。

这种传记只是散漫的记载，并无艺术上的结构与形式。也许这很适合英国人的脾胃，使平常讲结构与形式的法国人看了有点皱眉。而 Strachey 却正是受了法国的影响，把结构与形式放进那些散漫的史料中，便成了现代的文学性的传记。这传记是文学的创造，读起来简直象小说一样的逸趣横生。

这种文学性的传记风靡了整个世界的文坛，素重传统的牛津大学字典都肯定传记“为文学的一支”。这新趋势把传记纳入文学的形式与结构中，容许精密地选材与大量的删削，也容许组织上的错综与想象力的补苴，一句话，传记在文学家手里起死回生了。文学把过去的人物与事迹，用想象力重新组织鼓舞起来，使其人的声音与笑貌，行动与举止，都活现在我们目前。不错，他是复活了，可不一定就是那个人；他已不是他父母的产品而是传记作家的产品了！

这里便是传记文学的歧途。

---

① 鲍斯威尔公式。鲍斯威尔(1740—1795)，英国传记作家。

鲍斯威尔式的传记,只有观察与记载,不加自己的意见和判断,那是极科学的,因为很似近代行为心理学家观察与记载一个动物的行为一样。但到底人类比其他动物太复杂了些,仿鲍斯威尔式的传记,成千成万册的人生记载,都像春草秋虫似的自生自灭了。就是极成功的作品,如兰卡德的《司考脱传》,长至七大册;佛洛德之《喀莱尔传》,长至九大册;那种散漫而无结构的记载,到底是太散漫无边了。反过来一比较 Strachey 的《维多利亚王后传》,不过三百页薄薄的一本,她的个性发展,与当时的外交,内政,宫廷,家务,也都生动地出现在书内,到底结构与形式,可以帮助我们对于材料的选择与组织上的精密。

可是,Strachey 的《伊利沙白王后传》,终以代远年湮,文不足征,以想象补苴史料之罅漏,与史实不能尽合。也许是很好的一部文学,却不是很好的一部传记。至于其余的现代传记大家,如鲁德微希(Emil Ludwig),他写传先要从那个人的画像,塑像及其信札预作一个结论,就是用直观方法得到那人的个性。然后再搜集一切能够得到的材料去证实。据说他搜集材料的结果,总与他先得的结论相吻合,当然,我们带着成见去找材料,找到的就不会不吻合!至于综合英法两国传记之长的茂鲁瓦(Andre Maurois),老实不客气地说传记是作者的个性表现了。我们不必再说那些闻风兴起的传记文学家,随意驰骋想象,忽略史实,至于写一部科学家的传记,里面没有其人的科学;写一个政治家,里面没有政治,写一个文学家,里面没有文学。也许是文学太多了,他创造了史实。可是这里谈的不是纯文学,我们要的不是虚幻的创造,而是真实的历史。

传记到底是历史?还是文学?这歧途至今不能决定。可决定的是:学鲍斯威尔若失败,刻鹄不成尚类鹜;学 Strachey 若失败,则画虎不成反类犬。

当然,我们理想的传记是严格的史实,配以适当的文学的描写,结构与形式,使我们写出的人物,虎虎有生气而又恰恰正是那个人。这要求可能超过了我们人类的能力,只可偶尔得之,但往往是失败。也许我们需要更多的失败,更多的反省与更多的试验。

(原载 1946 年 11 月《世界文艺季刊》第一卷第四期,选自
《杨振声选集》,人民文学出版社 1987 年版)

胡 适

胡适(1891—1962),现代诗人、文史学家,五四文学革命倡导者。初名嗣穈,学名胡洪骍,字适之。安徽绩溪人。1910 年留学美国。1917 年毕业于哥伦比亚大学,获哲学博士学位。回国后,曾任北京大学教授。五四运动前后,曾提倡过"白话文"。他的文学理论文章《文学改良刍议》、《历史的文学观念论》、《建设的文学革命论》产生过很大影响。1922 年,创办《努力周刊》和《读书杂志》,又出版《国学季刊》、《现代评论》。1928 年与徐志摩、梁实秋出版《新月月刊》。学术研究上提倡"大胆的假设,小心的求证"。

主要著作有《胡适文存》、《中国哲学史大纲》、《戴东原的哲学》、《国语文学史》、《白话文学史》以及诗集《尝试集》。

文学改良刍议

今之谈文学改良者众矣,记者末学不文,何足以言此?然年来颇于此事再四研思,辅以友朋辩论,其结果所得,颇不无讨论之价值。因综括所怀见解,列为八事,分别言之,以与当世之留意文学改良者一研究之。

吾以为今日而言文学改良,须从八事入手。八事者何?

一曰,须言之有物。

二曰,不摹仿古人。

三曰,须讲求文法。

四曰,不作无病之呻吟。

五曰,务去烂调套语。

六曰,不用典。

七曰,不讲对仗。

八曰,不避俗字俗语。

一曰须言之有物　吾国近世文学之大病,在于言之无物。今人徒知"言之无文,行之不远",而不知言之无物,又何用文为乎?吾所谓"物",非古人所谓"文以载道"之说也。吾所谓"物",约有二事。

(一)情感　《诗序》曰:"情动于中而形诸言。言之不足,故嗟叹之。嗟叹之不足,故咏歌之。咏歌之不足,不知手之舞之,足之蹈之也。"此吾所谓情感也。情感者,文学之灵魂。文学而无情感,如人之无魂,木偶而已,行尸走肉而已。(今人所谓"美感"者,亦情感之一也)。

(二)思想　吾所谓"思想",盖兼见地,识力,理想三者而言之。思想不必皆赖文学而传,而文学以有思想而益贵,思想亦以有文学的价值而益贵也;此庄周之文,渊明老杜之诗,稼轩之词,施耐庵之小说,所以敻绝千古也。

思想之在文学，犹脑筋之在人身。人不能思想，则虽面目姣好，虽能笑啼感觉，亦何足取哉？文学亦犹是耳。

文学无此二物，便知无灵魂无脑筋之美人，虽有秾丽富厚之外观，抑亦末矣。近世文人沾沾于声调字句之间，既无高远之思想，又无真挚之情感，文学之衰微，此其大因矣。此文胜之害，所谓言之无物者是也。欲救此弊，宜以质救之。质者例？情与思二者而已。

二曰不摹仿古人　文学者，随时代而变迁者也。一时代有一时代之文学：周秦有周秦之文学，汉魏有汉魏之文学，唐宋元明有唐宋元明之文学。此非吾一人之私言，乃文明进化之公理也。即以文论，有《尚书》之文，有先秦诸子之文，有司马迁班固之文，有韩柳欧苏之文，有语录之文，有施耐庵曹雪芹之文；此文之进化也。试更以韵文言之：《击壤》之歌，《五子》之歌，一时期也；《三百篇》之诗，一时期也；屈原荀卿之骚赋，又一时期也；苏李以下，至于魏晋，又一时期也；江左之诗流为排比，至唐而律诗大成，此又一时期也；老杜香山之"写实"体诸诗（如杜之《石壕吏》、《羌村》，白之《新乐府》），又一时期也；诗至唐而极盛，自此以后，词曲代兴，唐五代及宋初之小令，此词之一时代也；苏柳（永）辛姜之词，又一时代也；至于元之杂剧传奇，则又一时代矣；凡此诸时代，各因时势风会而变，各有其特长，吾辈以历史进化之眼光观之，决不可谓古人之文学皆胜于今人也。左氏史公之文奇矣，然施耐庵之《水浒传》视《左传》《史记》，何多让焉？《三都》《两京》之赋富矣，然以视唐诗宋词，则糟粕耳。此可见文学因时进化，不能自止。唐人不当作商周之诗，宋人不当作相如子云之赋——即令作之，亦必不工。逆天背时，违进化之迹，故不能工也。

既明文学进化之理，然后可言吾所谓"不摹仿古人"之说。今日之中国，当造今日之文学，不必摹仿唐宋，亦不必摹仿周秦也。前见国会开幕词，有云："于铄国会，遵晦时休。"此在今日而欲为三代以上之文之一证也。更观今之"文学大家"，文则下规姚曾，上师韩欧；更上则取法秦汉魏晋，以为六朝以下无文学可言，此皆百步与五十步之别而已，而皆为文学下乘。即令神似古人，亦不过为博物院中添几许"逼真赝鼎"而已，文学云乎哉！昨见陈伯严先生一诗云：

> 涛园钞杜句，半岁秃千毫。所得都成泪，相过问奏刀。万灵噤不下，此老仰弥高。胸腹回滋味，徐看薄命骚。

此大足代表今日"第一流诗人"摹仿古人之心理也。其病根所在，在于以"半岁秃千毫"之工夫作古人的钞胥奴婢，故有"此老仰弥高"之叹。若能洒脱此种奴性，不作古人的诗，而惟作我自己的诗，则决不致如此失败矣。

吾每谓今日之文学，其足与世界"第一流"文学比较而无愧色者，独有白话小说(我佛山人，南亭亭长，洪都百炼生三人而已)一项。此无他故，以此种小说皆不事摹仿古人(三人皆得力于《儒林外史》,《水浒》,《石头记》。然非摹仿之作也)。而惟实写今日社会之情状，故能成真正文学。其他学这个，学那个之诗古文家，皆无文学之价值也。今之有志文学者，宜知所从事矣。

三曰须讲求文法　今之作文作诗者，每不讲求文法之结构。其例至繁，不便举之，尤以作骈文律诗者为尤甚。夫不讲文法，是谓"不通"。此理至明，无待详论。

四曰不作无病之呻吟　此殊未易言也。今之少年往往作悲观，其取别号则曰"寒灰","无生","死灰";其作为诗文，则对落日而思暮年，对秋风而思零落，春来则惟恐其速去，花发又惟惧其早谢；此亡国之哀音也。老年人为之犹不可，况少年乎？其流弊所至，遂养成一种暮气，不思奋发有为，服劳报国，但知发牢骚之音，感喟之文；作者将以促其寿年，读者将亦短其志气；此吾所谓无病之呻吟也。国之多患，吾岂不知之？然病国危时，岂痛哭流涕所能收效乎？吾惟愿今之文学家作费舒特(Fichte),作玛志尼(Mazzini),而不愿其为贾生，王粲，屈原，谢皋羽也。其不能为贾生，王粲，屈原，谢皋羽，而徒为妇人醇酒丧气失意之诗文者，尤卑卑不足道矣！

五曰务去烂调套语　今之学者，胸中记得几个文学的套语，便称诗人。其所为诗文处处是陈言烂调,"蹉跎","身世","寥落","飘零","虫沙","寒窗","斜阳","芳草","春闺","愁魂","归梦","鹃啼","孤影","雁字","玉楼","锦字","残更",……之类，累累不绝，最可憎厌。其流弊所至，遂令国中生出许多似是而非，貌似而实非之诗文。今试举吾友胡先骕先生一词以证之：

> 荧荧夜灯如豆，映幢幢孤影，凌乱无据。翡翠衾寒，鸳鸯瓦冷，禁得秋宵几度？么弦漫语，早丁字帘前，繁霜飞舞。袅袅余音，片时犹绕柱。

此词骤观之，觉字字句句皆词也。其实仅一大堆陈套语耳。“翡翠衾”，“鸳鸯瓦”，用之白香山《长恨歌》则可，以其所言乃帝王之衾之瓦也。“丁字帘”，“么弦”，皆套语也。此词在美国所作，其夜灯决不“荧荧如豆”，其居室尤无“柱”可绕也。至于“繁霜飞舞”，则更不成话矣。谁曾见繁霜之“飞舞”耶？

吾所谓务去烂调套语者，别无他法，惟在人人以其耳目所亲见亲闻所亲身阅历之事物，一一自己铸词以形容描写之；但求其不失真，但求能达其状物写意之目的，即是工夫。其用烂调套语者，皆懒惰不肯自己铸词状物者也。

六曰**不用典**　吾所主张八事之中，惟此一条最受友朋攻击，盖以此条最易误会也。吾友江亢虎君来书曰：

> 所谓典者，亦有广狭二义。饾饤獭祭，古人早悬为厉禁；若并成语故事而屏之，则非惟文字之品格全失，即文字之作用亦亡。……文字最妙之意味，在用字简而涵义多。此断非用典不为功。不用典不特不可作诗，并不可写信，且不可演说。来函满纸‘旧雨’，‘虚怀’，‘治头治脚’，‘衣本逐末’，‘洪水猛兽’，‘发聋振聩’，‘负弩先驱’，‘心悦诚服’，‘词坛’，‘退避三舍’，‘无病呻吟’，‘滔天’，‘利器’，‘铁证’……皆典也。试尽抉而去之，代以俚语俚字，将成何说话？其用字之繁简，犹其细焉。恐一易他词，虽加倍蓰而涵义仍终不能如是恰到好处，奈何？……

此论极中肯要。今依江君之言，分典为广狭二义，分论之如下：

（一）广义之典非吾所谓典也。广义之典约有五种。

（甲）古人所设譬喻，其取譬之事物，含有普通意义，不以时代而失其效用者，今人亦可用之。如古人言“以子之矛攻子之盾”，今人虽不读书者，亦知用“自相矛盾”之喻，然不可谓为用典也。上文所举例中之“治头治脚”，“洪水猛兽”，“发聋振聩”，……皆此类也。盖设譬取喻，贵能切当；若能切当,固无古今之别也。若“负弩先驱”,“退避三舍”之类,在今日已非通行之事物,在文人相与之间,或可用之,然终以不用为上。如言“退避”,千里亦可,百里亦可,不必定用“三舍”之典也。

(乙)成语　成语者,合字成辞,别为意义。其习见之句,通行已久,不妨用之。然今日若能另铸“成语”,亦无不可也。“利器”,“虚怀”,“舍本逐末”,……皆属此类。非此“典”也,乃日用之字耳。

(丙)引史事　引史事与今所论议之事相比较,不可谓为用典也。如老杜诗云:“未闻殷周衰,中自诛褒妲”,此非用典也。近人诗云:“所以曹孟德,犹以汉相终”,此亦非用典也。

(丁)引古人作比　此亦非用典也。杜诗云:“清新庾开府,俊逸鲍参军”,此乃以古人比今人,非用典也。又云:“伯仲之间见伊吕,指挥若定失萧曹”,此亦非用典也。

(戊)引古人之语　此亦非用典也。吾尝有句云:“我闻古人言,艰难惟一死。”又云:“尝试成功自古无,放翁此语未必是。”此乃引语,非用典也。

以上五种为广义之典,其实非吾所谓典也。若此者可用可不用。

(二)狭义之典,吾所主张不用者也。吾所谓用“典”者,谓文人词客不能自己铸词造句以写眼前之景,胸中之意,故借用或不全切,或全不切之故事陈言以代之,以图含混过去;是谓“用典”。上所述广义之典,除戊条外,皆为取譬比方之辞。但以彼喻此,而非以彼代此也。狭义之用典,则全为以典代言,自己不能直言之,故用典以言之耳。此吾所谓用典与非用典之别也。狭义之典亦有工拙之别,其工者偶一用之,未为不可,其拙者则当痛绝之。

(子)用典之工者　此江君所谓用字简而涵义多者也。客中无书不能多举其例,但杂举一二,以实吾言:

(1)东坡所藏“仇池石”,王晋卿以诗借观,意在于夺。东坡不敢不借,先以诗寄之,有句云:“欲留嗟赵弱,宁许负秦曲。传观慎勿许,间道归应速。”此用蔺相如返璧之典,何其工切也!

(2)东坡又有“章质夫送酒六壶,书至而酒不达”。诗云:“岂意青州六从事,化为乌有一先生。”此虽工已近于纤巧矣。

(3)吾十年前尝有读《十字军英雄记》一诗云:“岂有玚人羊叔子?焉知微服赵主父?十字军真儿戏耳,独此两人可千古。”以两典包尽全书,当时颇沾沾自喜，其实此种诗，尽可不作也。

(4)江亢虎代华侨诔陈英士文有“未悬太白，先坏长城。世无驷麑，乃戕赵卿”四句，余极喜之。所用赵宣子一典，甚工切也。

(5)王国维咏史诗，有“虎狼在堂室，徙戎复何补？神州遂陆沉，百年委榛莽。寄语桓元子，莫罪王夷甫”。此亦可谓使事之工者矣。

上述诸例，皆以典代言，其妙处，终在不失设譬比方之原意；惟为文体所限，故譬喻变而为称代耳。用典之弊，在于使人失其所欲譬喻之原意。若反客为主，使读者迷于使事用典之繁，而转忘其所为设譬之事物，则为拙矣。古人虽作百韵长诗，其所用典不出一二事而已(《北征》与白香山《悟真寺诗》皆不用一典)。今人作长律则非典不能下笔矣。尝见一诗八十四韵，而用典至百余事，宜其不能工也。

(丑)用典之拙者　用典之拙者，大抵皆衰惰之人，不知造词，故以此为躲懒藏拙之计。惟其不能造词，故亦不能用典也。总计拙典亦有数类：

(1)比例泛而不切，可作几种解释，无确定之根据。今取王渔洋《秋柳》一章证之。

娟娟凉露欲为霜，万缕千条拂玉塘。
浦里青荷中妇镜，江干黄竹女儿箱。
空怜板渚隋堤水，不见琅琊大道王。
若过洛阳风景地，含情重问永丰坊。

此诗中所用诸典无不可作几样说法者。

(2)僻典使人不解。夫文学所以达意抒情也，若必求人人能读五车书，然后能通其文，则此种文可不作矣。

(3)刻削古典成语，不合文法。“指兄弟以孔怀，称在位以曾是”(章太炎语)，是其例也。今人言“为人作嫁”亦不通。

(4)用典而失其原意。如某君写山高与天接之状，而曰“西接杞天倾”是也。

(5)古事之实有所指，不可移用者，今往乱用作普通事实。如古人灞桥折柳，以送行者，本是一种特别土风。阳关渭城亦皆实有所指。今之懒人不能状别离之情，于是虽身在滇越，亦言灞桥；虽不解阳关渭城为何物，亦皆言“阳关三迭”，“渭城离歌”。又如张翰因秋风起而思故乡之莼羹鲈脍，今则虽非吴人，不知莼鲈为何味者，亦皆自称有“莼鲈之思”。此则不仅懒不可救，直是自欺欺人耳！

凡此种种，皆文人之不下工夫，一受其毒，便不可救。此吾所以有“不用典”之说也。

七曰不讲对仗　排偶乃人类言语之一种特性，故虽古代文字，如老子孔子之文，亦间有骈句。如“道可道，非常道；名可名，非常名。无名天地之始，有名万物之母。故常无，欲以观其妙；常有，欲以观其微”，此三排句也。“食无求饱，居无求安”，“贫有无谄，富而无骄”，“尔爱其羊，我爱其礼”。此皆排句也。然此皆近于语言之自然，而无牵强刻削之迹；尤未有定其字之多寡，声之平仄，词之虚实者也。至于后世文学末流，言之无物，乃以文胜；文胜之极，而骈文律师兴焉，而长律兴焉。骈文律诗之中非无佳作，然佳作终鲜。所以然者何？岂不以其束缚人之自由过甚之故耶？（长律之中，上下古今，无一首佳作可言也。）今日而言文学改良，当“先立乎其大者”，不当枉废有用之精力于微细纤巧之末；此吾所以有废骈废律之说也。即不能废此两者，亦但当视为文学末技而已，非讲求之急务也。

今人犹有鄙夷白话小说为文学小道者，不知施耐庵曹雪芹吴趼人皆文学正宗，而骈文律诗乃真小道耳。吾知必有闻此言而却走者矣。

八曰不避俗语俗字　吾惟以施耐庵曹雪芹吴趼人为文学正宗，故有“不避俗字俗语”之论也（参看上文第二条下）。盖吾国言文之背驰久矣。自佛书之输入，译者以文言不足以达意，故以浅近之文译之，其体已近白话。其后佛氏讲义语录尤多用白话为之者，是为语录体之原始。及宋人讲学以白话为语录，此体遂成讲学正体（明人因之）。当是时，白话已久入韵文，观唐宋人白话之诗词可见也。及至元时，中国北部已在异族之下，三百余年矣（辽金元）。此三百年中，中国乃发生一种通俗行远之文学。文则有《水浒》《西游》《三国》之类，戏曲则尤不可胜计（关汉卿诸人，人各著剧数十种之多。吾国文人著作之富，未有过于此时者也）。以今世眼光观之，则中国文学当以元代为最盛；可传世不朽之作，当以元代为最多；此可无疑也。当是时，中国之文学最近言文合一。白话几成文学的语言矣。使此趋势不受阻遏，则中国几有一“活文学出现”，而但丁、路得之伟业（欧洲中古时，各国皆有俚语，而以拉丁文为文言，凡著作书籍皆用之，如吾国之以文言著书也。其后意大利有但丁诸文豪，始以其国俚语著作。诸国踵兴，国语亦代起。路得创新教始以德文译旧约新约，遂开德文学之先。英法诸国亦复如是。今世通用之英文新旧约乃 1611 年译本，距今才 300 年耳。故今日欧洲诸国之文学。在当日皆为俚语。迨诸文豪兴，始以“活文学”代拉丁之死文学。有活文学而后有言文合一之国语也），几发生于神州。不意此趋势骤为明代所阻，政府既以八股取士，而当时文人如何李七子之徒，又争以复古为高，于是此千年难遇言文合一之机会，遂中道夭折矣。然以今世历史进化的眼光观之。则白话文学之为中国文学之正宗，又为将来文学必用之利器，可断言也（此“断言”乃自作者言之，赞成此说者今日未必甚多也）。以此之故，吾主张今日作文作诗，宜采用俗语俗字。与其用三千年前之死字（如“于铄国会，遵晦时休”之类），不如用 20 世纪之活字；与其作不能行远不能普及之秦汉六朝文字，不如作家喻户晓之《水浒》《西游》文字也。

结　论

上述八事，乃吾年来研思此一大问题之结果。远在异国，既无读书之暇晷，又不得就国中先生长者质疑问难，其所主张容有矫枉过正之处。然此八事皆文学上根本问题，一一有研究之价值。故草成此论，以为海内外留心此问题者作一草案。谓之刍议，犹云未定草也，伏惟国人同志有以匡纠是正之。

（原载 1917 年 1 月 1 日《新青年》第 2 卷第 5 号，选自《胡适研究资料》，北京十月文艺出版社 1989 年 8 月版）

孙楷第

孙楷第(1898—1986),古典文学研究家。河北沧县人。1928年国立北京师范大学国文系毕业。1929—1934年先后任北平师范大学助教,北平中国大辞典编纂处编辑,国立北平图书馆编辑、写经组组长,北平师范大学讲师,北京大学讲师、副教授。1945—1952年任燕京大学、北京大学教授。1953年后任中国社会科学院文学所研究员,主要致力于古典小说和戏曲研究,成绩卓著。

主要著作有《韩非子校正》、《刘子新论校释》、《述也是园旧藏古今杂剧》、《中国通俗小说书目》、《日本东京所见小说书目提要》、《沧州集》、《小说旁证》、《元曲家考略》、《镜春园笔记》、《水浒传人物考》、《沧州后集》、《增订元曲家考略》。

关汉卿行年考

《录鬼簿》卷上关汉卿小传云："大都人，太医院尹，号已斋叟。"意谓元时为太医院尹，然不言何朝。郗经《青楼集》序云：

我皇元初并海宇，而金之遗民若杜散人、白兰谷、关已斋辈，皆不屑仕进，乃嘲风弄月，留连光景。

杜散人即杜善夫，与元遗山为侪辈。由金入元，其卒在至元六年（一二六九）后，十三年（一二七六）前；年八十岁。其人半生在元，非金人。白兰谷即白仁甫，生于金哀宗正大三年，即蒙古太祖二十一年（一二二六）；大德十年（一三〇六），年八十一岁，更非金人。郗经以二人为金遗民，盖以其不仕耳。然汉卿固仕矣，今一例称为金遗民，非也。

明蒋一葵《尧山堂外纪》卷六十八云：

关汉卿金末为太医院尹，金亡不仕。

余所见诸本《录鬼簿》，无一作"金太医院尹"者，此臆说尤不可信。然后世论曲者，率以汉卿为金遗民。近人虽间有异说，而所言均无确证。余以元人诗文传记考之，知汉卿为至元、泰定间人，非金遗民也。请详述于后。

明钞《说集》本《青楼集·朱帘秀传》云：

姓朱氏，行第四；杂剧为当今独步，驾头、花旦、软末泥等悉造其妙。胡紫山宣慰尝以沉醉东风曲赠……冯海粟亦赠以鹧鸪天……关已斋亦有南吕数套梓于《阳春白雪》[①],故不录出。

事又见《辍耕录》卷二十。《说集》本《青楼集》“关汉卿”以下十九字,乃通行本《青楼集》及《辍耕录》所无,最可贵。《青楼集》诸妓多不书籍贯,朱帘秀亦然。余疑为大都人。然合诸书观之,其踪迹又似在江淮间。[②] 今难详考。胡紫山即胡祇遹,《元史》有专传。《紫山大全集》有《朱氏诗卷序》,朱氏即朱帘秀。冯海粟即冯子振,《元史》附《陈孚传》。此外以余所知,王恽《秋涧集》有诗词为朱帘秀作,其《题朱帘秀序后》诗更有“风流不似紫山胡”[③]之语。卢疏斋亦有与朱帘秀赠答曲见《太平乐府》、《乐府群玉》。据此知汉卿与胡、王、冯、卢诸人同时相值。

紫山卒于元贞元年。[④]《元史》云至元三十年卒,误。[⑤] 其享年为六十九岁。当生金哀宗正大四年,小于白仁甫一岁。《元史》及刘赓《紫山集序》云年六十七,亦误。紫山至元二十六年为江南浙西道提刑按察使,[⑥]与行省议不合,未几以疾归。二十九年,诏征耆旧十人入都,紫山为首。《元史》及刘赓序均言辞以疾不赴。然《秋涧集》卷四十《故翰林学士紫山胡公祠堂记》,则云“仕至翰林学士,太中大夫”,盖以翰林学士致仕,非仕止于浙西按察使

---

① 《阳春白雪》有二本,一元刊前后集十卷本,今通行本从此本出。一元刊不分集本,今残存二卷,旧藏江苏图书馆;所收词较前后集本为多。《青楼集》所引汉卿套数,不见今通行本中,所据必是不分集足本也。

② 朱帘秀至元二十六七年间似乎隶扬州乐籍,因《秋涧集》卷七十七《赠朱帘秀》浣溪纱词有“烟花南部旧知名”之句,“南部烟花”是扬州典故,可证。至元二十六年,江南诸道行御史台由建康徙于扬州(《元史·世祖纪》至元二十六年五月)。胡紫山为浙西宪(此时置司于平江),王秋涧为闽海宪(福州置司),他们赴任离任回里,都经过扬州,所以与朱帘秀相识。

③ 此诗盖即题于紫山《朱氏诗卷序》后者,故有“风流不似紫山胡”语。

④ 紫山卒于元贞元年,其证有二。《秋涧集》附录载陈俨《秋涧王公哀挽诗序》云:“乙未紫山胡公卒。”乙未乃元贞元年。一也。又《秋涧集》卷四十三《紫山先生易直解序》云:“公没之三载,嗣子伯驰携所著《易解》恳题其端。”此序作于大德二年,上距元贞元年,实三载。二也。

⑤ 紫山享年六十九,其证亦有二。《紫山大全集》卷七《丁亥元日门帖子》绝句有“今年六十一年人”之句,丁亥至元二十四年,下数至元贞元年,年六十九,与《秋涧集》卷四十三《紫山胡公哀挽诗卷小序》“紫山寿几七秩”之言合。一也。又同书同卷有无题绝句十首,其第一首云:“七十衰翁与世疏”,知此诗必元贞元年作。六十九岁人作诗可自云七十,尤为紫山享年六十九岁之证。二也。

⑥ 《元史》及刘赓《紫山集序》均不言紫山为浙西按察使在何年。惟白仁甫《天籁集》下有《己丑送胡绍开(即胡紫山)、王仲谋(即王秋涧)两按察使赴浙右闽中任词》。己丑即至元二十六年,今据之。

也。《朱氏诗卷序》见全集卷八。文云：

> 以一女子，众艺兼并，见一时之教养，乐百年之升平。惜乎吐林莺露兰之余韵，供终日之长鸣。虽可一唱而三叹，恐非所以惜芳年而保遐龄。老人言耄，醉墨歌倾。因冠群诗以为鸾真之序，又庶几效欧阳文忠执史笔而传伶官也。

元自太祖元年至世祖至元末，历时为八十余年（一二〇六至一二九四），举成数可云百年。故知此序作于至元末。其时朱帘秀尚在华年，而紫山已为六十余岁老人矣。

秋涧卒于大德甲辰（大德八年，公历一三〇四），享年七十有八，[①]生年与紫山同。《题朱帘秀序后》诗见《秋涧集》卷二十一。此卷诗纪年有辛卯（至元二十八年，公历一二九一）、壬辰（至元二十九年，公历一二九二）、至元二十八年、至元癸巳（至元三十年，公历一二九三）。考秋涧至元二十六年为福建闽海道提刑按察使。二十七年，以疾得告北归。二十九年应召入都，授翰林学士，自是不复外任。此诗不纪年，然诗成必在紫山撰序后。以时考之，盖亦至元末所作也。

冯海粟生卒年不详，至元二十九年在大都，至大中（一三〇八至一三一一）为待制，延祐七年（一三二〇）尚在。

卢疏斋幼给事世祖宫中，弱冠登仕版，扬历中外垂四十年。成宗大德四年（一三〇四）年五十余，当生于蒙古定宗或海迷失后称制时（一二四六至一二五〇）；至大元年（一三〇八）尚在。

贯酸斋《阳春白雪序》云：

> 近代疏斋媚妩，如仙女寻春；冯海粟豪辣灏烂，不断古今，心事又与疏翁不可同舌共谈。关汉卿、庾吉甫造语妖娇，适如少美临杯，使人不

① 《秋涧集》附录《大元故翰林学士王公神道碑铭序》云："大德甲辰六月辛丑以疾薨于私第正寝之春露堂，享年七十有八。"又陈俨《翰林王公哀挽诗序》亦云："春秋七十八，实大德甲辰六月辛丑也。"

忍对殢。

酸斋《阳春白雪序》作于皇庆末延祐初。此序以疏斋、海粟、汉卿、吉甫并列为近代人,疑疏斋、汉卿、吉甫皇庆、延祐间尚在,与酸斋或相识也。

关汉卿、庾吉甫生卒年皆不详,《危太朴文续集》所载王和卿,卒于延祐七年,余谓即《辍耕录》与汉卿为友之王和卿。如余言不误,则汉卿卒年当在延祐七年以后。

周德清《中原音韵》自序云:

> 乐府之盛之备之难,莫如今时……其备则自关、郑、白、马,一新制作……诸公已矣,后学莫及。

周德清《中原音韵》序作于泰定元年(一三二四)。据此知泰定元年关、郑、白、马诸公已前卒矣。

以时推之,汉卿始末虽不能详,其行辈当稍后于紫山、秋涧,而与海粟、疏斋、和卿相伯仲。杨维桢《铁崖乐府》云:

> 开国遗音乐府传,白翎飞上十三弦;大金优谏关卿在,《伊尹扶汤》进剧编。

论者谓关卿即关汉卿。然如其说,则必以《白翎雀》曲为汉卿作,语意方贯。据《辍耕录》卷二十,《白翎雀》乃世祖在桓州时命教坊硕德闾所作。① (硕德闾似为蒙古语译音,《元史》卷二十六《仁宗纪》有晋王内史《拾得闾》。)关汉卿乃士大夫非教坊。故余疑进《伊尹扶汤》之关卿,乃教坊之由金入元者,本姓关,赐名硕德闾,非剧家官太医院尹之关汉卿也。

如上所述,关汉卿非金遗民,其生当在蒙古乃马真后称制元年与海迷失后称制三年之间(一二四八至一二五〇),其卒当在延祐七年以后,泰定元年

---

① 《白翎雀》曲的作者,除硕德闾外,又有河西伶人火倪赤说,见张光弼集《白翎雀歌》。但硕德闾说在元朝较通行,所以本文取此一说。

以前。虽不敢云必是，应去事实不远。

一九五四年三月

【附记】

本文所论，涉及杜善甫、白仁甫、冯海粟、卢疏斋、贯酸斋。此五人事迹，将来有专文论之，故其事在此篇中者不加注释。

（选自孙楷第《沧州集》下册，中华书局 1965 年版）

杨 晦

杨晦(1898—1983),现代作家、文艺理论家。原名杨兴栋,号慧修。辽宁省辽阳县人。1917年考入北京大学哲学系。1920年毕业后到沈阳第一师范学校教哲学,后到太原国民师范教哲学。1921—1922年在河北定县教国文。1923年去厦门集美学校教书。1924年到山东第一师范学校任教。1925年在北京与冯至等人组织沉钟社,创办《沉钟》周刊,其间在天津、北京等地任教,同时从事创作和翻译。抗战后到内地,1941—1943年在西北大学中文系任教。1944—1946年在重庆中央大学任教授,讲授现代文学和文艺理论,发表了一系列文学评论文章。1947年在上海幼稚师范专科学校任教。1949年经香港到北京,解放后一直在北京大学任教,并于1950—1966年任系主任。

主要著作有文艺评论集《文艺与社会》,翻译莱蒙托夫《当代英雄》等及论文《罗曼罗兰的道路》等。

沙汀创作的起点和方向

一

我们的作者沙汀，可以说，是一个农民诗人。你看，他是用多么优美的，散文诗一般的文字来写我们的农民，我们的所谓川西北的农村生活呀。他自然也写知识分子，然而，他所写的知识分子也差不多都是农村出身的，都市化的色彩也并不浓厚，就是他所写的 H 将军，也是革命的农民领袖。所以，他的主要的，也正是他所醉心的题材，是农民。

其实，沙汀不但是醉心于农民的题材，他的也正是农民的性格。跟一般在农村社会里生长的人们一样，曾经在一个狭小的地域内生活惯了，习于那种在“一个狭小的范围内看的更深一点，更久一点”的生活方式，这使他不愿意“接触更多的生活”，限制了他的生活范围，以至于他住在上海那样的十里洋场，却“终天把自己关在闸北一间破后楼里，便是热天也不肯轻易出门一步”，这也妨碍了他写作范围的扩大。他远在晋西北的前线的时候，所写的也还是“联保主任的消遣”那样的故事。这不能认为是特别看重乡土气氛的原故。就是他自己所说的那种难产，以及他的所以“带点拘谨”，我认为，这都是农民性格加给他的束缚。而且，难产和拘谨，在农民的性格上，就有着连带的关系。由于所谓“慢工出细活”，才自然形成难产的现象；也就由于是农民的手工副业，逐渐才发展为家庭手工业的原故，才能容许，而且会有“慢工出细活”的那种工作态度。这是生产技术水准低落的自然结果；只能靠着世代相传的手艺，靠着个人的特殊技能，才能制出专精的产品；靠着时间，靠着历史，才能挂出祖传专精的招牌。在这种条件下的工作者，又那能不带点拘谨，——拘谨地从事于一种物品的制造呢？这是农村社会的生产限制，并不能由某一个人来负这种责任。

一到工商业的都市社会里，情形自然就要改变。连文艺都有了市场，这就是说,文艺作品要以商品的资格出现在读者主顾的眼前了。文艺作家也就成为了精神生产品的工人。为了应付市场的需要,就不管是冒牌的也好,赝品也好,粗制滥造的也好,只要有货物上市就行。而且,都跟百货商店要能满足各种各样的主顾一样,也就需要有不管是诗歌,是戏剧,是小说,是杂文,是报告文学,是各地通信,等等形式的东西,什么都能写的那样作家。这中间自然难免要有流于俗恶的市侩气的一面,而主要的却还是一种进步。因为社会上的需要,因为生产技术的进步,产量自然要增加,而货色也一样会提高起来。而且,因为生活的日趋复杂,应付环境的能力加强,写作的方面虽然多了,写作的成绩也并不一定会就此低落下去。

然而,在过渡的期间,像中国近些年来的情形,却自然要演成了一些艺术家的悲剧。

从前,不是颇吵过一阵京派海派的问题吗?其实,这中间正有着一个农民派的问题,却不为人所注意。当时的海派,自然携带一些洋场的泥沙,走的却是上升的路线,京派虽然仿佛很高雅,这种士大夫气派的没落,却是历史给注定的,没法逃避。而所谓农民派,在当时正是一种乡下老进城后的情形,既然讨厌海派那种洋场气,不愿意去沾染,同时当然也不甘心跟京派去一同没落下去,却是偏于保守,往往仰慕京派的高风,容易站到京派的这一方面来。

于是,形成所谓农民派作家的悲哀:有的积习过深,不能适应新的环境;有的头脑顽固,不肯适应新的环境,于是讨厌而且憎恶这种环境以及在这种环境里应运而生的人们。有的,经过几度的挣扎,却终于消沉下去,或是回到了他原先是跳了出来的家乡,或是另谋了别的生活;有的,虽然始终都在挣扎,却突不破他的重围,于是,陷于悲观与苦恼里边,感到生活的空虚,感到心情的忧郁,没有沉沦堕落,也没有力量自拔,好像悬在那里一般。你看,我们不是有许多近于埋没的那样作家吗?他们的自视颇高,自信颇深,却跟他们的时代不大发生联系。他们的艺术水准很高,作品却特别少,也不大为他们的同时代所知。虽然已经不是那样的时代了,却依然在怀抱着所谓名山事业的那种理想,以所谓曲高和寡,作为一种不得已的安慰,这已经不止于是这种作家的个人悲哀。你可以想象:被时代的浪潮,从我们的农村社会给涌了出去,涌进了都市的港口,却又被逆转的风涛给卷了回来,这不是我们时代的悲剧吗？至于那些在逆潮的当中，虽然不能迎风破浪，却也没有转回头来，顺风扬帆，只是远到一旁的沙滩上，在悲哀与苦恼当中，梦想他们海市蜃楼的建筑，他们的处境虽然可哀，他们的这种精神，未尝不足以唤起人的尊敬。

我们的农民派作家，所走的路，所遭的命运，不能不跟我们的农村社会的发展，我们的农民革命运动同样地迂曲，同样地艰难，也同样地终于要有他们的前途。

我们转回来看看沙汀的情形吧。他虽然像他自己所说的那样难产，却终于一篇一篇地写下去，要完成他“以写作为终身事业”的企图。他虽然是带点拘谨的人，在抗战前“很少写过别类性质的文章”，在抗战后，却终于写出了“似报告非报告的小书：《我所见的 H 将军》及《敌后琐记》”。他虽然还要教书，好像农民的种田一样，来维持他的生活，却终于保持住他的作家的资格，继续生产他的精神产品，写出了他的《淘金记》，和《奇异的旅程》。他不但为他自己在作家群里，争得了一席特殊的地位，成为我们的农民诗人，我们四川社会的叙事诗作者，同时，也为我们这些年来几乎没有出路了的农民作家，开辟了一条道路，建立下坚实的基础。虽然他一时不为读者所欢迎，我相信，只要他能继续走他的路，终于要为我们的读者所认识，所爱戴，不止于他的作品在文艺市场上，会增加了销路而已。

二

沙汀的写作，据他自己在《航线》的“前记”里说，是开始于一九三一年，也就正是“九一八”事变的那一年了。而且，他的开始写作生活是在上海。这个时间和这个地点，对于我们的作者沙汀，都有个极大意义。这个上海，这个等于殖民地的商埠，自然是帝国主义的势力侵略到中国内地去的联络总站，同时也是中国内地的一个缺口，被看成了一条出路。一方面尽管是冒险家的乐园，一方面也是我们民族解放，社会革命的一个主要据点。在北平失去文化中心的地位以后，上海便以新兴的工商业都市，吸引着内地的知识青年。然而，一个生长在内地的知识青年，到了上海，不是像刘姥姥的进了大观园那样目眩神迷，就是要像沙汀那样感到好像“四周都布置着铁丝网，使人无法和它接近”。在这种情形下,再赶上“九一八”前后,受到“那时候新的拼争”的“重新激发”,像沙汀那样,感到手足无措,于是想要从事创作,觉得写作才适合一点脾胃的来自田间的青年作家,决不止于沙汀一人的吧。

就这样,从一九三一年开始,到一九三七年“八一三”抗战前止,沙汀写出了《航线》、《土饼》和《苦难》的三部短篇小说集,另外还有三个短篇:《在祠堂里》、《兽道》和《祖父的故事》。

上海对于一个来自农村社会的青年,是仿佛布置下了铁丝网的一般。然而,这只是幻术一般的障壁,对于一个整天把自己关在一间破后楼里的,才更加神秘不可测起来,假使你使出行动的长矛,是一挑就会开出一条路来,放你进去的。因为对于社会上的变动,感觉到手足无措,想到写作生活才适合自己脾胃的时候,这就是艺术生活跟实际行动分离的起点。要知道,就因为一个人的关门生活,才会到了我们民族的生死关头,只知道关心,只有感愤,而“不知道应当怎样去干”的,然而,也因为不知道应当怎样去干,才更感到自己的站在铁丝网外,于是关起门来,去从事自认为合于脾胃的写作生活。自然,对于“民族底悲苦的命数”的关心,以及感愤,并不会被关在门外的,于是,这种关心,这种感愤,好像《浮士德》里的魔鬼一般,把我们的作者沙汀,领回到他的故乡。他的故乡,虽然远在川西北那样的偏僻地方,不也同样地在受着“我们这民族底悲苦的命数”的支配吗?所差的只是没有领他到行动的路上去罢了,在艺术的范围内,却是把他的心情给安放在最适于生存的领土。一切农民气质特别浓重的作家,像沙汀那样的情形,就算是撞破了上海的铁丝网,他一时也不容易就能适应这个新的环境,更不容易就能看得更深一点,写出更为真实的作品,像他现在的这样。自然,一个人并不一定就要成为作家,假使他能在上海那样的环境里,用他的行动,慢慢克服了他农民性格的拘束,成为一个行动的人,并不一定不比他现在这样的一个作家,对于我们社会变革的贡献更大。不过,这是另外的问题,我们可以不去谈它。

请你翻开他的《航线》、《土饼》和《苦难》看看吧,这我们不能不感谢文化生活社出版的几集《文学丛刊》,是对于作家和读者两方面都有极大的贡献的,就是我现在所以能这样完全地读到沙汀在抗战前的作品,恐怕也要归功于这些集《文学丛刊》的出版才对。从沙汀的这三部短篇小说集里,我们可以看出来，虽然他的第一篇小说《风波》，是“乡村生活的纪实”，写的是他家乡的故事，但是，他并没有就甘心站在上海的铁丝网以外，对上海完全绝望。而且那不正是“九一八”事变的年份，接着就是“一二八”的吗？“九一八”的事变，在沙汀的小说里，虽然只留下一点很微弱的反应，而“一二八”却发生了极强烈的震动，对于这位年青的作家。“九一八”虽然是那么关系一个国家的生死存亡的大事变，不过，这好像在死水里投进了一块石头，虽然是大的石块吧，在较远的地方却只剩下一点微波在那里荡漾了。所以，在上海铁丝网外的沙汀，所能接触到的，只是一个杨梅疮上脸的店客。欠了二十三块钱的店账，穷极无聊了，投在黄浦江里，却留下遗书，想要“能因己之一死，激起同胞爱国热忱”来，于是被认为“爱国自杀”，得到了“没有料到的荣誉”；以及一个所谓“做广告的”，玩着宣传的把戏，“跳他们自己的加官”而已。不过，假使不嫌过于苛责的话，我们未尝不可以说，这是因为作者站在铁丝网外的原故。中国社会虽然好像是一池死水，“九一八”事变，却在这里边给激起了极大的波浪，而且从此把一池死水给翻腾起来，一直不曾平静下去，不然，怎么会掀起“一二八”那样轰轰烈烈的怒涛呢？

至于“一二八”，沙汀虽然只是写了个尾声：“撤退”，和撤退中间的发现“汉奸”，却反映出当时士兵和民众情绪的高扬，“汉奸”的活动，以及“撤退”的政治原因。这就像刚开出的汽车，正开足马力地跑上了几公里的道路，就抛了锚的一般，是多么扫兴而且泄气呀！然而，却没有修好车继续开行的希望，只能再回到原来的地点，无期地呆等下去。我们的作者，假使不随着我们民族解放的斗争，受到了这样的打击，是可以展开他的生活的吧。这中间他不是写过《莹儿》和《码头上》两个短篇的吗？这都是从一个来自内地农村者的观点，来看上海的生活的，实际上，也是关于儿童教育，家庭和社会两方面的重大问题。一个在母亲的娇惯下生长的莹儿，到了垃圾上的小英雄们群里，那能不摔跟头的呢？莹儿的死，实在是中国近年来并非不普遍的儿童悲剧。中国的社会，已经由半封建半殖民地的性质，交织成一个大的垃圾堆了。只有在这个垃圾堆上，推推撞撞，跌倒爬起，作着无情斗争的英雄们，才有他们的前途。然而，我们的做父母的，自然是些较比所谓新式的家庭里，以及被社会上认为特别办得好的学校，都是在尽力为我们的孩子制造着暖房。这种暖房里培植出来的花木，只有装在火车或是轮船里，送在通商大埠的客厅,或内地官绅的府第内,才能生存。他们一吹风,一晒太阳就要枯萎的,何况是在垃圾堆上吹?另外,你看那三个在码头上活跃的孩子吧。虽然是"一只不可见的手,把他们从母亲底胸膛上撕开了",……"然而,饥寒又教养了他们,使他们能够拿自己底手抓住每一根活命的草。"他们不但不怕没得吃,而且自然会走上解放他们自己的道路。

这其实也正有着我们作者自己的慨叹在吧。他既然不能像自己的父辈样,在烈日下,在风雨下,推着犁头,挥着汗水,用自己底手争取自己底生存,离开了土地,又离开了家乡,到了上海这样的码头,也不能像那三个小英雄们那样在污浊里,在垃圾里,如入无人之境一般地活跃。他当然不会演莹儿那样的悲剧的,然而却不免有同感了吧。

《码头上》的这一篇小说,可以说是一篇流浪儿之歌,使人读了,好像看过《生路》的电影一样。

三

随着"一二八"民族解放战争高潮的低落,我们的作家沙汀,这时候,虽然没有离开他那无法接近的上海,却把他的关心与感愤,移注到内地的农村。在那里起伏着剧烈的变动,激发着血的斗争,农民革命的怒焰,有的地方被扑灭了,有的地方又在汹涌起来。我们的作者,不是深深地感到过成都的"恐怖",不是真切地经历过长江上游的"航线"吗?在这种时代的剧变下,我们作者的故乡四川,特别是所谓川西北的那个角落里,农村社会的悲苦命数,能不叫他特别的关心,特别的感愤吗?

"我们的社会发展",正如作者在《这三年来我的创作生活》里所说的,"是太不平衡了"。然而,在根本上,却相差不远。中国是半封建半殖民地的社会,这已经是无可置疑的事实。不过,内地或是沿海,都市或农村,却有着程度上的差异,以至于色彩的浓淡,显出不同来,虽然性质上并无二致。社会发展的铁则,就无论是山南海北,还是穷乡僻壤,都无法逃避。

你看,就是所谓川西北那样僻远的地方,不是"为的……五老爷……好把银子运出去做大生意……并且要用汽车运机器开什么厂",就修起公路来;结果是"狂风般地,一辆黑色的汽车飞过去了"吗?所谓五老爷的,不过是等于帝国主义许许多多代理人中的一个罢了。

而且，也就在那里，虽然弥漫着封建余孽那样重的迷雾，农民革命的风暴不是也一样地吹到了吗？自然只是过境一般地又吹过去了，反给我们的农民留下了更为“苦难”的命数。然而，时代的风，还时时都在吹着，不能不随处都在酝酿着社会的变革，随处都有着“风波”，随处都燃起“野火”。

从前，早就有所谓“天下未乱蜀先乱”那样的话流传着。这平常大概都是以川人好乱的理由来作解释的。其实不然。四川的天然物产虽然特别丰富，四川人的生活却并不都特别舒服。四川是出产使人饱食暖衣的天然物产，然而，却更充满着比天然物产还要丰富的种种罪恶与黑暗势力。地主、豪绅、军阀、官僚等各式各样的老爷以外，还有许许多多的大爷，结成了“诈欺和剥削”的联盟，演出“人吃人的把戏”。于是到处暗藏着所谓乱的根苗，每遇天灾人祸，天下将乱的时候，这里就往往先乱起来。

不过，这种所谓乱的，只是破坏了社会的秩序，打破了社会的现状罢了，并不能变革社会的性质。等到一旦所谓乱平了的时候，也许是从前的富者而今贫了，也许是从前的贱者而今贵了，却重新又结成了封建统治的网，罩在社会的上面，而且又重新在暗地里伏下了乱源。

自从帝国主义的侵略加紧以来，一方面是把中国的古老社会给半殖民地化了，同时却也把封建统治的网给撞出了破洞，成为半封建的性质。这自然加重了对于人民大众的压榨，但是也动摇了封建社会的基础，改变了封建统治的旧观。这时候，已经不是从前所说的那种乱源的暗伏，而是所谓社会变革的酝酿。虽然是半殖民地的性质，也限制了工商业的正常发展，因而，社会的发展时常发生逆转的倾向，反使封建余孽的气焰高涨起来，往往造成一种特殊势力横行一方的局面。这使内地的人民大众，特别是佃农和贫农等的生活，反被逼得似乎无路可走，加重了他们的悲剧色彩。

这也就使我们的作者沙汀，在他那两部短篇小说集《土饼》与《苦难》里，充满了悲剧的情调。

沙汀不是因为他自己的看重乡土气氛，感觉到束缚了吗？这自然使他不容易扩大他的写作范围，就跟他的农民性格，使他不愿意接触更多方面的生活，一样地对于他要发生一种局限的作用。然而，却正因为他的这种乡土气氛，才把这在偏远内地所谓川西北的社会情形，给全盘地呈现在我们的眼前了。这虽然只是在一个狭小范围内的,却也未尝不有着中国内地农村社会的全貌。

在封建社会里的农民,被捆绑在土地上面,就跟在资本主义社会里的劳动者被锁在资本上面,是同样的牢固,同样的凄惨可怕。我们的农民,一直到抗战的前夜为止,在内地的农村里,还是除掉往地主的田里滴着血汗,忍受着一切的压迫与剥削,饥渴劳碌,老死而后已以外,没有别的出路。他们的信条,是要安分,要忍耐。他们的希望,是只有“年岁总会好起来的”这一点点而已。然而,就算是年岁真象他们所希望的那样好起来了,又有他们的什么好处呢?那剥削他们,以吃他们为业的地主,决不会让他们有什么甜的可吃的。他们的剥削就是水涨船高,年岁越好,他们的剥削就越行加紧,就看《淘金记》里的何寡母吧,这已经是抗战以后的事情了,她一发觉她的佃户们的生活“比以前容易过活多了,有的人甚至养着肥猪,家里有了整匹的布匹”,马上就要“一亩加半个棉花”。态度是那样的强硬,丝毫没有商量余地。然而,到了年岁真正坏起来,或是遭到战争一类的灾祸的时候,却决不会随着水落,他们的船就低下来。他们有的是“大斗和皮鞭”的,那怕你是“拿命来给”,也得给的呀。所以,会使我们在“战后”归途上的“难民”们,一想到地主的凶焰,马上就织成了或生或死的恐怖,一齐惊叫起来。在《酵》里,大圆的母亲,王大妈,在临死的迷迷糊糊里,又看见她丈夫在生前被地主们踢打的景象,低微地说出那样的话:“有钱人脾气都大呢,得说好话啊。”

然而,就是这样,也只能忍耐下去,不然,就会更糟。我们的年青农民大圆,不是因为不甘心地把最后的一滴血也挤到江太爷的土地里去,退了租吗?然而,他既然不能走上兵匪流氓的道路,又不能像他所羡慕的全生那样,在工厂里做上一两年的工,积下了钱,然后“再回到乡下,买点田地,自己做自己的主人”,因为在城里就“有成千成万的人,都挤紧肚皮”找不到工做。而肚皮又非喂不可,到了连骨头都没有可磨了的时候,他就只有在“比那以前更刻毒的佃约上颤着手画上个十字”,继续去流他的血汗了!

就因为这样,我们的农民,才在他们的忍耐和苟安下,受着种种的欺压与剥削。就因为这样,才在我们的农民上面,织成了一层欺压与剥削的网罗。也就因为这样,才演成种种的惨剧:有眼看着“大家弄的这样血泊泊的了”,却连赈款都吃下去的官绅;有把灾民就当作“瘦狗”一般,却还要在他们身上“炼他三斤油”出来的“代理县长”;有“为了两升粮的缘故”而谋杀老太婆的惨事;有因为家里死了人,去办理丧事,却被拉夫拉去,而且被逼着做他弟弟的“凶手”的断脚大兵;也有因为丈夫被拉夫拉失踪了,受着“饥饿磨折”,只有拿“土饼”来哄骗孩子的母亲。至于“兽道”的横行,“在祠堂里”的惨剧,“有才叔”的惨死,啊,这还算是生活,这还是在人间吗?

然而,就是“兔子逼慌了也要咬人的”,“忍耐和苟安绞成的牵绳”总不免要有“挣断”的一天。于是,在“贪馋和饥饿的旋风”里,煽起了“野火”。连打水都发出了反抗的吼声,“小市民们底怯懦”自然被踢翻了。为了反对贴印花,小贩们罢了市,而且大闹了印花局。

一群“面目阴晦而且可怕”的难民,“仿佛奔丧的一般”,回到了他们地狱一般的家乡,这时候却来要他们“送什么德政匾”,会不演成一幕“混打”的好戏吗?

何况这是“年头变了”,“是和原先不同了”,中间“还有他们没有悟出的甚么”呢?不是连“老人”那个规规矩矩,有几分傻气的儿子,都成为懂得大道理,并且是有主见的人了吗?不是在江太爷比以前更刻毒的佃约上画了个十字的大圆,就“以大胆的热情和忸怩的嘴唇”叫喊出:“得推翻一切”了吗?我们的农民已经知道:“有些地方,人们是怎样对付地主和收成”的。到了“在实际的旷野上,人直像荒春里垂死的饿狼”的时候,眼睛里在“闪烁着时代的苦,和时代的焦灼”的少年人,他们的脸上,怎能不被那“正在古老河流的西岸,辉煌着的火炬”给燎红呢?

然而,在“野火”燎原后,是“一列军队正在开来”,这样由于愤怒爆发出来的野火,不能不在军队的水里,暂时熄灭了。

而且,乡村里的形势刚刚一变,“老人”的脚下踏着的是自己的土地了,马上又已经是该清醒的时候到来。于是,那“在晨风里摇着金色的头”的稻穗,被那带有一小队老总的长官给“帮忙”了去。

这中间,虽然“白河已经杀成了血河”,虽然“在那古老河流的西岸,辉煌着火炬”,虽然有乌老二的一场搅合,把那见钱就吃的张狗老爷,给“闹得木偶下台,净人一个”;……等到暴风雨一过,亡命的绅士们照样回来,做他们“发财和恢复的好梦”,那些巨变下的牺牲者,却以灾民的资格,成为官绅们吞食赈款的奇货。于是人间又成了地狱,而且更增加了许多凄惨可怕的景象,甚至连山上的青猴们,都仿佛跟着“感到了我们这时代的大的‘苦难’”一般,在凄凉的月夜里,“啼出哀音”!

你看,我们的作者沙汀,用多么哀婉而深切动人的散文诗篇,在他的短篇小说集《土饼》和《苦难》里,歌咏出我们农村的生活,我们农民的悲剧,和我们时代的苦难呀!

> 月亮升上来了。水一样的光亮从屋顶上淌下来,清冷而且苍白,比阴暗还可怕。
>
> ——《土饼》

这真是清冷而且苍白的月亮。就在这样的月亮下,马贩子发出“怎么是个了结啊”的干叫;就在这样的月亮下,山上的青猴啼出了它们的哀音;也就在这样的月亮下,孩子们柔声地哼唱出:

> 月老爷,
> 月光光,
> 妈在河里洗衣裳。
> ……

充满了幸福之感地在等待着他们的母亲,在回来的路上,给他们做好的黄泥饼子!

天呢?

> 天白皑皑的,干燥,显着一副呆子的面貌,好像一切都与它无关:生命,灾祸,人吃人的把戏。在它下面,旷野,村落,灰色的城堡,街道,没有一丝生气。
>
> ——《野火》

我们再看看,在《战后》那篇小说里,吹在难民们身上的风吧,这是时代的风呢。

十一月的风吹打着树林，土丘，肮脏的鼻子和颈脖，和它所碰着的一切。然而，风都是有定向的。时代——是风。

我们的农民们是就在这显着一副呆子的面貌，对一切都好像无关的"天"底下，受着他们时代的苦难；就在这比阴暗还可怕的月光里，发出他们清冷而苍白的恐叹和叫号呀！然而，也顺着时代的风向，走他们的道路，虽然那是"因为少有人走"，"已经模糊了"的道路。

一九四五年一月

（原载重庆《青年文艺》新一卷六期）

游国恩

游国恩(1899—1978),楚辞研究家、文学史家。字泽承,江西省临川县人。1920年考入北京大学预科学习。1922年升入本科中文系学习古典文学,次年开始发表作品。1926年毕业后,曾在江西省第四中学、临川中学、江西省立第一女子中学、江西省立第一中学任教。1929—1936年先后在武汉大学、山东大学任讲师及教授,后又任华中大学教授。抗战时期,随华中大学赴云南后在西南联大任教。1942年起在北京大学执教三十五年。

对中国古典文学有很高造诣,著作有《楚辞概论》、《楚辞长编》、《先秦文学》、《读骚论微初集》、《楚辞论文集》、《屈原》。论文很多,主要有《荀卿考》、《楚辞的起源》、《离骚研究》、《天问研究》等。

论屈原之放死及楚辞地理

一　屈原放逐时地考略

屈原之放，前后凡两次：一在楚怀王朝，一在顷襄王朝。怀王时放于汉北，顷襄王时放于江南。汉北之放盖尝召回；江南之迁一往不返。考之史籍，参之《楚辞》，前后经历固不爽也。按《史记·屈原传》于原之被谗见疏以后，既曰“屈平既绌”，又曰“虽放流，眷顾楚国，系心怀王，不忘欲反”，此即怀王朝初放之事也。传又称顷襄王继立，以其弟子兰为令尹。屈平嫉其劝怀王入秦而不反也，子兰闻之，使上官大夫短屈平于顷襄王，顷襄王怒而迁之。其下即接叙屈原至于江滨云云，按此段全采楚辞渔父文。此即再放之事也。传文叙次未明，颇致后人疑误。惟《新序·节士篇》述此最明晰可据。其略云：“屈原有博通之知，清洁之行，怀王用之。秦欲吞灭诸侯，并兼天下；屈原为楚东使于齐，以结强党。秦国患之，使张仪货楚贵臣上官大夫靳尚之属，上及令尹子兰，司马子椒，内赂夫人郑袖，共谮屈原，屈原遂放于外。张仪因使楚绝齐，许谢地六百里。楚既绝齐，而秦欺以六里。怀王大怒，举兵伐秦，大战者数，秦大败楚师。是时怀王悔不用屈原之策，以至于此。于是复用屈原。屈原使齐。后秦嫁女于楚，与怀王为蓝田之会。屈原以为秦不可信，愿勿会。群臣皆以为可会，怀王遂会；果见囚拘，客死于秦。怀王子顷襄王反听群谗之口，复放屈原。遂自投湘水汨罗之中而死。”此其言虽与《史记》稍有出入，然其载屈原之两次放逐，固已彰彰明甚。今更以《楚辞》各篇证之，益知汉人之言大抵可信。特前后事实有不尽符者。爰为考其时地如下：

按屈子初放之时，当在怀王二十四年，此可以从约之离合推而知也。考之《史记·楚世家》载，怀王十一年，六国兵共击秦，怀王为从长。按六国表止言五国，无齐，盖偶脱失。而屈子为怀王左徒，本传不载在何年。今以诸书合勘之，当即在怀王十一年至十六年中事也。盖《楚辞》《九章》《惜往日》云：“惜往日之曾信兮，受命诏以昭时；奉先功以照下兮，明法度之嫌疑。国富强而法立兮，属贞臣而日娭。”即传所谓“入则与王图议国事，以出号令，王甚任之”也。参阅余论戊。其曰国富强者，盖是时六国方合从以抗秦，虽西向函谷，无功而还，而数年之间，秦迄不敢加兵于楚者，正以楚势方强，怀王为从长故也。准是以推，《新序》言屈原为楚东使于齐，以结强党，亦必为左徒时事，即传所谓“出则接遇宾客，应对诸侯”也。然则楚之与诸侯从，必为屈子力赞之成谋，而其为左徒也，当不越于斯时矣。参阅余论丙。至怀王十六年，张仪自秦来相楚，疏间楚君臣亦见楚世家、六国表及张仪传。屈子本传不详其年，以理度之，是时屈子必不在左徒之位。盖张仪欲解散楚与诸侯之从，非先去屈子不得入；而屈子以同姓之卿，受知有素，去之亦匪易易，故内外交通，以为浸润之地，是则上官夺藁之谗，或亦仪之货赂所致。蛛丝马迹，有可寻者。果也怀王之惑，故上官一谮而入；谮入而屈子疏，屈子疏，而仪之计售矣。于是商于之诈可以行，强国之交可以绝，而楚之大患自此始矣。按新序言张仪来而屈子去，本传言屈子既绌而张仪始来。似上官之谮另系一事，两说不同。然窃意夺藁行谮之事，必与张仪有关。史文叙为两橛，不若新序统括言之为得其实也。不然，则是秦人必先谍知屈子已自中才见疏，故即令张仪至楚，以行其诈，所谓物必先腐而后虫生也。考其情事，固已思过半矣。

然屈子斯时犹未至于放逐也。盖彼以宗臣而曾见信任，上官一谗，其罪固不过见疏，即以力谏绝齐受地之事，其势亦不过愈疏，而不至于遽获严谴。本传于夺藁之谮，但谓“王怒而疏屈平”，又于怀王见欺伐秦之后，但谓“是时屈平既疏，不复在位”，是其证也。说者多谓屈子之放即在此时，盖误据《新序》之过，不知《新序》所云，亦止大略言之；考之《楚辞》，其初次见放尚在七八年后也。按新序以放逐事叙于张仪欺楚以前，断误，说详后。观《九章·惜诵篇》云：“所非忠而言之兮，指苍天以为正。”此即指谏绝齐亲秦之事也。又云：“竭忠诚而事君兮，反离群而赘疣。”又云：“忠何罪以遇罚兮，亦非余之所志也！”此即谓力谏怀王，而举朝皆与己异议，是以块然孤立，若赘疣也。又云：“纷逢尤以离谤兮，謇不可释也！”此言党人因此以己为集矢之的，故尤谤之来，不可解也。又云：“矰弋机而在上兮，罻罗张而在下。设张辟以娱君兮，愿侧身而无所。”此言党人之助张仪以惑王心，内外构煽，如设机阱，既陷己而复陷君也。观其但曰遇罚，但曰逢尤离谤，则是屈子斯时不过以排挤而见疏，因见疏而落职而已。又按《楚世家》，怀王既见欺，发兵击秦。十七年，与秦战于丹阳，秦大败之，虏其将屈匄等七十余人，遂取汉中地，寻又败之于蓝田。韩魏闻之，袭楚，至邓。而齐竟怒不来救。十八年，秦复约与楚亲，欲以汉中之半易楚黔中。怀王愿以黔中易张仪。及仪至，将杀之。仪因厚赂靳尚，而设诡辩于郑袖。怀王既惑之，又重出黔中地，竟释张仪。仪复说怀王叛从约而合于秦，约为婚姻。以上参用张仪传。方楚之困于秦也，屈子既疏，不复在位。怀王悔不用其言以至此，乃复起用屈原，使使于齐以求平，齐楚于是复交。按复交之事，史无明文。然下文二十四年又叙倍齐合秦之事，知屈子此行之不辱君命也。及屈子反，谏曰："何不杀张仪?"怀王追之，不及。按张仪传，原谏王时，仪尚在楚，与此异。楚既合齐，屈子必复立于朝，或仍为左徒，或改任他职，不得而知。斯时怀王既重惩秦之变诈而生悔心，或复稍任屈原，故齐楚之交历六七年之久而不断。此事史虽失载，以理推之，大概如此。迨怀王二十四年，复背齐而合秦。时秦昭王初立，厚赂于楚，楚往迎妇。斯必又因党人得志，连横之势复张之故。而屈子君臣之间早有瑕衅；上官之徒，久怀怨愤，则其因绝齐而又谏，因屡谏而愈撄众怒，进而逐之朝外，以永杜其阻挠，其必在斯时矣。

屈子初放之地，史籍不载。考之《楚辞》，则汉北也。按《九章·抽思》一篇，乃自叙放逐之作，其倡曰："有鸟自南兮，来集汉北；好姱佳丽兮，牉独处此异域。"即述此事。盖汉北今郧襄之地，在郢都之北。屈子以鸟自喻，而言来集汉北；又以美人自喻，而言独处异域，则其为迁谪之辞无疑也。其下文云："道逴远而日忘兮，愿自申而不得。望南山而流涕兮，临流水而太息。"又云："惟郢路之辽远兮，魂一夕而九逝；曾不知路之曲直兮，南指月与列星。"又乱辞云："狂顾南行，聊以娱心兮。"观其欲自申而南望，魂逝郢而南指，聊娱心而南行，则所谓自南而来汉北者，明指自郢而北迁于此，又无疑也。注家释此多误，前人已有辨之者，参阅拙著楚辞概论。顷襄之时，再放原于江南，始至于陵阳，终至于沅湘，说详第二章及余论已。其地或在郢东，或在郢南，既与汉北远不相涉，而南北之路亦绝相背，故知此篇决不作于顷襄再迁之时矣。又考《抽思》之辞云："数惟荪之多怒兮，伤余心之忧忧。"王逸曰："荪，香草也；以喻君。"王姜斋《楚辞通释》谓荪之多怒，乃指怀王轻于喜怒，是也。此盖言怀王听谗，始而疏，既而罚，终以黜放于外，故云多怒；与顷襄王无涉也。其辞又云："昔君与我成言兮，曰黄昏以为期；羌中道而回畔兮，反既有此他志。"此追述初为左徒时，怀王与己同心谋国，甚见信任。既为奸佞所惑，遂背己而从异说；以见王之反复无常，与《离骚》“初既与余成言兮，后悔遁而有他”二语并指其事，亦与顷襄王无涉也。又云：“兹历情以陈辞兮，荪详聋而不闻。固切人之不媚兮，众果以我为患。”又云：“初吾所陈之耿著兮，岂至今其庸亡？何独乐斯之謇謇兮，愿荪美之可光。”此又追述见放之由，及已所以屡谏之意也。盖自怀王十八年，起用屈子使齐，反命之后，立朝数年，至二十四年，复绝齐交。屈子必痛陈党人亲秦之非计，所谓历情以陈辞，众以我为患也。而怀王之昏庸，贪小利而忘大耻；重以众楚之咻，是以欣然事仇，既忘其昔日所陈之耿著，今日之言又详聋而不闻也。以原之切直，已逆王听，而举朝皆敌，指为大患，安得不遭斥逐？然其所以謇謇而不已者，无非为君国而已。细玩其言，并有实事，而其关系深切，拳拳自媚之情，溢于辞表，亦与顷襄无涉也。然则屈子以怀王二十四年放于汉北之地，不已信而有征乎？抽思一篇，旧解多误，皆缘不知有初放汉北之事，而据王逸谓九章皆顷襄时放于江南之说以解之。林云铭蒋骥辨之甚详。

汉北之放，为时历四五年。其召回也，盖在怀王之二十九年，此亦考诸史实而可知者。按《楚世家》，自怀王二十四年合秦之后，其明年，怀王入秦，与秦昭王盟于黄棘，秦复与楚上庸。二十六年，齐韩魏为楚负其从亲而合于秦，三国共伐楚。楚质太子于秦而请救；秦遣兵救之，三国引兵去。按世家有二十年，齐湣王欲为从长，遗书劝楚王绝秦合齐，怀王许之一事，梁玉绳以为当在二十六年，然齐世家及六国表并不载，盖偶疏略。是时秦楚方睦，屈子既不亲秦，自无复召之机。迨二十七年，秦大夫有与楚太子斗，楚太子杀之而亡归，两国衅端复开。故二十八年，秦遂与齐韩魏共攻楚，杀楚将唐昧，取重丘而去。及二十九年，秦复攻楚，大破之，楚军死者二万，杀其将景缺。怀王恐，乃使太子为质于齐以求平。窃意屈子之被召必在是年。何者？齐，秦之劲敌也。屈子之结齐援，楚之善策也。十八年使齐之行，或以其素所睦洽之故。今又重创于秦，齐且合秦以击楚，则怀王悔恨之余，召归屈原，使挟质入齐，谢前过以复旧好，自意中事。不然，明年怀王将入秦会盟，汉北逐臣，缘何有谏无行之事乎？是则汉北之放而复召，断在是时可知也。

屈子既召，必复任职。然其事不可考。其再放江南。约在顷襄王之十三四年。按《楚世家》，怀王以其子子兰之劝，卒与昭王会。秦因留之，以求割巫黔中之郡。而楚人立怀王太子横，是为顷襄王。顷襄王三年，怀王卒于秦，秦人归其丧。楚人皆怜之。而屈子本传谓楚人既咎子兰以劝怀王入秦而不反也，屈平亦嫉之。令尹子兰大怒，使上官大夫短屈原于顷襄王，顷襄王怒而迁之。传不详其年月，观其文辞，似是顷襄初年之事，考之《楚辞》而知其不然。曩于楚辞概论亦定再放在斯时，未允。按《九章·哀郢》一篇自叙再放之迹甚详，而其作此篇时，已闻白起破郢，故有"不知夏之为丘，孰两东门之可芜"之言。参阅余论已。考白起之入郢，在顷襄王二十一年。今其文曰："忽若去不信兮，至今九年而不复。"从二十一年逆推之，则屈子再放当在顷襄王十三年。《史记》所记，但概括言之耳。至此次迁逐之由，虽曰因嫉子兰所致，实亦合从连横之争。盖怀王之不返，楚人衔秦刺骨，故自顷襄之立六七年，迄不与秦复交。及顷襄王六年，白起大破韩，斩首二十四万，秦遗书楚王要战以恐之，顷襄王大惧，乃谋复与秦平。七年，楚迎妇于秦，秦楚复平。十四年，又与昭王好会于宛，结和亲。自是常与秦合。亦见楚世家。屈子虽屡获罪戾，而误国之谋，岂容默默而已？是时群小得势，如燕巢堂；楚之君臣，至死不悟；再行放逐宗臣，亦复奚恤？故余考之当日情势，证之《楚辞》，而定其为是年前后之事也。

屈子再放之地，其自述亦甚详，备见于《哀郢》、《涉江》两篇中。按《哀郢》发端即云："民离散而相失兮，方仲春而东迁。去故乡而就远兮，遵江夏以流亡。出国门而轸怀兮，甲之朝吾以行。"是屈子以是年二月之甲日，自郢都启行，顺流东下也。又云："过夏首而西浮兮，顾龙门而不见。"此言离郢稍远，过夏水之首，按谓夏水发源于江之处。曲折之处，望郢城之东门而不可见也。蒋骥云："西浮、舟行之曲处，路有向西者。"又云："将运舟而下浮兮，上洞庭而下江。去终古之所居兮，今逍遥而来东。"此言浮江而下，经洞庭湖入江之处也。其行程乃自西而东，故曰逍遥来东也。又云："背夏浦而西思兮，哀故都之日远。"夏浦者，夏水东迳沔阳入汉，兼流至武昌而会于江，谓之夏口，即今之汉口也。此言舟行至此，有怀郢都。故背夏浦而西思之，犹云西向长安而笑也，但悲喜之情异耳。又云："当陵阳之焉至兮，淼南渡之焉如？"陵阳旧以为即《汉地理志》丹阳郡属之陵阳县，在今安徽青阳县南六十里。其地居大江之南，庐江之北。此述其东迁所至，越江南渡而达陵阳也。以上参阅第二章及余论已。此下不复纪载地理,是屈子此行,迄于陵阳而止也[1]。注家或以此篇为纪顷襄迁陈之事,殊非。说亦详余论已。《招魂》乱辞云:“献岁发春兮,汨吾南征。”又云:“路贯庐江兮左长薄。”而终之曰:“魂兮归来哀江南。”参合而观之,则屈子或以顷襄王二十二年之春始发陵阳而至江南也欤?

屈子之居陵阳也,九年而不见召。故《哀郢》既念九年而不复,又叹壹反之何时。于是浪迹江湖,纵意所之,转溯湖湘,以入辰溆。此《涉江》所谓“哀南夷之莫吾知兮,旦余济乎江湘”也。参阅第二章及余论已。○蒋骥曰:“湘水为洞庭正流,故水经以洞庭为湘水。济洞庭,即济湘也。”又云:“乘鄂渚而反顾兮,欸秋冬之绪风。”鄂渚即今武昌。盖屈子自陵阳泝江而上,复经其地也。绪风犹云余寒,言秋冬之绪风,证之《招魂》所纪时地,则其以是年之早春去陵阳而济江湘,愈可知也。又云:“乘舲船余上沅兮,齐吴榜而击汰。”又云:“朝发枉陼兮,夕宿辰阳。”辰阳,即《汉地理志》武陵郡之辰阳,今湖南辰谿县。溆浦,溆水之浦,今湖南有溆浦县。《水经注》云:“沅水东迳辰阳县东南,合辰水。旧治在辰水之阳,故取名焉。”又云:“沅水又东,历小湾,谓之枉渚。”又云:“溆水出大溆山,西流入沅。”是屈子既济江湘,复上沅水以入辰溆,又可见矣。辰溆之地为五溪深处。人迹罕到,下文所谓深林杳冥,猿狖之居,山高蔽日,雨雪幽晦而无垠者是也。屈子之居是乡,为时甚短。盖顷襄之二十二年,秦复拔楚黔中亦见楚世家及六国表。适当其栖息之地,故又下沅水而入于湖湘。《怀沙》一篇,即纪此行以向长沙之路。故有“浩浩沅湘,分流汨兮”之言。是时楚日以削,屈子不忍亲见亡国之祸,又冀以一死悟其君,故遂赴汨罗之渊而自沉焉。以上参阅第二章。

曩撰《楚辞概论》一书,于屈子事迹颇为考证。及今观之,时多疏略,与此表颇有异同。览者详之。

二 楚辞中沅湘洞庭诸水断在江南证

《楚辞》中所述地理,以《九章》之《涉江》《哀郢》为最详,他篇亦间及之。

---

① 按陵阳是否即《汉志》丹阳郡属之陵阳县,尚难断定。尝疑屈原行踪未必至此,说见一九五三年三联版拙著“屈原”一书五十页。

兹就本题所欲论者列之，则《离骚》之济沅湘，一也；《湘君》之沅湘无波，二也；邅道洞庭，三也；遗佩澧浦，四也；《湘夫人》之洞庭波，木叶下，五也；沅有芷，澧有兰，六也；《涉江》之济江湘，上沅水，七也；《哀郢》之上洞庭而下江，八也；《怀沙》之沅湘分流，九也；《惜往日》之临沅湘之玄渊，十也；《渔父》之赴湘流按史记作“常流”，十一也。凡《楚辞》所称江南诸水，略尽于此。近有钱穆所著《楚辞地名考》一文，见清华学报第九卷第三期。力辨沅湘洞庭诸水皆在江北今湖北之境，意谓屈子之放，未尝至江南也，说甚奇创。鄙意窃不谓然。钱穆所论，无乃以标新立异惑世耳，不容不拨正之。

《史记·贾谊传》称，文帝以贾生为长沙王太傅。贾生闻长沙卑湿，自以寿不得长，又以适去，意不自得。及度湘水，为赋以吊屈原。其辞曰：“恭承嘉惠兮，待罪长沙。仄闻屈原兮，自沉汨罗。造托湘流兮，敬吊先生。遭世罔极兮，乃陨厥身。”而其论赞亦自谓“适长沙，观屈原所自沉渊，未尝不想见其为人。”夫史公之书，论者多谓其难信。然贾谊为汉初时人，在史迁之前，上距屈子之死，不过数十年。按贾谊生于高帝七年（前二〇〇），至文帝元年（前一七八），年二十三，为长沙王太傅。今假定屈子自沉在顷襄王二十一年（前二七八）以后，则谊之生，距屈子死时仅七十余年。从屈子之死，至谊渡湘作赋，亦不过百年。世之相近如此，已谓三闾自沉之地，在长沙之汨罗，若非确有明征，岂可轻议其诬？况其时诸老师宿儒若伏生、叔孙通、张苍、申公等，皆先秦之人。伏生、叔孙通为秦博士，张苍为秦御史，而又贾生之师也。见左传正义，及经典释文。其人并见闻赅洽，博通书史，迄于汉而犹存。张苍以景帝五年卒，后贾谊之死十六年。是则贾谊之见闻，自较流俗为可信。且六国之亡，楚最无罪。三户之谣，其痛至深。卒之群起以踣秦者，皆楚人也。其宗臣放逐，矢死捐生，此何等事，乃不数十年竟不知其死所，至误以江北归魂之地，在长沙汨罗之滨，有是理乎？虽然，诙奇卓荦之事，民间之传言易讹也。贾生之仄闻，安敢必其无误？愿更广征屈子之所自言，以伸吾说。

《楚辞》之文有可证知沅、湘、洞庭诸水确在江南者数端：

（一）《离骚》云：“济沅湘以南征兮，就重华而陈词。”重华，谓帝舜也。曷为而云就重华陈词也？盖自昔皆谓舜崩于苍梧，葬于九疑，在沅湘之南。屈子再放，实近帝舜陟方之地，故连想及之，欲以抒其无可告愬之情耳。观《骚经》于陈词既毕，下文即接言发轫苍梧；及乎巫咸将降，又言九疑并迎，按江晋三方展卿并谓迎当作迓。非屈子放于江南之明征乎？尝考之《史记·五帝本纪》，舜南巡狩，崩于苍梧之野，葬于江南九疑，是为零陵。《前汉·地理志》，零陵郡营道县，九疑山在其南。《后汉·郡国志》，零陵郡营道南有九疑山。注云："舜之所葬。"引《湘州荣阳郡记》曰："山下有舜祠。故老相传，舜登九疑。"而《史记集解》引《皇览》云："舜冢在营浦县。"《郡国志》注于"营浦"下又引《荣阳郡记》曰："县南三里余，有舜南巡止宿处，今立庙。"《水经·湘水注》亦云："九疑山南有舜庙。山之东北泠道县界又有舜庙。"斯盖后人因古有是说而为之。又按《地理志》："零陵阳海山，湘水所出。"阳海山后汉郡国志作阳朔山。《水经·湘水篇》："湘水出零陵始安县阳海山。东北过零陵县东。"注云："山在始安县北，县故零陵之南部也。"又云："湘水左会清水口，资水也。世谓之益阳江。左迳鹿角山东，右迳谨亭戍西，又北，合查浦，又北，得万石浦咸湘浦。湘水左则沅水注之……右属微水。湘水又北迳金浦戍。……湘水左则澧水注之，世谓之北武陵江。凡此四水同注洞庭。北会大江。"然则屈子欲就重华陈词而必济沅湘者，盖可知矣。又考舜崩苍梧葬九疑之说，见于载籍者非一，初不始于《史记》。《书》言陟方乃死，伪《孔传》云："方，道也。舜即位五十年，升道南方巡守，死于苍梧之野而葬焉。"陟方之说，辨者甚众。然《国语·鲁语》已云："舜勤民事而野死。"礼记祭法亦同。韦昭注："野死，谓征有苗，死于苍梧之野。"《礼记·檀弓》亦云："舜葬于苍梧之野，盖三妃未之从也。"《淮南子·齐俗训》云："昔舜葬苍梧，市不变其肆。"而《山海经·海内南经》云："苍梧之山，帝舜葬于阳，帝丹朱葬于阴。"又《大荒南经》云："赤水之东，有苍梧之野，舜与叔均之所葬也。"路史发挥辨帝舜冢引作"舜子叔均之所葬也"。又《海内经》云："南方苍梧之丘，苍梧之渊，其中有九嶷山，舜之所葬；在长沙零陵界中。"而《海内南经》亦谓兕在舜葬东，湘水南。《海内东经》又谓湘水出舜葬东南陬，西环之，入洞庭下。参互而观之，则屈子所欲济之沅湘，断在今之湖南明矣。

至于江湘间多有舜之传说者，此盖与征苗之事有关：《秦策》、《荀子·议兵篇》及《淮南·兵略训》并称舜伐有苗。《吕览·召类篇》亦言舜却有苗，更易其俗。而《淮南·修务训》且谓舜南征三苗，道死苍梧。《礼记·檀弓》郑注亦谓舜征有苗而死，因留葬苍梧。《鲁语》韦昭注同。并即今《书·益稷》所谓"苗顽弗即工"，东晋古文《大禹谟》所谓"惟时有苗弗率"者也。舜禹所伐之苗，在唐江鄂岳三州之地，非窜于三危者，吴起所谓三苗之居，左彭蠡而右洞庭，文山在其南，衡山在其北，为禹所放者是也。见魏策，详后。《涉江》所谓哀南夷之莫吾知者亦是也。是则舜南征有苗之事，有可考者。

或者曰，《墨子·节葬篇》言舜西教乎西戎，道死，葬南己之市。尸子同。御览五五五引墨子作南纪。《吕氏春秋·安死篇》亦言舜葬于己，市不变其肆。与《淮南》不同。而《孟子·离娄篇》又言舜卒于鸣条。鸣条在安邑，即汤放桀处。乃今山西解县境。而纪者，《路史》以为纪即冀，故纪后即冀后。今河东皮氏东北有冀亭，冀子国也。鸣条在安邑西北，其地相近。见后纪十一有虞氏纪注。又谓诸冯负夏鸣条皆在河南北，故葬于纪。舜墓在安邑；而安邑有鸣条陌，其去纪才两舍。见发挥辨帝舜冢。此欲合纪市鸣条为一者也。高诱谓舜葬苍梧九疑之山，此云葬于纪市，九疑山下亦有纪邑。见吕览注。薛季宣又谓苍梧山在海州界，近莒之纪城。见困学纪闻五引。而毕沅又以为南己当作南巴，字之误也。九疑乃古巴地。见墨子校注。此又并欲合纪市与苍梧为一者也。郑康成以鸣条为南夷之地。见书汤誓孔氏正义引。而皇甫谧《帝王世纪》遂谓舜南征，崩于鸣条，葬于苍梧九疑山之阳；是为零陵，谓之纪市，在今营道县。见书抄九十二及御览八十一引。此更欲牵合鸣条苍梧纪市三地而一之者也。异说纷纭，不可究诘。是以王仲任论衡书虚篇、刘子玄史通疑古篇、韩退之黄陵庙碑、罗长源路史有虞氏纪。又余论辨黄陵湘妃及女英冢。又发挥辨帝舜冢、梁曜北史记志疑一等先后力辨南巡道死之事。然则舜崩苍梧葬九疑之说其可信乎？曰，今固不谓其可信；而所可知者，先秦之时已有此说而已。今考之于经，证之于史，参之以诸子传记，则传说相承，由来已久。战国之世，其说既盛，故屈子之作《离骚》，于渫愤抒愁之际，遂亦不妨据传闻以为辞也。然则舜之南巡野死姑无论其信否；而但就《骚经》南征陈词数语观之，沅湘之在江南，断断乎无疑义矣。

战国时既有舜崩苍梧而葬九疑之说，故江湘之间关于舜之传闻特盛。而《楚辞》所歌《湘君》《湘夫人》之必为二妃事，亦有可信者。《水经·湘水注》云："大舜之陟方也，二妃从征，溺于湘江。神游洞庭之渊，出入潇湘之浦。"即谓其事。顾其说则甚早。按《山海经·中山经》云："洞庭之山，帝之二女居之，是常游于江渊澧沅之风；交潇湘之渊。出入必以飘风暴雨。"此云帝之二女，虽未明言为尧女，而以所称诸水观之，则经意所指，殆即舜之二妃也。何以明之?《史记·秦始皇本纪》载始皇二十八年,浮江,至湘山祠。逢大风,几不得渡。上问博士曰:"湘君何神?"博士对曰:"闻之尧女,舜之妻,(死)而葬此。"于是始皇大怒,使刑徒三千人皆伐湘山树,赭其山。则相传二妃为湘水之神,秦博士已闻之矣。故《列女传》云:"舜既嗣位,升为天子,娥皇为后,女英为妃。舜陟方死于苍梧,号曰重华。二妃死于江湘之间(因葬焉),俗谓之湘君(湘夫人也)。"《礼记·檀弓》郑氏注亦云:"《离骚》所歌湘夫人,舜妃也。"王逸《楚辞章句》亦云:"尧用二女妻舜。有苗不服,舜往征之。二女从而不反,道死于沅湘之中,因以为湘夫人也。"《史记·始皇纪索隐》又云:"《楚辞》有《湘君·湘夫人》。夫人是尧女,则湘君当是舜。今此文以湘君为尧女,是总而言之。"韩愈《黄陵庙碑》则云:"湘旁黄陵庙,前古以祠尧之二女,舜之二妃者。尧之长女娥皇为舜正妃,故曰君;其二女女英自宜降曰夫人也。故《九歌》辞谓娥皇为君,谓女英帝子,各以其盛者推言之也。《礼》有小君母。明其正自得称君也。"诸说虽异,而以二妃为湘水之神则无不同。罗氏路史有虞纪谓舜之次妃登比氏生二女,曰宵明,曰烛光,处河大泽,灵照百里,是为湘之神。其辨帝舜冢亦谓黄陵为登北之墓。登北氏既徙巴陵,则其二女理应在此。故得为湘水之神,非尧之二女也。其说独新异。果尔,则亦与舜有关可知也。惟郭璞注《山海经》力辨其非。且断为天帝之二女,处江为神,而以《列仙传》江妃二女当之,以为即《九歌》所谓湘夫人称帝子者是也。其说略云:"说者皆以舜陟方而死,二妃从之,俱溺死于湘江,遂号为湘夫人。按《九歌》湘君湘夫人自是二神。江湘之有夫人,犹河洛之有虙妃也。此之为灵,与天地并矣。安得谓之尧女?且既谓之尧女,安得复总云湘君哉?《记》曰:'舜葬苍梧,二妃不从。'明二妃生不从征,死不从葬,义可知矣。《传》云:'生为上公,死为贵神。'《礼》,五岳比三公,四渎比诸侯。今湘川不及四渎,无秩于命祀;而二女,帝者之后,配灵神祇,无缘下降小水而为夫人也。"景纯惟不知楚人实以虞舜夫妇分附之于湘君湘夫人,故其辨,虽若言之成理,实则失之过迂。何者?荆楚之俗,信巫鬼而重淫祀。虞帝崩葬湘南之说既传之甚久,则二妃死于江湘之间,若秦博士之所传者,自亦连类而及,相因而生之传说也。故张衡《思玄赋》亦云:"哀二妃之未从,翩缤处彼湘滨。"明二妃虽不从葬,而仍得有湘君之说也。《博物志》且记"尧之二女,舜之二妃,曰湘夫人。舜崩,二妃啼,以涕挥竹,竹尽斑。"影附之谈,何所不有,初不必问其事之有无。而民间景响傅会之词,牵涉讹变之说,初不因此而辍其演进。正犹舜死于苍梧，葬于九疑之事，本属渺茫，而后人之传者自若也。作《楚辞》者，栖迟南土，习闻其说；当其载笔啸咏，比于诗人歌土风之义，又何足怪？且江妃二女者，郑交甫之所遇，其传本在汉皋，与《山海经》所谓常游于澧沅潇湘之渊者迥别。此证之《湘君·湘夫人》所纪诸地理，而有以知其必为舜之二妃，断非《列仙传》之江妃二女也。以上参阅本书论九歌山川之神。今《湘君》之辞曰："令沅湘兮无波，使江水兮安流。"又曰："驾飞龙兮北征，邅吾道兮洞庭。"又曰："望涔阳兮极浦，横大江兮扬灵。"又曰："捐余玦兮江中，遗余佩兮澧浦。"《湘夫人》之辞曰："袅袅兮秋风，洞庭波兮木叶下。"又曰："沅有茝兮澧有兰，思公子兮未敢言。"又曰："九疑缤兮并迎，灵之来兮如云。"又曰："捐余袂兮江中，遗余褋兮澧浦。"夫曰沅，曰湘，曰江，曰澧，曰洞庭，曰九疑，亦既明著其地矣。湘水之涯，九疑之麓，此正重华之灵之所常妥也。沅澧洞庭，又其地望之相接者也。湘水北流，入于洞庭，而注于江，故言北征而邅道于洞庭也，又言望涔阳而横大江也。参阅下论洞庭节。沅也，澧也，洞庭也，九疑也，其地密迩于湘，而与汉皋远隔数千里，此岂江妃之所宜常游者乎？虽曰神之灵何所不止，其如不近情理何？是故郭氏谓洞庭山之二女为天帝之女者，非也，谓天帝之二女即《九歌》所谓湘夫人称帝子者，尤非也。观《博物志》云："洞庭君山，帝之二女居之，曰湘夫人。"又引《荆州图经》曰："湘君所游，故曰君山。"而《水经·湘水注》于此亦引《山海经》之文云："洞庭之山，帝之二女居焉。"又云："湖中有君山，湘君之所游处。"非其明征欤？象对于有庳，今湖南道县有庳墟，零陵有鼻亭，柳子所斥。鼻庳同声字，并见水经注颜师古汉书注及一统志。盖亦与舜之传说有关。

（二）九疑湘妃之事既明，请进而论洞庭之水。屈子之辞言洞庭者三，而《九歌》见其二。钱穆之说曰："曰'袅袅兮秋风，洞庭波兮木叶下'，此不似江南洞庭湖水广员五百里，日月若出没其中之所有也。曰'令沅湘兮无波，使江水兮安流。驾飞龙兮北征，邅吾道兮洞庭'，自大江北征而邅道于洞庭，洞庭固非在江南也。曰'将运舟而下浮兮，上洞庭而下江'，洞庭在北称上，大江在南称下。又自分明言之矣。"见楚辞地名考第五章楚辞洞庭在江北说。此或由于误解文义，或由于胸有成见，似未免强古人以就己，非作者之本意也。条辨之如左方：

谓袅袅秋风，湖波木落之景色不类今之洞庭者，张云璈《选学胶言》实主之。其说云:“洞庭之名,经传无考。《尔雅·释地》十薮,但言楚有云梦。言洞庭者,始见于灵均此文。然详玩辞意,似属微波浅濑。可以眺玩;故有秋风袅袅木落下之语。当是洞庭山下小水,因山得名,非如今日浩渺之状;故但言洞庭,而未有湖称。当日言水道者皆不之及。迨云梦涸,而水悉归于洞庭湖,遂成巨浸矣。”此或为钱氏之所本。然其说殊空洞不足论;盖习见后人之诗若“吴楚东南坼,乾坤日夜浮”之炎炎大言,而疑所不当疑者耳。五百里之洞庭,宁不许其有袅袅之秋风耶?《哀郢》之上洞庭而下江,抑又何说?江湖之际,水流若奔马,运舟下浮,其势则然,此岂洞庭山下小水可与江流齐举者哉?又不待辨而知其不然也。

若《湘君》之言驾飞龙北征,而邅道洞庭,尤足以证洞庭之在江南,即巴陵之洞庭湖也。按湘水出今广西灵川兴安二县境。水经,出零陵始安县阳海山。始安即今兴安县境,汉属零陵郡。参阅前节。东北流,经永州;即零陵县。又东北,至衡州;又北,逾长沙,至湘阴而入洞庭。经行二千五百三十里。洞庭在湘水北,故云北征。邅者转也;本王逸注。言由湘而北,转其道于洞庭也。而钱穆泥于成见,必谓洞庭在江北,故误以为自大江北征;而邅道于洞庭。夫《楚辞》原文具在,但言驾飞龙北征,邅道于洞庭耳,何尝言自大江北征而邅于洞庭乎?若以上文叙及江水,即指北征为从大江而北,微论北征之上尚有望夫君未来二语,断非承接上文。且既谓湘水非今湖南之湘江,而指为在江北淮河流域,地近上蔡之境矣。见原文释湖,今不备引。试问湘君所欲从而北征之大江,果何在乎?地之相去也,千有余里,而乃远从此起,以转于不知何处之洞庭,言之若庭除履堂奥之易,有是理乎?此又其说之不可通者。总之,不考文义,不稽事实,但执一端,而牵附之,是以迷离惝怳,捉襟见肘,终觉其参差而不合也。湘水北流入湖,故曰北征而至洞庭。沅湘又并由湖注江,故上文又曰使江水安流。寻之不见,欲绝江而远寻之,故下文又曰:“望涔阳兮极浦,横大江兮扬灵。”文义如此明白,有条不紊。一经翻案,则毫发之动,牵及全身,其关系有如此者。

至《哀郢》上洞庭而下江一语,钱穆亦似误解。考此篇为屈子再放之作。其行程系自郢顺江东下,直至陵阳。注家多误为与《涉江》同为南行,故其说皆扞格而不合。盖屈子之去郢也,浮江而东,至于湖水入江之处在今岳阳临湘一带,洞庭在其右,大江在其左。右上而左下,故曰“上洞庭而下江”也。蒋骥注云:“洞庭入江之口,在今岳州巴陵县。上下谓左右。礼,东向西向之席,俱以南方为上。今自荆达岳，东向而行，洞庭在其南，故以洞庭为上而江为下也。”见山带阁注楚辞。又曰：“自是而东，洞庭自南而北合于江，《礼》所谓以南为上也，故曰‘上洞庭’；南上则北下矣，故曰‘下江’；其路直东行也，故曰‘逍遥而来东’。”见蒋书余论下。其说甚确，殆无疑义。按《曲礼》云：“席，南乡北乡，以西方为上；东乡西乡，以南方为上。”盖西者右也，东者左也。南北乡之席右在西方，故以西为上也；东西乡之席右在南方，故以南为上也。其实皆尊右之谓也。郑注云：“坐在阳，则上左按此所谓左，仍系指西方，玩下正义自明；坐在阴，则上右。”《正义》云：“南坐是阳，其左在西；北坐是阴，其右亦在西也。俱以西方为上。坐在东方，西乡，是在阳，以南方为上；坐若在西方，东乡，是在阴，亦以南方为上。”又按《诗·魏风·葛屦篇》云：“好人提提，宛然左辟。”右人尚右，避道者必于左，故云尔也。《史记·廉颇蔺相如传》称，相如为上卿，位在廉颇之右。颇曰：“相如徒以口舌为劳，而位居我上！”又《淮阴侯传》载，韩信得广武君，解其缚，东乡坐，西乡对而师事之，盖古礼也。鸿门之会，项羽东向坐者，盖以主道自居也。《战国策·魏策》，吴起对魏武侯曰：“昔者三苗之居，左彭蠡之波，右洞庭之水。”左者东也，右者西也。此又据南北向言之也。沈括《梦溪笔谈》亦云：“古人尚右。主人居左，客在右者，尊宾也。今人或以主人之位让客，此甚无义。惟天子适诸侯，升自阼阶者，主道也，非以左为尊也。《记》曰：‘主人就东阶，客就西阶。客若降等，则就主人之阶，主人固辞，乃就西阶。’盖尝以西阶为尊，就主人阶，所以为敬也。今惟朝廷有此礼。凡臣僚登阶奏事，皆由东阶，立于御座之东。不由西者，天子无宾礼也。唯释门主人升堂，众宾皆立于西，惟职属及门弟子立于东，盖旧俗时有存者。”按秦汉以前尚右，六朝以后尚左。详见赵云崧陔余丛考。今屈子浮江东下，适当东乡之位，其南为洞庭而居其右，故云“上洞庭而下江”。吴起以南北向定方位，故云左彭蠡而右洞庭也。若如钱穆说，洞庭在北称上，大江在南称下，适得其反矣。按以水势言，湖水下注于江，亦当以洞庭为上，大江为下。矧其说未确证洞庭在江北何地，但曰与汉水非遥而已。参阅原作。是则与郢都下游之江相去何止数百里，杳不相涉；而乃连类而言曰，“上洞庭而下江”，屈子倘非梦呓，决不至此。

兹列为下图以明之：

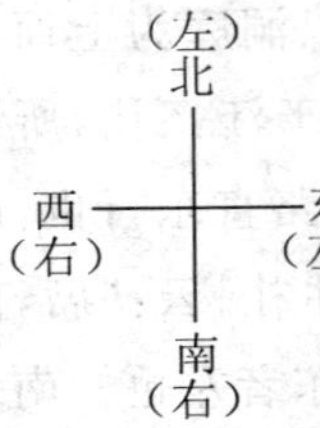

(图一)

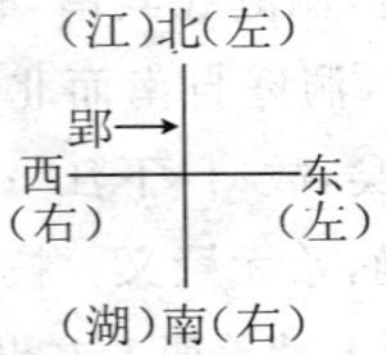

(图二)

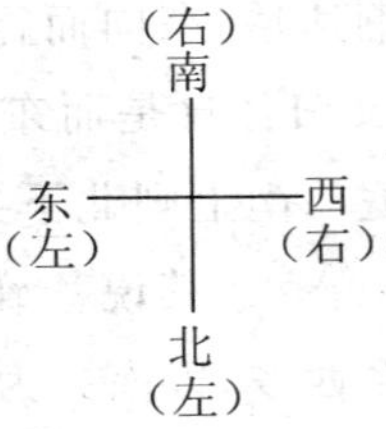

(图三)

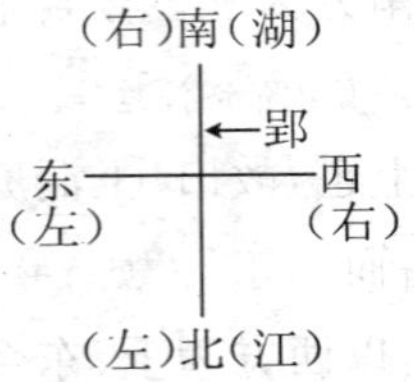

(图四)

钱穆又据《战国策·燕策》及《史记·苏秦传》载，苏代称“汉中之甲，乘船出于巴，乘夏水而下汉，四日而至五渚”之文，谓五渚在汉水下流。按此本吴师道说，见战国策校注。复据《秦策》张仪称“秦破荆，袭郢，取洞庭五渚江南，荆王亡走陈”之文，因证洞庭与汉水非遥。此亦未为的据。何者？考《水经·湘水注》明云，资水沅水微水澧水同注洞庭，北会大江，名之五渚；即《战国策》秦与荆人战，大破之，取洞庭五渚也。然则《秦策》所谓五渚者，本在江南明矣。且《燕策》之五渚，今既不能确指为何地；而考“秦策”之文，五渚本作五都，《韩非子初见秦篇》又作五湖，其歧异如此。安得遽断为即《燕策》之五渚？故钱君为之解曰：“五都，即五渚也。从水而言，则曰五湖，据陆言之，则曰五渚。”姑即以此说为断，然又安知非汉水与洞庭之旁各有五渚，本不相涉者耶？即不然，又安见所谓洞庭者亦必临汉水者耶？必强指《秦策》之洞庭在江北汉水流域，然则岂不可谓此五渚或五都本非江北之五渚，则实为江南洞庭之五渚乎？裴骃史记集解即主此说。又岂不可谓此洞庭者，本自别一地名，偶与江南之洞庭同名者乎？古今地名同者，不可悉数。且如其说，秦人破郢，分兵略地甚广，北既至汉水之五渚，南岂不可以至江南之洞庭？故《秦策》之洞庭，不能移至江北，与《燕策》之五渚，不能牵合于江南，其理一也。抑余考之，《秦策》及《韩非子》所载张仪之言，已根本可疑。史称仪不容于秦，出而相魏，一岁而卒。在魏哀王之九年见史记六国表，当周赧王之五年，秦武王之元年，楚怀王之十九年(前三一〇)。白起破郢，在秦昭王二十九年，楚顷襄王二十一年(前二七八)，仪之死已三十余年矣。今其文乃曰荆王亡走，东伏于陈，其不可信明甚。而竟据以为说，无乃穿凿附会之甚者乎？

钱穆又云：“江南其地在今洞庭之西，正值楚都之南。而洞庭五渚，则在楚都北；故曰袭郢，取洞庭五渚江南。先袭郢，为用兵主力所趋。自郢而北，则取洞庭五渚；自郢而南，则取江南也。若洞庭即今地，则秦人用兵，自西而东，应曰江南洞庭，不得曰洞庭江南。且不得偏趋于郢南，而不及于郢北矣。”斯亦未见其必然。据《史记·秦本纪》，昭王二十九年，白起攻楚，取郢为南郡。三十年，蜀守若又伐取巫郡及江南为黔中郡。《正义》引《括地志》云：“巫郡在夔州东百里。黔中故城在辰州沅陵县西二十里。”是巫郡在郢西，江南在郢之西南。观其攻取之势，盖先捣其都会，而随即收拾郢都西南附近之地，使与巴蜀打成一片，以绝后顾之患。然后徐图北进，以并三楚，此正秦人用兵之步骤如是。惟其时秦方经营江南，以为进取根据，郢北之事稍缓；故顷襄王得以从容亡走东北，退保于陈也。且观于三十一年，襄王收东地兵，复西取秦所拔江旁十五邑。即江南。以为郡，距秦，则两国之重视郢南，与其主力之战所必争者可知矣。孰谓其不得偏趋于郢南哉？至于述故事者，恒但统括说之，洞庭江南与江南洞庭先后之序，随意为言，正不必详审其方位而后可也。总之，汉水附近果别有一洞庭者，夫何关于《楚辞》？更何关于屈子流放之地？而必谓其足迹不到江南乎？若夫《山海经》一书所记地理方位与其道里，甚多疏略，时有抵牾，不可尽信。钱君所举《中山经》洞庭东南诸山以为反证，原文不备引。又不足辨也。沅湘洞庭既皆在江南，则澧溆汨罗诸水自不待论，兹概从略。

（三）《楚辞·九章》，其五曰《怀沙》。“沙”者长沙；“怀沙”者，寄怀长沙之谓也。自昔人误解“怀沙”之义，以为怀抱沙石，将以自沉，而三闾之真意晦矣。观东方朔《七谏·沉江篇》云：“怀沙砾而自沉兮，不忍见君之蔽壅。”按史记屈原传索隐引作九怀，实误。而《史记》屈子传于载《怀沙》之后即紧接之曰：“于是怀石，遂自投汨罗以死。”是并以此篇为屈子绝命之词，其实非也。考《怀沙》之文，虽云死志已决，而实未至于即死；故但曰“知死不可让，愿勿爱”而已；但曰“明告君子，吾将以为类”而已。而《惜往日》之词则明著之曰：“临沅湘之玄渊兮，遂自忍而沉流。”篇末又重著之曰：“不毕辞而赴渊兮，惜廱君之不识。”然则屈子之绝笔乃《惜往日》，非《怀沙》也，明矣。又考屈子之再放也，自郢浮江而东，逾夏浦，至陵阳，念九年之不复，痛壹反之无时。于是溯江而上，复至鄂渚，折而西南行，涉洞庭，上沅水，过辰阳，入溆浦，而止于深山幽晦之地，雨雪愁苦之乡。经行之路，历历可考。参阅第一章及余论戊己。凡所行皆由北而南，绝无自南而北之路。今篇中乃有“路进北次”之文王逸云：

“次,舍也。”,是其由辰溆复转而东北行,以向长沙之路,约略可见。大概此行沿沅水而下,复入洞庭,稍折而南,至汨水入湘之处而止焉。故其乱辞又曰:“浩浩沅湘,分流汨兮。”明其由沅入湘,——由西南而东北,顺流而下,至洞庭五渚之会也。长沙亦江南之地,故篇首总纪之曰“汨徂南土”,非谓自辰溆而更南行也。其作此篇,盖在由辰溆启行之途次,故有路进北次及沅湘分流之语,纪其实也。由此言之,“怀沙”非怀石自沉之义,而为寄怀长沙之地也,又明矣。是以钱饮光《楚辞屈诂》释之曰:“怀沙,是怀长沙也。”可谓卓识矣。但钱氏又谓“分流汨兮”之“汨”,即近长沙之汨水,所谓汨罗江者,恐未确。然其说实出于李陈玉之《楚辞笺注》;而蒋骥《山带阁注楚辞》复力为申之云:“《怀沙》之名,与《哀郢涉江》同义。沙本地名。《遁甲经》,沙土之祇,云阳氏之墟。《路史》纪,云阳氏神农氏皆宇于沙。即今长沙之地,汨罗所在也。曰《怀沙》者,盖寓怀其地,欲往而就死焉耳。原尝自陵阳涉江湘,入辰溆,有终焉之志。然卒反而自沉,将悲愤所激,抑亦势不获已,若《拾遗记》及《外传》所云迫逐赴水者欤?然则奚不死于辰溆?曰:原将下著其志,而上悟其君;死而无闻,非其所也。长沙为楚东南之会,去郢未远,固与荒徼绝异。且熊绎始封,实在于此。自注云:“史记,周封熊绎居丹阳。而方舆胜览云:‘长沙郡治内有熊湘阁,以楚子熊绎始封之地而名。’唐张正言张沙风土碑曰:‘昔熊绎始在此地。’盖是时楚地跨江南北,或有前后迁徙,或两都并建,俱未可知。”说见楚辞余论下。原既放逐,不敢北越大江,而归死先王故居,则亦首邱之意,所以有怀也。篇中首记南徂之事,而要归誓之以死。盖原自是不复他往,而怀石自沉之意,于斯而决。故史于原之死特载之。若以‘怀沙’为怀石,失其旨矣。”复于《楚辞余论》辩之云:“《史记》原传载《怀沙》之后,即继以怀石自沉。后世释《怀沙》者,皆以怀抱沙石为解。然以沙为石,殊未安。或疑长沙之名,自秦始建;且专以沙名,未可为训。不知《山海经》云,‘舜葬长沙零陵界。’《战国楚策》,长沙之难。《史记》,齐威王说越王曰,‘长沙,楚之粟也。’《湘川记》,秦分黔中以南长沙乡为郡。则长沙之由来久矣。《路史·黄帝纪》,南入江内沙。则以沙为长沙,亦非无本也。苏嘉嗣《长沙志》云:‘长沙名始洪荒之世,一名星沙。轸宿中有长沙,星以沙得名,非沙以星而得名也。’其说可参。”今按蒋氏之论核矣,诚足以破千载之惑矣。然其推屈子所以必归死长沙之故,尚有余义焉。请更伸其说:

考顷襄王二十年秦昭王二十九年,白起破郢,是时屈子放于陵阳,寻复由陵阳上溯鄂渚，逾洞庭，由沅水以入辰溆。其明年，秦人复伐取楚巫郡及江南，为黔中郡。黔中，即屈子所居辰溆之地。屈子以二十一年溯江至此，则栖息甫定，而秦兵大至，斯时屈子正与之相值，断可知矣。是则其不能正命于辰溆之间，而必下沅入湖，以至长沙而死者，殆亦迫于事势，不得不然耳。夫孤臣窜逐，九死不悔；且死志已决，复何所惧而避秦寇哉？将无以为与其横死于寇仇之手，曷若全真于父母之乡；与其为虎狼所毙，曷若自投于清渊以洁吾身之为愈乎？此史公所谓志洁行芳，蝉蜕于浊秽，皭然泥而不滓者也。观《渔父》之文，"宁赴湘流，葬于江鱼之腹中"，不忍以皓皓之白，蒙世俗之温蠖；孰谓其肯以洁白之躯，膏于豺虎之吻，而蒙死后无穷之辱乎？本冀以一死悟君而救国，乃肯为敌国之囚虏，自甘默默无名之死乎？呜呼！死有重于泰山，屈子之必择地而死者，亦曾子所谓得正而毙者欤？《怀沙》之作，其以此哉？

若夫《楚辞》中凡云"南"者，除《抽思》一篇外，其余大抵皆指郢都而言，此尤足以证其所纪地理多有在江南者。盖凡纪述地理之方位，必先定一标准；屈子文中所记东西南北，则以其国都为标准，此又无可疑者。故《抽思》为屈子初放汉北时所作，而曰"有鸟自南兮，来集汉北。"自南来者，自郢都而来也。又曰："望南山而流涕。"又曰："南指月与列星。"又曰："狂顾南行。"皆以郢在汉之南也。《离骚》云："济沅湘以南征。"《招魂》亦云："献岁发春兮，汨吾南征。"而终之曰："魂兮归来哀江南。"此可证其在江南者一矣。《涉江》云："哀南夷之莫吾知兮，旦余济乎江湘。"南夷，即楚南之蛮夷，吴起所谓左彭蠡，右洞庭之苗民是也。此可证其在江南者二矣。旧解南夷多误，不可从。《思美人》云："吾且儃佪以娱忧兮，观南人之变态。"又云："独茕茕而南行兮，思彭咸之故也。"变态之南人，即《涉江》所谓南夷。此可证其在江南者三矣。《哀郢》云："当陵阳之焉至兮，淼南渡之焉如？"陵阳在今安徽宁国池州之界，《汉志》丹阳郡陵阳县是也，以陵阳山而名。南渡者，陵阳在大江之南也。此可证其在江南者四矣。《怀沙》云："伤怀永哀兮，汨徂南土。"而乱辞终之曰沅湘分流。此可证其在江南者五矣。《橘颂》云："受命不迁，生南国兮。"周都岐雍，以汝颍江汉之间为南国，故其诗有《周南》《召南》。二南诗中若"南有樛木"，"南有乔木"乃表其地望。湖湘之地，又在楚都之南，故亦称为南国。此可证其在江南者六矣。《远游》云："嘉南州之炎德兮，丽桂树之冬荣。"又云："指炎帝而直驰兮,吾将往乎南疑。"南州之义,与南国同。南疑者,谓九疑也。王逸说。以在楚南,故谓之南疑。此可证其在江南者七矣。远游之词虽属幻设,然南疑以下一段言二女,言九韶,言湘灵,皆实写其事。自当分别观之。至蒋骥氏谓《招魂》之"哀江南",哀江乃长沙湘阴水名,余不敢信之也。按蒋说云:"'哀江南',旧解以为哀此江南之地,尝考其说,多不可通。今览图经,湘阴有大小哀洲,二妃哭舜而名。又长沙湘阴志云:'哀江在县南三十五里。'正与汨罗相通。固知其所指,乃言哀江之南。以见入修门之为虚,而沉湘之为实。此一篇结穴也。"见楚辞余论下。说甚奇创,今备著于此。

(选自《楚辞论文集》,古典文学出版社 1957 年 1 月版)

冯沅君

冯沅君(1900—1974),现代著名女作家、文学史家。原名淑兰,字德馥,笔名淦女士、沅君、易安、大琦等。河南省唐河县人。1917年考入北京女子高等师范学校。1922年毕业后于同年考入北京大学研究所国学门研习古典文学。1925年毕业后,先后在金陵大学、中法大学、暨南大学、北京大学等校任教。1932年赴法国巴黎大学学习,获文学博士学位。1935年回国后,先后任教于河北女子师范学院、中山大学、东北大学、山东大学,除教学外,从事古典文学、文学史研究和著述。1949年起一直任山东大学中文系教授,1955年任山东大学副校长。

冯沅君于1923年开始小说创作,以淦女士笔名在《创造周刊》、《创造学刊》上发表了《旅行》、《慈母》等篇。1926年出版小说集《卷葹》、《春痕》。1929年出版《劫灰》。古典文学研究著作有《古优解》、《孤本元明杂剧题记》、《古剧说汇》、《冯沅君古典文学论文集》。并与陆侃如先生合著《中国诗史》、《中国文学史》、《中国文学史简编》。

古优的影响

(1)狭义的影响

(2)广义的影响

讲到古优的影响,我们的意见应就两方面陈述:就狭义方面论,这个论题的范围以优人本身影响为限;就广义方面论,则一切与滑稽有关的言行文字,并在讨论之列,因为依照这样观点,优的含义已不等于 Fou,而等于 Bouffonnerie 了。

先就狭义方面说。优人本身对于后代的影响,大都由于他们的技艺,故下文所述也依此分类。凡三类。

在上文,我们已指出滑稽娱人是古优技艺中重要部门。这一点在中国戏剧史上实有深重的影响。试将各时代的戏剧分析一下便可明白。

(一)唐滑稽戏。王国维先生的《宋元戏曲史》于论唐代戏剧时说:

> 顾唐代歌舞戏之发达虽止于此,而滑稽则殊进步。此种戏剧优人恒随时地而自由为之;虽不必有故事,而恒托为故事之形,惟不容合以歌舞,故与前者稍异耳。①

这种戏剧的实例,多见于唐人笔记中,高彦休《阙史》、无名氏《玉泉子真录》等书。就这些笔记所载者观之,这类戏虽有时也带讽谏的意味,而其结果则是使人"极欢"、"绝倒鯆"。

(二)宋杂剧。关于宋杂剧的性质,《都城纪胜》有简略的说明:

---

① 《宋元戏曲史》,商务印书馆,国难后第一版,第一章,页12。

杂剧中，末尼为长，每四人或五人为一场，先做寻常熟事一段，名曰艳段，次做正杂剧，通名为两段。末尼色主张，引戏色分付，副净色发乔，副末色打诨，又或添一人装孤。……大抵全以故事世务为滑稽，本是鉴戒或隐为谏诤也。故从便跣露，谓之无过虫。[①]

在这段记载中，我们可以看出两点：

(1)宋杂剧的五个脚色中，两个脚色是以诙谐的言动为职责的。[②]

(2)宋杂剧的最高目的是寓谏诤于诙谐中。宋人笔记中所记载的优人"谲谏"的故事，王国维先生所目为宋滑稽戏者，大都是宋杂剧的片段[③]。由宋杂剧分化出来的是当时的杂班(又作杂扮)。《梦粱录》说：

又有杂扮，或曰杂扮，又名经元子，又谓之拔和，即杂剧之后散段也。顷在汴京时，村落野夫，罕得入城，遂撰此端。多是借装为山东、河北村叟，以资笑端。今士庶皆从省，筵会或社会皆用。[④]

---

① 《都城纪胜》，嘉惠堂刊《武林掌故丛编》本，页九，"瓦舍众伎"条。《梦粱录》卷二十所记与此略同。

② 两个角色指副净、副末言。按宋元明之书中的乔字往往含有特殊意义。它应作怪诞，矫饰，虚伪解。这大约是当时的俗语。元曲中此例至多。如《合汗衫》末折白："母亲你好乔也，丢了个贼汉，又认了个秃厮。"明《金瓶梅词话》时常用"乔红怪绿"一语。《都城纪胜》中"发乔"之"乔"自合如此解释。至于"发"字呢，则与"发酒疯"，"发脾气"之"发"同。所以"发乔"应是装个古怪样子。诨，在《集韵》本训"弄言也"，那末"打诨"该是说可笑的话。

③ 宋杂剧的最高目的虽在寓谏诤于诙谐，而其题材则包括"故事"与"世务"。故事当是过去的史事或传说，"世务"当是当时的现有事件。宋杂剧所演故事之可考者，如《东京梦华录》卷八所记的《目莲救母》，《武林旧事》卷一所记的《三京下书》。至"世务"部分，则《贵耳集》卷一所记优人在御前讽刺"皇伯秀王"事可为一例。这两种题材的分配，我想是"世务"在前，"故事"次之。《都成纪胜》所谓"先做寻常熟事一段"，或即指"世务"言；"次做正杂剧"，或即演"故事"者。因为"世务"是当时现有的事件，为人所熟悉，故曰"寻常熟事"；杂剧往往以所演故事得名(如《目莲救母》杂剧)，则所谓"正杂剧"实舍此莫属。如果我的推论是对的，则宋人笔记所记载的"优语"，王先生所目为宋滑稽戏者，实非宋杂剧的全部。

④ 《梦粱录》卷二十。又宋杂剧的支流，于杂班外，还有打调。王国维先生论宋官本杂剧段数时曾说："且此二百八十本不皆纯正之戏剧，如《打调薄媚》，《大打调中和乐》，《大打调道人欢》三本，则刘昌诗《卢蒲笔记》卷三，谓街市戏谑，有打砌、打调之类，实滑稽戏之支流而佐以歌曲者也。"(《宋元戏曲史》第五章)

宋杂剧这派支流虽甚简单,然其功用却是"以资笑端",自然与古优不无关涉。

(三)宋元院本。《辍耕录》说"金有院本、诸宫调",又说"国朝杂剧,院本分为二。"[①]同宋杂剧一样,金元院本都无存者,但它也是供人笑乐的,至少一部分如此,则毫无疑义。因为:(1)据《辍耕录》、《元明杂剧》、《水浒》诸书,院本计有八种[②],笑乐院本,乃是其中之一。(2)这种院本在明人小说《金瓶梅词话》中保存了个模型[③];它的题材是个低级官吏的愚昧可笑的故事,净是其中的主要脚色[④]。(3)《永乐大典戏文三种》中《宦门子弟错立身》的主角完延寿马自夸他做院本的本领道:"做院本点个水母砌"[⑤]。而在该书各剧中"砌"与"诨"的意义是相同的。如"酬酢词源诨砌听,谈论四座皆惊"。又如"诸诨砌酬酢仗歌谣"[⑥],皆可为证。做院本既然重在"点""砌",则院本的滑稽的气氛,应该是相当的浓厚了。

(四)元明杂剧、传奇。戏剧进步到杂剧传奇已不是专供人笑乐的,但滑稽的成分还多少保存着。如李寿卿《说鱄诸伍员吹箫》一折,净脚费得雄的道白:

> (净扮费得雄上,诗云)我做将军只会掩,兵书战策没半点。我家不开粉铺行,怎么爷儿两个尽搽脸。自家非别,乃是费无忌的靴后根。(卒子问科云)什么靴后根?(费得雄云)可是长子哩。……[⑦]

---

① 《辍耕录》,日本刊本,卷二十五,页6。

② 《辍耕录》,卷二十五,载院本五种:和曲院本、上皇院本、题目院本、霸王院本、诸杂大小院本。《元明杂剧·蓝采和》载一种:么末院本。《水浒传》五十回,载院本二种:笑乐院本、衬交鼓儿本。

③ 《金瓶梅词话》,《中国文学珍本丛书》本,卷四,页340—341。又《金瓶梅词话》讲到笑乐院本的,不只此一处,如卷一,页10;卷六,页677;卷八,页993,皆是。

④ 《金瓶梅词话》中的院本是这样开始的:"当先是外扮节级上云:法王天心顺,官清民自安,妻贤夫祸少,子孝父心宽。小人不是别人,乃是上厅节级也。手下写着许多长行乐俑匠。昨日市上卖了一架围屏,上写着滕王阁的诗,访问人,请问人,说是唐朝身不满三尺王勃殿试所作。自说此人下笔成章,广有才学,乃是个才子。我如今叫傅末抓寻着,请得他来,见他一见有何不可。"后来傅末在街上遇着个淘气秀才,假充王勃,便带他回去见节级,闹了不少笑话。这个淘气秀才是净角来扮的。

⑤ 《永乐大典戏文三种》,古今小品书籍印行会本,页59。

⑥ 同书,页13、15。

⑦ 《元曲选》,世界书局本,页647。

又如柯丹邱[1]《荆钗记》二出《会讲》，净脚孙汝权讲《论语》"有朋自远方来，不亦乐乎？"道：

(净云)鹏大鸟也，一飞九万里，果是远方之外。落者，是掉也。那大鹏在远方之外飞来，不想飞得羽垂翅折，在半空中停翅而想，说道，我有些吃力了，莫不要掉下去。语言未尽，蹼蹬，此乃不亦乐乎？[2]

直到清代中年崛起而今还流行的"花部"(又称京剧)，仍然如此，如《清石山》、《秦琼卖马》等[3]皆其例。昧于戏剧史的人常常指斥古剧中插科打诨的地方，说它是低级趣味，那知道这是古优技艺的遗留，有的有历史的意义。

复次，在这些简单或复杂的戏剧中，负诙谐的职责的是净与丑。[4] 这两个角色的演变也是值得研究的。丑这个角色虽然直到元人作品方出现[5]，净则来源甚早。它是从古参军演变来的，参军急读便成为净[6]，而参军这个角色或剧名[7]，则又来自犯罪的官吏为优人。唐宋人的笔记，如《因话录》、《桯史》、《夷坚志》等书，供给我们两条证据：(1)在演剧时，参军一角多是扮

---

① 《荆钗记》的作者，自王国维先生定为明宁献王朱权后，论者多本之，近人钱南杨先生则持异议。他认为：明代《荆》、《刘》、《拜》、《杀》并称，"则《荆钗》亦当为元人所作；《曲品》题柯丹邱，虽未敢断其无误，然而现在因柯丹邱而想到丹邱先生，因丹邱先生而想到宁献王，亦一无佐证；况明人以丹邱为号者，尚有作《云东集》的姚绶，就是柯丹邱是丹邱先生之误，不一定便是宁献王。"按钱说亦至通，可备一说。今归之柯丹邱，盖本《曲品》。在未得较确切的论据时姑从旧说。吕天成乃明曲家，对于元明间人的行事，当比我们清楚些。

② 《荆钗记》，开明《六十种曲》本，页3。

③ 《戏学指南》，扫叶山房本，第一，第十六册。

④ 在前引杂剧传奇二例中，插科打诨的虽然都是净，但在《金钱记》(三折)、《还魂记》(《冥判》)内却因净丑合作，始构成个滑稽的场面。

⑤ 宋杂剧中，有净而无丑。《张协状元戏文》内园梦人、强盗、小鬼都是用丑角来扮，但此剧的时代目前还不能确定。有人说它是宋作，尚待商榷。王国维先生疑丑始于明，恐非。

⑥ 《古剧角色考》，《王忠悫公遗书》本，页3。

⑦ 《古剧角色考》："……要之，唐以前已有此剧，但剧名而非角色也。《杂录》又云：'开元中，有黄幡绰、张野狐弄参军。又有李仙鹤善此戏，明皇时授韶州同正参军，以食其禄。'其为戏名或角色尚未可定。惟赵璘《因话录》云：'肃宗宴于宫中，女优有弄假官戏，其绿衣秉简者谓之参军桩'(卷一)，则似已为角色之称。"

官吏的。(2)参军在剧中多被扑击[①]。这两项证据,前者证明参军本为官吏,后者证明参军多是犯罪的官吏。所以我们可以说在净这个角色上,我们看出古优对于后代戏剧的双重影响。

关于丑这个角色的来历,说者不一[②],我们则认为它应该是从净分化出来的。《剧说》论诸角色时,曾引《怀铅录》云:

> 《都城纪胜》,杂扮或名杂班,又名钮元子,又名拔和,……今之丑脚,盖钮元子之省文。[③]

杂扮或钮元子既为"杂剧之后散段",其中负诙谐调笑的责任的,自然相当于杂剧中的副净。[④] 至于说丑字乃纽字之省,说亦可从。原因有二:

首论第一点。就现在所能见到的版本论,最早期的戏剧、小说的本子都是极粗劣的,错字、借字、简笔字,触目皆是。在《刘知远诸宫调》、《永乐大典戏文三种》、《三国志平话》三书中,我们每举出三个例子。关于《刘知远》者,如:

> 自从一个黄巢反,荒荒地五十余(馀)年。

---

① 《因话录》已见前注,兹不赘叙。《桯史》卷七:"秦桧以绍兴十五年四月丙子朔赐第望仙桥。……有诏就第赐燕,假以教坊优令,宰执咸与。中席,优长致语,退。有参军者前褒桧功德。一伶以荷叶交椅从之,诙谐杂至。宾欢既洽,参军方拱揖谢,忽坠其幞头,乃总发为髻如行伍之巾,后有大巾镮,为双叠胜。伶指而问曰:'此何镮?'曰:'二圣镮'。遽以扑击其首,曰:'尔但坐太师交椅,请取银绢例物,此镮掉脑后何也?'一坐失色。"《齐东野语》卷十三:"女冠吴知古用事,人皆侧目。内宴,参军肆筵张乐,胥辈请签文书。参军怒曰:'吾方听觱栗,可少缓。'请至再三,其答如前。胥击其首曰:'甚事不被觱栗坏了!'盖是俗呼黄冠觱栗也。"《夷坚志》丁集卷四:"崇宁初,斥远元祐忠贤,禁锢学术,凡偶涉其时所为所行,无论大小,一切不得志。伶者对御为戏,推一参军作宰相,据坐,宣扬朝政之美。……一士以元祐五年获荐,当免举,礼部不为引用,来自言,即押送所属屏斥。已而,主管宅库者附耳语曰:'今日在左藏库请相公料钱一千贯,尽是元祐钱,合取钧旨。'其人俯首久之,曰:'从后门搬入去。'副者举其所挺杖其背,曰:'你做到宰相,原来也只要钱。'是时至尊亦解颜。"

② 徐渭于《南词叙录》中,主张丑乃丑的省文,因为这个脚色以墨涂面,其形甚丑。王国维先生于《古剧角色考》中,主张丑乃由五花爨弄来,丑乃是爨的省文,二字乃双声。略举二说为例,余从省。

③ 《剧说》,《曲苑》本,卷一,页17。

④ 《剧说》卷一,引《庄岳委谈》云:"古无外与丑。丑即副净,外即副末也。"

知远是未发迹的潜竜(龙)汉高祖。

客人厅(听)我说。[①]

关于《永乐大典戏文三种》的,如:

迤里(逦)践红尘。

粉墙题恨子(字)如鸦。

又和孙二争叉(议)。[②]

关于《三国志平话》的,如:

立虎牙大将颜良为大元帅,立左将军文丑(醜)为典军校尉。

与甘梅(糜)二嫂一宅。

今有辛冶(新野)见(现)阙大守。[③]

为什么这些较早的戏曲、小说的版本都这样坏?有这样多的借字或简笔字?这里面的原因固然不止一端,然其中较重要的应该是:在这一种文艺尚未发展到最后阶段而走进士大夫群里时,它的作者与欣赏者大都是些未受完全教育、“略识之无”的人。他们的字汇是贫乏的。他们对于笔书较稠密的或不常用的字,不独不能自由使用,甚且不认识。“叫得应就是”,由这一句流行于豫南农工间的、意谓因陋就简的俗语,便可知道这类人在文字的欣赏与表现两方面,都是重在口耳而不重在眼睛。所以我们视为“别字连篇”的坏到要不得的版本,对于他们倒是种方便。试看坊间流行的《孟姜女唱春》、《十月古人》等唱本的版本[④],便可知道在这一点上是“古今一揆”。戏曲、小

① 《刘知远诸宫调》,来薰阁影印本,页1—3。

② 《永乐大典戏文三种》之《小孙屠》,页2—5。

③ 《三国志平话》,开明《古佚小说丛刊》本,卷中,页4—10。

④ 《孟姜女唱春》,如:“四月蔷薇养蚕忙,姑姑双双去采桑。桑兰挂在桑树上,措措眼泪勒把桑。”“兰”即篮之借字。《十月古人》:“八月古人中秋节,唐朝有个胡正德。”“正”实敬之借字。二种并据衡山坊间刻本。

说在各种文艺中是两位后进,我们还可以看到它在早期的情况,那又何怪我们所见到的较早版本是别字连篇呢①。

再进一步讲,在封建社会里,以娱人为业的技艺人是为人所不齿的,尤其是优伶(详前)。社会地位决定了他们的出身与教育,所以除了极少数的特殊人才外,这类人多是因饥寒而学习技艺的②,纵然不是"目不识丁",也是"少读诗书"。因此,在通俗文艺的国土内,作者、听者或观者,以及说者、唱者、演者,大都是口耳重于眼睛。那末为了优人学习脚本的便利起见,而省"纽"为"丑",也在情理之中。

次论第二点。前面我们所陈述的还是种推论,现在再举两个古剧角色的实例。旦,可为第一例。戏剧中称扮妇女的角色为旦,这是宋元以来的惯例。这个字究竟该如何解释,说者不一,就中一说是以旦为狚之俗文③。此说似较合理。因为妓女在当时总称曰"猱"④,而"为猱妆旦",也是句古曲中

① 关于这一点,在现代治曲者的著作中也得到不少论据。吴梅先生《南北词简谱》例言:"一曲连用二支或四支者,北曰么篇,南曰前腔。其实么篇乃为上篇之俗字。宋词旁谱,上皆作么,形近讹也。"任纳先生《阳春白雪弁言》:"读一切古书,皆贵得宋元刊本为据,以其字句精审,讹舛较少也。……惟读元曲则元刊之本独不能用与其他异者,非元刊之曲本无用也,乃久于其事者用之其用或彰,若一般读者对之,则鲜不为其讹文、脱字、省体、别写、乱行、错简迷惘而不知所归者,一卷未终辄欲废书而叹矣。……剧曲如是,散曲何独不然。大概当时之曲本,用于士大夫之手迥不及用于贩夫、走卒、娼女、弄人之手者多,其值欲廉,其文欲俗,而后其传始广。于是工料省矣,字细而行密矣,别字讹句无所不至矣。宋人平话小说之刻本,以坐是故,于四部诸书版式以外,别具一种面目。"又《曲谐》卷四《么篇》谓:《么篇》的么字乃衮字之省文。亦可参证。

② 古代倡优的出身,上文已略论及。但因史料缺乏,未能充分阐述。至于晚近百数十年内的优人则十九是出自贫家,为生活压迫而学戏。试看《金台残泪记》的记述:"《燕兰小谱》所记诸伶,大半西北人,……今皆苏、扬、安庆产。八、九岁,其师赀其父母,券其岁月,挟至京师,教以清歌,饰以艳服,奔尘侑酒,如营市利焉。"《清稗类钞》又说:"京师伶人辄购七八龄幼童,纳为弟子,教以歌舞,身价之至巨者仅钱十缗。契成,以墨笔划一黑线于上,谓之一道河,十年以内,生死存亡不许过问。"(并据《北平风俗类征》页357引文)又明柳敬亭本姓曹,以避仇流落江湖而习说书,则不独优人为然了。

③ 《太和正音谱》,海宁陈氏影印本,卷上,页35。

④ 同书同卷,同页:"妓女总称谓之猱。猱,猿属,……喜食虎肝脑。虎见而爱之,负其背而取虱遗其首。虎即死,取其脑、肝肠而食之。古人取喻虎,譬如少年喜而爱其色。彼如猱也,诱而贪其财,故至子弟丧身败业是也。"(《元曲选》引者与此文字征异)朱权这段猱字的解释是否可信,姑置之不论,我们所当同意的是"妓女总称谓之猱儿"一语。因为在元人杂剧中我们就找到好几个例子。如:《两世姻缘》一折:"(末云)我想大姐如此花貌,如此清音,尚不愿乐,有那等老妓万分不及大姐,似他每怎觅那衣食来。(正旦唱)(油葫芦)有那等滴溜的猱儿不觅钱,他每都错怨天。……搽一个红颊腮似赤马猿,舒着双黑爪似通臂猿,抱着面紫檀槽弹不的昭君怨,凤凰箫吹不出鹧鸪天。"(转下页)

关于妓女的习用语，猱既为兽之一种，旦亦应然，* 理合从犬。此其一。又元代旦角常由女优扮演①，而女优与娼妓的行径又无重大的区别，用是剧中女角便和娼妓混为一谈。后者称猱，前者就称狚了，此其二②。至于俗文所以舍狚用旦者，自然是因为狚繁旦简之故。净，可为第二例。说到净这个名称的来源时，论者多祖徐（渭）、王（国维）二家说③，以为它是参军的合音。然由参军的合音而成者不一定必为净字，靘④与靖⑤也都经人用过，而元明以来靘、靖都被淘汰了，只有净字独霸剧场⑥，这是为什么呢？大约因为在靘、靖、净三个字中，后者最通俗、最易写、最易认识，对于习脚本的人们也最方便。如果我们这种解释是不错的，则旦乃狚之省文，净为参军合音字之最通俗者，那末说丑为纽的省文，纵不敢妄许为定论，至少也可说是诸说中合理的一个。⑦

滑稽调笑而外，古优又以"扶卢""舞罴"等杂技娱人。这一点在中国戏剧史上也留有痕迹，约有三端：

（一）前代演戏时往往兼演杂技（百戏），甚或视之为杂技的一种。这个例证具见于前人笔记中，关于宋代者，则《东京梦华录》说：

---

*(接上页）又如：《度柳翠》三折："（干荷叶）你娘呵是个做活的，恨不的待斜飞，你娘呵则是倚仗着你个子弟猱儿势。"二例中，前者是妓女玉箫对老妓的批评，后者是明月和尚对妓女柳翠借棋子的说法，妓女称猱，此属的证。此外如《对玉梳》、《百花亭》等剧并可参看。又按：猱字，或作夒，它的读音一作奴刀切，一作如飞切，隶豪、尤二韵。故夒（猱）、优二字不独形近，且是叠韵。古重声训，音近者意亦多近，因疑妓女称猱与"弄臣"称优，其间不无相通处：优字或即自夒字转变而来。因为：夒本猿属，猿猴固人所弄以为戏者，又拟人动作，凡此皆与"弄臣"身份和技艺近似，况古人取乐，又时常杂猿猴于俳优侏儒间。意者最初是以身心发展畸形的人与猿猴一同戏弄，后逐渐取猿猴的字，夒，为此类以娱人为专业者的名称，终则以"弄臣"到底是人非猿，乃假优字为之，而妓女称猱一事则古俗之偶存者。

① 《青楼集》称周人爱曰京师旦色，称米里哈曰回回旦色。元曲《东堂老杂剧》，李茂卿训斥扬州奴的游荡的行径道："你见一个旦色下城呵，连忙紧邀。"《两世姻缘》杂剧中玉箫自叙她的志愿道："我想来但得个夫妻美满，煞强如旦末双全。"

② 近人吴晓铃先生，于《说旦》中，主张旦乃妲之省，而妲又为姐字之讹。说甚新颖，然不敢苟同。

③ 《古剧角色考》页二；《南词叙录》，《曲苑》本，页6。

④ 《太和正音谱》卷上，页35："粉白黛绿，谓之靘妆，故谓之靘妆色。"

⑤ 《山谷词》，汲古阁《宋六十名家词》本，页38，《鼓笛令》："副靖传语本大，鼓儿里且打一和。"

⑥ 《古今杂剧》，影元刊本，用"净"，不用"靘"、"靖"，例如《关大刀单刀赴会》。

⑦ 以省文来解释戏剧中特用名词由来已久。如《南词叙录》说："今戏文于科处皆作介，盖书坊省文，以科字作介字，非科介有异也。"又云："老旦曰卜儿"，自注："外儿也，省文作卜。"

> 正月十五日元宵。大内自岁前冬至后，开封府绞缚山棚，立木正对宣德楼。游人已集御街两廊下，奇术异能，歌舞百戏，杂剧温大头，小曹……①

《武林旧事》也说：

> ……至于吹弹，舞拍，杂剧，杂班……风筝，不可指数。②

关于元代者，如元传奇《耿文远》：

> 鼓锣，鼓锣声催，施呈百戏，抹土搽灰做硬鬼，看舞傀儡，呈院本，身分诙谐越样美。③

关于明代者，如《客座赘语》：

> 万历以前，公侯及富家凡有宴会小集，多用散乐，或三四人，或多人，唱大套北曲。若大席则用教坊院本，乃北曲大四套者，中间错以撮垫圈，观音舞，或跳堕子。④

与这段记载相发明的，还有明人小说《金瓶梅词话》：

> 先是教坊间吊上队舞回数，都是官司新锦绣衣装，撮弄百戏，十分齐整；然后才是海盐子弟上来磕头，呈上关目揭帖，侯公分付，搬演《裴晋公还带记》。⑤

---

① 《东京梦华录》，秀水金氏梅花草堂影印本，卷六，页2，"元宵"条。

② 《武林旧事》，《知不足斋丛书》本，卷三，页1，"西湖游幸"条。

③ 《九宫正始》，钞本，第三册引《耿文远喜还京》曲。

④ 引见《剧说》卷一，页8。

⑤ 《金瓶梅词话》卷八，页981。

（二）宋元以降的戏剧虽以扮演故事为主，然“跳索”、“扑旗”这些演剧时常有的“做手儿”，仍可视为百戏的遗迹。兹先述这类“做手儿”在戏场上的重要性，然后阐明它们和古百戏的关系。《宦门子弟错立身》的主角完延寿马，叙他自己愿做优人的决心和他做戏的本领道：

> 一意随他去，情愿为路岐。管什么抹土搽灰，折莫擂鼓吹笛……更温几本杂剧，问什么妆孤扮末诸般会，更那堪会跳索扑旗。只得同欢共乐，同鸳被，冲州撞府，求衣觅食。
>
> 我舞得，弹得，唱得，……折莫大装神弄鬼，折莫特调当扑旗。①

《蓝采和》描摹优人“做场”的甘苦道：

> 俺、俺、俺，做场处冗景生情。你、你、你，上高处舍命拼身。②

所谓“上高处舍命拼身”，当指“缘竿”、“番跳”一类的“武工夫”言。高安道《淡行院》散套的《五煞》、《四煞》二曲，讥讽当时低能的优人道：

> 扑红旗裹着惯老，拖自练缠着腡瞅，兔毛大伯难中瞅。踏轿的险不椿的头破，番跳的争些跌的迸流。登踏判躯老瘦，调队子全无些骨巧，疙疸鬼不见挡搜。（《五煞》）……做不得古本酸孤，辱末煞驰名魏、武、刘。刚道子世才红粉高楼酒，没一个生斜格打到二百个斤头。（《四煞》）③

这段曲文虽不易懂，但讥讽优人而谈到“扑旗”、“番（翻）跳”、“踏判”等，可知这类“做手儿”确是演戏者所必习，演剧时所应有的。至所谓“辱末煞魏、武、

① 《永乐大典戏文三种》本，页57、59。

② 南京国家图书馆影印《元明杂剧》本，二折，“梁州”曲。

③ 《太平乐府》，商务印书馆《国学基本业书》本，卷九，页19。

刘”的意思,显然是说这些低能的优人丢尽了名角的脸。《辍耕录》记金院本时说:

> 教坊色长,魏、武、刘三人鼎新编辑。魏长于念诵,武长于筋斗,刘长于科泛。至今乐人宗之。[①]

这条记载可为高曲的注脚;而武以善筋斗为同乐者所推重,尤可见“武工夫”在戏场的重要性。再看《金台残泪记》、《梨园佳话》所记,则不独宋元时演剧如此,清代演戏亦然[②]。至于“跳索”、“扑旗”等与古戏的关系,则下引二例可证明。明于慎行《榖尘山房笔麈》,论百戏的演变道:

> 汉有鱼龙百戏,齐、梁以来谓之散乐。乐有舞盘伎,……吞剑伎、掷倒伎,今教坊百戏大率有之,惟掷倒伎不知何法。……按今之演剧者以头委地,用手代足,凭虚而行,或纵,或跳,旋起,旋侧,其疾如猿,其疾如鸟,令见者目炫心惊,盖古人掷倒伎也。[③]

于慎行的话是不错的,这种“以头委地,用手代足”的“做手儿”不独可视为古百戏掷倒伎的遗留,而且与古希腊以手舞蹈的“把戏”也近似,尤其值得我们注意的是它是古百戏的重要部门[④]。又中央研究院历史语言研究所藏山东汉画石拓片,画有汉百戏。戏者凡七人,其中一人翻筋斗的[⑤]。由此可知后代戏场中最流行的翻筋斗,来源极悠久,且为汉百戏之一,与跳丸、跳剑同。

---

① 《辍耕录》,卷二十五,页6。

② 《金台残泪记》说:“近日乐部登场,必有扑跌一出。而嵩视部又必有二出,使歌台之上,尘土昏然,尤为可厌。”《梨园佳话》说:“武剧以余所见于京师者,其人上下绳柱,如猿猱翻转,身躯如败叶;一胸能胜五人之架叠,一跃可及数丈之高楼,目炫神摇,几忘为剧。”

③ 《剧说》卷一,页6引。

④ 《旧唐书·音乐志》说:“江左犹有高絙,紫鹿,跂行,……画地成川之伎。晋成帝七年散骑侍郎顾臻曰:‘末世之乐,设方外之观,逆行连倒,四海朝觐帝庭,而足以蹈天,头以履地,反天地之顺,伤彝伦之大。’乃命太常悉罢之。”顾臻指摘百戏特提出“足以蹈天,头以履地”,可知这种“把戏”是人们特别注意的。

⑤ 参看中央研究院历史语言研究所《庆祝蔡元培先生六十五岁论文集》上册,赵邦彦《汉书所见游戏考》。

（三）百戏又称散乐，而它这个别名又可用以称优人。前者的例证，如《隋书·音乐志》：

> 及大业二年，突厥染干来朝。炀帝欲夸之，总追四方散乐，大集东都。初于芳华苑积翠池侧，帝帷宫女观之，有舍利先来，戏于场内……①

后者的例证，如《宦们子弟错立身》：

> 前日有东平散乐王金榜来这里做场。
> 因迷散乐王金榜，致使爹爹赶离门。
> 你速去唤散乐王恩深来。②

“做场”即是演剧。王金榜是个女优，王恩深是男优，金榜的父亲。优人之所以得此称号，很显明的是因为优人与“散乐人”③，古本无别，同时戏剧也可以说是从百戏演变出来的。

音乐也是古优所通习的，故后世优人，甚至于“爱美的”演员，也多娴习此技。例如《蓝采和》：

> （旦儿同二净上，净云）自从蓝采和跟着师父出家去，可早三十年光景。王把色，我如今八十岁，李薄头七十，嫂嫂九十，都老了，也做不得营生，他每年小的做场，我们与他擂鼓。④

又如《宦门子弟错立身》：

> （末白）我要招个擂鼓吹笛的。（生唱）我舞得，弹得，唱得，折莫大

① 《隋书》。
② 《永乐大典戏文三种》本，页55—57。
③ 《隋书·音乐志》说：“周时，郑译有宠于宣帝，奏征散乐人，并会于京师。”
④ 《元明杂剧》之《蓝采和》，四折，页13。

擂鼓吹笛。①

《蓝采和》中的净是个职业优人,他以"做场"为"营生";《宦门生弟错立身》中的生是"爱美"的演员,他为了爱情而投身梨园。优人和音乐的关系既如此,无怪乎"乐人"、"乐官"、"伶伦"都成为优人的另一种称号了②。

次论古优影响的广义方面。加奈尔在他的著作中曾谈到滑稽戏笑对于中古欧洲人的影响。他说:

谁不知道,至少对于主要情节,那些产生于教会怀抱中,在文艺复兴很久才绝迹的狂愚节(Fêtes des Fous)?——那些傻妈妈(Mére Sotte)和高奈耳(Conards)的滑稽团体?……——那种到今日还保存一部分的俗乐会与倒骑毛驴?——这些与私人生活的主要仪式(尤其是婚礼)相混淆,或为一年内某几个节日,如万愚节(Le Jour des Innocents)、诸王节(Le Jour des Rois)、四月一日(Le Premier Jour D'avril)、五月一日(Le Premier Jour de Mai)等,所乐用的玩笑和无意识的言语?③

现在谁还相信它?——滑稽戏笑在当时如此深入风俗,以至于在耶教讲座旁也伸了一双脚。这种奇特的现象从路易十二到路易十三时代,最为显著。麦挠(Michel Menot)与麦亚尔(Olivier Maillard)都是头等的滑稽说教者。为了宗教的利益,他们以使人发笑为己任,他们的宗教的滑稽常与真正优人的滑稽同样可笑。下述二例可将此点显示出来。某日麦亚尔讲说地狱中的灵魂,他说:"当这些灵魂听到人们投给他们的银钱落在盆中丁丁有声时,他们笑起来,而且做出哈哈嘻嘻的声音。"在讲说太太们到教堂如何迟缓时,麦挠对她们这样说:"人们收拾

① 《永乐大典戏文三种》本,页50。

② 《辍耕录》:"教坊色长,魏、武、刘三人鼎新编辑,……至今乐人宗之。"《青楼集》:"顾山山行第四。……始嫁乐人李小大。"《蓝采和》四折,《新水令》:"俺师父度了个乐官徒弟。"《太和正音谱》:"俳优称为乐官。"《录鬼簿》:"郑光祖……名香天下,声振闺阁,伶伦称郑老先生皆知其为德辉也。"《宦门子弟错立身》:"老身仍习伶伦。"

③ 《法国御优的史的研究》,页9。

清楚养四十四马的厩棚的肥料，比一个女人上妆，插她别针还要快些。”

其他说教者也同样的无顾忌……①

其实，在中国也有这种现象，不过是大同小异而已。在中国的节日虽然没有万愚节、狂愚节、诸王节、四月一日、五月一日等特别鼓励人开玩笑的日子，但在结婚时，亲友们是可以随意和新婚者调笑的。在此时平日所有的男女长幼间的拘束都打破了，大家不只“托之空言”，而且见之行动，有时候竟是谑而虐了。② 结婚典礼外，普通家人亲朋的宴集也常常说笑话，以调剂会场上过分严肃或单调的空气。不讲目前我们中间的实例，只明清人的长篇小说所供给我们材料也就不少了。就中最为人所知的如：《金瓶梅词话》二十一回，吴月娘为孟玉楼做寿，王姑子的笑话。③《红楼梦》四十回，贾母大观园设宴，刘老的酒令；五十四回，荣宁二府元宵家宴，贾母与凤姐的笑话；七十五回中秋夜宴，贾政的笑话。④《儿女英雄传》三十三回，舅太太的下棋人的笑话。⑤ 小说所描写的固然多出于作者的想象，然他们的想象却是以当时的习俗为根据的，我们不妨引来供参证。至如“匡说诗，解人颐”，由汉代诸儒对匡衡这句评语上，可知当时经师也有以诙谐解经者，那又何怪后来教书人、演说家时常以“插科打诨”来引起听众的兴趣呢。

又文人著述也常有诙谐的作品。这类著作每被人视为小说之支流。就中时代最早的当推后汉给事中邯郸淳的《笑林》。此书录于《隋志》，凡三卷。全书今已佚，遗文尚存二十余则。鲁迅先生论此书道：“举非远，显纰缪，实《世说》之一体，亦后世诽谐文字之权舆也。”⑥现在引一事为例：

鲁有执长竿入城门者。初竖执之不可入，横执之不可入，计无所

① 《法国御优的史的研究》，页33—34。

② 闹新房的风气不知果始自何时。记得《酉阳杂俎》谈北朝婚礼时似曾涉及此事。手边无书，苦难参证。

③ 卷三，页229。

④ 亚东图书馆本，页2、18—21、20。

⑤ 亚东图书馆本，页30。

⑥ 《中国小说史略》，《鲁迅全集》本，页206。

出。俄有老父曰:"吾非圣人,但见事多矣,何不锯中截而入?"逐截之。[1]

《笑林》之后,尚有《解颐》(二卷,杨松玢撰,全佚)、《启颜录》(二卷,侯白撰)、《笑林》(何自然撰)、《辍渠录》(吕居仁撰)、《谐史》(沈徵撰)、《开颜集》(周文玘撰)、《善谑集》(天和子撰)等。这类书大都取"文史旧闻,或取同时琐事",以供谈笑,其中也偶有"嘲谑世情,讥讽时病"的,如托名东坡的《艾子杂说》,不过不多见罢了。

复次,元代剧家于编剧之外,还编著"砌话"。如《录鬼簿》记施惠的为人道:

好谈天。……有古今砌话,亦成一集,其好事也如此。[2]

这种"砌话"与《笑林》、《轩渠录》诸书或者近似,可惜作品全佚,无法比较其异同。

除了这些勒成一书的供人笑乐的著作外,以嘲谑为目的的单篇文字,为数也不少。《文心雕龙·谐隐》篇曾论到汉、魏、西晋的谐人:

……但本体不雅,其流易弊。于是东方、枚皋,餔糟啜醨,无所匡正,而诋谩媟弄,故其自称为赋,乃亦俳也,见视如倡,亦有悔矣。……然而懿文之士,未免枉辔。潘岳丑妇之属,束皙卖饼之类,尤而效之,盖以百数。魏晋滑稽盛相驱扇,遂乃应玚之鼻,方于盗削卵;张华之形,比乎握舂杵……[3]

此后诗、词、散曲中,也都有讽嘲诙谐的作品。兹略举数例为证。属于诗者,如李白《戏赠杜甫》:

---

① 《太平广记》卷二六一引。

② 《录鬼簿》,《诵芬室读曲丛刊》本,卷下,页6。

③ 《文心雕龙》,世界书局本,页53。前引蔡邕《短人赋》亦属此类。

饭颗山前逢杜甫，头戴笠子日卓午；借问别来太瘦生，总为从前作诗苦。[1]

尹鹗嘲李珣诗：

异域从来不乱常，李波斯强学文章；假饶折得东堂桂，胡臭薰来也不香。[2]

属于词者，如康与之九日遇雨奉敕撰的《望江南》：

重阳日，四望雨垂垂。戏马台前泥拍肚，龙山会上水平脐，直侵到东篱。茱萸伴，黄菊湿滋滋。落帽孟嘉寻篛笠，休官陶令觅蓑衣，两个一身泥。[3]

辛弃疾咏齿落的《卜算子》：

刚者不坚牢，柔的难摧挫；不信张开口角看，舌在牙先堕。已缺两边厢，又豁中间个。说与儿曹莫笑翁，狗窦从君过。[4]

属于散曲者，如王和卿嘲胖夫妻的《拨不断》：

一个胖双郎，就了个苏娘，两口儿便似熊模样。成就了风流喘豫章，绣帏一对儿鸳鸯象，空肚皮厮撞。[5]

---

① 王定保《摭言》，乾隆《雅雨堂丛书》本。

② 说库本《茅亭客话》无此条。山居无书，不能备考。兹据陈垣先生《回回教进中国的源流》引。

③ 《花草杂编》，《岁时广记》等书并载此词。

④ 《稼轩长短句》，商务印书馆本，卷十一，页 6。又宋词中颇多诙谐的作品，当时词人有以此著称者，如曹组。《碧鸡漫志》说："政和间，曹组能文，每出长短句脍炙人口。潦倒无成，作《红窗迥》及杂曲数百解，闻者绝倒，滑稽无赖之魁也。"

⑤ 《元人小令集》，开明书店本，页 55。

孙百川嘲眇妓的《黄莺儿》:

> 善盼恨多亏,倚门儿半掩扉,生来双眼常如睡。这一边是伊,那一边是谁? 盈盈秋水浑无对。忆人归,五更珊枕清泪一行睡。[①]

在这些笔之于书的、为士大夫所欣赏的 Bouffonnerie 以外,人们口耳相传的歌谣和故事内也常有以嘲笑戏谑为目的的。这类歌谣和故事的主题大都是傻子,有残疾或身体发育畸形的人,怕老婆的男子;也就依仗着这些与人们弄优的心理投合的主题,它们方能够一代一代的传下去,而且到处大同小异的流行着。虽然它们十九是粗劣的。最早的优人多是傻子或丑人已如上述,故描摹精神异常或身体异常的人的歌谣,故事为人所乐道。在封建制度之下,男尊女卑是天经地义,焉有丈夫而可以怕妻子,而今居然有了例外,故人们对于这种人也如对于傻子丑人一样感到趣味,怕内的歌谣,故事也就是这样的保持了它们的悠久的生命。

"人世难逢开口笑","一月主人笑几回",基于人们这种笑的需要,乃产生以使人笑乐为专业的优人,甚且于专家之外,人们随时随地,有意无意地寻见笑的机会,而 Bouffonnrie 便在我们的祖先和我们的生活中,占了个不太小的位置。也许我们的子孙还要如此。

(选自《冯沅君古典文学论文集·古优解》,
山东人民出版社 1980 年版)

① 同书,页 281。散曲中诙谐的作品比词中的还要多。《太和正音谱》定乐府体十五家,"嘲讥戏谑"者居其一,"骚人体"是。王骥《曲律》,也特论"俳谐"。

俞平伯

俞平伯(1900—1990),现代诗人、散文作家、古典文学研究家。原名俞铭衡,浙江德清人。1919 年北京大学文科毕业后,曾在燕京大学、北京大学、清华大学等校任教。五四时期参加新文学运动,是新潮社、文学研究会、语丝社成员。初以创作新诗为主,有诗集《冬夜》、《西还》、《忆》等。与朱自清创办《诗》月刊。1920 年代后期更多写散文,有《燕知草》、《杂拌儿》、《杂拌儿之二》、《燕郊集》。1940 年代后期,参加民主运动。新中国成立后,任北京大学教授、中国科学院文学研究所研究员。

他的《红楼梦辨》是"新红学派"的代表作之一,在学术界有一定影响。在古典诗词研究方面,有《读词偶得》、《清真词系年》等著作。

《红楼梦》底风格

上篇所说有些偏于考证的，这篇全是从文学的眼光来读《红楼梦》。原来批评文学底眼光是很容易有偏好的，所以甲是乙非了无标准。俗语所谓，“麻油拌韭菜，各人心里爱”；就是这类情景底写照了。我在这里想竭力避免那些可能排去的偏见私好，至于排不干净的主观色彩，只好请读者原谅了。

平心看来，《红楼梦》在世界文学中底位置是不很高的。这一类小说，和一切中国底文学——诗，词，曲，——在一个平面上。这类文学底特色，至多不过是个人身世性格底反映。《红楼梦》底态度虽有上说的三层，但总不过是身世之感，牢愁之语。即后来底忏悔了悟，以我从楔子里推想，亦并不能脱去东方思想底窠臼；不过因为旧欢难拾，身世飘零，悔恨无从，付诸一哭，于是发而为文章，以自怨自解。其用亦不过破闷醒目，避世消愁而已。故《红楼梦》性质亦与中国式的闲书相似，不得入于近代文学之林。即以全书体裁而论，亦微嫌其繁复冗长，有矛盾疏漏之处，较之精粹无疵的短篇小说自有区别。我极喜欢读《红楼梦》，更极佩服曹雪芹，但《红楼梦》并非尽善尽美无可非议的书。所以我不愿意因我底偏好，来掩没本书底真相。作者天分是极高的，如生于此刻可以为我们文艺界吐气了；但不幸他生得太早，在他底环境时会里面，能有这样的成就，已足使我们惊诧赞叹不能自已。《红楼梦》在世界文学中，我虽以为应列第二等，但雪芹却不失为第一等的天才。天下事情，原有事倍功半的，也有事半功倍的。我们估量一个人底价值，不仅要看他底外面成就，并且要考察他在那一种的背景中间成就他底事业。古人所说“成败不足论英雄”，正是这个意思了。

至于在现今我们中国文艺界中，《红楼梦》依然为第一等的作品，是毫无可疑的。这不但理论上很讲得通，实际上也的确如此。在高鹗续书那时候，已脍炙人口二十余年了。自刻本通行以后，《红楼梦》已成为极有势力的民众文学，差不多人人都看，并且人人都喜欢谈，所以京师竹枝词，有“开口不谈《红楼梦》，此公缺典定糊涂”之语，可见《红楼梦》行世后，人心颠倒之深。（此语见清同治年间，梦痴学人所著的《梦痴说梦》所引）即我们研究《红楼梦》底嗜好，也未始不是在那种空气中间养成的。

《红楼梦》底风格，我觉得较无论那一种旧小说都要高些。所以风格高上底缘故，正因《红楼梦》作者底态度与他书作者底态度有些不同。

我们有一个最主要的观念，《红楼梦》是作者底自传。从这一个根本观念，对于《红楼梦》风格底批评却有很大的影响。既晓得是自传，当然书中底人物事情都是实有而非虚构；既有实事作蓝本，所以《红楼梦》作者底惟一手段是写生。有人或者觉得这样说法，未免轻量作者底价值了。其实有大谬不然的；虚构很容易，也并不可贵，写实貌易而实难，有较高的价值。世人往往把创造看作空中楼阁，而把写实看作模拟，却不晓得想象中底空中楼阁，也有过去经验作蓝本，若真离弃一切的经验，心灵便无从活动了。虚构和写实都靠着经验，不过中间的那些上下文底排列，有些不同罢了。写生既较逼近于事实，所以从这手段做成的作品所留下的印象感想，亦较为明活深切，即是在文学上的价值亦较高了。

《红楼梦》作者底手段是写生。他自己在第一回，说得明明白白：

> 其间离合悲欢，兴衰际遇，俱是按迹寻踪，不敢稍加穿凿致失其真。因见上面大旨不过谈情，亦只实录其事。

《红楼梦》底目的是自传，行文底手段是写生；因而发生下列两种风格。我们看，凡《红楼梦》中底人物都是极平凡的，并且有许多极污下不堪的。人多以为这是《红楼梦》作者故意骂人，所以如此；却不知道作者底态度只是一面镜子，到了面前便须眉毕露无可逃避了。妍媸虽必从镜子里看出，但所以妍所以媸的原故，镜子却不能负责。以我底偏好，觉得《红楼梦》作者第一本领，是善写人情。细细看去，凡写书中人没有一个不适如其分际，没有一个过火的；写事写景亦然。我第一句《红楼梦》赞：“好一面公平的镜子啊！”

我还觉得《红楼梦》所表现的人格，其弱点较为显露。作者对于十二钗，一半是他底恋人，但他却爱而知其恶的。所以如秦氏底淫乱，凤姐底权诈，探春底凉薄，迎春底柔懦，妙玉底矫情，皆不讳言之。即钗黛是他底真意中人了;但钗则写其城府深严,黛则写其口尖量小,其实都不能算全才。全才原是理想中有的,作者是面镜子如何会照得出全才呢?这正是作者极老实处,却也是极聪明处,妙解人情看去似乎极难,说老实话又似极容易,其实真是一件事底两面。《红楼梦》在这一点上,旧小说中能比他的只有《水浒》。《水浒》中有百零八个好汉,却没有一个全才。这两位作者,大概在这里很有同心了。至于俞仲华做《荡寇志》,则有如天人的张叔夜,高鹗续《红楼梦》,则有如天人的贾宝玉。其对于原作为功为罪,很无待我说了。

《红楼梦》中人格都是平凡这句话,我晓得必要引起多少读者底疑猜;因为他们心目中至少有一个人是超平凡的。谁呢?就是书中的主人翁,贾宝玉。依我们从前浑沦吞枣的读法,宝玉底人格确近乎超人的。我们试想一个纨袴公子,放荡奢侈无所不至的,幼年失学,长大忽然中举了。这便是个奇迹,颇含着些神秘性的了。何况一中举便出了家,并且以后就不知所终了,这真是不可思议,易卜生所谓"奇事中的奇事"。但所以生这类印象,我们都被高先生所误,因为我们太读惯了一百二十回本的《红楼梦》,引起不自觉的错误来。若断然只读八十回,便另有一个平凡的宝玉,印在我们心上。

依雪芹底写法,宝玉底弱点亦很多的。他既做书自忏,决不会象现在人自己替自己登广告啊。所以他在第一回里,既屡次明说。在第五回《西江月》又自骂一起,什么"富贵不知乐业,贫穷难耐凄凉"。这怕也是超人底形景吗?是决不然的。至于统观八十回所留给我们,宝玉底人格,可以约略举一点。他天分极高,却因为环境关系,以致失学而被摧残。他底两性底情和欲,都是极热烈的,所以警幻很大胆的说:"好色即淫,知情更淫";一扫从来迂腐可厌的鬼话。他是极富于文学上的趣味,哲学上的玄想,所以人家说他是痴子;其实宝玉并非痴慧参半,痴是慧底外相,慧即是痴底骨子。在这一点作者颇有些自诩,不过总依然不离乎人情底范围。这就与近人底吹法螺有差别了。

依我们底推测,宝玉大约是终于出家;但他底出家,恐不专因忏情,并且还有生计底影响,在上边已说过了。出家原是很平凡的,不过象续作里所描写的,却颇有些超越气象。况且做和尚和成仙成佛,颇有些不同。照高君续作看来,宝玉结果是成了仙佛,却并不是做和尚。所以贾政刚写到宝玉的事,宝玉就在雪影里面光头赤脑披了大红斗篷,向他下拜,后来僧道夹之而去,霎时不见踪迹。(事见第百二十回)试问世界上有这种和尚么?后来皇帝还封了文妙真人，简直是肉体飞升了。神仙佛祖是超人，和尚是人，这个区别无人不清楚的。雪芹不过叫宝玉出家，所以是平凡的。高鹗叫宝玉出世，所以是超越的。《红楼梦》中人格是平凡的这个印象，非先有分别的眼光读原书不可，否则没有不迷眩的。

在逼近真情这点特殊风格外，实事求是这个态度又引出第二个特色来。《红楼梦》底篇章结构，因拘束于事实，所以不能称心为好；因而能够一洗前人底窠臼，不顾读者底偏见嗜好。凡中国自来底小说，都是俳优文学，所以只知道讨看客底欢喜。我们底民众向来以团圞为美的，悲剧因此不能发达，无论哪种戏剧小说，莫不以大团圞为全篇精彩之处，否则就将讨读者底厌，束之高阁了。若《红楼梦》作者则不然；他自发牢骚，自感身世，自忏情孽，于是不能自已地发为文章。他底动机根本和那些俳优文士已不同了。并且他底材料全是实事，不能任意颠倒改造的，于是不得已要打破窠臼得罪读者了。作者当时或是不自觉的也未可知，不过这总是《红楼梦》底一种大胜利，大功绩。《红楼梦》底效用，看他自己说：

> ……亦可使闺阁昭传，复可破一时之闷，醒同人之目……
>
> 只愿世人当那醉余睡醒之时，或避世消愁之际，把此一玩。

《红楼梦》作者既希望世人醉余睡醒之后，把此一玩，则反言之，醉睡中间的世人，原不配去读《红楼梦》的；既曰“醒同人之目”，则非同人，虽得读《红楼梦》，也是枉然的。这些话表面看来很和平，内里意思，却是十分愤激。

《红楼梦》底不落窠臼，和得罪读者是二而一的；因为窠臼是习俗所乐道的，你既打破他，读者自然地就不乐意了。譬如社会上都喜欢大小团圞，于是千篇一律的发为文章，这就是窠臼；你偏要描写一段严重的悲剧，弄到不欢而散，就是打破窠臼，也就是开罪读者。所以《红楼梦》在我们文艺界中很有革命的精神。他所以能有这样的精神，却不定是有意与社会挑战，是由于凭依事实，出于势之不得不然。因为窠臼并非事实所有，事实是千变万化，哪里有一个固定的形式呢？既要落入窠臼，就必须要颠倒事实；但他却非要按迹寻踪实录其事不可，那么得罪人又何可免的。我以为《红楼梦》作者底第一大本领，只是肯说老实话，只是做一面公平的镜子。这个看去如何容易,却实在是真真的难能。看去如何平淡,《红楼梦》却成为我们中国过去文艺界中第一部奇书。我因此有一种普通的感想,觉得社会上目为激烈的都是些老实人,和平派都是些大滑头啊。

在这一点上,最早给我一种暗示的是友人傅孟真先生。他对我说:"《红楼梦》底最大特色,是敢于得罪人底心理。"《红楼梦》开罪于一般读者底地方很多,最大的却有两点:(1)社会上最喜欢有相反的对照。戏台上有一个红面孔,必跟着个黑面孔来陪他,所谓"一脸之红荣于华衮,一鼻之白严于斧钺"。在小说上必有一个忠臣,一个奸臣;一个风流儒雅的美公子,一个十不全的傻大爷;如此等等,不可胜计。我小时候听人讲小说,必很急切地问道:"哪个是好人? 哪个是坏人?"觉得这是小说中最重要,并且最精彩的一点。社会上一般人底读书程度,正还和那时候的我差不许多。雪芹先生于是很很的对他们开一下顽笑。《红楼梦》底人物,我已说过都是平凡的。这一点就大拂人之所好,幸亏高鹗续了四十回,勉强把宝玉抬高了些,但依然不能满读者底意。高鹗一方面做雪芹底罪人,一方面读者社会还不当他是功臣。依那些读者先生底心思,最好宝玉中年封王拜相,晚年拔宅飞升。(我从前看见一部很不堪的续书,就是这样做的。)雪芹当年如肯照这样做去,那他们就欢欣鼓舞不可名状,再不劳续作者底神力了! 无奈他却偏偏不肯,宝玉亦慧,亦痴,亦淫,亦情,但千句归一句,总不是社会上所赞美的正人。他们已经皱眉有些说不出的难受了。十二钗都有才有貌,但却没有一个是三从四德的女子;并且此短彼长,竟无从下一个满意的比较褒贬。读者对于这种地方,实在觉得浑身不自在起来;后在究竟忍耐不住,到底做一个九品人表去过过瘾方才罢休。我们在这里很可以估量作者底胆识,和读者底程度了。

但作者开罪社会心理之处,还有比这个大的。《红楼梦》是一部极严重的悲剧,书虽没有做完,但这是无可疑的。不但宁荣两府之由盛而衰,十二钗之由荣而悴,能使读者为之怆然雪涕而已。若细玩宝玉底身世际遇,《红楼梦》可以说是一部问题小说。试想以如此之天才,后来竟弄到潦倒半生,一无成就,责任应该谁去负呢? 天才原是可遇不可求的,即偶然有了亦被环境压迫毁灭,到穷愁落魄,结果还或者出了家。这类的酷虐,有心的人们怎能忍受不叹气呢? 即以雪芹本身而论,虽有八十回的《红楼梦》可以不朽;但以他底天才看来,这点成就只能说是沧海一粟,余外都尽量糟蹋掉了,在文化上真是莫大的损失，又何怪作者自怨自愧呢！不幸中之大幸，他晚年还做了八十回书，否则竟连名姓都湮没无闻了。即有了《红楼梦》，流传如此之广，但他底家世名讳，直等最近才考出来。从前我们只知道有曹雪芹，至多再晓得是曹寅底儿子（其实是曹寅底孙子），以外便茫然了。即现在我们虽略多知道一点，但依然是可怜得很。他底一生详细的经历，依然不知道；并且以后能知道的希望亦很少，因为材料实在太空虚了。我们想做曹雪芹先生年表，正不知道什么时候才成功呢？

这半部绝妙的悲剧，为我们文艺界空前的杰作，但读者竟没有能力去赏鉴他，这岂不是冤枉了？他们笃守他们老师太老师传授下的团圞迷，若不遵守这个，无论做得如何好法，终究是野狐禅，不是正宗。他们对于这类悲剧下的批评，是没有收梢。以为收梢非团圞不可，收梢即是变名的团圞；所以不团圞就是没有收梢了，没有收梢便不成为正宗好书。这种的三段论法所以谬的地方，正因最先假定的前提，便是痴人说梦；那么，以后当然全是一片梦话了。为什么收梢非团圞不可呢？他们可有点说不出，大约只可回答："自古如此不得不然耳！"这类习俗的见解，何能令我们心服呢？

高鹗使宝玉中举，做仙做佛，是大违作者底原意的。但他始终是很谨慎的人，不想在《红楼梦》上造孽的。我很不敢看轻他底价值，正因他已竭力揣摩作者底意思，然后再补作那四十回。决不敢卤莽灭裂自出心裁。我们已很感激他这番能尊重作者底苦心。高鹗既非曹雪芹，文章本来表现人底个性，有许多违反错误是不能免的。若有人轻视高君续作，何妨自己把八十回续一下，就知道深浅了。高鹗既不肯做雪芹底罪人，就难免跟着雪芹开罪社会了；所以大家读高鹗续作底四十回大半是要皱眉的。但是这种皱眉，不足表明高君底才短，正是表明他底不可及处。他敢使黛玉平白地死去，使宝玉娶宝钗，使宁荣抄家，使宝玉做了和尚；这些都是好人之所恶。虽不是高鹗自己底意思，是他迎合雪芹底意思做的，但能够如此，已颇难得。至于以后续做的人，更不可胜计，大半是要把黛玉从坟堆里拖出来，叫她去嫁宝玉。这种办法，无论其情理有无，总是另有一种神力才能如此。必要这样才算有收梢，才算大团圞，真使我们脸红说话不得。即雪芹兰墅相见在地下，谈到这件事怕亦说不出话来呢！

现在我们从各方面证明原本只八十回，并且连回目亦只八十，这是完全依据事实,毫不杂感情上的好恶。但许多人颇赞成我们底论断,却因为只读八十回便可把那些讨人厌的东西一齐扫去,他们不消再用神力把黛玉还魂,只很顺当的便使宝黛成婚了。他们这样利用我们底发见,来成就他们师师相承的团圆迷,来糟蹋《红楼梦》底价值,我们却要严重的抗争了。依作者底原意做下去,其悲惨凄凉必十倍于高作,其开罪世人亦必十倍之。放心罢,在《红楼梦》上面,决不能再让你们来过团圆瘾!

我们又知道《红楼梦》全书中之题材是十二钗,是一部忏悔情孽的书。从这里所发生的文章风格,差不多和那一部旧小说都大大不同,可以说《红楼梦》底个性所在。是怎样的风格呢?大概说来,是"怨而不怒"。前人能见到此者,有江顺怡君。他在《读红楼梦杂记》上面说:

> ……正如白发宫人涕泣而谈天宝,不知者徒艳其纷华靡丽,有心人视之皆缕缕血痕也。

他又从反面说《红楼梦》不是谤书:

> 《红楼》所记皆闺房儿女之语,……何所谓毁?何所谓谤?

这两节话说得淋漓尽致,尽足说明《红楼梦》这一种怨而不怒的态度。

我怎能说《红楼梦》在这点上,和那种旧小说都不相同呢?我们试举几部《红楼梦》以外,极有价值的小说一看。我们常和《红楼梦》并称的是《水浒》《儒林外史》。《水浒》一书是愤慨当时政治腐败而作的,所以奖盗贼贬官军。看署名施耐庵那篇《自序》,愤激之情,已溢于词表。"《水浒》是一部怒书",前人亦已说过。(见张潮底《幽梦影》上卷)《儒林外史》底作者虽愤激之情稍减于耐庵,但牢骚则或过之。看他描写儒林人物,大半皆深刻不为留余地,至于村老儿唱戏的,却一唱三叹之而不止。对于当日科场士大夫,作者定是深恶痛疾无可奈何了,然后才发为文章的。《儒林外史》底苗裔有《二十年目睹之怪现状》,《广陵潮》,《留东外史》之类。就我所读过的而论:《留东外史》底作者,简直是个东洋流氓,是借这部书为自己大吹法螺的,这类黑幕小说底开山祖师可以不必深论。《广陵潮》一书全是村妇嫚骂口吻,反觉《儒林外史》中人物,犹有读书人底气象。作者描写的天才是很好的，但何必如此尘秽笔墨呢？前《红楼梦》而负盛名的有《金瓶梅》，这明是一部谤书，确是有所为而作的，与《红楼梦》更不可相提并论了。

以此看来，怨而不怒的书，以前的小说界上仅有一部《红楼梦》。怎样的名贵啊！古语说得好："物希为贵"；但《红楼梦》正不以希有然后可贵。换言之，那不希有亦依然有可贵的地方。刻薄嫚骂的文字，极易落笔，极易博一般读者底欢迎，但终究不能感动透过人底内心。刚读的时候，觉得痛快淋漓为之拍案叫绝；但翻过两三遍后，便索然意尽了无余味，再细细审玩一番，已成嚼蜡的滋味了。这因为作者当时感情浮动，握笔作文，发泄者多含蓄者少，可以悦俗目，不可以当赏鉴。缠绵悱恻的文风恰与之相反，初看时觉似淡淡的，没有什么绝伦超群的地方，再看几遍渐渐有些意思了，越看得熟，便所得的趣味亦愈深永。所谓百读不厌的文章，大都有真挚的情感，深隐地含蓄着，非与作者有同心的人不能知其妙处所在。作者亦只预备藏之名山，或竟覆了酱缸，不深求世人底知遇。他并不是有所珍惜隐秘，只是世上一般浅人自己忽略了。"知我者希，则我者贵"；这句话亦是无可奈何的譬解罢。

愤怒的文章容易发泄，哀思的呢，比较的容易含蓄，这是情调底差别不可避免的。但我并不说，发于愤怒的决没有一篇好文章，并且哀思与愤怒有时不可分的。但在比较上立论，含怒气的文字容易一览而尽，积哀思的可以渐渐引人入胜；所以风格上后者比前者要高一点。《水浒》与《红楼梦》底两作者，都是文艺上的天才，中间才性底优劣是很难说的；不过我们看《水浒》，在有许多地方觉得有些过火似的，看《红楼梦》虽不满人意的地方也有，却又较读《水浒》底不满少了些。换句话说，《红楼梦》底风格偏于温厚，《水浒》则锋芒毕露了。这个区别并不在乎才性底短长，只在做书底动机底不同。

但这些抑扬的话头，或者是由于我底偏好也未可知。但从上文看来，有两件事实似乎已确定了的。(1)哀而不怒的风格，在旧小说中为《红楼梦》所独有。究竟这种风格可贵与否，却是另一问题；虽已如前段所说，但这是我底私见不敢强天下人来同我底好恶。(2)无论如何，嫚骂刻毒的文字，风格定是卑下的。《水浒》骂则有之，却没有落到嫚字。至于落入这种恶道的，决不会有真好的文章，这是我深信不疑的。我们举一个实例讲罢。《儒林外史》与《广陵潮》是一派的小说。《儒林外史》未始不骂，骂得亦未始不凶，但究竟有多少含蓄的地方,有多少穿插反映的文字,所以能不失文学底价值。《广陵潮》则几乎无人不骂,无处不骂,且无人无处不骂得淋漓尽致一泄无余,可以喷饭,可以下酒,可以消闲,却不可以当他文学来赏鉴。我们如给一未经文学训练的读者这两部小说看,第一遍时没有不大赞《广陵潮》的;因为《儒林外史》没有这样的热闹有趣,到多看几遍之后,《儒林外史》就慢慢占优越的地位了。这是我曾试验过的不同于揣想空论。

《红楼梦》只有八十回真是不大幸,因为极精彩动人的地方都在后面半部。我们要领略哀思的风格,非纵读全书不可;但现在只好寄在我们底想象上,不但是作者底不幸,读者所感到的缺憾更为深切了。我因此想到高鹗补书底动机,确是《红楼梦》底知音,未可厚非的。他亦因为前八十回全是纷华靡丽文字,恐读者误认为诲淫教奢之书,如贾瑞正照"风月宝鉴"一般;所以续了四十回以昭传作者底原意。他所以在引言上说:"……实因残缺有年,一旦颠末毕具,大快人心,欣然题名,聊以纪成书之幸。"可知高君补书并非如后人乱续之比,确有想弥补缺憾的意思。所以他说:"大快人心","成书之幸"。但高鹗虽有正当的动机,续了四十回书,而几处处不能使人满意。我们现在仍只得以八十回自慰,以为总比全然没有好了一点。康君白情说得好:"一半给我们看,一半留给我们想。"(《草儿》第三二页)这是我们底无聊的慰藉啊!

二二,六,二五,改定。

(选自《红楼梦辨》)

废　名

废名(1901—1967),现代作家、文学史家。本名冯文炳,废名是他的笔名,湖北省黄梅县人。五四时期,曾在北京大学学习,参加语丝社,毕业后留校任教,直至1937年。抗战后,离开北京大学回到故乡,从事小学和中学教学工作。抗战胜利后又回北京大学,历任副教授、教授。1953年调东北人民大学(现吉林大学)中文系任教授,并曾任系主任。

废名1920年代初从事创作,在《语丝》上发表作品。1925—1932年陆续出版小说集《竹林的故事》、《桃园》、《枣》、《莫须有先生传》、《桥》。1933年后转入学术研究,著有《跟青年谈鲁迅》、《杜甫的价值和杜诗的成就》等专著和论文。1957年出版了《废名小说选》。

谈新诗(节选)

三　新诗应该是自由诗

现在我想从《尝试集》里挑出一两首诗来,这种诗都是作者自己认为“白话新诗”的,然而我觉得这种新诗的诗的内容不够,从反面来说明我所认定的诗的内容要紧。例如《一笑》这一首:

一　笑

十几年前,
一个人对我笑了一笑。
我当时不懂得什么,
只觉得他笑的很好。

那个人后来不知怎样了,
只是他那一笑还在:
我不但忘不了他,
还觉得他越久越可爱。

我借他做了许多情诗,
我替他想出种种境地:
有的人读了伤心,
有的人读了欢喜。

欢喜也罢,伤心也罢,

其实只是那一笑。
我也许不会再见着那笑的人,
但我很感谢他笑的真好。

这首诗,我从前也曾喜欢过,后来有一回无意间翻阅到这一首诗,我觉得这种诗只是调子,即是可以不必写那么的四节十六行,作者将一点"烟士披里纯"敷衍成许多行的文字而已。我说"敷衍",一点没有含不好的意思,我只是说这首诗乃作者铺张成篇而已。第一节里的四行还没有什么,到了第二节三四两句,"我不但忘不了他,还觉得他越久越可爱",我以为是凑句子叶韵。第三节也不切实,到了"欢喜也罢,伤心也罢,其实只是那一笑",简直是做题目,虽然作者未必是成心做这一个题目。总之这个诗的内容不够,因之这首白话新诗失败了。又如这一首:

应　该

他也许爱我,——也许还爱我,——
但他总劝我莫再爱他。
他常常怪我;
这一天,他眼泪汪汪的望着我,

说道:"你如何还想着我?
想着我,你又如何能对他?
你要是当真爱我,
你应该把爱我的心爱他,
你应该把待我的情待他。"

他的话句句都不错:——
上帝帮我!
我"应该"这样做!

作者自己在《谈新诗》一文里引了这首诗,他说这一首诗的意思神情都是旧体诗所达不出的。“别的不消说,单说‘他也许爱我,——也许还爱我’这十个字的几层意思,可是旧体诗能表得出的吗?”这十个字的几层意思旧体诗大约表达不出,可是这十个字的几层意思戏剧里确最容易表达得出,若以之作新诗,结果只有几层意思,似乎没有什么诗的情绪了。中国的旧诗似乎根本上就不表现“他也许爱我,——也许还爱我”这些意思,若其所能表现的东西确乎比《应该》更成其为诗。唐诗人张籍有一首诗,胡适之先生曾用白话翻译过,原作末二句:“还君明珠双泪垂,何不相逢未嫁时”,虽然不像白话诗《应该》那样表达许多意思,却是很能表情的了。《尝试集》里有一首《小诗》:“也想不相思,可免相思苦。几次细思量,情愿相思苦!”又如:“岂不爱自由,此意无人晓:情愿不自由,也是自由了。”我读之都能感着真实。若《应该》这一首,虽然诗体是解放了,但这个解放的诗体最不容易羼假,一定要诗的内容充实。如果逢场作戏,随便写点玩玩(但不能随便说旧体诗),当然也没有什么,如《尝试集》里《梦与诗》这一首:

都是平常经验,
都是平常影像,
偶然涌到梦中来,
变幻出多少新奇花样!

都是平常情感,
都是平常言语,
偶然碰着个诗人,
变幻出多少新奇诗句!

醉过才知酒浓,
爱过才知情重;——
你不能做我的诗,
正如我不能做你的梦。

这只可谓之在诗国里过屠门而大嚼了。因了这个《梦与诗》,还有一首《醉与爱》,我现在也不抄引,免得多占篇幅,我只是想告诉大家,我们的新诗一定要表现着一个诗的内容,有了这个诗的内容,然后"有什么题目,做什么诗;诗该怎样做,就怎样做。"要注意的这里乃是一个"诗"字,"诗"该怎样做就怎样做。其实在古人也是"有什么题目,做什么诗;诗该怎样做,就怎样做。"他们的诗发展了中国文字之长,中国文字也适合于他们诗的发展,——这自然不能把后来的模仿诗家包括在一起说。然而,这些模仿诗家都可以按谱行事,旁人或者指点他说他的诗做得不行,但总不能说他不是诗,因为他本来是做一首诗或者填一首词。新诗则不然。新诗没有什么诗的格式,真是诗该怎样做就怎样做了,然而做出来你说我不是诗呢?这里确是有一点无可奈何。有些初期做白话诗的人,后来索性回头做旧诗去了。就是白话诗的元勋胡适之先生,他还是对于做旧诗填词有兴趣的,我想他还是喜欢那个。这些初期白话诗家,都是会做文章的人,他们善于运用文字,所以他们的白话新诗,有时并无啥意思,他们却会把句子写得好,如《醉与爱》里头的句子:

爱里也只是爱,——
和酒醉很相像的。
直到你后来追想,
"哦!爱情原来是这么样的!"

我们初读之不觉得这里是凑句子叶韵,便因为"爱里也只是爱,和酒醉很相像的"这种句子写得很自然。实在新诗这样写下去已经渐渐走到死胡同里去。后来有些新诗,我们读着觉得非常之刺眼,这些作新诗的人,与旧诗的因缘少了,他们写出来的东西虽也不会是"诗余",也不会是新诗的古乐府,他们不是如胡适之先生所说缠过脚再来放脚的妇人,然而他们运用文字的工夫又不及那些老手,结果他们做出来的白话新诗,有点像"高跷"下地,看的人颇难以为情。我且从《中国新文学大系·诗集》里举出这种高跷式的新诗模样来,如刘梦苇《万牲园的春》首四行:

碧绿的秋水如青蛇条条,

蜿蜒地溜过了大桥小桥：
被多情的春风狂吻之后，
微波有如美女们底娇笑。

刘君是已故诗人，大约我说错了也无从对证罢，然而我总觉得“青蛇条条”与“大桥小桥”的句子很可笑。其实这样的句子在当时还不算十分难看的，这种诗到底还是经过选家选择来的诗。我再向我的朋友程鹤西“射他耳”一下，《新文学大系·诗集》也有他的一首诗，题作《城上》，首两节八行为：

天半铺着几片薄云，
　微风涟漪似的荡漾。
傍过垒垒枯寂的荒坟，
　我们登到永定门西的城上。

城内深没人的芦荻
　浩浩，潇潇；
遥想故乡此日，
正连阡穀绿迢迢。

新诗如果这样造句子，这样的新诗可以不做。鹤西后来果然不写这样句子的新诗了，在别方面耕种了他自己的园地。这种现象，大约是《尝试集》以后必然的现象，大家确乎是诚心在那里“尝试”。不过老牌的《尝试集》表面上是有意做白话诗而骨子里同旧诗的一派结了不解之缘，后起的新诗作家乃是有心做“诗”了，他们根本上就没有理会旧诗，他们只是自己要做自己的诗。然而既然叫做“做诗”，总一定不是写散文，于是他们不知不觉的同旧诗有一个诗的雷同，仿佛新诗自然要有一个新诗的格式。而新诗又实在没有什么公共的，一定的格式，像旧诗的五言七言近体古体或词的什么调什么调。新诗作家乃各奔前程，各人在家里闭门造车。实在大家都是摸索，都在那里纳闷。与西洋文学稍为接近一点的人又摸索西洋诗里头去了，结果在中国新诗坛上又有了一种“高跟鞋”。我记得闻一多在他的一首诗里将“悲哀”二字颠倒过来用，作为“哀悲”,大约是为了叶韵的原故,我当时曾同了另一位诗人笑,这件事真可以“哀悲”。我那时对于新诗很有兴趣,我总朦胧的感觉着新诗前面的光明,然而朝着诗坛一望,左顾不是,右顾也不是。这个时候,我大约对于新诗以前的中国诗文学很有所懂得了,有一天我又偶然写得一首新诗,我乃大有所触发,我发见了一个界线,如果要做新诗,一定要这个诗是诗的内容,而写这个诗的文字要用散文的文字。已往的诗文学,无论旧诗也好,词也好,乃是散文的内容,而其所用的文字是诗的文字。我们只要有了这个诗的内容,我们就可以大胆的写我们的新诗,不受一切的束缚,“不拘格律,不拘平仄,不拘长短;有什么题目,做什么诗;诗该怎样做,就怎样做”。我们写的是诗,我们用的文字是散文的文字,就是所谓自由诗。这与西洋的“散文诗”不可相提并论。中国的新诗,即是说用散文的文字写诗,乃是从中国已往的诗文学观察出来的。胡适之先生所谓“第四次的诗体大解放”,不拘格律,不拘平仄,不拘长短,有什么题目做什么诗,诗该怎样做就怎样做,——这个论断应该是很对了,然而他的前提夹杂不清,他对于已往的诗文学认识得不够。他仿佛“白话诗”是天生成这么个东西的,已往的诗文学就有许多白话诗,不过随时有反动派在那里做障碍,到得现在我们才自觉了,才有意的来这么一个白话诗的大运动。援引已往的诗文学里的“白话诗”做我们的新诗前例,便是对于已往的文学认识不够,我们的新诗运动直可谓之无意识的运动。旧诗词里的“白话诗”,不过指其诗或词里有白话句子而已,实在这些诗词里的白话句子还是“诗的文字”。换句话说,旧诗词里的白话诗与非白话诗,不但填的是同一谱子,而且用的是同一文法。“姑苏城外寒山寺,夜半钟声到客船”,“细雨梦回鸡塞远”,“帘卷西风,人比黄花瘦”,“平冈细草鸣黄犊,斜日寒林点暮鸦”,都是诗词里特别见长的,这些句子里头都没有典故,没有僻,字没有代字,我们怎么能说它不是白话,只是它的文法同散文不一样而已。我们要描写半夜里钟声之下客船到岸这一件事情,用散文写另是一样写法,若写着“夜半钟声到客船”,便是诗了,我们一念起来就觉得这件事情同我们隔得很远,把我们带到旧诗境界去了。中国诗里简直不用主词,然而我们读起来并不碍事,在西洋诗里便没有这种情形,西洋诗里的文字同散文里的文字是一个文法。故我说中国旧诗里的文字是诗的文字。(还有一个情形可以令我们注意,三百篇同我们现在的歌谣都是散文的文法。)旧诗向来有两个趋势,就是“元白”易懂的一派同“温李”难懂的一派,然而无论哪一派,都是在诗的文字之下变戏法。他们的不同大约是他们的词汇,总决不是他们的文法。而他们的文法又决不是我们白话文学的文法。至于他们两派的诗都是同一的音节,更是不待说的了。胡适之先生没有看清楚这根本的一点,只是从两派之中取了自己所接近的一派,而说这一派是诗的正路,从古以来就做了我们今日白话新诗的同志,其结果我们今日的白话新诗反而无立足点,元白一派的旧诗也失其存在的意义了。我前说,旧诗的内容是散文的,而其文字则是诗的文字,旧诗之诗的价值便在这两层关系。由词而变到曲,这个关系显明的替我们分解出来了,元曲的内容岂不是叙事描写(散文的)而其文章是韵文(诗的)吗?于是旧诗露出了马脚,索性走到散文路上去好了。其实这个线索在胡适之先生所推崇的白话诗家苏辛的诸人手下已经可以看得出来,如苏轼的《哨徧》引用陶渊明文章里的句子填词,辛弃疾的词乱用古书成语地方更多,刘克庄词“使李将军遇高皇帝万户侯何足道哉”的句子,都是痛快的写起散文来。这里确是很有趣,胡适之先生所推崇的白话诗,倒或者与我们今日新散文的一派有一点儿关系。反之,胡适之先生所认为反动派“温李”的诗,倒似乎有我们今日新诗的趋势。李商隐的诗应是“曲子缚不住者”,因为他真有诗的内容。温庭筠的词简直走到自由路上去了,在那些词里表现的东西。确乎是以前的诗所装不下的。这些事情仔细研究起来都很有意义,今天我只是随兴说到了罢了,而且说得多么粗糙。我的本意,是想告诉大家,我们的新诗应该是自由诗,只要有诗的内容然后诗该怎样做就怎样做,不怕旁人说我们不是诗了。

四　以往的诗文学与新诗

上回我说中国以往的诗文学向来有两个趋势,就是元白易懂的一派同温李难懂的一派,无论哪一派都是在诗的文字之下变戏法,总而言之都是旧诗,胡适之先生于旧诗中取元白一派作为我们白话新诗的前例,乃是自家接近元白的一派旧诗的原故,结果使得白话新诗失了根据。我又说,胡适之先生所认为反对派温李的诗,倒有我们今日新诗的趋势,我的意思不是把李商隐的诗同温庭筠的词算作新诗的前例,我只是推想这一派的诗词存在的根据或者正有我们今日白话新诗发展的根据了。这个道理本不稀奇,只是中国弄新文学的人同以前弄旧文学的人都是一副头脑,见骆驼说是马肿背,诸事反而得不着真面目。我今天把胡适之先生谈新诗的文章,同他的国语文学史里讲诗词的部分,都再看了一遍,觉得此事还应该重新商量,我想把我自己平日所想到的说出来引起大家去留心。《谈新诗》一文里,作者最后谈到"新诗的方法",他说"做新诗的方法,根本上就是做一切诗的方法",这话不能算错。我常同学生们说,我们首先要练习运用文字,新诗并不就不讲究做文章,现在做新诗的人每每缺乏运用文字的工夫,旧诗人把句子写得好,我们也要把句子写得好。但这一番平常而切实的话,只要在辨明新诗与旧诗的性质以后再来说的,胡适之先生则实在是说不出所以然来,从他所举的例子看来,他还是喜欢旧诗而已。他所举的例子之中,有"绿垂风折笋,红绽雨肥梅","芹泥垂燕嘴,蕊粉上蜂须","四更山吐月,残夜水明楼",这些都是我上回所说的旧诗在诗的文字之下变戏法。他又举了"鸡声茅店月,人迹板桥霜",说"是何等具体的写法!"这两句是温庭筠的诗,其实温庭筠的词比这两句更是具体的写法,只是懂得鸡声茅店月便说鸡声茅店月好,而那些词反而是"诗玩意儿"。据我看"鸡声茅店月,人迹板桥霜"或者倒是诗玩意儿,同"枯藤老树昏鸦,小桥流水人家"一样是旧诗要惯了的把戏。在这些例子之前,同一篇文章里,胡先生举了辛弃疾的几句词,"落日楼头,断鸿声里,江南游子,把吴钩看了,阑干拍遍,无人会,登临意",说这种语气决不是五七言的诗能做得出的。不知怎的我很不喜欢这个例子,更不喜欢举了这个例子再加以主观的判断证明诗体的解放。我觉得辛词这些句子只是调子,毫不足取,用北京话说就是"贫"得很,如此的解放的诗,诗体即不解放我以为并没有什么损失。我们且来观察温庭筠的词怎样现得一种诗体的解放罢。胡适之先生在国语文学史里说温庭筠的词"却有一些可取的",他以为可取的,却正不是温词的长处,他所取的是"梳洗罢,独倚望江楼,过尽千帆皆不是,斜晖脉脉水悠悠,肠断是苹洲"两三首近乎"元白"的诗玩意儿。我并不是说这些不可取,在温庭筠的词里总不至于这些是可取的。如果这个问题与我们今日的新诗风马牛不相及,我们也就可以不谈,据我看这个问题又很关乎新诗的前程。我前说,温庭筠的词简直走到自由路上去了,在那些词里所表现的东西确乎是以前的诗所装不下的,问题便在这里。我们应不惜多费点时间来多考察这件事情。温词为向来的人所不能理解,谁知这不被理解的原因,正是他的艺术超乎一般旧诗的表现,即是自由表现,而这个自由表现又最遵守了他们一般诗的规矩,温词在这个意义上真令我佩服。温庭筠的词不能说是情生文文生情的,他是整个的想象,大凡自由的表现,正是表现着一个完全的东西。好比一座雕刻,在雕刻家没有下手的时候,这个艺术的生命便已完全了,这个生命的制造却又是一个神秘的开始,即所谓自由,这里不是一个酝酿,这里乃是一个开始,一开始便已是必然了,于是在我们鉴赏这一件艺术品的时候我们只有点头,仿佛这件艺术品是生成如此的。这同行云流水不一样,行云流水乃是随处纠葛,他是不自由,他的不自由乃是生长,乃是自由。我的话恐怕有点荒唐,其实未必荒唐,我们且来讲温庭筠的词,——不过在谈温词的时候,这一点总要请大家注意,即是作者是幻想,他是画他的幻想,并不是抒情,世上没有那样的美人,他也不是描写他理想中的美人,只好比是一座雕刻的生命罢了。英国一位批评家说法国自然主义的小说家是“视觉的盛宴”,“视觉的盛宴”这一个评语,我倒想借来说温庭筠的词,因为他的美人芳草都是他自己的幻觉,因为这里是幻觉,这里乃有一点为中国文人万不能及的地方,我的意思说出来可以用“贞操”二字。中国文人总是“多情”,于是白发红颜都来入诗,什么“好酒能消光景,春风不染髭须,为公一醉花前倒,红袖莫来扶”,什么“此度见花枝,白头誓不归”,这些都是中国文人久而不闻其臭。像日本诗人芭蕉俳句,“朝阳花呵,白昼还是下锁的门的围墙。”本是东洋人可有的诗思,何以中国文人偏不行。温庭筠的词都是写美人,却没有那些讨人厌的字句,够得上一个“美”字,原因便因为他是幻觉,不是作者抒情。我们再来讲词,先讲《花间集》第一首:

小山重叠金明灭,鬓云欲度香腮雪。懒起画蛾眉,弄妆梳洗迟。照花前后镜,花面交相映。新贴绣罗襦,双双金鹧鸪。

此词我以为是写妆成之后,系倒装法,首二句乃写新妆,然后乃说今天起来得晚一点,“懒起画蛾眉,弄妆梳洗迟,”其实这时眉毛已经画好了。下半又写对了镜子照了又照,总是一切已打扮停当了。“小山重叠金明灭,鬓云欲度香腮雪,”上句是说头,温词另有“蕊黄无限当山额”句,也是把山来说额黄以上。头上戴了钗头之类,所谓“翠钗金作股”者是,所以看起来“小山重叠金明灭”了。这一句之佳要待“鬓云欲度香腮雪”而完成,“鬓云”固然是诗里用惯了的字眼，在温词里则是想象，于发曰云，于颊上粉白则曰雪，而又于第一句“小山”之山引动来的，在诗人的想象里仿佛那儿的鬓云也将有动状，真是在那里描风捕影，于是“鬓云欲度香腮雪”矣。这是极力写一个新妆的脸，粉白黛绿，金钗明灭。然而我们要替他解说那“鬓”的状态，大约无能为力，用温庭筠自己的句子或者可以用“楚山如画烟开”这一句罢，因为这里要极力形容一个明朗的光景，如眉毛之于眼睛，要分得开开的，于是才现得粉颊儿是粉颊儿，鬓云是鬓云，于是“鬓云欲度香腮雪”矣。这正是描画发云与粉雪的界线，正是描画一个明净，而“欲度”二字正是想象里的呼吸，写出来的东西乃有生命了。温词《更漏子》“花外漏声迢递，惊塞雁，起城乌，画屏金鹧鸪。”也是写静而从动势写。眼前本是“画屏金鹧鸪”，而“花外漏声迢递”，这个音声大概可以惊塞外之雁，起城上之乌，于是我们觉得画屏金鹧鸪仿佛也要飞了。到了《南歌子》“手里金鹦鹉，胸前绣凤凰，偷眼暗形相，——不如强嫁与，作鸳鸯!”话更说得明白一点，把金鹦鹉与绣凤凰尽看尽看，于是欲静物而活了。不过把金鹦鹉与绣凤凰尽看尽看，还可以说是善于状女子心理，若“鬓云欲度香腮雪”决与梳洗的人个性无关，亦不是作者抒情，是作者幻想。他一面想着金钗明灭，华丽不过的事情，一面却又拉来雪与云作比兴，“鬓云”因为乱用惯了自然人人可以用，若与雪度相关，便不是偶然写来的。温词另有“小娘红粉对寒浪”之句，都足以见其想象，他写美人简直是写风景，写风景又都是写美人了。这还是就一句一字举例。我们再讲一首《菩萨蛮》，《花间集》第二首：

> 水精帘里颇黎枕，暖香惹梦鸳鸯锦。江上柳如烟，雁飞残月天。
> 藕丝秋色浅，人胜参差剪。双鬓隔香红，玉钗头上风。

此词开始写得像个水帘洞似的，然而“水精帘里颇黎枕”还要待“暖香惹梦鸳鸯锦”这一句乃好。于是“暖香惹梦鸳鸯锦”这一句真好。这一句是说美人睡。“暖香惹梦”完全是作诗人的幻想，人家要做梦人家自己不知道，除非做了一个什么梦醒来自己才知道。而且女人自家或者贪暖睡，至于暖香总一定已经鼾呼呼的。暖香或者容易惹梦，惹了梦，暖香二字却一定早已不在题目范围之内。总之这都是作诗人的幻想暖香惹梦罢了。梦见了什么他偏不说，这个不是梦中人当然不能知道，然而“暖香惹梦鸳鸯锦”，于是暖香惹梦鸳鸯锦比美人之梦还要是梦了。世上难裁这么美的鸳鸯锦。所以我说温庭筠的词都是一个人的幻想。试看《花间集》别人写梦的,都是戏台里人自家喝彩,无论是正面的写男脚色做梦,如"昨夜夜半,枕上分明梦见,语多时,依旧桃花面,频低柳叶眉。"我们读者一看就知道不是做梦,是做文章。或者反面的写女梦,"子规啼破相思梦"也不是做梦是做文章。只有一个人写一点女梦,也不十分说明白梦见什么,只说着"倚着云屏新睡觉,思梦笑,"这个"思梦笑"的"笑"字与温词"鸳鸯锦"三字略相当,然而这还是局中人亲眼看见,温庭筠的词则都是诗人之梦,因此都是身外之物了。我们还是来讲"暖香惹梦鸳鸯锦"。写着"暖香惹梦鸳鸯锦",该是如何的在闺中,却又想到"江上柳如烟,雁飞残月天",真是令人佩服,仿佛风景也就在闺中,而闺中也不外乎诗人的风景矣。这样落笔,温词处处如此,上面说过的"惊塞雁,起城乌,画屏金鹧鸪"是,《菩萨蛮》十余首也多半是。像这样四句:"翠翘金缕双鸂鶒,水纹细起春池碧,池上海棠梨,雨晴红满枝",首句是女子妆,下三句乃是池上,令我们读之而不觉。接着"绣衫遮笑靥,烟草粘飞蝶"两句,真是风景人物写一篇大块文章。其余如"杏花含露团香雪,绿杨陌上多离别,灯在月胧明,觉来闻晓莺,"在这个灯在月明之外,莺声之前,杏花杨柳在古今路上矣。我由"暖香惹梦鸳鸯锦"说到"绿杨陌上多离别",那首词却还没有讲完。其实那首词只剩下"玉钗头上风"一句还应该讲几句,这一句又只有一个"风"字要讲,不讲大家已可触类旁通,他把一个"风"字落到"玉钗头上"去,于是就"玉钗头上风"了。温词无论一句里的一个字,一篇里的一两句,都不是上下文相生的,都是一个幻想,上天下地,东跳西跳,而他却写得文从字顺,最合绳墨不过,居花间之首,向来并不懂得他的人也说"温庭筠最高,其言深美闳约"了。我们所应该注意的是,温词所表现的内容,不是他以前的诗体所装得下的,从我上面所举的例子,大家总可以看得出,像这样,长短句才真是诗体的解放,这个解放的诗体可以容纳得一个立体的内容,以前的诗体则是平面的。以前的诗是竖写的,温庭筠的词则是横写的。以前的诗是一个镜面,温庭筠的词则是玻璃缸的水——要养个金鱼儿或插点花儿这里都行,这里还可以把天上的云朵拉进来。因为我常想,在已往的诗文学里既然有这么一件事情,我们今日的白话新诗恐怕很有根据,在今日的白话新诗的稿纸上,将真是无有不可以写进来的东西了。有一件事实我要请大家注意,温庭筠的词并没有用典故,他只是辞句丽而密。此事很有趣味,在他的解放的诗体里用不着典故，他可以横竖乱写，可以驰骋想象，所想象的所写的都是实物。若诗则不然，律诗因为对句的关系还可以范围大一点，由甲可以对到乙，这却正是情生文文生情，所以我们读起来是一个平面的感觉。正因此，诗不能不用典故，真能自由用典故的人正是情生文文生情。因为是典故，明明是实物我们也还是纸上的感觉，所以是平面的，温庭筠的词则用不着用什么典故了。说到这里我们就要说到李商隐。要说李商隐的诗，我感着有点无从下手，这个人的诗，真是比什么人的诗还应该令我们爱惜，在中国文学史上只有庾信可以同他相提并论。然而要我说庾信，觉得并不为难，庾信到底是六朝文章，六朝文章到底是古风，好比一株大树，我们只就他的春夏秋冬略略讲一点故事就好了，或者摘一片叶子下来给你们看，你们自己会向往于这一棵树，我也不怕有所遗漏，反正这个树上的叶子是多得很的，路上拾得一片落叶你也喜欢这棵树哩。李商隐的诗颇难处置，我想从沙子里淘出金子来给大家看罢，而这些沙子又都是金子。他有六朝的文采，正因为他有六朝文的性格，他的文采又深藏了中国诗人所缺乏的诗人的理想，这一点他也自己觉着。他的诗真是一盘散沙，粒粒沙子都是珠宝，他是那么的有生气，我们怎么会拿一根线可以穿得起来呢？在他当然都是从一个泉源里点滴出来的。现在有几位新诗人都喜欢李商隐的诗，真是不无原故哩。好在我今天讲到他是由用典故说来的，我们就从这一点下手。温庭筠的词，可以不用典故，驰骋作者的幻想。反之，李商隐的诗，都是借典故驰骋他的幻想。因此，温词给我们一个立体的感觉，而李诗则是一个平面的。实在李诗是“人间从到海，天上莫为河”，“星沉海底当窗见，雨过河源隔座看”，天上人间什么都想到了，他的眼光要比温庭筠高得多，然而因为诗体的不同，一则引我们到空间去，一则仿佛只在故纸堆中。这便是我所想请大家注意的。我们还是举例子，就说一千年来议论纷纷的《锦瑟》一首诗。胡适之先生说：“这首诗一千年来也不知经过多少人的猜想了，但是至今还没有人猜出他究竟说的是什么鬼话。”我且把这首诗抄引了来：

锦瑟无端五十弦，一弦一柱思华年。
庄生晓梦迷蝴蝶，望帝春心托杜鹃。
沧海月明珠有泪，蓝田日暖玉生烟。

此情可待成追忆,只是当时已惘然。

这首诗大约总是情诗,然而我们想推求这首诗的意思,那是没有什么趣味的。我只是感觉得“沧海月明珠有泪,蓝田日暖玉生烟”这两句写得美,这两句我也只是取“沧海月明珠有泪”一句来讲。如果大家听了我的话对于这一句有点喜欢,那么蓝田日暖之句仿佛也可以了解。“沧海月明珠有泪”,作者大约从两个典故联想起来的,一个典故是月满则珠全,月亏则珠阙,这个珠指蚌蛤里的珠。还有一个典故是海底鲛人泣珠。李诗另有“昔去灵山非拂席,今来沧海欲求珠”之句,那却是送和尚的诗,与我们所要讲的这句诗没有关系,不过看注解家在“今来沧海欲求珠”句下引杜甫诗“僧宝人人沧海珠”,可见“沧海”与“珠”这两个名词已有前例,容易联串起来,于是李商隐在《锦瑟》一诗里得句曰“沧海月明珠有泪”了。经了他这一制造,于是我也想大概真个沧海月明珠有泪似的,——这是我的一位老同学曾经向我说的话,他确曾经沧海回来,沧海月明珠有泪既然确实,于是蓝田日暖玉生烟亦为良辰美景无疑了。新诗人林庚有一回同我说:“沧海月明珠有泪,蓝田日暖玉生烟,”李商隐这两句诗真写得好。于是我也想大概是真写得好。但我尽管说好是不行的,我还可以说点理由出来。从上面列举的典故看来,“沧海月明珠有泪”这七个字是可以联在一起的,句子不算不通,但诗人得句是靠诗人的灵感,或者诗有本事,然后别人联不起来的字眼他得一佳句,于是典故与辞藻都有了生命,我们今日读之犹为之爱惜了。我便这样来强说理由。李商隐另外有两首绝句,一首题作《月》,诗是这样的:“过水穿楼触处明,藏人带树远含清,初生欲缺虚惆怅,未必圆时即有情。”一首题作《城外》,诗是这样的:“露寒风定不无情,临水当山又隔城。未必明时胜蚌蛤,一生长共月亏盈。”这些诗作者似乎并无意要千百年后我辈读者懂得,但我们却仿佛懂得,其情思殊佳,感觉亦美,一面写其惘然之情,一面又看得出诗人的贞操似的。“未必明时胜蚌蛤,一生长共月亏盈”,我觉得便足以做“沧海月明珠有泪”的注解。李诗有《题僧壁》一首,其末四句云:“蚌胎未满思新桂,琥珀初成忆旧松,若信贝多真实语,三生同听一楼钟。”蚌胎未满思新桂,即是用月与蚌蛤的典故,从这些地方我们都可以看出作者的幻想,总是他的感觉美。李商隐常喜以故事作诗,用这些故事作出来的诗,都足以见作者的个性与理想,在以前只有陶渊明将《山海经》故事作诗有此光辉,其余游仙一类的诗便无所谓,即屈原亦不见特色,下此更不足观了。像杜甫关于华山诗句:“西岳崚嶒竦处尊,诸峰罗立似儿孙。安得仙人九节杖,拄到玉女洗头盆。……”直是应景而已。李商隐关于王母,关于嫦娥,关于东方朔,关于麻姑,关于鲛人卖绡,或成一篇,或得一句,都令我们如闻其语如见其人,表现了作者。只看他的这两句话,在他的诗里算是极随便的两句诗:“闻道神仙有才子,赤箫吹罢好相携。”便见他的个性,他要说神仙也有才子,若他人说便说某人是谪仙了。我今天并不是专门解诗,我再举一首《过楚宫》七言绝句:“巫峡迢迢旧楚宫,至今云雨暗丹枫。微生尽恋人间乐,只有襄王忆梦中。”他用故事不同一般做诗的是滥调,他是说襄王同你们世人不一样,乃是幻想里过生活哩。我再举一首《板桥晓别》,看他的文采:“回望高城落晓河,长亭窗户压微波,水仙欲上鲤鱼去,一夜芙蓉红泪多。”这种句子真是写得美,因为他用的是典故,我们容易忽略他的幻想,只赏鉴他的文采,实在他的想象很不容易捉住,他倒好容易捉住了这个乘赤鲤来去水中的典故,我们却不容易哩。说到用典故,我还想补足一点意思,胡适之先生所谓白话诗家苏黄辛陆这一些人倒真是用典故,他们的词里有时用当日的方言,有时用古书上的成语,实在用方言也好,掉书袋也好,在他们是平等看待,他们写韵文同我们现在乱写散文是差不多的,成语到了口边就用成语,方言到了手下就用方言,他们缺少诗的感觉,而他们又习惯于一种写韵文的风气,结果写出来的韵文只用得着掉文与掉口语,并不是他们有温李的典故而不用,要说典故都应该归在典故的性质项下。他们缺少诗的感觉,他们有才气,所以他们的诗信笔直写,文从字顺,落到胡适之先生眼下乃认为同调,说他们做的是白话诗。真有诗的感觉如温李一派,温词并没有典故,李诗典故就是感觉的联串,他们都是自由表现其诗的感觉与理想,在六朝文章里已有这一派的根苗,这一派的根苗又将在白话新诗里自由生长,这件事情固然很有意义,却也是最平常不过的事,也正是“文艺复兴”,我们用不着大惊小怪了。我们在温庭筠的词里看着他表现一个立体的感觉,便可以注意诗体解放的关系,我们的白话新诗里头大约四度空间也可以装得下去,这便属于天下诗人的事情了。总之我以为重新考察中国已往的诗文学,是我们今日谈白话新诗最要紧的步骤,我们因此可以有根据,因此我们也无须张惶,在新诗的途径上只管抓着韵律的问题不放手,我以为正是张惶心理的表现。我们只是一句话,白话新诗是用散文的文字自由写诗。所谓散文的文字,便是说新诗里要是散文的句子。昨天有一位少年诗人拿了朱湘的一首四行诗给我看,他说他喜欢这首四行,我乃也仔细看了一遍,并且请他讲给我听,为什么他喜欢,我听了他的讲,觉得这四行的意境确是很好,只是要成功一个方块不缺一角的原故,有一句乃不是散文的句子。我把这首四行诗照原作标点引了来:

鱼肚白的暮睡在水洼里
在悠悠的草息中作着梦。
云是浅的树是深的朦胧
远处有灯火了红色的稀。

这首四行的第四行不是中国散文的句法,而中国旧诗乃确乎有这样的姿态。“红色的”是形容灯火,“稀”也是形容红色的灯火,同林黛玉所称赞的“大漠孤烟直”的“直”字,“长河落日圆”的“圆”字,不是处于一样的地位吗?只不过这里多了“远处有灯火了”的“有”字做动词。这样的新诗的文字我以为比旧诗文字还要是诗的。因此我更佩服古人会写文字,像温庭筠写这四句:“绣衫遮笑靥。烟草粘飞蝶。青琐对芳菲。玉关音信稀。”他描写了好几样的事情,读者读之而不觉。至于“惊塞雁,起城乌,画屏金鹧鸪”又是较容易看得出的藕断丝连的句子了。我们的白话新诗是要用我们自己的散文句子写。白话新诗不是图案要读者看的,是诗给读者读的。新诗能够使读者读之觉得好,然后普遍与个性二事俱全,才是白话新诗的成功。普遍与个性二事俱全,本来是一切文学的条件,白话新诗又何能独有优待条件。“散文的文字”这个范围其实很宽,三百篇也是散文的文字,北大《歌谣周刊》的歌谣也是散文的文字,甚至于六朝赋也是散文的文字,我们可以写一句“屋里衣香不如花”,只是不能写“帘卷西风,人比黄花瘦”。文字这件事情,化腐臭为神奇,是在乎豪杰之士。五七言诗,与长短句词,则皆不是白话新诗的文字,他们一律是旧诗的文字。

(选自《谈新诗》,人民文学出版社 1984 年版)

沈从文

沈从文(1902—1988),现代作家。原名沈岳焕,曾用笔名小兵、休芸芸、甲辰、上官碧、璇若等。湖南凤凰(今属湘西土家族自治州)人。1918年随本乡土著部队在沅水流域生活,后参军。1923年到北京学习写作,始用化名“沈从文”。1924年起发表作品。1929年在吴淞中国公学教写作。1930年在青岛大学任教。1934年在北京编《大公报》副刊《文艺》,次年编天津《大公报》文艺副刊。抗战后,随清华、北大、南开南下,在昆明西南联大教习作。抗战胜利后,任北京大学教授,并编《大公报》等文学副刊。解放后在中国历史博物馆工作,研究出土文物和中国丝绸,又在故宫博物院等单位兼职,研究工艺美术图案和物质文化史。1978年到中国社会科学院历史研究所任研究员,继续中国古代服饰及其他专题研究。

沈从文是一位国内外有影响的多产作家,已发表、出版《鸭子》、《蜜柑》、《好管闲事的人》、《好实人》、《湘西散记》、《边城》、《入伍后》等文学作品七十多种。另外多年从事写作教学,文艺批评方面著作有《论中国创作小说》、《论朱湘的诗》、《论焦菊隐的诗》等以及《中国古代服饰研究》、《唐宋铜镜》、《中国丝绸图案》、《龙凤艺术》等。

论中国创作小说

一

关于怎么样去认识新的创作小说,这像是一件必须明白的事。因为中国在目下,创作已经那么多了,在数量上,性质上,作成一种分类统计还没有人。一个读者,他的住处如是离上海或北平较远,愿意买一本书看,便感到一种困难。他不知道应当买什么书好。不一定是那些住在乡僻地方的年青人,即或在上海、北平、武昌、南京、广州这些较大地方的大学生或中学生,愿意在中国新书上花一点钱,结果还是不知道如何去选择他所欢喜的书。人不拘远近,能够把钱掏出给书店,所要的书全是碰运气而得到的。听谁说这书好,于是花钱买来。看到报纸上广告很大,于是花钱买来。从什么刊物上,见有受称赞的书,于是花钱买来。买书的目的,原为对中国新的创作怀了十分可感的好意,尤其是僻处内地的年青人,钱是那么难得,书价却又这么贵。但是,结果,每一个读者,差不多全是在气运中造成他对文学的感情好坏,在市侩广告中,以及一些类似广告的批评中造成他对文学的兴味与观念。经营出版事业的,全是在赚钱上巧于打算的人,一本书影响大小估价好坏,商人看来全在销行的意义上,这销行的道理,又全在一点有形的广告与无形的广告上,结果也就差不多完全在一种近于欺骗的情形下使一些人成名。这欺骗,在"市侩发财""作家成名"以外,同时也就使新的文学陷到绝路上去,许多人在成绩上不免感到一点悲观了。许多人在受骗以后,对创作,便用卑视代替了尊严。并且还有这样的一种事实,便是从民十六后,中国新文学由北平转到上海以后,一个不可免避的变迁,是在出版业中,为新出版物起了一种商业的竞卖。一切趣味的俯就,使中国新的文学,与为时稍前低级趣味的海派文学,有了许多混淆的机会,因此影响创作方向与创作态度非常之大。从这混淆的结果上看来,创作的精神,是逐渐堕落了的。

因这个不良的影响，不止是五年来的过去，使创作在国内年青的人感情方面受了损失，还有以后的趋势，也自然为这个影响所毒害，使新创作的作者与读者，皆转到恶化一时的流行趣味里去，实在是一种很不好的现象。如今我想说到的是几个目下的中国作家与其作品，供关心新文学的人作一种参考。我不在告你们买某一本书或不买某一本书。为年青人选书读，开书单，这件事或者可以说是作教员的一种责任，但不是这一篇文章的责任。这里我将说到的，是十年来有些什么作者，在他那个时代里，如何用他的作品与读者见面，他的作品有了什么影响，所代表的是一种什么倾向，在组织文字技术成就上，这作者的作品的得失如何，……我告你们是明白那些已经买来的书，值得如何用不同的态度去认识，去理解，去赏鉴，却不劝你们去买某一个人的作品或烧某一个人的书。买来的不必烧去，预备买的却可以小心一点，较从容的选择一下。因为我知道，还有年青朋友们，走到书店去，看看那一本书封面还不坏，题目又很动人，因此非常慷慨的把钱送给书店中小伙计手上。拿回去一看，才明白原来是一本不值得一看的旧书。因此在机会中，我还想顺便说到买书的方法，以及受骗以后的救济。

二

“创作”这个名词，受人尊敬与注意，由五四运动而来。创作小说受人贱视与忽视，现在反而较十年前的人还多。五四运动左右，思想“解放”与“改造”运动，因工具问题，国语文学运动随之而起。国语文学的提倡者，胡适之、陈独秀等，使用这新工具的机会，除了在论文外，是只能写一点诗的。《红楼梦》、《水浒》、《西游记》等书，被胡适之提出，给了一种新的价值，使年青人用一个新的趣味来认识这类书。同时译了一些短篇小说，写了许多有力的论文。另外是周作人、耿济之等的翻译，以及其他翻译，在文学的新定义上，给了一些帮助。几个在前面走一点的人，努力的结果，是使年青人对这运动的意义，有了下面的认识：

使文字由“古典的华丽”转为“平凡的亲切”是必须的。

使“眩奇艰深”变为“真实易解”是必须的。

使语言同文字成为一种东西，不再相去日远是必须的。

使文字方向不在“模仿”而在“说明”,使文字在“效率”而不在“合于法则”是必须的。

同时“文学为人生”这解释,动摇到当时一切对文学运动尽力的人的信仰,因此各人皆能勇敢的,孩气的,以天真的心,处置幼稚单纯的文字,写作“有所作为”的诗歌。对一切制度的怀疑,对习惯的抗议,莫不出之以最英雄的姿态。所以“文学是一种力,为对习惯制度推翻、建设或纠正的意义而产生存在”,这个最时行的口号,在当时是已经存在而且极其一致的。虽然幼稚,但却明朗健康,便是第一期文学努力所完成的高点。在诗上,在其他方向上,他们的努力,用十年后的标准说“中国第一期国语文学,是不值得一道,而当时的人生文学,不过一种绅士的人道主义观,这态度也十分软弱”那么指摘是不行的。我们若不疏忽时代,在另外那个时代里,可以说他们所有的努力,是较之目前以翻译创作为穿衣吃饭的作家们,还值得尊敬与感谢的。那个时代文学为“主张”而制作,却没有“行市”。那个最初期的运动,并不包括物质欲望在里面,而以一个热诚前进,这件事,到如今却不行了的。一万块钱或三千块钱,由一个商人手中,便可以定购一批恋爱的或其他的创作小说,且同时就俨然支配一种文学空气,这是一九二八年以来的中国的事情。较前一些日子里,那是没有这个便宜可占,也同时没有这个计划可行的。

并且应当明白,当时的“提倡”者却不是“制作”者,他们为我们文学应当走去的路上,画了一些图,作了一些说明,自己可并不“创作”。他们的诗可说是在一种天真心情试验上努力完成的,小说还没有试验的暇裕,所以第一期创作的成绩比诗还不如。

第一期小说创作同诗歌一样,若不能说是“吓人的单纯”,便应当说那是“非常朴素”。在文字方面,与在一个篇章中表示的欲望,所取的手段方面,都朴素简略,缺少修饰,显得匆促与草率。每一个作品,都不缺少一种欲望,就是用近于语言的文字,写出平凡的境界的悲剧或惨剧。用一个印象复述的方法,选一些自己习惯的句子,写一个不甚坚实的观念——人力车夫的苦,军人的横蛮,社会的脏污,农村的萧条,所要说到的问题太大,而所能说到的却太小了。中国旧小说又不适于模仿。从一本名为《雪夜》的小说上,看看一个青年作者,在当时如何创作,如何想把最大的问题,用最幼稚的文字,最简单的组织来处置,《雪夜》可以告我们的,是第一期创作,在“主张”上的失败,缺少的是些什么东西。《雪夜》作者江敬熙君，是目前国内治心理学最有成就的一个人，这作品，却是当时登载于《新潮》、《新青年》一类最有影响的刊物上面与读者见面的。这本书，告给我们的，正是那个时代，一个年青人守着当时的文学信仰，忠实诚恳的写成的一本书。这算不得是好作品，却是当时充满认真态度完成的一本作品。

在"人生文学"上，那试验有了小小阻碍，写作方向保持那种态度，似乎不能有多少意义。一面是创作的体裁与语言的方法，从日本小说得到了一种暗示，鲁迅的创作，却以稍稍不同的样子产生了。写《狂人日记》，分析病狂者的心理状态，以微带忧愁的中年人感情，刻画为历史所毒害的一切病的现象，在作品中，且注入些嘲讽气息。因为所写的故事，超越一切同时创作形式，文字又较之其他作品为完美，这作品，便成为当时十分动人的作品了。这作品的成功，使作者有兴味继续写下了《不周山》等篇，后来汇集为《呐喊》，单行印成一集。且从这一个创作集上，获得了无数读者的赞赏。其中在《晨报副刊》登载的一个短篇，以一个诙谐的趣味写成的《阿Q正传》，还引起了长久不绝的论争，在表现的成就上，得到空前的注意。当时还要"人生的文学"，所以鲁迅那种作品，便以"人生文学"的悲悯同情意义，得到盛誉。因在解放的挣扎中，年青人苦闷纠纷成一团，情欲与生活的意识，为最初的睁眼而眩昏苦恼，鲁迅的作品，混合的有一点颓废，一点冷嘲，一点幻想的美，同时又能应用较完全的文字，处置所有作品到一个较好的篇章里去，因此鲁迅的《呐喊》，成为读者所欢喜的一本书了。

还有一个情形，就是在当时"人生文学"能拘束作者的方向，却无从概括读者的兴味，作者许可有一个高尚尊严的企图，而读者却需要一个诙谐美丽的故事。一些作者都只注意自己"作品"，乃忘却了"读者"。鲁迅一来，写了《故乡》、《社戏》，给年青人展览一幅幅乡村的风景画在眼前，使各人皆从自己回想中去印证。又从《阿Q正传》上，显出一个大家熟习的中国人的姿态，用一种谐趣的稍稍夸张的刻画，写成了这个作品。作者在这个工作上恰恰给了一些读者一种精神的粮食，鲁迅因此成功了。作者注意到那故事谐谑的笔法，不甚与创作相宜，这作品虽得到无数的称赞，第二个集子《彷徨》，却没有那种写作的方法了。在《呐喊》上的《故乡》与《彷徨》上的《示众》一类作品，说明作者创作所达到的纯粹，是带着一点儿忧郁，用作风景画那种态度，长处在以准确鲜明的色,画出都市与农村的动静。作者的年龄,使之成为沉静,作者的生活各种因缘,却又使之焦躁不宁,作品中憎与爱相互混合,所非常厌恶的世事,乃同时显出非常爱着的固执,因此作品中感伤的气氛,并不比郁达夫为少。所不同的,郁达夫是以个人的失望而呼喊,鲁迅的悲哀,是看清楚了一切,辱骂一切,嘲笑一切,却同时仍然为一切所困窘,陷到无从自拔的沉闷里去了的。

在第一期创作上,以最诚实的态度,有所写作,且十年来犹能维持那种沉默努力的精神始终不变的,这是叶绍钧。写他所见到的一面,写他所感到的一面,永远以一个中等阶层知识分子的身份与气度,创作他的故事。在文字方面,明白动人,在组织方面,则毫不夸张。虽处处不忘却自己,却仍然使自己缩小到一角上去,一面是以平静的风格,写出所能写到的人物事情,叶绍钧的创作,在当时是较之其他若干作家作品为完整的。《膈膜》代表作者最初的倾向,在作品中充满淡淡的哀戚。作者虽不缺少那种为人生而来的忧郁寂寞,却能以作父亲态度,带着童心,写成了一部短篇童话。这童话名为《稻草人》。读《稻草人》,则可明白作者是在寂寞中怎样做梦,也可以说这是当时一个健康的心,以及所有的健康的人生态度。求美,求完全,这美与完全,却在一种天真的想象里建筑那希望,离去情欲,离去自私是那么远,那么远!在一九二二年后创造社浪漫文学势力暴长,"郁达夫式的悲哀"成为一个时髦的感觉后,叶绍钧的那种梦,便成一个嘲笑的意义而存在,被年青人所忘却了。然而从创作中取法,在平静美丽文字中,从事练习,正确的观察一切,健全的体会一切,细腻的润色,美的抒想,使一个故事在组织篇章中,具各样不可少的条件,叶绍钧的作品,是比一切作品还适宜于学习取法的。他的作品缺少一种眩目的惊人的光芒,却在每一篇作品上,赋予一种温暖的爱,以及一个完全无疵的故事型胎,故给读者的影响,将不是趣味,也不是感动,而是认识。认识一个创作应当在何种意义下成立。叶绍钧的作品,在过去,以至于现在,还是比其他人某些作品为好些。

在叶绍钧稍次一点时间里,冰心,王统照两人的作品,在《小说月报》以及其他刊物上发现了。

烦恼这个名词五四左右实支配到一切作者的心。每一个作者,皆似乎"应当"或者"必须"在作品上解释这物与心的纠纷,因此"了解人生之谜"这句到现今已不时髦的语言,在当时,却为一切诗人所引用。自然的现象,人事的现象，因一切缘觉而起爱憎与美恶，所谓诗人，便莫不在这不可究竟的意识上，用一种天真的态度，去强为注解，因此王统照、冰心这两人写诗，在当时被称为“哲理的诗”。在小小篇章中，说智慧聪明言语，冰心女士的小诗，因由于从太戈尔小诗一方面得到一种启示，所有的作品，曾经一时得到非常的成功。使诗人温柔与聪慧的心扩大，用着母性一般的温暖的爱，冰心女士在小诗外，又从事于创作小说，便写成了他的《超人》。这个小说集中各篇章，陆续发表于《小说月报》上时，作者所得的赞美，可以说是空前的。十年来在创作方面，给读者的喜悦，在各个作家的作品中，还是无一个人能超过冰心女士。以自己稚弱的心，在一切回忆上驰骋，写卑微人物，如何纯良具有优美的灵魂，描画梦中月光的美，以及姑娘儿女们生活中的从容，虽处处略带夸张，却因文字的美丽与亲切，冰心女士的作品，以一种奇迹的模样出现，生着翅膀，飞到各个青年男女的心上去，成为无数欢乐的恩物，冰心女士的名字，也成为无人不知的名字了。冰心女士的作品，在时代的兴味歧途上，到近来虽渐渐像已经为人忘却了，然而作者由作品所显出的人格典型，女性的优美灵魂，在其他女作家的作品中，除了《女人》作者凌叔华外，是不容易发现了的。

冰心女士所写的爱，乃离去情欲的爱，一种母性的怜悯，一种儿童的纯洁，在作者作品中，是一个道德的基本，一个和平的欲求。当作者在《超人》集子里描画到这个现象时，是怀着柔弱的忧愁的。但作者生活的谧静，使作者端庄，避开悲愤，成为十分温柔的调子了。

“解释人生”，用男子观念，在作品上，以男女关系为题材，写恋爱，在中国新的创作中，王统照是第一位。同样的在人生上看到纠纷，而照例这纠纷的悲剧，却是由于制度与习惯所形成，作者却在一种朦胧的观察里，作着否认一切那种诗人的梦。用繁丽的文字，写幻梦的心情，同时却结束在失望里，使文字美丽而人物黯淡，王统照的作品，是同他那诗一样，被人认为神秘的朦胧的。使语体文向富丽华美上努力，同时在文字中，不缺少新的倾向，这所谓“哲学的”象征的抒情，在王统照的《黄昏》《一叶》两个作品上，那好处实为同时其他作家所不及。

在文学研究会一系作者中，还有一个比较重要的作者，是以落华生用作笔名的许地山。在“技术组织的完全”与“所写及的风光情调的特殊”两点上，落华生的《缀网劳蛛》，是值得注意的。使创作的基本人物，在现实的情境里存在,行为与生活,叙述真实动人,这由鲁迅或郁达夫作品所显示出的长处,不是落华生长处。落华生的创作,同"人生"实境远离,却与"诗"非常接近。以幻想贯串作品于异国风物的调子中,爱情与宗教,颜色与声音,皆以与当时作家所不同的风度,融会到作品里。一种平静的,从容的,明媚的,聪颖的笔致,在散文方面,由于落华生作品所达到的高点,却是同时几个作者无从企望的高点。

与上列诸作者作品取不同方向,从微温的,细腻的,怀疑的,淡淡寂寞的憧憬里离开,以夸大的,英雄的,粗率的,无忌无畏的气势,为中国文学拓一新地,是创造社几个作者的作品。郭沫若,郁达夫,张资平,使创作无道德要求,为坦白自白,这几个作者,在作品方向上,影响较后的中国作者写作的兴味实在极大。同时,解放了读者兴味,也是这几个人。但三人中郭沫若,创作方面似不如其他两人。在作品中必不可少的文字组织与作品组织,皆为所要写到的"生活愤懑"所毁坏,每一个创作,多成立于生活片段上。为生活缺憾夸张的描画,却无从使自己影子离开,文字不乏热情,却缺少亲切的美。在作品对话上,在人物事件展开与缩小的构成上,缺少必需的节制与注意。想从作者的作品上,找寻一个完美的篇章,不是杂记,不是感想,是一篇有组织的故事,实一个奢侈的企图。郭沫若的成就,是以他那英雄的气度写诗,在诗中,融化旧的辞藻与新的名词,虽泥沙杂下,调子的强悍,才情的横溢,或者写美的抒情散文,却自有他较高成就。但创作小说,可以说实非所长。

张资平,在他第一个小说集《冲积期化石》这书上,在《上帝儿女们》及其他较短创作上,使当时读者发生了极大兴味。五四运动引起国内年青人心上的动摇,是两性问题。因这动摇所生出的苦闷,虽在诗那一方面,表现得比创作为多,然而由于作品提出那眩目处,加以综合的渲染,为人类行为——那年青人最关切的一点——而发生的问题,诗中却缺少能够满足年青人的作品。把恋爱问题,容纳到一个艺术组织里,落华生的作品,因为只注意到文章的完美,于两性的关系,对读者而言,却近于有意回避,失败了。冰心女士因环境与身份,更加矜持,缺少对于这一方面的反映。鲁迅因年龄关系,对恋爱也羞于下笔了。叶绍钧,写小家庭夫妇生活,却无感情的纠纷。王统照,实为第一期中国创作者中对男女事件最感兴味的一人,作品中的男女关系,由于作者文学意识所拘束,也努力使作品成为自己所要求的形式,给人的亲切趣味却不如给人惊讶迷惑为多。张资平,以"说故事的高手"那种态度,从日本人作品中得到体裁与布局的方便，写年青人亟于想明白而且永远不发生厌倦的恋爱错综关系，用平常易解的文字，使故事从容发展，其中加入一点明白易懂的讥讽，琐碎的叙述，乃不至于因此觉得过长。官能的挑逗，凑巧的遇合，平常心灵产生的平常悲剧，最要紧处还是那文字无个性，叙述的不厌繁冗。年青人，民十二左右的年青人切身的要求，是那么简单明白，向艺术的要求又那么不能苛刻，于是张资平的作品，给了年青人兴奋和满足，用作品揪着了年青人的感情，张资平的成就，也可说成为空前的成就。俨然为读者而有所制作，故事的内容，文字的幽默，给予读者以非常喜悦，张资平的作品，得到的"大众"，比鲁迅作品还多。然而使作品同海派文学混淆。使中国新芽初生的文学态度与倾向，皆由热诚的崇高的企望，转入低级的趣味的培养，影响到读者与作者，也便是这一个人。年青读者从张资平作品中，是容易得到一种官能抽象的满足，这本能的向下发泄的兴味，原是由于上海礼拜六派文学所酝酿成就的兴味，张资平加以修正，却以稍稍不同的意义给了广大年青人。成功中虽即见出堕落处，然而从商品意义而言，还是应该说得到成功的。

因为从张资平作品中感到爱悦的人，恰恰多是缺少在那事件上展其所长的脚色。这些年青男子，是"备员"却不是"现役"。恋爱这件事在他们方面，发生好奇的动摇，心情放荡，生活习惯却拘束到这实现的身体，无从活泼。这里便发生了矛盾，发生了争持。"情欲的自决"，"婚姻的自决"，这口号从五四喊起，已喊了好几年，不少年青人在这件事上却空怀"大志"，不能每人都可得到方便。张资平小说告给年青人的只是"故事"，故事是不能完全代替另外一个欲望的，于是，郁达夫，以衰弱的病态的情感，怀着卑小的可怜的神情，写成了他的《沉沦》。这一来，却写出了所有年青人为那故事而眩目的忧郁了。

生活的卑微，在这卑微生活里所发生的感触，欲望上进取，失败后的追悔，由一个年青独身男子用一种坦白的自暴方法，陈述于读者，郁达夫，这个名字在《创造周报》上出现，不久以后，成为一切年青人最熟习的名字了。人人都觉得郁达夫是个值得同情的人，是个朋友，因为人人皆可从他作品中发现自己的模样。郁达夫在他作品中，提出的是当前一个重要问题。"名誉、金钱、女人取联盟样子，攻击我这零落孤独的人……"这一句话把年青人心说软了。在作者的作品上，年青人，在渺小的平凡生活里，用憔悴的眼看四方，再看看自己，有眼泪的都不能悭吝他的眼泪了。这是作者一人的悲哀么？不，这不是作者,却是读者。多数的读者诚实的心,是为这个而鼓动的。多数的读者,由郁达夫作品,认识了自己的脸色与环境。作者一支富有才情的笔,却使每一个作品,在组织上即或有所忽略,也仍然非常动人。一个子女可以嘲笑冰心,因为冰心缺少气概显示自己另一面生活,不如稍后一时淦女士对于自白的勇敢。但一个男子,一个端重的对生存不儿戏的男子,他却不能嘲笑郁达夫。放肆的无所忌惮的为生活有所喊叫,到现在却成了一个可嘲笑的愚行。因为时代带走了一切陈腐,展览苦闷由个人转为群众,但十年来新的成就,是还无人能及郁达夫的。说明自己,分析自己,刻画自己,作品所提出的一点纠纷,正是国内大多数青年心中所感到的纠纷。郁达夫,因为新的生活使他沉默了。然而作品提出的问题,说到的苦闷,却依然存在于中国多数年青人生活里,一时不会抹去。

感伤的气氛,使作者在自己作品上,写放荡无节制的颓废,作为苦闷的解决。关于这一点,暗示到读者,给年青人在生活方面、生活态度有大影响,这影响,便是"同情"《沉沦》上人物的"悲哀",同时也"同意"《沉沦》上人物的"任性"。这便是作者作品自然产生的结果。作者所长是那种自白的诚恳,虽不免夸张,却毫不矜持。又能处置文字,运用词藻,在作品上那种神经质的人格,混合美恶,糅杂爱憎,不完全处,缺憾处,乃反而正是给人十分同情处。郭沫若用英雄夸大样子,有时使人发笑,在郁达夫作品上,用小人物的卑微神气出现,却使人忧郁起来了。鲁迅使人忧郁,是客观的写中国小都市的一切;郁达夫只会写他本身,但那却是我们青年人自己。中国农村是在逐渐情形中崩溃了,毁灭了,为长期的混战,为土匪骚扰,为新的物质所侵入,可赞美的或可憎恶的,皆在渐渐失去原来的型范。鲁迅的小说终于搁了笔。但年青人心灵的悲剧,却依然存在,长期在沉默里存在。郁达夫,却以另一意义而沉默了的。

三

让我们搁下上面提到的这几个人,因为另外还有的是值得记忆的作者。汪敬熙、王统照、落华生几个人,在创作上留下的意义,是正如前一期新诗作者俞平伯等一样的意义,作品成为"历史的"了。鲁迅、郁达夫、冰心、郭沫若,在时代转易中,我们慢慢的也疏忽了。张资平,在那巨量的产额下,在那常常近于“孪生”的作品里，给人仍然是那种庸俗趣味，读者用“无聊”、“千篇一律”嘲弄答谢作者，是十分自然的结果。他的作品继续了新海派的作风，同上海几个登载图画摄影的通俗杂志可以相提并论。叶绍钧因为矜持，作风拘束到自己的习惯里，虽还继续创作，但给人的感动，却无从超越先一时期所得的成功了。

这个时代是说到民国十五六年为止的。

民国十四年以后，在国内创作者中为人逐渐熟习的名字，有下面几个人。许钦文、冯文炳、王鲁彦、蹇先艾、黎锦明、胡也频。各人文字风格均有所不同，然而贯以当时的趣味，却使每个作者皆自然而然写了许多创作，同鲁迅的讽刺作品取同一来源。绅士阶级的滑稽，年青男女的浅浮，农村的愚暗，新旧时代接替的纠纷，凡属作家凝眸着手，总不外乎上述各点。同时因文字方面所受影响，北方文学运动所提示的简明体裁，又统一了各个作者，故所谓个性，乃仅能在作品风格上微有不同。“人生文学”一名词，虽已无从概括作者，然而作品所显示的一面，是无从使一个作者独自有所成就的。其中因思想转变使其作品到一种新的环境里去，其作品能不为时代习气所限，后来只一胡也频。但这转换是民十八后的事，去当时写作已四年了。

从上述各作者作品作一系统检阅，便可明白放弃辞藻的文学主张，到民十三年后，由于各个新作家的努力，限度已如何展开，然而同时又因这主张，如何拘束了各个作品。创造社的兴起，在另一意义上，也可说作了一种新的试验，在新的语体文中容纳了旧的辞藻，创造社诸人在文体一方面，是从试验而得到了意外好影响的。这试验一由于作者以故事为核心一支笔可以在较方便情形下处置文字，一由于读者易于领会，在当时，说及创造社的，莫不以“有感情”盛道创造社同人的成功，这成就，首先是文字一方面的解放较之在思想方面多一些。

用有感情的文字，写当时人懵懂的所谓两性问题，由于作者的女性身份，使作品活泼于一切读者印象中，民国十五年左右就有了淦女士。一面是作者所写到的一种事情，给了年青读者的兴奋，一面是作者处置文字的手段，较之庐隐直接，以《隔绝之后》命题，登载于《创造季刊》上时，淦女士所得到的盛誉，超越了冰心，惹人注意与讨论，一时间似较之郁达夫、鲁迅作品，还都更宽泛而长久。

用有诗气息的文字，虽这文字所酝酿的气息十分旧，然而说到的事情却似十分新，淦女士作品，在精神的雄强泼辣上，给了读者极大惊讶与欢喜。年青人在冰心方面，正因为除了母性的温柔，得不到什么东西，淦女士作品，却暴露了自己生活最眩目的一面。这是一个传奇，一个异闻，是的，毫无可疑的，这是当时的年青人所要的作品。一个异闻，淦女士作品是在这意义下被社会认识而加以欢迎的。文字不如冰心的华美，缺少冰心的亲切，但她说到的是真正自己。她具有展览自己的勇敢，她告给人是自己在如何解放自己的故事，她同时是一个女人，为了对于“爱”这名词有所说明，在一九二六年前，女作家中还没有这种作品。在男子作品中，能肆无忌惮的写到一切，也还没有。因此淦女士作品，以崭新的趣味，兴奋了一时代的年青人。《卷葹》这本书，容纳了作者初期几个作品，到后还写有《劫灰》及其他，笔名改为沅君。

淦女士的作品，是感动过许多人的。但时代稍过，作品同本人生活一分离，淦女士的作品，却以非常冷淡的情形存在，渐渐寂寞下去了。因作者的作品价值，若同本人生活分离，则在作者作品里，全个组织与文字技巧，便已毫无惊人的发现。把作者的作品当一个艺术作品来鉴赏，淦女士适宜于同庐隐一起，时至今日，她的读者应当是那些对于旧诗还有兴味的人来注意的。《超人》在时代各样趣味下，还是一本适宜于女学生阅读的创作，《卷葹》能给当时的年青人感动，却不能如《超人》长久给人感动，《卷葹》文字的美丽飘逸处，能欣赏而不足取法。

在第二时期上，女作家中，有一个使人不容易忘却的名字，有两本使人无从忘却的书，是叔华女士的《花之寺》同《女人》。把创作在一个艺术的作品上去努力写作，忽略了世俗对女子作品所要求的标准，忽略了社会的趣味，以明慧的笔，去在自己所见及一个世界里，发现一切，温柔的也是诚恳的写到那各样人物姿态，叔华的作品，在女作家中别走出了一条新路。“悲剧”这个名词，在中国十年来新创作各作品上，是那么成立了非常可笑的定义，庐隐的作品，淦女士的作品，陈学昭的作品，全是在所谓“悲剧”的描绘下而使人倾心拜倒的。表现自己的生活，或写一片人生，饿了饭暂时的失业，穿肮脏旧衣为人不理会，家庭不容许恋爱把她关锁在一个房子里，死了一个儿子，杀了几个头，写出这些事物的外表，用一些诱人的热情夸张句子，这便是悲剧。使习见的事，习见的人，无时无地不发生的纠纷，凝静的观察，平淡的写去，显示人物“心灵的悲剧”，或“心灵的战争”，在中国女作家中，叔华却写了另外一种创作。作品中没有眼泪，也没有血，也没有失业或饥饿，这些表面的人生，作者因生活不同，与之离远了。作者在自己所生活的一个平静世界里，看到的悲剧，是人生的琐碎的纠葛，是平凡现象中的动静，这悲剧不喊叫，不吟呻，却只是“沉默”。在《花之寺》一集里，除《酒后》一篇带着轻快的温柔调子外，人物多是在反省里沉默的。作者的描画，疏忽到通俗的所谓“美”，却从稍稍近于朴素的文字里，保持到静谧，毫不夸张的使角色出场，使故事从容的走到所要走到的高点去。每一个故事，在组织方面，皆有缜密的注意，每一篇作品，皆在合理的情形中发展与结束。在所写及的人事上，作者的笔却不为故事中卑微人事失去明快，总能保持一个作家的平静，淡淡的讽刺里，却常常有一个悲悯的微笑影子存在。时代这东西，影响一切中国作者，在他们作品中，从不缺少“病的焦躁”，十年来年青作者作品的成就，也似乎全在说明到这“心上的不安”，然而写出的却缺少一种暇裕，即在作家中如叶绍钧《城中》一集，作者的焦躁便十分显明的。叔华女士的作品，不为狭义的“时代”产生，为自己的艺术却给中国写了两本好书。称之为“闺秀”派，所以还恰当。

但作者也有与叶绍钧同一凝固在自己所熟习的世界里，无从“向更广泛的人生多所体念”，无从使作品在“生活范围以外冒险”的情形。小孩，绅士阶级的家庭，中等人家姑娘的梦，绅士们的故事，为作者所发生兴味的一面。因不轻于着笔到各样世界里，谨慎认真处，反而略见拘束了。作者是应当使这拘束得到解放机会，作品涉及其他各方面，即在失败里也不气馁，则将来，更能写出无数好故事的。作者所写到的一面，只是世界极窄的一面，所用的手法又多是“描写”而不是“分析”，文字因谨慎而略显滞呆，缺少飘逸，故年青读者却常欢喜庐隐与沅君，而没有十分注意叔华，也是自然的事。

四

还有几本书同几个作者，应归并在这时代里去的，是杨振声先生的《玉君》同川岛的《月夜》，章衣萍的《情书一束》。

《月夜》在小品散文中有诗的美质。《情书一束》则刻画儿女情怀，微带一点儿放荡，一点儿谐趣。《情书一束》得到的毁誉，由于书店商人的技巧，与作者在作品以外的另一类作品，比《沉沦》或《呐喊》都多，然而也同样比这两本书容易为人忘却。因为由于作者清丽的笔，写到儿女事情，不庄重处给人以趣味，这趣味，在上海《幻洲》一类刊物发达后，《情书一束》的读者，便把方向挪到新的事物上去了。

《玉君》在出世后，是得到国内刊物极多好评的。作者在故事组织方面，梦境的反复，使作品的秩序稍感紊乱，但描写乡村动静，声音与颜色，作者的文字，优美动人处，实为当时长篇新作品所不及。且中国先一期中篇小说，张资平《冲积期化石》，头绪既极乱，王统照《黄昏》，也缺少整个的组织的美，《玉君》在这两个作品以后问世，却用一个新的方法写一个传奇，文字艺术又不坏，故这本书不单是在过去给人以较深印象，在目下，也仍然是一本可读的书。因作者创作态度，在使作品"成为一个作品"，却不在使作品"成为一个时髦作品"，故在这作品的各方面，不作趋时的讽刺，不作悲苦的自白，皆不缺少一个典型的法则。小小缺憾处，作者没有在第二个作品里有所修正，因为这作品，如《月夜》、《雪夜》一样，作者皆在另一生活上，抛弃了创作的兴味，在自己这作品上，也似乎比读者还容把它先已忘却了。

这时还有几个作者几种作品，因为他们的工作，在另外一件事上有了更多更好的贡献，因此我们皆疏忽了的，是郑振铎先生的《家庭故事》，赵景深先生的《烧饼》，徐霞村先生的《古国的人们》。

又有几个作家的作品，为了别一种原因，使我们对于他的名字同作品都疏远了一点，然而那些作品在当时却全是一些刊物读者最好的粮食的。在北方，还有闻国新、蹇先艾、焦菊隐、于成泽、李健吾、罗皑岚等创作。在南方，则周全平、叶灵凤，由创造社的《创造》而《幻洲》《洪水》，各刊物上继续写作了不少文章，名字成为了南方读者所熟习的名字(其中最先为人注意的还有一个倪贻德)。还有彭家煌。在武昌，则有刘大杰、胡云翼。在湖南，则有罗黑芷。这些作者的作品，在同一时代，似乎比较冷落一点，既不同几个已经说到的作家可以相提并论，即与或先或后的作家如冯文炳、许钦文、黎锦明、王鲁彦、胡也频而言，也不如此数人使人注意。这里我们不能不承认"数量"、"文字个性"、"所据地位"几种关系，或成就了某一些作者，或妨碍了某一些作者，是一种看来十分希奇实在却很平常的事实。冯文炳是以他的文字"风格"自见的，用十分单纯而合乎"口语"的文字，写他所见及的农村儿女事情，一切人物出之以和爱，一切人物皆聪颖明事。作者熟悉他那个世界的人情，淡淡的描，细致的刻画，且由于文字所酝酿成就的特殊空气，很有人欢喜那种文章。许钦文能用仿佛速写的笔，擦擦的自然而便捷的画出那些市民阶层和乡村人物的轮廓，写出那些年青人在恋爱里的纠纷，与当时看杂感而感到喜悦的读者读书的耐心与趣味极相称。黎锦明承鲁迅方法，出之以粗糙的描写，尖刻的讥讽，夸张的刻画，文字的驳杂中却有一种豪放气派，这气派的独占，在他名为《雹》的一集中间，实很有些作品较之同时其他作家的作品更值得重视。鲁彦的《柚子》，抑郁的气氛遮没了每个作品，文字却有一种美，且在组织方面和造句方面，承受了北方文学运动者所提出的方向，干净而亲切，同时讥讽的悲悯的态度，又有与鲁迅相似处。当时正是《阿Q正传》支配到大部分人趣味的时节，故鲁彦风格也从那一路发展下去了。胡也频，以诗人清秀的笔转而作小说，由于生活一面的体念，使每一个故事皆在文字方面毫无微疵，在组织方面十分完美。其初期作品《圣徒》、《牧场上》可作代表，到后方向转变，作品中如《光明在前面》等作，则一个新的人格和意识，见出作者热诚与爱的取舍，由忧郁徘徊而为勇敢的向前，有超越同时同类一般作品的趋势。

但我们有时却无法分出名字比较冷落的作家和名字热闹的作家之间有什么十分悬殊的界域。在中国，初期的文坛情形，就混入了若干毫无关系的分子，直到如今还是免不了的。在创作中有为玩玩而写作的作家，也有因这类的玩玩而写作的人挡住前路，成为风气，占据刊物所有的篇幅，终于把虽不断写作无从表现的作家全压下去了。在较大刊物上把作品与读者见面的，照例所得读者注意较多。与书业中有关系的，照例他那作品常有极好的销数。欢喜自画自赞的，不缺少互相标榜兴味的，他们分上得到的好处，是一个低头在沉默中创作的作家所无分的。从小小的平凡的例子上看去，长虹，章衣萍，……这一类名字，莫不在装点渲染中比起任何名字似乎还能具吸引力一些，那理由，我们倘若不能从他们的作品中找寻得到时，是只有从另外一个意义下去领会的。有些作家用他的作品支持到他的地位，有些作家又正是用他的地位支持到作品：故如所传说，一个名作者常用一元千字把他人作品购为己有，稍加增改，就可以高价售出，这事当然并不希奇。因为在上述情形中,无数无名无势的新作者,出路是没有的,他们不要钱也无人愿意印行他们的著作。这习气因近年来经营新出版业者的加多,稍稍有些破除。然而凡是由于以事业、生活地位支持作品地位的,却并不因此有所动摇。文学趣味的方面,并不在乎读者而转移。读者永远无能力说需要什么,不需要什么,一切安排都在商人手中。

五

把上述诸作者,以及其中近于特殊的情形,作不愉快的叙述,可以暂且放下不用再提了。

从各方面加以仔细的检察,在一些作品中,包含孕育着的浮薄而不庄重的气息,实大可惊人。十年来中国的文学,在创作一方面,由于诙谐趣味的培养,所受的不良影响,是非常不好的。把讽刺的气息注入各样作品内,这是文学革命稍后一点普遍的现象,这现象到如今还依然存在,过去一时代文学作品,大多数看来,皆不缺少病的纤细,前面说到的理由,是我们所不能不注意的。

使作品皆病于纤巧,一个作品的动人,受读者欢迎,成为时髦的作品,全赖这一点。这是应当有人负责的。胡适之为《儒林外史》重新估价,鲁迅、周作人、西滢等人杂感,丁西林的戏,张资平的小说,以及莫泊桑、契诃夫作品的翻译,这些人的成绩,都使我们十分感谢,但这些作品无疑对于此后一般作品方面有极大的暗示。用这态度有所写作,照例可以避去强调的冲突,而能得到自得其乐的满足。用这态度有所写作,可以使人发笑,使人承认,使人同意。但同时另外指示到创作方面,“暗示”或“影响”到创作的态度,便成为不良的结果。我们看看年轻人的作品中,每一个作者的作品,总不缺少用一种谐趣的调子、不庄重的调子,每一个作者的作品,皆有一种近于把故事中人物嘲讽的权利,这权利的滥用,不知节制,无所顾忌,因此使作品深深受了影响,许多创作皆不成为创作,完全失去其正当的意义,文学由“人生严肃”转到“人生游戏”,所谓含泪微笑的作品,乃出之于不足语此的年轻作者,故结果留下一种极可非难的习气。(这习气延长下去,便成了所谓幽默趋势。)

说一句俏皮一点的话，作一个小丑的姿势，在文体方面，有意杂糅文言与口语使之混合，把作品同“诙谐”接近，许多创作，在把文学为有意识向社会作正面的抗议的情形里，转到把文学为向恶势力作旁敲侧击的行为，抓他一把，捏他一下，作者虽聪明智慧了许多，然而创作给人也只是一点趣味，毫无其他可企望的了。老舍先生前期作品，集中了这创作的谐趣意识，以夸诞的讽刺，写成了三个长篇，似乎同时也就结束了这趣味的继续存在。因为十六年后，小巧的杂感，精致的闲话，微妙的对白剧，千篇一律的讽刺小说，也使读者和作者有点厌倦了，于是时代便带走了这个游戏的闲情，代替而来了一些新的作家与新的作品。

这方向的转变，可注意的不是那几个以文学为旗帜的人物，虽然他们也写了许多东西。我想说到的，是那些仅以作品直接诉之于读者，不仰赖作品以外任何手段的作家，这一群作家中，有几个很可注意的人。

一、以民十五六年以来革命的时代为背景，写成了《动摇》、《追求》、《幻灭》三个有连续性的恋爱革命小说，是茅盾。

二、以一个进步阶级女子，在生活方面所加的分析，明快爽朗又复细腻委婉的写及心上所感到的纠纷，着眼于下层人物的生活，而能写出平常人所着眼不到处，写了《在黑暗中》的，是丁玲。

三、就是先前所说，集中了讽刺与诙谐用北京风物作背景，写《赵子曰》、《老张的哲学》、《二马》等作的是老舍。

在短篇方面，则施蛰存先生一本《上元灯》，值得保留到我们的记忆里。

把习气除去，把在创作中不庄重的措词与自得其乐沾沾自喜的神气消灭，同时也不依赖其他装点，只把创作当成一个企图，企图它成一个艺术作品，在沉默中努力，一意来写作，因此作品皆能以一种不同的风格产生而存在，上述各作者的成就，是我们在另一时候也不容易忘却。使《黄昏》、《玉君》等作品与茅盾《追求》并列，在故事发展上，在描写技巧上，皆见出后者超越前者处极多。大胆的以男子丈夫气分析自己，为病态神经质青年女人作动人的素描，为下层女人有所申诉，丁玲女士的作品，给人的趣味，给人的感动，把前一时几个女作家所有的爱好者兴味与方向皆扭转了。丁玲女士的作品给了读者们一些新的兴奋。反复酣畅的写出一切，带着一点儿忧郁，攫着了读者的感情，到目前，复因自己意识就着时代而前进，故尚无一个女作家有更超越的惊人的作品可以企及。

一时代风气,作家之一群,给了读者以忧郁,给了读者以愤怒,却并无一个作者的作品,可以使年青人心上的重压稍稍轻松。读《赵子曰》,读《老张的哲学》,却使我们感觉作者能在所写及的事物上发笑,而读者却因此也可以得到一个发笑机会,这成就已不算十分坏了。关于故都风物一切光景的反映,老舍长处是一般作者所不能及的,人物性格的描画,也极其逼真动人,使作品贯以一点儿放肆坦白的谐谑,老舍各作品,在风格和技术两方面都值得注意。

冯文炳,黎锦明,王鲁彦,许钦文等人作品,可以放在一起来谈的是各个作家的"讽刺气氛"。这气氛,因各人笔致风格而有小异,却并不完全失去其一致处。这种风气的形成,应上溯及前面所述及"诙谐趣味"的养成,始能明白其因缘。毫无可疑,各个作者在讽刺方面全是失败了的。读者这方面的嗜好,却并不能使各个作家的作品因之而纯粹。诚实的制作自己所要制作的故事,清明的睥睨一切,坦白的申述一切,为人生所烦恼,便使这烦恼诉之于读者,南方创造派所形成的风气实较北方语丝派为优。浮浅幼稚,尚可望因时代而前进,使之消灭,世故聪明,却使每个作者在写作之余,有泰然自得的样子,文学的健康性因此而毁了。民十六年革命小说兴起,一面是在对文学倾向有所提示,另一面也掊击到这种不良趣味,这企图,在创作方面,是不为无益的。虽当时大小杂感家以《论语》为残垒,有所保护,然而"白相的文学态度"随即也就因大势所趋而消灭了。几个短篇作者,在先一时所得到的优越地位,另有了代替的人,施蛰存、沉樱,是几个较熟习的名字。这些人是不会讽刺的。在把创作当一个创作的态度诚恳上而言,几人的成就,虽不一定较之另外数人为佳,然而把作品从琐碎的牢骚里拖出,不拘囿到积习里,作品却纯粹多了。《上元灯》笔致明秀,长于描绘,虽调子有时略感纤弱,却仍然可算为一本完美的作品。这作品与稍前一年两年的各作品较,则可知道以清丽的笔,写这世界行将消失或已消失的农村传奇,冯文炳、许钦文、施蛰存有何种相似又有何种不同处。

孙席珍写了《战场上》,关于战争还另外写了一些作品。然这类题材,对于作者并不适宜,因作者所体验的生活不多,文字技巧又不能补其所短,故读者无多大兴味。但关于战争,作暴露的抗议,作者以外还无另一人。

与施蛰存笔致有相似处，明朗细致，气派因生活与年龄拘束，无从展开，略嫌窄狭，然而能使每一个作品成为一个完美好作品，在组织文字方面皆十分注意，还有一个女作家沉樱。

（选自《沈从文文集》第 11 卷，三联书店
香港分店、花城出版社 1984 年版）

浦江清

浦江清(1904—1957),古典文学研究家。江苏松江人。1922年考入东南大学(南京大学前身)文理学院西洋文学系专攻文学。1926年毕业于东南大学外文系,后在清华大学研究院国学门任助教,做陈寅恪的助手。1929年转清华大学中文系任国文教员,兼任天津《大公报》文学副刊编辑。1930年任清华大学讲师。抗战后随迁往长沙临时大学,后到昆明在西南联合大学中文系任教授。1941年在上海暨南大学任教授。1942年返西南联大任教。1946年随清华大学迁回北京,在清华大学中文系教授《楚辞》、《历代诗选》。1948年代中文系主任。1952年后任北京大学中文系教授。

主要著作有《屈原》、《浦江清文录》等。

八仙考[①]

一

今之八仙(一)李铁拐(二)汉钟离(三)吕洞宾(四)张果老(五)曹国舅(六)韩湘子(七)蓝采和(八)何仙姑。其次序可以随便定的，因为不但得道的先后以及师承关系皆系传说，并且即在传说中亦不一致，如依元剧，则铁拐为洞宾所度，如依明兰江吴元泰的《八仙出处东游记》小说，那末李又为最先得道的人。此八仙甚为吾人所熟悉，见于绘画，瓷器，戏剧，小说，及传说。但他们的真实历史如何？以何因缘而会合？又会合当在何时？何以如此盛行流传于民俗，几夺一切神仙之席？古代的神仙，或古诗所咏，王子晋、安期生、羡门子之流似都被淘汰了。凡此皆不易解答的问题，情形极端复杂。他们的会合不很古，凡古一点的记载神仙的书，都没有提到这八仙。首先注意这八仙而写一篇文字的，据我所知道的是王世贞。他的《弇州山人四部续稿》卷一百七十一《题八仙像后》里说："是八公者，不佞能考其七而疑其一。"他注意在考此八人的来历，而"不知其会所由始"。在他同时，胡应麟《少室山房笔丛》卷四十《庄岳委谈》里对于这原始问题有一假定。他说："今世绘八仙为图，不知起自何代。盖由杜陵有《饮中八仙歌》，世俗不解何物语，遂以道家者流当之。要之起自元世王重阳教盛行，以钟离为正阳，洞宾为纯阳，何仙姑为纯阳弟子。夤缘附会，以成此目。"胡氏说起于元世，甚为精当。但关于缘起的说法不免疏漏。清赵翼《陔余丛考》卷三十四再考八仙，关于会合的时代及原因，亦只引胡氏言，不立新意。按胡说不妥。第一，八仙之目，不始杜甫，亦不始盛唐。道家者流先有八仙。第二，此八人除钟、吕外，

① 关于八仙的文字，所见有英国叶慈氏二文，前后见于《英国皇家亚细亚会学报》(P. Yetts, "The Eight Immortals", *Journal of Royal Asiatic Society*, 1916. More Notes on the Eight Immortals, Ibid.,1922)。赵景深氏：《八仙传说》《东方杂志》第三十卷第二十一号。作者皆已参考，并有所取材；敬此声明。

余与王重阳教亦无甚干涉。重阳之教,弘于丘处机,元代道教以全真教为盛,有五祖七真之说,列钟、吕于五祖之中。此因重阳自谓得道于钟、吕之故。然则所谓"夤缘"者亦在彼而不在此矣。

考八仙一名词,可追溯到东汉。牟融《理惑论》:"王乔、赤松、八仙之箓,神书百七十卷。"法国伯希和教授译注《理惑论》,首先注意这问题。[①]《理惑论》的真伪问题,学者不一其说。但最迟亦出六朝初。陈沈炯《林屋馆记》曰:"夫玄之又玄,处众妙之极,可乎不可,成道行之致。斯盖寂寥窅冥,希微恍忽。故非淮南八仙之图,赖乡九井之记。"[②]此皆在唐前。牟融论中所言"八仙之箓",八仙似泛指列仙。八仙之箓,即《列仙传》等类书。未必有固定之八仙名录,否则王乔、赤松之外,尚有六人为何?今本题刘向撰之《列仙传》始赤松,而王乔亦在其中,但所录多人,不止八。此八仙疑泛指列仙,而八为多义。六朝人以淮南八公为仙,且传八公本八老翁而谒淮南王化为八童子事,亦甚早。沈炯以用词藻关系,以"淮南八仙",对"赖乡九井"。英国叶慈教授考证即以此为最早第一组八仙,[③]亦是。细言之,则六朝及唐,淮南八公仍以称八公为普通,而仙则九仙比八仙多见。沈约诗:"眷言操三秀,徘徊望九仙。"又《善馆碑》云:"至道元妙,无迹可寻,寄言立称,已乖宗极。神宇灵房,于义非取,九仙缅邈,等级参差。"初唐王勃有《八仙径诗》,诗题八仙,而诗中又言九仙。要之八九皆多义,固不必定以某某八人实之,读陶渊明《圣贤群辅录》(此书一名《四八目》)所举高阳氏才子八人,高辛氏才子八人,皆有实名,甚难稽考;而伯夷既列八伯又入八师。以八聚人,儒道所同。古代有八才子、八师、八伯、八士,所以后汉有八俊、八及,三国有八达。汉六朝已有八仙一名词,所以盛唐有"饮中八仙"。既言饮中,则此外别有可知。苏轼《谢苏自之惠酒诗》云:"杜陵诗客尤可笑,罗列八子参群仙。"这是冤枉杜甫了。杜甫于贺、李诸公为后辈,他不能妄自尊大,忽加人以徽号。据李阳冰说,当时李白浪迹纵酒,以自昏秽,与贺知章、崔宗之等目为八仙之游。朝列赋谪仙人诗凡数百首,所以饮中八仙一名目非杜甫所创,而且杜甫诗中

---

① Pelliot, *Meou-Tseu ou les doutes levés* (T'oung Pao. Vol. XIX),注 363。

② 《艺文类聚》卷七十八,又《汉魏六朝百三名家集》。

③ *JRAS*, 1922, p. 402.

有苏晋而无裴周南。一说有裴周南而八仙之游在天宝初，苏晋早死了。要之，唐时候有八仙一空泛名词，李白等凑满八人，作八仙之游，而名录也有出入。八仙观念出于道家。或泛言，或指淮南八公，皆在唐前。王绩《游仙诗》："三山银作地，八洞玉为天。"后来有八洞神仙之说，八洞亦是泛数。汉武帝东巡海上，礼祠八神，见《汉书》《武帝纪》及《郊祀志》。八神一说是八方之神。此皆道家言，所谓八神或仙或八洞神仙，意思非常空泛。《通志》有《八仙图》，又有《八仙传》一卷，注唐江积撰；今书久佚，也不知是那一组的八仙了。此种空泛的八仙观念，见于名称的，除王勃的八仙径外，还有花草的名称亦为八仙者，有名的是聚八仙。宋徽宗有《题聚八仙倒挂儿画轴诗》，聚八仙绝似琼花，周密《齐东野语》说"扬州后土祠琼花天下无二本，绝类聚八仙"可证。

由此看来，在唐前后，八仙观念是道家的，而且非常空泛。随时随地可以八人实之。杜甫的《饮中八仙歌》是因为李白、贺知章等自谓八仙之游，所以歌咏了。而此组"酒八仙"的名录也有出入。叶慈氏除提到"酒八仙"外，更举"蜀八仙"。算来这一组更早一点。叶慈氏引谯秀《蜀纪》，注云：出《辞源》。谯秀晋人，有没有《蜀纪》待考。《辞源》文引谯秀《蜀纪》谓"蜀之八仙者，首容成公，隐于鸿濛，今青城山也。次李耳，生于蜀。三董仲舒，亦青城山隐士。四张道陵，今鹤鸣观。五庄君平，卜肆在成都。六李八百，龙门洞在新都。七范长生，在青城山。八尔朱先生，在雅州。好事者绘为图焉。"[①]观文字不似晋人。检《太平御览》等书亦不见征引，《辞源》出处不明。而此八人中尔朱先生当即尔朱洞，此人乃唐末人，见《东坡志林》等书，元赵道一《历世真仙体道通鉴》卷四十五[②]亦有传，云尔朱洞，字通微。此人确隐于蜀，但在唐昭宗时。王建围成都，他亦在城中。如此则谯秀何能述及？所以《辞源》此条全不足据。考郭若虚《图画见闻志》卷六《八仙真》条云：

道士张素卿，神仙人也。曾于青城山丈人观画五岳四渎真形并十二溪女数壁，笔迹遒健，神采欲活，见之心悚神悸，足不能进，实画之极

---

① 《辞源》，八仙条。

② 涵芬楼影印《道藏》本。

致者也。孟蜀后主数遣秘书少监黄筌令依样摹之,及下山终不相类。后因蜀主诞日,忽有人持素卿画八仙真形以献蜀主。蜀主观之,且叹曰:非神仙之能,无以写神仙之质。遂厚赐以遣。一日,命翰林学士欧阳炯次第赞之。复遣水部员外郎黄居宝八分题之。每观其画,叹其笔迹之纵逸;览其赞,赏其文词之高古;玩其书,爱其点画之雄壮。顾谓八仙,不让三绝。(原注云:八仙者李阿、容成、董仲舒、张道陵、严君平、李八百、长寿仙、葛永瑰。)

观此,方知好事者画为图,乃唐末时事。以郭氏所记较《辞源》所引谯秀文,则李耳为李阿之误,李阿蜀人,与李八百同出葛洪《神仙传》。李耳入此则不类。[①] 范长生此作长寿仙当是一人。尔朱先生无之,乃有葛永瑰。叶慈氏引赵翼《檐曝杂记》知"蜀八仙"的名录有出入,[②]而疑葛永瑰即葛仙翁(葛玄),甚近情,葛玄极有名,亦见葛洪的《神仙传》。但我读黄休复《益州名画录》,就知道不然。葛永瑰与葛玄还是两人。

再进一步看,郭若虚所记亦不全可信。《太平广记》卷二百十四有同样一条文章,[③]注出《野人闲话》,此当为郭氏所本,郭为熙宁间人。检《宣和画谱》卷二,[④]则张素卿所画非八仙真乃是十二真君像,安思谦因伪蜀主王氏诞辰献之。真君像也不如我们所想像画在一幅上,乃分画十二幅。后归入宋,宋徽宗时御府所藏张素卿画中有:

容成真人像一。董仲舒真人像一。

严君平真人像一。李阿真人像一。

马自然真人像一。葛元真人像一。

长寿仙真人像一。黄初平真人像一。

窦子明真人像一。左慈真人像一。

如此已有十人,决不止八。至于还有二幅则入宋已亡。但据黄休复《益

① H. Giles 引《太平广记》卷二百十四,李耳或李阿,有作"李己"者,"李己"亦讹。叶慈氏文 p. 405。

② 叶慈氏文 p. 405。

③ 即 Giles 氏所举。

④ 《学津讨源》本。

州名画录》[1]所载则知另外二真君或真人，一即葛永瑰，一为苏耽。黄氏所记最详，他称“十二仙君像”，张素卿画于简州开元观，蜀检校太傅安思谦好古博雅，唐时名画，人皆献之。而值蜀主诞辰，安氏以张素卿画十二仙真形十二帧进献。黄休复书成于景德三年，远在郭氏及《宣和画谱》前，且所载较详，比较可据。郭言“八仙图”是不对的，还是“十二真人像”。“十二真人像”唐阎立本也画过，似为道观所常用的。至于《宣和画谱》言献王氏，则不如郭书孟氏之得实。黄氏言甲寅岁十一月十一日进，《旧五代史》孟昶生日为十一月十四日，知预进图以祝也。花蕊夫人《宫词》“法云寺里中元节，又是官家降诞辰”，真成问题了。

张素卿画八仙真虽不可尽信，但对于我们是有帮助的。考近世八仙的起原以及会合的原因，当于绘画及戏剧上求之。绘画方面，中国绘画受佛教艺术的影响太大。唐五代画家皆画释道，而道本于释。六朝佛教为盛，唐则道佛争胜，北宋以后道胜于佛。道教排斥佛教，谓道是中国，佛乃外来。唐宋之际道教不但努力造经典，窃佛氏的规模，并且道观排场，亦已与佛寺相当。《十二真人图》的迫切需要因佛家有《十六罗汉图》之故。《三清图》及《五岳真形图》之起也与佛寺壁画有相联的关系。《神仙故实图》等乃是佛寺中“变相”的变相。后来的《八仙图》固然是俗画，但源于道家的《十二真人图》而间接亦出自《十六罗汉图》，减其人数之半，易印度神仙为中国神仙。《八仙过海图》，蓝本出于《渡水罗汉图》或《渡海天王像》。然则何以画钟、吕、蓝、韩等人呢？道家的十二真人也无一定名录。张素卿所画如此，因蜀人，故偏于蜀仙。但阎立本又不知如何？而《宣和画谱》载北宋李得柔画二十六：

大茅仙君像一。二茅仙君像一。

三茅仙君像一。钟离汉真人像一。

南华真人像一。韦善俊真人像一。

吕岩仙君像一。苏仙君像一。

栾仙君像一。陶仙君像一。

封仙君像一。寇仙君像一。

---

[1] 《王氏书画苑》本。

张仙君像一。谭仙君像一。

孙思邈真人像一。王子乔真人像一。

朱桃椎真人像一。浮邱公像一。

刘根真人像一。天师像一。

太上浩劫图一。冲虚至德真人像一。

写吴道元真人像四。

观此,知真人之数不必十二,犹罗汉之不必十六。而钟离汉及吕岩,亦已加入。一称真人,一称仙君,无甚关系,只是所题不同。因张素卿画据《宣和画谱》则"真人",黄休复书则"仙君"。而吕岩以下加苏、栾诸君,又适八人。如是虽称此八公为李得柔的八仙亦无不可。然则现在的八仙何以又忽加入蓝、韩等人,此因神仙也有时代性,苏、陶诸公慢慢被淘汰了,犹之张素卿画中的李阿、李八百被李得柔淘汰一样;而且前人已画的有,后来的艺术家也有无所措手之概。

后来的《八仙图》画钟、吕、蓝、韩、张、李、曹、何。此虽在近世,但他们单独的画本则渊源极古。钟、吕两仙像见于《宣和画谱》李得柔条。《秘殿珠林》卷二十①载清乾清宫内藏有宋刘松年画《拐仙图》一轴,宋李得柔画《蓝采和图》一轴,元人画《铁拐炼形图》一轴,元人画《张果像》一轴。至于韩湘像则查检未得,但《蓝关图》是普通的,《蓝关图》早时以文公为主,但亦必以韩湘为陪,而八仙画者画韩湘或即采《蓝关图》以为摹本。后世的八仙画者不过集合已熟见的仙君像而加以联络及组织而已。

但为什么要取此八人呢?王世贞《题八仙像后》云:

> 八仙者,钟离、李、吕、张、蓝、韩、曹、何也。不知其会所由始,亦不知其画所由始。余所睹仙迹及图史亦详矣,凡元以前无一笔,而我明如冷起敬、吴伟、杜堇稍有名者亦未尝及之。意或妄庸画工,合委卷丛俚之谈,以是八公者,老则张,少则蓝、韩,将则钟离,书生则吕,贵则曹,病则李,妇女则何,为各据一端作滑稽观耶!乃至尔者紫姑灵鬼,往往冒真人而上援此八公,以相蛊惑,尤可笑也。

① 有正书局石印本。

“滑稽观”三字足以解释一部分原因，实则集多人绘于一图，以各有其个性，同而不同，类而不类，并且使一见可以认识为最好。佛教壁画画许多菩萨或罗汉，亦以各各不同为贵，但有时候依旧不能辨认而需要注出名号。俄国科兹洛夫氏在黑城考古所发现的南宋板画《美人图》[①]合王昭君、绿珠、赵飞燕、班昭四个不同时代的美人于一画，但服饰类似，不见个性，使不注出姓名，谁能辨认？则八仙画虽云俗工，也有艺术上的价值。《十二真人图》的演变到此为止。钟、吕数人已是神仙的殿军了。佛教盛于六朝及唐，道教盛于宋，全真教起，道教已改变面目。神仙传说也不再盛。山水画盛，则仙佛一门亦已停止发展。因此更无别的真人图出来，这或者是钟、吕、蓝、韩等八仙所以固定而流传到现在的原因。

此八仙人时代虽参差不同，或唐或宋。但较之张素卿画八仙或十二仙君，时代已较整齐。南宋板画美人，四女子时代亦不同，且并无特别之点，必可集合，也是硬画在一图上。胡应麟言俗传《七贤过关图》七贤者，李白、张九龄、王维、郑虔、张说、李华、孟浩然。[②] 黄伯思《东观余论》记《唐人出游图》使宋之问与王维李白同游。凡此皆俗画。此八仙画，因是俗画之故，所以不见于绘画收藏家的目录，因此最早起于何时，竟难查考。王世贞是一绘画收藏家，据目击以言，“元以前无一笔”，大概是可靠的。明严嵩家里有元绣《八仙庆寿图》一轴，见《严氏书画记》。[③] 画录上所可见者，仅此耳。从绘画方面可考得的，这一组的八仙画始于元，而且是《庆寿图》。此类俗画用做祝寿用，则与张素卿的图在同一线索上。

从戏剧方面考来，则情形也是如此。八仙的装扮可以早到南宋。《梦粱录》卷二《诸库迎煮》条：

(上略)次以大鼓及乐官数辈，后以所呈样酒数担，次八仙道人，诸

---

① P. K. Ko. lov 所发见，今存苏联人种博物馆，日本那波利贞氏有考，贺昌群先生译登《河北省立女子师范学院期刊》第一期。

② 《少室山房笔丛》卷十八。

③ 见《图书集成》《艺术典》《画部汇考》十七所录《严氏书画记》。丛书本《钤山堂书画记》无之。

行社队。(下略)

此处所见八仙似与酒无甚关系,因只是新酒开市所举行的一个迎赛热闹,正如近世迎赛,亦屡用八仙装扮一般。观下连诸行社队可知。故不是杜甫诗中高雅的"酒八仙",因李白一组八仙并不为民俗所知。此处必系通俗的八仙,或即钟、吕诸公了,当然名录未必同于现在。因八仙剧也差不多同时产生的。元陶宗仪《辍耕录》卷二十五载院本名目有《瑶池会》一本,《八仙会》一本,《蟠桃会》一本。王静安氏《曲录》卷一以之入宋金杂剧院本部。胡应麟《少室山房笔丛》考八仙云:"今所见庆寿词尚是元人旧本。"陶录凌乱,无可稽考,要之此三本金元之际的古剧本今皆已不存。但明初周宪王去古未远,他编庆寿剧二本,一《群仙庆寿蟠桃会》,二《瑶池会八仙庆寿》。后者以八仙为主,前者则除八仙外,群仙中又有南极仙翁、嵩山仙子及毛女。毛女是很重要的,第四折毛女唱。《八仙庆寿》本中亦已有毛女。此毛女即后来剧本麻姑的前身。周宪王的剧本大概是依据元人的。我们借此可窥《辍耕录》所记三古本的内容。周宪王《诚斋杂剧》中《群仙庆寿蟠桃会》第四折毛女唱:

[水仙子]这个是吕洞宾手把太阿携。这个是蓝采和身穿绿道衣。这个是汉钟离头绾双埚髻。这个是曹国舅拿着笊篱。这个是韩湘子将造化能移。这个是白髭髯唐张果。这个是皂罗衫铁拐李。这个是徐神翁喜笑微微。

《瑶池会八仙庆寿》第四折吕洞宾唱:

[水仙子]汉钟离遥献紫琼钩。张果老高擎千岁韭。蓝采和漫舞长衫袖。捧寿面的是曹国舅。岳孔目这铁拐拄护得千秋,献牡丹的是韩湘子。进灵丹的是徐信守。贫道呵,满捧着玉液金瓯。

可注意者,即较今之八仙少何仙姑而多徐神翁或徐信守。考徐神翁北宋末

年海陵人,名守信,此作信守,非。元人杂剧涉及八仙者,赵景深先生已详论[①],今从略。赵考名录出入如下:

(一)马致远《吕洞宾三醉岳阳楼》

钟、吕、李、蓝、韩、曹、张、徐神翁。

(二)谷子敬《吕洞宾三度城南柳》

同上。(谷系明初人,此剧入《元曲选》,故附及。)

(三)岳伯川《吕洞宾度铁拐李岳》

钟、吕、李、蓝、韩、曹、张、张四郎。

(四)范子安《陈季卿误上竹叶舟》

钟、吕、李、蓝、韩、张、徐神翁、何仙姑。

观此,元代八仙通行的一组为钟、吕、李、蓝、韩、曹、张、徐,而何仙姑及张四郎则为偶见。明初尚复如此。周宪王乐府甚通俗,李空同《汴中绝句》云:"中山孺子倚新妆,郑女燕姬总擅场,齐唱宪王新乐府,金梁桥外月如霜。"想来明初八仙尚不同于今日。至嘉靖、万历年间则王世贞、胡应麟所见已皆有何而无徐。汤显祖《邯郸梦》本《枕中记》吕翁度卢生事,而加说因缘,以何仙姑有天门扫花之功,奉东华帝君旨证入仙班,因此启度卢生事。设想奇妙。与何姑加入之晚,事实亦合。此后徐神翁遂退去。《邯郸梦》及《东游记》出,八仙名录不大改易了。元剧中的八仙故事,多不见收于《东游记》,知作者并未寓目。王世贞考李铁拐引乩语,不提岳孔目,则未见岳伯川剧。胡应麟见元人《庆寿词》,故知有徐神翁,亦未提及他剧本。元美为《艺苑卮言》的作者,于曲不为不知,可见臧晋叔未刊《元曲选》以前,元剧传本确实很少。

杂剧十二科,首"神仙道化"。元剧中神仙戏极多。这现象是不是因为乱世而多消极思想,或者元代道教极盛,用以宣教?按诸实际,杂剧多半演于勾栏,或应官府良家的召唤,所谓"戾家把戏"者,思想,宣传,都谈不到,目的还是娱乐及庆贺。元人神仙道化戏本,都可用来祝寿的,不但《蟠桃会》《瑶池会》《八仙庆寿》诸本如此。周宪王《新编吕洞宾花月神仙会》[②]序言云:

---

① 《东方杂志》第三十卷,二十一号。

② 北京图书馆藏《诚斋新剧全集》本。

> 予观紫阳真人悟真篇内有上阳子陈致虚注解,引用吕洞宾度张珍奴成仙证道事迹。予以为长生久视,延年永寿之术,莫逾于神仙之道。制传奇一帙以为庆寿之词。抑扬歌颂于酒筵佳会之中,以佐樽欢,畅于宾主之怀。亦古人祝寿之义耳。

于此,我们可恍然于元代神仙戏之多,原来是有实际的应用的。而古人祝寿之义又可提醒我们张素卿画的故事。八仙戏和八仙画的应用是一致的。陈旧和抄袭既可厌,画工以改动部位及服御为推陈出新;而编戏本的能事为造新剧本。认真的人,对证古书,不认真的就乱造了。此所以此类八仙传说忽又增多而盛起来的原因。照历史研究,他们的传说应该止于两宋的。剧本的出新是迎合新需要的缘故。因之吕洞宾所度的人可以无穷。陈季卿所遇的是终南山翁。范子安未必不见《太平广记》而《竹叶舟》剧乐于改为吕洞宾的原因,一则吕为人熟知,二则可以借用末折八仙同场的热闹。传说的增多,其中有许多是自然的归并或"箭垛",也有许多是人为的假借,因可以用现成的排场。在戏剧里面,必定可以找到许多的例。赵景深先生所指出八仙剧的特点,末折必有全场,倘以祝寿的作用来说,则此折是《蟠桃会》的翻新及短缩,为祝寿戏的主要排场。

我说八仙的传说应该止于两宋的原因,是历史上看来应该如此。刘向《列仙传》里的神仙最古,他们的传说到刘向(姑且假定是他写的)写定时已止。葛洪的《神仙传》又出新人物,葛洪写时,他的神仙也已成过去。此后也不会增加传说了。唐以前的神仙异人,差不多都见于《太平广记》。八仙除张果、蓝采和二人外,余六人不见于《太平广记》,可知此六人的传说皆起于宋,精密一点是北宋初到南宋初。在这一个时期里,道教及神仙思想确是很盛。此八人不过许多传说神仙中间的八人。但在北宋,吕洞宾已占首席。八人在几方面被借重。王重阳教所要的是钟、吕,据全真教,钟、吕应与刘海蟾、王重阳为伍的。画工又要了李、蓝,因为别致。南宋民间要了徐神翁,他在北宋末,而较近于临安。戏剧及绘画互相推移形成此钟、吕、蓝、韩、李、张、曹、徐,或钟、吕、蓝、韩、李、张、曹、何。也是慢慢演变而成,并非一时固定。戏剧及绘画所以需要,皆为祝寿。南宋如迎赛已用八仙,则《庆寿》戏本已存在,否则装扮无可摹拟。绘画及戏剧所以用八人,因对称及掩映之故。《蟠桃会》及《八仙庆寿》的戏本如先存在,那末后来的神仙戏的题材不得不集中于钟、吕度脱的故事,否则是不能应用《蟠桃会》及《庆寿》的现成的热闹排场,而庆贺之意不尽。所以如陈季卿为吕洞宾所度的《竹叶舟》本也可以产生而得力。此故事的产生距他们在传说时代已远。但为编剧者所乐用,或即编剧者乱造的,所以然的原因是如借用《庆寿》本排场为末折则甚为便当。此所以唐宋八仙传说复盛于元明之故。

或者又有一个疑问。观元剧如《蓝采和》《城南柳》《铁拐李岳》多哭闹之事,是否适宜于庆贺?此点伶人不管,世俗的人也无所谓,到高雅的周宪王就不很舒服了。所以他要改订。《诚斋杂剧》《瑶池会八仙庆寿》本序云:"庆寿之词,于酒席中伶人多以神仙传奇为寿。然甚有不宜用者,如《韩湘子度韩退之》《吕洞宾岳阳楼》《蓝采和心猿意马》等本,其中未必言词尽皆善也。故予制《蟠桃会》《八仙庆寿》传奇,以为庆寿佐樽之设,亦古人祝寿之意耳。"[①]明初的周宪王同我们一般见解,有许多神仙剧是不适宜于祝寿的。但观此序,则元人用神仙传奇以应庆寿之需是毫无疑义了。《蟠桃会》等本,本来有的,观陶氏《辍耕录》即明白,诚斋杂剧大都依据元人排场;而此言新制,乃新制词。他在《蟠桃会》剧本序即说,他本来偶填南吕宫庆寿词一曲,后来值其初度之辰,续成传奇一部,付之歌喉。至于他这两本中所用的八仙,以及同场唱曲的情形,与金元本大概一样,而元人"度脱剧"中的末折同场唱曲,其排场必有一定规矩。戏剧因排场之故,不能不有保守性。此组八仙的组成,正值宋元戏剧产生之际,他们先在戏剧中占好地位,后世竟无以易之了。

庆寿戏不必用八仙,前引《蟠桃会》剧本有南极仙翁、嵩山仙子、毛女可证。但八仙不可少者,此关于脚色分配之关系。戏班脚色分生、旦、净、丑四种,而生可分为生、小生、外;旦可分为旦、贴、老旦。如此其数适得八。钟吕八人,个性各别,用之于绘画,则如元美所言,相映成趣;用之于戏剧,则可尽班中脚色,纳于同场,而分配平匀矣。或曰:旦有三,今八仙中仅一何姑为女子则如何?曰:今以贴扮何姑,正旦及老旦则择八仙中嗓音相似者扮之。通

① 吴梅《奢摩他室曲丛》第二集本。

常以旦扮韩湘,以老旦扮蓝老。赵瓯北《陔余丛考》《八仙》条云:“女仙二人蓝采和,何仙姑,”令人纳闷。下云:“是蓝采和乃男子也,今戏本硬差作女妆,尤可笑!”瓯北不知道戏,而据戏本以考,故笑世俗以蓝为女仙,实则世俗固未尝如此。戏中以旦脚扮男,此常有事,如《邯郸梦》《西牒》折(俗称《番儿》),打番儿汉系男子而以旦演唱是,观剧本必误会。

总括上文,此八仙的构成,有好多原因:(一)八仙空泛观念,本存在于道家。(二)唐时道观有十二真人图等,为画家所专工,此种神仙图像可移借为俗家祝寿之用,因此演变成此八仙图,至久后亦失去祝寿之意,但为俗家厅堂悬画。改为瓷器,则成摆设。其用意与“三星”同,祝主人吉祥长寿之意。(三)戏剧本起于宴乐,《蟠桃会》等本为应俗家寿宴之用的,神仙戏亦多用以祝寿。其中八仙排场最受欢迎,适合戏剧的组织。(四)此八人的会合,约略始于宋元之际。(五)此八人的会合并无理由,在绘画方面,犹之唐宋道家画《十二真人图》,南宋板画雕四美人,宋元俗画《七贤过关图》的随便的组合。戏剧方面,名录颇有出入,也从演变而渐渐固定的。从这样看来,八仙的组成与真正的道教的关系很浅。只有钟、吕两人有两重人格,一是神仙,二是教主。所以他们一边加入为民俗艺术所采用的神仙集团,一边被全真教推尊为祖师。然则全真教应该只尊钟、吕为祖师了,但后来又容纳另外数仙,而认为别派。此是晚起,显系化于民俗。以研究道教著名的日本小柳博士到北平白云观收辑史料,从他所得材料中,我们知道我们所谓八仙中另外有几个人也已加入祖师之列。《白云观志》[①]卷三载白云观迎宾梁至祥在民国丙寅年抄出的《诸真宗派总簿》《宗派源流目录》。今录有关于此八仙之祖师及其在名录中之次第如下:

第四　东华帝君　少阳派

第五　钟离帝君　正阳派

第六　纯阳帝君　纯阳派

第四四　纯阳祖师　天仙派

第四七　纯阳祖师　蓬莱派

第五十　果老祖师　云阳派

---

① 小柳司气太:《白云观志》。

第五一　铁拐祖师　云虚派

第五二　何仙姑祖师　云霞派

第五三　曹国舅祖师　金丹派

以上总论。至八人个人的事迹及传说，及传说中相互的关系详下分考中。详略以所见材料为分配；次序不拘。

二

蓝采和的事迹，最早见于沈汾的《续仙传》。《太平广记》卷二十二袭用其文，元赵道一《历世真仙体道通鉴》卷三十八亦同。今抄录沈氏原传[①]，以见其最古的史料。

> 蓝采和不知何许人也。常衣破蓝衫，六锜黑木腰带阔三寸余，一脚着靴，一脚跣行。夏则衫内加絮，冬则卧于雪中，气出如蒸。每行歌于城市乞索，持大拍板长三尺余。常醉踏歌，老少皆随看之。机捷谐谑，人问，应声答之，笑皆绝倒。似狂非狂。行则振靴；言曰："踏踏歌，蓝采和；世界能几何？红颜一春树[②]，流年一掷梭！古人混混去不返，今人纷纷来更多。朝骑鸾凤到碧落，暮见桑田生白波。长景明晖在空际，金银宫阙高嵯峨。"歌极多，率皆仙意，人莫之测。但将钱与之，以长绳穿，拖地行，或散失亦不回顾。或见贫人却与之；或与酒家。周游天下。人有为儿童时至及斑白见之，颜状如故。后踏歌濠梁间，于酒楼乘醉，有云鹤笙箫声，忽然轻举于云中，掷下靴衫腰带拍板冉冉而去。

沈氏南唐人。他自己说生而慕道，凡接高尚所说，积年之间，闻见皆铭于心。故作《续仙传》。《续仙传》是续刘向的《列仙传》及葛洪的《神仙传》的。所记的人物，大多是他同时，或比他稍前。看蓝传，他的文笔不错，有缥缈之致。其实如酒楼乘醉，忽然轻举，或者云鹤笙箫声之类，皆属套语，并非

---

① 涵芬楼影印《道藏》本。

② 春树本作椿树，依赵道一传改。

特为蓝公出色。蓝公的特点,在乎他的服装的别致,以及乞索的态度。再有,是唱一个“踏踏歌,蓝采和”的道曲。他似乎是一个同时乞索,同时散钱的玩世道人。宋元之际的画,就画了他那副行径。元遗山绝句《题蓝采和像》云:“长板高歌本不狂,儿曹自为百钱忙,几时逢着蓝衫老,同向春风舞一场。”可证金时画蓝仙像是如此的。这幅画何人所画,不得而知。考《图画见闻志》《宣和画谱》一类书,无有蓝采和像。《秘殿珠林》卷二十记清乾清宫藏有宋李得柔的素绢本《蓝采和图》一轴,并且上面有李得柔自己写的《蓝采和传》,款云:“紫虚大夫葆光殿校籍李得柔画传”。按李得柔的画见于《宣和画谱》者,二十有六。内中有钟、吕两仙像而无蓝仙。《宣和画谱》记载李得柔为凝神殿校籍,与此葆光殿又异。但也不能据此断定清宫这幅画不可靠,因《宣和画谱》所载也非李氏画的全录。至于现在的八仙画,则去古已远,蓝公的个性不见,以姓蓝故有时持一花篮而大拍板也已借与张果了。

蓝采和是否姓蓝?元遗山诗:“自惊白髩先潘岳,人笑蓝衫似采和。”他以采和为名,而以“蓝衫”对“白髩”,不以为姓。此唱道曲索钱的人,既穿蓝衫,又自呼其名,好像惟恐人家不知道似的,怎能算一个隐姓埋名得道的人呢?故蓝采和决非其人之真姓名。或并无其人,只有一踏歌如前所引;因此歌而造此神仙传说。“蓝采和”三字有音而无义,大概如汉乐府“妃呼豨”之类,后人不解,以人实之。龙衮《江南野史》[①]记陈陶得仙事云:

> 开宝中,常见一叟角发被褐,与一炼师,舁药入城,鬻之获赀,则市鲊就炉。二人对饮且啖,旁若无人。既醉且舞,歌曰:“篮采禾,尘世纷纷事更多,争如卖药沽酒饮,归去深崖拍手歌。”时人见其纵逸,姿貌非常,每饮酒食鲊,疑为陶之夫妇焉。竟不知所终,或云得仙矣。

马令《南唐书》《陈陶传》略同,但改炼师为老媪,则与下夫妇合。歌之开始作“蓝采禾,蓝采禾”,重一句。陆游《南唐书》同马氏,而改为“蓝采和,蓝采和”。要之,“蓝采和”“篮采禾”“蓝采禾”,都是踏歌的泛声有音无义;倘寻意义,则“篮采禾”还保留乡土味道。

---

① 《豫章丛书》本。

大概唐末乱离，人民转徙无常。南唐开国，稍见太平。异乡之人，混入街市，踏歌乞索。奇装异服，非江南人所见。歌音亦不甚清楚，但听见“篮采禾，篮采禾”遂以钱与之。好事者目为神仙，文人足成乐府。所以沈汾歌词，与龙衮又不同。陈陶长安名士，也因唐末乱离到南唐。不过他是想见用的，因不见用，隐居南昌，好道炼丹。龙衮写其仙去，用此故事及道曲。马令、陆游不信其为仙，采野史到“疑为陶之夫妇焉”止，而亦载此曲，殊无谓焉。

明来集之《秋风三叠》中《蓝采和》剧即以蓝采和为陈陶，必据龙、马、陆诸书，以歌属陈陶。不知此踏歌，与陈陶诗也不类。而以蓝采和为陈陶有两点不可能。一、他在南唐，方高自位置，拟作王者师，安能狂放落魄一无顾忌如此？二、沈汾所谓“凡接高尚所说”，“高尚”即陈陶辈。他的《贺自真传》就是听陈陶说而装点成的。如果蓝采和即陈陶，怎么说“不知何许人也”？

元曲有《汉钟离度脱蓝采和》剧，说蓝采和是一个伶人，乐名蓝采和，真姓名是许坚。[①] 许坚也是南唐隐士。此人比陈陶更怪。马令《南唐书》有传，说他形陋而怪，“自负布囊常括不解。每沐浴不脱衣就浴涧，出而叹之。或问其故，则言天象昭布，虽白昼亦常参列，人自昧之尔！其可裸裎乎！”《永乐大典》辑本郑文宝《江南余载》云：

> 许坚往来句曲、庐阜之间，草装布囊，或卧于野，或和衣浴涧中，萧然不接人事，独笑独吟而已。其诗有云：“只应天上路，不为下方开，道既学不得，仙从何处来？”又《题简寂观》云：“常恨真风千载隐，洞天还得恣游遨。松楸古迹一坛静，鸾鹤不来青汉高。茅氏井寒丹亦化，元宗碑断梦曾劳。分明有个长生路，不向红尘白二毛。”坚诗颇多，其语意皆类此。景德中无疾卒于金陵。岁余，忽于洪州谒见兵部员外郎陈靖，靖至建康言之。王化基发其墓，已尸解去。

其诗其人都可传。倘以许坚当蓝仙，则诚为韵事。但也有不合的地方。此言许坚景德中卒，此时南唐亡已二十余年。沈汾成书于南唐时，安能记其飞升？此蓝衫老到底不可知，或以为许坚，或以为陈陶，择南唐知名的隐士以

① 江宁图书馆影印《元明杂剧》本。《元明杂剧》即陈与郊《古名家杂剧》残本误题的。

附会耳。

赵翼《陔余丛考》以世传蓝为女仙,致讹之由,上文已指出。八仙画中张果的拍板,及韩湘的笛子,似皆分自此公,因为在元代,以为他是伶工。

三

何仙姑之于八仙在元代尚在游离状态中,到明嘉靖方始确定加入,已如前述。汤若士《邯郸梦》用以说吕洞宾度卢生的缘起。此剧开始即言东华帝君敕命修一座蓬莱山门,门外蟠桃一株,三百年其花才放,时有浩劫刚风,等闲吹落花片,塞碍天门。先是,吕岩度得何仙姑在天门扫花,后奉东华帝旨,何姑证入仙班。因此吕岩下世往赤县神州再度一人,供扫花之役。此关目,当系临川得意之笔。《扫花》出《赏花时》二支,音词俱佳,至今度曲者犹乐唱之。

写何姑以《邯郸梦》为最。反顾《东游记》则一无描写,局促枯窘之至。《东游记》同于王世贞《列仙全传》。《列仙全传》本元赵道一《历世真仙体道通鉴后集》所记。今引赵氏:①

> 何仙姑广州增城县何泰之女也。唐天后时住云母溪,年十四五,一夕梦神之教食云母粉,可得轻身不死。因饵之,誓不嫁。常往来山顶,其行如飞,每朝去,暮持山果归遗其母。后遂辟谷,语言异常。天后遣使召赴阙,中路失之。广州会仙观记云,何仙姑居此食云母。唐中宗景龙中白日升仙。至玄宗天宝九载□虚观会乡人斋,有五色云起于麻姑坛,众皆见之。有仙于缥缈而出,道士蔡天一识其为何仙姑也。代宗大历中又现身于小石楼,广州刺史高晕具上其事于朝。

赵道一记何仙姑如此。此唐景龙中之何仙姑,广州会仙观记即有其人,远在吕洞宾前。北宋时另有一何仙姑,见魏泰《东轩笔录》卷十四:

① 涵芬楼影印《道藏》本。

永州有何氏女，幼遇异人，与桃食之，遂不饥无漏。自是能逆知人祸福，乡人神之，为构楼以居。世谓之何仙姑。士大夫之好奇者多谒之，以问休咎。

此乃庆历年间的人。滕子京谪守巴陵郡遇见回道士，据说回道士就是吕洞宾。而何仙姑是知道吕洞宾的行止的。《东轩笔录》卷十：

潭州人士夏钧，罢官，过永州谒何仙姑而问曰：世人多言吕先生，今安在？何笑曰：今日在潭州兴化寺设斋。钧专记之。到潭日，首于兴化寺取斋历视之。其日果有华州回客设供。顷年滕宗亮谪守巴陵郡，有华州回道士上谒，风骨耸秀，神脸清迈。滕知其异人，口占一诗赠之曰："华州回道士，来到岳山城。别我游何处？秋空一剑横"！回闻之，抚然大笑而别，莫知所之。

何仙姑言休咎在永州，颇似巫风的遗留。相传狄青征侬智高时，也曾向她处问卜。曾达臣《独醒杂志》卷四：

何仙姑永州民女子也。因放牧野中，遇人啖以枣，因遂绝粒，而能前知人事。独居一阁，往来士大夫率致敬焉。狄武襄征南侬，出永州，以兵事问之。对曰："公必不见贼，贼败且走。"初亦未之信。武襄至邕境之归仁铺，先锋与贼战大败。智高遁走入大理国。其言有证类如此。阁中有遗像，尝往观之。

曾达臣说其言有证类如此。曾氏南宋初人。他对于北宋皇祐年间事已模糊。狄青征侬智高非但遇贼，而且大战。归仁铺之役，先锋孙节战死。时贼气锐甚，狄公的将士皆失色。公执白旗，麾骑兵纵左右翼，出贼不意，大败之；追奔五十里，断首数千级。皆见正史。今何仙姑所言休咎，仅见此条，而误谬如此。狄青之事，亦言者过神其说耳。杨万里序《独醒杂志》云"以予所见闻者，无不信，知予所不知者，无不信也"，实为过誉。北宋士大夫信奉何仙姑，闹一嫌疑案，亦见《东轩笔录》卷十四：

王达为湖北运使,巡至永州,召于舟中。留数日。是时魏绾知潭州,与达不叶。因奏达在永州取无夫妇人阿何于舟中止宿。(中略)以此罢去。

此亦好奇之过矣。

当时盛传何仙姑的神知尚有雷部中鬼行火事。宋真宗大中祥符年间,岳州华容县玉真宫为天火所焚,唯留一柱,柱上有倒书"谢仙火"三字。好事者模于石而刻之。庆历中人以问何仙姑,何云,谢仙者雷部中鬼,夫妇皆长三尺,其色如玉,掌行火于世。闻之者检《道藏》果得谢仙,主行火。遂益神信。"谢仙火"三字欧阳修收在《集古录》里,欧公记何仙姑衡州女子,亦不信其为神仙。《跋谢仙火》云:"近见衡州奏云,仙姑死矣,都无神异。客有自衡来者云,仙姑晚年羸瘦,面皮皱黑,第一衰媪也"。此"谢仙火"的解释,见于刘攽《中山诗话》:"有熟于江湖间事者曰,南方贾人各以火自名,一火犹一部也。此贾名仙,刻木记己物耳。"但刘氏又说;"是亦不可知也。"足见何姑传说太盛,士大夫疑信参半。

从历史上看,何仙姑一类人并不少见。郑文宝《江南余载》记南唐李后主末年洪州有妇人万氏,善言祸福,远近谓之万仙。童江正谓时人曰:"此所谓国将亡听于神者也。"北宋的何仙姑犹南唐之万仙。

由上引《东轩笔录》卷十条,已足见何仙姑与吕洞宾有相关处。而稍后则魏泰所记"幼遇异人与桃食之",与曾达臣所记"遇人啖以枣"的"异人"与"人",变为吕洞宾。倘使北宋时即吕洞宾了,则北宋士大夫岂不书?此事出元世。《续道藏》所收《吕祖志》当系元时书,《吕祖志》卷三《何仙遇道》条:

何仙姑零陵市道女也。始十三岁,随女伴入山采茶,俄失伴。独行迷归路,见东峰下一人,修髯绀目,冠高冠,衣六铢衣,即洞宾也。仙姑始仆仆亟拜之。洞宾出一桃曰:"汝年幼必好果物,食此尽;他日当飞升,不然止居地中也。"仙姑仅能食其半,髯者指以归路。仙姑归,自谓止一日,不知已逾月矣。自是不饥无漏,洞知人事休咎。后尸解去。洞宾尝谓仙姑曰:"吾尝游华阴市中卖药,以灵丹一粒置他药万粒中,有求药者，于瓢中信手探取与之，观其缘分也。如是数日，他药万粒，探取□□，而此丹入手即坠，因叹世间仙骨难值如此。”

观此，即明北宋言休咎识“谢仙火”三字的何仙姑，到元代已变为纯阳弟子。此何仙姑即八仙中的何仙姑无疑。零陵即永州。所以《列仙全传》及《东游记》所记的唐景龙中广州增城县的何仙姑是不对的了。食桃未尽，但成地仙，汤若士要她在天门扫桃花落英，然后证入仙班，与此妙合。

但王世贞《四部续稿》《题八仙像后》也说何仙姑零陵市人，且言纯阳以一桃食之。然则他所知道的何仙姑不错，何以《列仙全传》错呢？我所见的《列仙全传》明刊本，题“吴郡王世贞辑次，新都汪云鹏校梓”，前面又有一篇济南李攀龙的序，汪云鹏书。李序无一言及王，反说是他自己搜群书而编的，岂非怪事？大概出汪氏之手，而托名王、李，故前后自相矛盾如此。《列仙全传》的错讹沿赵道一。赵氏所记如此，故《列仙全传》的编者抄下。《东游记》的作者，大概又抄《列仙全传》。检鲁迅《中国小说史略》，未考《东游记》时代，此书以意度之，大概在《列仙全传》后或同时。

赵道一何以错呢？赵道一不错的。他以为吕洞宾所度的仙姑姓赵名何。所以他《真仙通鉴后集》有一吕洞宾前的何仙姑而又有一吕洞宾度的赵仙姑。赵仙姑的传极长，他说“赵仙姑名何，永州零陵人也”。下叙吕髯仙以桃食之事。然则洞宾所度姓赵名何，与北宋言休咎的何仙姑无涉了。然而不然，此赵仙姑，名何而又是永州人，不但如此，而且前引夏钧、“谢仙火”、狄青三事都在赵仙姑传中。此真缠夹！别出李正臣妻杀婢冤事，此事见宋刘斧《青琐高议》，亦何仙姑事。赵氏《通鉴》卷四十《吕岩传》“第一度郭上灶，第二度赵仙姑，法名何二”，赵氏自己并不矛盾。但他既言洞宾所度的是赵仙姑，名何，何以阑入宋人何仙姑事。除非北宋的何仙姑本姓赵。但此事宋人不说，何以赵道一忽然知道呢？

考其原因，必定北宋庆历年间的何仙姑很有名。同时在她的时候还是没有说吕洞宾度的。而吕洞宾的传说里又说度过一个赵仙姑，后人逐捏合之。考吴曾《能改斋漫录》卷十八吕洞宾尝作自传，岳州有石刻云：“吾乃京兆人，唐末累举进士不第，因游华山，遇钟离传授金丹大药之方，后遇苦竹真人，方能驱使鬼神，再遇钟离，尽获希夷之妙旨。吾得道年五十，第一度郭上灶,第二度赵仙姑,郭性顽钝,只与追钱延年之法。赵性通灵,随吾左右。”此石刻的年代当出北宋庆历后。《吕祖志》收此作江州望江亭《自记》,已改赵仙姑为何仙姑。如是,北宋永州言休咎的何仙姑变为纯阳弟子了。这种捏合,赵道一是不满意的,因为随侍纯阳左右的是他的本家,他岂甘心不加指正,所以一定要标明纯阳所度的姓赵,此则合于北宋时的洞宾自记。但是赵仙姑一无事迹可传,因此他把庆历间何仙姑的事一齐用了,而勉强说她法名何二,以掩饰过去,又说此赵仙姑也是永州人。至于景龙中的何仙姑另出广州会仙观所传,是不相干的。也不是纯阳弟子。偶然另有这样一个人。赵道一后的人,依旧要知道那个何仙姑,检《真仙通鉴》见了这一人,便抄下来。其实何仙姑的事迹是被埋没在赵氏的赵仙姑传里了。这样一缠夹,所以《列仙全传》以及《东游记》等书一齐错了。

到清康熙年间古杭玉枢真人王建章编《历代仙史》,他就分何仙姑为“其一”、“其二”。“其一”是景龙中人,不对的。“其二”纯阳弟子,零陵人,他是抄《吕祖志》的。二人都没有什么事迹,而何仙姑的事迹,依旧在赵仙姑传里。

从北宋庆历到清代,何仙姑的转变大概是如此。赵翼《陔余丛考》云:“何仙姑者刘贡父《诗话》谓永州人,《续通考》则谓广东增城县人;曾达臣《独醒杂志》谓宋仁宗时人,《续通考》则又谓唐武后时人,传闻之讹,已多歧互。”今为考出其歧互之原因如上。

四

吕洞宾的事迹,散在群籍,甚难稽考。他的传说起于北宋庆历年间,大致看来如此。前引《东轩笔录》潭州人夏钧问何仙姑云“世人多言吕先生,今何在?”吕先生就是在这时候盛传着的。滕子京在巴陵郡遇见的回道士传说就是他。宋郑景璧《蒙斋笔谈》[1]云:

> 世传神仙吕洞宾,名岩,洞宾其字也。唐吕渭之后,五代间从钟离

① 《学海类编》本。

权得道。权汉人。迩者，自本朝以来，与权更出没人间。权不甚多，而洞宾踪迹数见。好道者，每以为口实。余记童子时，见大父魏公，自湖外罢官还，道岳州，客有言洞宾事者云，近岁常过城内一古寺，题二诗壁间而去。其一云："朝游岳鄂暮苍梧，袖有青蛇胆气粗，三入岳阳人不识，朗吟飞过洞庭湖。"其二云："独自行时独自坐，无限时人不识我，惟有城南老树精，分明知道神仙过。"说者云，寺有大古松，吕始至时，无能知者，有老人自松巅徐下致恭，故诗云然。先大父使余诵之，后得李观碑，与少所闻正同。青蛇，世多言吕初由剑侠入，非是。此正道家以气炼剑者，自有成法。神仙事渺茫不可知，疑信者盖相半。然是身本何物，固自有主之者，区区百骸，亦何足言！弃之则为佛，存之则为仙，在去留间尔。洞宾虽非余所得见，然世要必有此人也。

《蒙斋笔谈》是元丰、元祐间书，郑景璧说幼时读吕洞宾诗，当在庆历间。李观也是庆历间人，与滕宗谅何仙姑时代相接。他后来做南岳庙监，亦是好道者流。可惜他作的《吕碑》今已不传。但从上引，可知吕洞宾在郑景璧的幼时传说起来，说他过岳州谒滕宗谅，又说他常到岳州城南一古寺，题二诗壁间而去。滕宗谅守巴陵郡，"政通人和，百废俱兴"，是一位贤太守。重修岳阳楼，挹洞庭之胜，加以范仲淹作记，名重天下。游览的人，必定很多，于是造出仙迹。城南古寺的诗，想是江湖间人题，失其姓名，因此认为神仙之作。

不久岳州就有石刻说是吕公的《自记》，见于吴曾《能改斋漫录》卷十八，前面已引过。他自谓京兆人，唐末累举进士不第，因游华山，遇钟离，又遇苦竹真人；再遇钟离，尽得希夷妙旨。宋罗大经《鹤林玉露》卷一："世传吕洞宾唐进士也。诣京师应举，遇钟离翁于岳阳，授以仙诀，遂不复之京师，今岳阳飞吟亭是其处也。"罗大经说他遇钟离于岳阳，和他《自记》冲突，但岳阳有一飞吟亭是可以知道的了。不但有亭，作为"朗吟飞过洞庭湖"的纪念，而且岳州人士已为他造祠，即在他以前题诗的地方。洪迈《夷坚支志》乙卷第七：[①]

---

① 涵芬楼排印本。

淳熙十六年，章駉为岳阳守，闻城南老松之侧有吕公祠宇，因往瞻拜，睹其塑像，袍色黤黮不鲜。命工整治，未暇扣其讫工与否也。一夕，家人梦一道流，衣新黄袍，遮道立于郡圃，趋而避之他所，则又相遇。问其姓名，曰："我仙者也。"家人曰："若是仙者，何不游天上而反行地下乎？"曰："我地仙也。"翌日以语章，章出视事，吏前白云，向者奉命易真人袍，今绘已毕。章深异之，且念一润色其衣服，而形于梦寐若影响，乃以故所藏吕公《金丹秘诀》刻于郡斋，冀广其传。其书吕自为序，称紫微洞天纯阳真人。(序文略)

据我看见的材料，洞宾传说，起于庆历，而发源地在岳州，后来传布开来。

至于有没有这样一个人，很难说。总之，他没有张果、何仙姑那样实在。《宋史·陈抟传》："关西逸人吕洞宾，有剑术，百余岁而童颜，步履轻疾，顷刻数百里。世以为神仙。皆数来抟斋中，人咸异之。"这一条虽见于正史，但陈抟的传实采道家言。并且《陈抟传》说到宋真宗到云台观，观抟画像，则最早此传出于宋仁宗时人手。(不能到南宋，因吴曾已引。)此时正吕洞宾神仙传说鼎盛的时候，安知不是做传的人引吕以重陈，与岳州吕《自记碑》说因游华山，尽得希夷妙旨，引陈以重吕出于一般心理？互相依傍，而实则互相冲突；因为一边是希夷先生的再传弟子，而得道之年才五十，一边是出入斋中，已百余岁！且《蒙斋笔谈》说"世传神仙吕洞宾"是世传吕洞宾，他看了李观的碑方始知道他名岩，而"洞宾其字也"。岳州石刻《自记》开始言"吾乃京兆人"，不言名岩。世但传洞宾，或回道士。胡仔《苕溪渔隐丛话后集》录洞宾事迹诗词，不标洞宾或吕岩，乃曰回仙。可知吕岩，当时人也不知道，独李观知之。

然则吕洞宾对了！也是一个不确实的名称。《苕溪渔隐丛话》引陆元光书名《回仙录》，甚为奇特。因为照传说是他游人间，化名回道士，或题字石壁，自署回字，回字是吕字的变化，或者剑仙一流喜欢如此。陆元光何以径名回仙，而不曰吕仙？潭州人士夏钧到潭州看见的又是《回客设斋》。不要他是回教徒或者回人，而冒姓吕以行教吧？在他的教义里也找不到回教的痕迹。至于"洞宾"，则在宋时又有李洞宾，一名李八百(又一李八百，非《神仙传》的李八百)，见黄休复《茅亭客话》，而明李日华《紫桃轩杂缀》则谓戏白牡丹的是颜洞宾。何洞宾之多？大概洞宾是一岩穴之士好用的名字，犹仙翁之多名八百如李八百、曹八百等。这样说来，他的名姓都很渺茫。神仙本来渺茫的，而日本佐伯好一郎氏以写《景教流行碑》的吕秀岩当之，必定不对。[1]

佐伯氏引教士李提摩太[2]之说，谓吕岩生于唐天宝十四载，出处待考。据岳州吕真人《自记》石刻说"唐末累举进士"；据吴曾《能改斋漫录》卷十八引《雅言系述》载吕洞宾自传"咸通初举进士不第"；据《陈抟传》他到宋初才百余岁，据《道藏》《金莲正宗记》，《金莲正宗仙源像传》，赵道一《真仙通鉴》，《吕祖志》，《纯阳帝君神化妙通纪》，同是贞元十四年四月十四日生，李教士之说无一合者。佐伯氏假定吕岩生于七五五年，故算至唐德宗建中二年立景教碑时适为二十六岁，倘生在贞元十四年，则后于景教碑之立十七年，倘咸通中举进士不第，则后七八十年了。然则吕岩与吕秀岩决为二人。而况吕岩唐世无闻，传说起于北宋乎？

《道藏》中传都是王重阳教盛后，尊吕为祖师时所造。所以移在贞元，因欲使他为吕渭之孙，吕让之子的缘故。不必说与《陈抟传》不合，而且与北宋传出的《自记》也不合，他到唐末已经一百岁了，何能"累举进士"？而改动京兆或关西，变为河中或蒲坂，是用吕渭的籍贯。吴曾《能改斋漫录》卷十八引《雅言系述》载《吕洞宾传》云：

> 关右人，咸通初举进士不第。值巢贼为梗，携家隐居终南，学老子法。

假定吕洞宾确有其人，以此说为近情。惜《雅言系述》一书今佚，仅见吴曾摘要之言如此。

洞宾的传说太多，散见于宋人诗话笔记，不能尽记。总之，他有度人的心，屡游人间，而人不识。或做卖墨客，索价甚昂，没有人理他；或作傲士，忽然而来，又飘然而去。一定要等到他去后，人家方始知道是神仙，而懊恼之

---

① Saeki, *The Nestorian Monument in China*, London, 1916, pp. 53-61.

② Timothy Richard.

至。

《宣和遗事》有吕洞宾斗林灵素事。一日,林灵素设斋,宋徽宗问:“朕建此斋,得无神仙降耶?”灵素曰:“陛下更须建灵宝大斋,肃清坛宇,其时必真仙度世。”言罢,道众中忽有一士掷所盛斋钵于地。众欲责之,随腾空而去。帝曰:“此非神仙而何?”灵素不答,揭钵视之,见一幅纸,上有诗一绝云:

> 捻土为香事有因,世间宜假不宜真;
> 洞宾识得林灵素,灵素如何识洞宾!

众方知是洞宾降。此故事产生于民间,以真仙压倒方士。徽宗信用林灵素为道俗所厌,一般民众要举梃击之。这一个故事的产生是表示北宋人士已不信符箓厌胜黄白之术,而信仰世间原有真仙的,不过非方士之所能知而已。曾达臣《独醒杂志》卷五有类似的一则[①]:

> 林灵素以方士得幸徽庙,跨一青年,出入禁卫,号曰金门羽客。一日有客来谒,门者难之。客曰:“予温人,第入报。”灵素与乡人厚,即延见焉。客入,灵素问曰:“见我何为?”客曰:“有小术,愿试之。”即拈土炷炉中,且求杯水噀案上,复之以杯。忽报车驾来幸道院,灵素仓皇出迎,不及辞别,而其人去。上至院中,闻香郁然,异之。问灵素何香,对曰:“素所焚香。”上命取香再焚,殊不类。屡易之而益非。上疑之,究诘颇力。灵素不能隐,遂以实对,且言噀水复杯事。上命取杯来,牢不可举。灵素自往取,愈牢。上亲取之,应手而举。乃得片纸,纸间有诗云:“捻土为香事有因,如今宜假不宜真。三朝宰相张天觉,四海闲人吕洞宾。”灵素自是眷衰,未几放归温州而死。

以“捻土”句证,知曾记的故事比《宣和遗事》早起,而为《遗事》所本。

起初洞宾只是神仙传说中的人物,后来变为教主。佐伯氏说他的教即是景教的流派,因为景教后来不知名了,世人误以为回教,所以吕翁一称回

---

① 《知不足斋》本。

道士。他的假定也很难成立。一则他不是中唐人，与《景教碑》书手一无关系。二则佐伯氏所举如“以水变酒”、“触死鱼使复活”等故事亦别教传说所可以有的，不一定是耶教故事。而吕岩之教，含佛教的成分则极多。在两宋，儒释道三门思想是互混了。例如《陈抟传》的作者说他是剑仙，还和唐人小说里说剑侠的说法一样，到岳州石刻《自记》就不同了：

世言吾卖墨飞剑取人头，吾闻哂之。实有三剑，一断烦恼，二断贪嗔，三断色欲，是吾之剑也。世有传吾之神，不若传吾之行。何以故？为人若反是，虽握手接武，终不成道。（吴曾《能改斋漫录》卷十八）

《吕祖志》卷一《江州望江亭自记》，改上文，略有不同：

世多称我能飞剑戮人者，吾闻之笑曰：慈悲者佛也，仙犹佛尔，安有取人命乎？吾固有剑，盖异于彼，一断贪嗔，二断爱欲，三断烦恼。此其三剑也。……吾尝谓世人奉吾真；何若行吾行，既行吾行，又行吾法，不必见吾，自成大道。不然日与吾游，何益哉！

对照前引《蒙斋笔谈》条，即知北宋人士都以剑仙非正道，要从正道入，不如儒佛。儒家修身心，立德行；佛家断贪嗔烦恼，而慈悲度世。吕纯阳没有剑，他的剑就是佛经的“金刚”。

《太平广记》收《异闻集》《吕翁》一则。此度卢生的吕翁，当然不是吕洞宾，因为说开元中已是老翁了。北宋时人混此两吕，南宋人辨正此事。吴曾据《陈抟传》以辨，胡仔引回仙词有“黄粱梦，犹未熟，梦惊残”句，说他自己还用做典故，怎能说度卢生的是他呢？最堪绝倒！但此吕翁虽与他不是一人，却极有关系。因后人又建设一故事。就是以囊中之枕造成一黄粱梦境以度脱卢生的固然是吕洞宾，而他自己的悟道也有同样一个黄粱梦境，那时度他的是汉钟离。《道藏》苗善时的《纯阳帝君神化妙通纪》就立“黄粱梦觉第二化”这一章，而且说钟离度他的时候在唐宪宗元和五年。马致远的《黄粱梦》也演这个故事。此枕岂非道家的衣钵吗？“慈悲者佛也，仙犹佛尔”，“黄粱梦觉”与“菩提明境”皆顿悟之教。而八仙的师承传说，某某从某某得道，某人度脱某人,以及全真教的五祖七真,完全受禅宗思想的影响。这样他的教与景教毫无关系,反是与佛教禅宗相仿。

马致远《岳阳楼》剧说他度柳树精,此出"惟有城南老树精,分明知道神仙过"一诗。但传说诗乃为松上老人作,非柳。俞樾《湖楼笔谈》七论《城南柳》剧本已辨之。度柳树精,依马剧,柳投胎为郭马儿。此郭马儿之郭必据他《自记》度郭上灶而来,皆有所本。

江湖间诗因失名而传说为他所题的事很多。即有题者姓名,如"黄鹤楼边吹笛时,白蘋红蓼对江湄,衷情欲诉谁能会,惟有清风明月知",本题吕元圭,而世人因言吕先生一字元圭。《全唐诗》有吕岩诗四卷,杂采诗话及《道藏》艺文而成。至于"别我游何处,秋空一剑横"一绝,本滕宗谅口占赠回道士,今作吕赠滕,芜杂可想。

唐戴叔伦《寄万德躬故居》诗:"吕祖祠下寒砧急,帝子阁前秋水多",下云"闽海"、"南征",祠似在闽,此则中唐时有一吕祖祠,当非洞宾。

我们看何仙姑的传说,是由实而虚,有实在一个人,而后有传说,所以追索及时的史料,即知其为人。人可信而传闻不可信。吕洞宾的传说,是先虚后实,先有传闻,而后有身世的记载及著作出来。所以记载不可靠,而那个传说倒是史料。

(选自《浦江清文集》,人民文学出版社 1989 年 12 月版)

吴组缃

吴组缃(1908—1994),现代小说家、散文家、古典文学研究家。原名吴祖襄,安徽泾县人。1929年入清华大学中文系读书,同时开始写以农村破产为题材的小说散文,出版了《西柳集》、《饭余集》,包括代表作《一千八百担》、《天下太平》、《樊家铺》。1935年应冯玉祥之邀任国文教师和秘书长达几年。抗战期间,在冯玉祥处参加抗日,又到前中央大学国学系任教。解放初就聘清华大学。后任北京大学中文系教授,讲授宋元明清文学和古典小说研究。

主要著作有《儒林外史的思想与艺术》、《吴组缃小说散文集》和《论贾宝玉典型形象》等论文。

论贾宝玉典型形象

内容提要：

前言——贾宝玉性格的形成——贾宝玉性格的发展——贾宝玉性格的主要特征——贾宝玉性格的矛盾和限制——作者的处理态度和了解——结语

一

《红楼梦》写了一个恋爱不能自由、婚姻不能自主的悲剧，就是贾宝玉和林黛玉、薛宝钗的恋爱、婚姻的悲剧。这是《红楼梦》悲剧的中心事件。

作者处理这个故事，跟我国过去任何关于恋爱或婚姻问题的作品不同。《红楼梦》的特点是，它写出了这个悲剧发生和发展的复杂细致的现实内容，写出了造成这个悲剧的全面的深刻的社会根源。这就是，一方面，作者不是简单地或表面地了解贾、林、薛的婚姻事件，而是从悲剧主人公的思想性格上来看那内在深处的真相，从日常生活活动中来看那多方面的内心精神的关系的；另一方面，作者不是把问题局限在本身的范围里面，使之和所在的环境绝缘，而是围绕着这个中心事件，同时铺开了一个由无数有关人物所构成的极其广阔的社会生活环境，亦即同时描写了这个步步走向崩溃的贵族统治阶级社会的真实内幕的：总之，作者是努力从人物性格和生活环境的极其复杂深邃的关联和发展上来连根地“和盘托出”这个悲剧的。

古今中外的文学，还少见这样一部作品，它展开这样广阔的一个生活环境，从多方面具有重大意义的矛盾斗争中，从无比地错综着的人与人的关系上，如此充分地来描写人物性格和事件发展的。《红楼梦》现实主义艺术高度的思想倾向性和它的宏大的结构，首先就是产生于作者这种深和广的对生活的认识能力和爱憎感情上面。

我们知道，现实主义艺术无不以从生活中塑造真实的人物形象为能事，无不以塑造具有丰富深刻的现实内容和巨大艺术感染力量的人物形象为能事。作品中写的场面、情节和无论什么事物与琐细节目，离开了人物形象的塑造，就失去了意义。作品的思想主题，社会和历史的特征内容，也总是从人物形象表现和反映出来。

因此，我们研究《红楼梦》这样一部伟大的古典现实主义作品的内容，正应该从人物形象的研究着手。研究众多人物主次从属的关系，研究众多人物形象的特征，研究众多人物在矛盾斗争中的地位和彼此间的关系，研究人物性格的形成和发展，研究作者在处理上所表现的态度或爱憎感情等等。只有这样的来作研究，才能了解作品的思想内容和他所反映的现实意义。

但是有些《红楼梦》研究者往往抛开人物形象，从书中摘取一些枝节的事项和节目，来论断作品反映了怎样的思想，提出了怎样的问题。还有不少这样的例子，比如列举大观园里一顿酒饭花了多少银子，乌庄头送来多少什么地租，诸如此类，以证明贾家生活的奢侈，如何剥削农民，和说明了什么性质的历史或经济问题，等等。

若是一部《红楼梦》只提供了这样一些干瘪的事实和数字，那它有什么价值？作为死的历史资料看，许多文献尽有更为翔实更为精确的记载，《红楼梦》和一切文学作品都远不能及。《红楼梦》的伟大与不朽之处，是在它以无比丰富的活生生的艺术形象，真实具体地反映了社会和历史的内容；在这一点上，任何历史记载都不能和它比拟。

凡是阉割了艺术的生命，抹杀了文学作品的特点，那方法都是错误的。

如前所述，《红楼梦》以贾宝玉和林黛玉、薛宝钗的恋爱和婚姻问题为中心事件，整个《红楼梦》悲剧都以这三个人物为中心。而贾宝玉在三个中心人物中又居于主要的地位，并且全书所有各类人物都是围绕着他作为一个完整的典型社会生活环境而展开的。因此，在阐论《红楼梦》现实主义艺术的思想倾向性这个总题目里，这里首先试从贾宝玉的典型形象着手。

二

贾宝玉这个艺术典型一如现实中的人一样，他的思想性格，是他的生活环境中多方面复杂的条件和因素,在他的具体遭遇和经历里,给予影响,发生作用,而于不知不觉中形成起来的。《红楼梦》描写贾宝玉性格的特点,同时充分地描写了造成他的性格的生活环境和他的具体境遇的各方面特点。使我们信服地看出来,贾宝玉的独特的性格,完全是一个必然的存在。

关于《红楼梦》的典型社会环境,这里不作全面和具体的分析;这里只能就形成贾宝玉性格的现实条件方面,简括地说明几点。

我们都知道贾宝玉生长在一个腐朽衰败的"侯门公府"的封建贵族大家庭的社会环境里。这个环境,在中国封建社会——尤其末期,作为上层统治阶级社会看,具有丰富的典型特征和意义。

在当时,官僚地主家庭一般都逃不出一个常例,即所谓"五世而斩"。意思是,这种家庭的所谓"荣华富贵",无法长久持续下去;传了几代,就衰败没落,据说不出五代也就往往垮台了。这是封建社会统治阶级的本质所规定,归纳了无数实例而得出来的一种认识。

《红楼梦》所写的贾家也是这样。开头第二回"冷子兴演说荣国府",先就借着冷子兴和贾雨村的谈话,扼要地介绍了贾家荣宁两宅的这种形势,并且指出那萧索衰败的征象:一是"人口日多,事务日繁,主仆上下都是安富尊荣,运筹谋画的竟无一个。那日用排场又不能将就省俭。如今外面的架子虽没很倒,内囊却也尽上来了。"二是"更有一件大事:谁知这样钟鸣鼎食的人家儿,如今养的儿孙竟一代不如一代了。"跟着就叙说贾家的世代,说出富贵家庭趋于衰败的必然发展过程和具体现象。

冷子兴说的第二点,即养的儿孙一代不如一代,被认为一件大事。强调指出这种"势所必至"的现象,是必要的;这是笼罩全书具体描写,有重要意义的一点。因为封建社会是以男性为中心建立它的统治权力的。儿孙的腐朽无能,在这种统治阶级家族是"理有固然"的,也是最严重的现象。比较起来,"内囊尽上来"倒是小事了。我们看贾家两宅的老爷少爷们,实在没有一个不是腐朽无能的。他们虽然各有不同的面目,但共同的特点是不管事,不负责,没脑筋,没识见,荒淫无耻,作恶多端,精神堕落,道德败坏。贾政算是他们之中的一面旗帜。但是他的毫无办法和极端庸陋,从他管教子侄、结交门客和言谈治事等等方面可以看出来。

其实不止贾家如此,《红楼梦》写到的整个统治阶级的社会,这一趋势是相同的。

和男性的腐朽无能相应而生的一个特征现象，就是妇女的掌握权柄。就封建社会——尤其统治阶级社会说，妇女当权，是常常不可免的，但同时也是纪纲毁堕的严重现象。他们的格言说，“牝鸡司晨，唯家之索”。所以母鸡打鸣，就要杀它；母鸡跳上了灶，就看作很不吉利的事。这些在我们今日看来觉得极为愚蠢可笑的意识，其实都反映了封建社会统治权力的特点。因为妇女在这个社会制度里是被当做奴隶看待的，她们没有独立的人格，没有自主之权，只应该遵守“三从四德”的教训，服从夫权和父权；祖母也须尊从儿子的权位，体察儿子的意旨，以襄助教育和家庭大事（所谓“女主内”，应该是指日常家务和操作，并非指家庭大事的主权而言）。《红楼梦》里的贾家（其实不止贾家），却一反其道，原应居于被统治地位的妇女，却掌握了家庭中的一切大权。大势所趋，这个封建阶级大家庭就陷于他们的制度所忌讳的所谓“牝鸡司晨”的局面。

书中具体描写出来的，贾家治家教子的等等的大权是握在贾母的手里。这个“老祖宗”，被全家上下尊崇为思想领导的最高权威；而凤姐，心目中无视公婆和丈夫，一心向“老祖宗”献好讨喜欢，于是攫取了总理全家事务的实际大权。

第三十三回贾政毒打宝玉，贾母走来，和儿子发生尖锐的冲突。贾母满心震怒，用种种讽刺和挖苦的话斥责了贾政。贾政忙叩头说：“母亲如此说，儿子无立足之地了！”贾母冷笑道：“你分明使我无立足之地，你反说起你来？”这里母子间所争的是关于教育方面的家庭大权。贾政说，“儿子管他为的是光宗耀祖。”按封建社会的“道理”说，讲孝道和尊从父权是并存而不相犯的，即贾政应该对贾母孝敬，以尽“子职”，贾母也应该支持和遵从贾政的“父职”，不当夺了他管教儿子的权威。但贾母不管这些。争执的结果，儿子只好服从了母亲，并且“直挺挺跪着，叩头谢罪”，真心自悔“不该下毒手打到如此地步”。

第二十四回写贾芸谋差事。贾芹、贾蔷求事，直接找了凤姐，很快就成；贾芸不知底细，找了贾琏，就走错了道路。但贾芸机敏乖巧，看到风势不对，立刻纠正，设法买了冰片麝香去求凤姐，当天就得到管理园中种花木的事。贾芸说：“求叔叔的事，婶娘别提，我这里正后悔呢。早知这样，我一起头儿就求婶娘,这会子也早完了。谁承望叔叔竟不能的!”又说:“我倒要把叔叔搁开,少不得求婶娘。”凤姐冷笑道:“你要拣远道儿走么!早告诉我一声儿,多大点子事,还值的耽误到这会子!……早说不早完了?”这里凤姐打下自己的丈夫,把家里任何一点权力都揽到手。

封建社会末期,统治阶级对于子弟的教育已经完全破产。封建礼教本是违反人性,先天地不合理的;到此时更显出虚伪和罪恶。为使子弟循规蹈矩,自必只有倒行逆施。古代所提倡的一套“以身作则”和“循循善诱”的教育原则,都谈不上了,野蛮的打和骂,成为他们使子弟“就范”的唯一方法。

第九、第十九、第三十三等各回,多次描写了贾政对宝玉的父子间的关系形态,一方面是辱骂和毒打,一方面像怕老虎。尤其在“大观园试才题对额”一回,作者着力描写了贾政这一封建典范人物和他左右的门客们头脑的愚蠢、心思的干枯和学养品格的迂腐卑劣;而贾宝玉以一个“不喜读书”的少年,却那样才华横溢,思想清新活泼:两方成为明显的对照。贾政对宝玉的题词和议论,心里不能不欣赏,口里却无理地一口一声辱骂他“畜生”和“蠢物”。这样的“父范”和教子的态度,怎么能够叫贾宝玉亲他敬他,接受他的影响和教育?显然是不能够的。作为旗帜人物的父亲尚且是这样,贾宝玉的伯父和兄长,如贾赦、贾珍、贾琏之流,就不必去说了。

除了父兄的榜样,应该还有学塾方面的教育。这个社会的学塾情形,第九回里作了具有特征意义的集中的暴露。师生和学童彼此间风气的腐朽败坏,完全是这个社会的投影。

更为重要的,是贾母这个利己享乐主义者对于孙儿的庇护和娇纵。

贾宝玉自幼受祖母溺爱,在祖母这边屋里居住,“和姐妹们一处娇养惯了的”,“无人敢管”(见第三回)。贾政来叫,贾宝玉吓得“死也不敢去”。贾母就说:“好宝贝,你只管去。有我呢,他不敢委屈了你。”又吩咐老嬷嬷,“好生带了去,别叫他老子唬着他”(见第二十三回)。又当着贾政的面骂赵姨娘等人,“都是你们素日调唆着逼他念书写字,把胆子唬破了,见了他老子,就像避猫鼠儿一样……我饶那一个!”(见第二十五回)。甚至男孩子受一切封建社会生活教育的机会也给挡开。贾宝玉挨打后,贾母因怕将来贾政又叫他,就把贾政的亲随小厮头儿唤来吩咐:“以后倘有会人待客诸样的事,你老爷要叫宝玉,你不用上来传话。就回他说,我说的,一则打重了,得着实将养几个月才走得；二则他的星宿不利，祭了星，不见外人，过了八月才许出门。”并把这话告诉宝玉，叫他放心。从此宝玉“不但亲戚朋友一概杜绝，连家中晨昏定省，都随他便了”（皆见第三十六回）。

贾宝玉在十二三岁时受他的贵妃姐姐贾元春之命（也是体贴贾母的意思），随同众姊妹搬到大观园里去住。这在宝玉的现实社会里是一个非常独特的自由环境，使他得到机会和封建秩序进一步隔离了开来。于是他在另一种与封建主义范畴相背的生活方式和日常活动中（包括和林黛玉和薛宝钗的关系的发展）去发展自己的思想与性格。

第四十八回里赖嬷嬷指着宝玉说：“不怕你嫌我：如今老爷不过这么管你一管，老太太就护在里头。当日老爷小时，你爷爷那个打，谁没看见的？老爷小时，何曾像你这么天不怕地不怕的？还有那边大老爷，虽然淘气，也没像你这扎窝子的样儿，也是天天打。还有东府里你珍大哥哥的爷爷，那才是火上浇油的性子，说声恼了，什么儿子，竟是审贼！……”

第六十六回兴儿对尤三姐等谈到贾宝玉：“他长了这么大，独他没有上过正经学。我们家从祖宗直到二爷，谁不是学里的师老爷严严的管着念书？偏他不爱念书？是老太太的宝贝。老爷先还管，如今也不敢管了……”

赖嬷嬷和兴儿这番话，很好地概括了贾宝玉在受封建主义教育方面的特点。

三

由于这些特点，贾宝玉虽然生长在贵族统治阶级家庭里，但自幼并没有受到封建主义统治势力正常的熏陶教育。而在他的现实环境里，却有一个和罪恶腐败的统治势力鲜明地对照着的女孩子们的世界。

《红楼梦》的作者，一如贾宝玉对他的生活环境的看法，他把他所处理的社会现实从中画一条线，区分为两个相互对照的世界：一边是居于统治地位的罪恶腐败势力，一边则以居于被压迫被牺牲地位的女孩子们为主——不论她们的主观思想如何。

这些女孩子们，除了为数不多的姑娘们，绝大多数都是丫环们。贾家的丫环有两种：一种是所谓“家生子儿”，如鸳鸯和小红；一种是买来的，如袭人和晴雯。另外还有唱戏的女孩儿,是从苏州采买来的贫家女孩子,如芳官、龄官等。她们所受封建统治阶级的影响当然各有深浅,思想品格也各有不同,但在客观上都是处于被奴役和被蹂躏的地位,都各有一番辛酸悲苦、混合着血与泪的身世经历,还各有一个惨淡的未来运命等在前面:这方面她们是完全共同的。

贾宝玉实际就是在这些以丫环们为主的女孩子群里长大的。其中许多女孩子服侍他,看护他,各以一颗纯真的心围绕着他,倾注着他。贾宝玉自幼不止在生活上跟她们亲密,精神内心里也是亲爱着她们的。

作者特意为我们描写了跟贾宝玉生活上最密切的袭人的家庭和她的身世。袭人在思想品格上当然是书中的一个反面人物,但是她境遇的悲苦则和别的丫环有相同的一面,这却不可抹煞。她家是城市贫民,一家饿得没饭吃,几两银子把她卖给了贾家。

和袭人思想品格相对立的是被称为贾宝玉的"第一等人"的晴雯。她十岁上被人买来,孝敬了贾母。她的父母亲人都没了,只有个姑舅哥哥在贾家后门外居住,伺候园中买办杂差。

贾宝玉亲近的还有贾母的丫环鸳鸯。她的父亲在南京为贾家看屋子,得了痰迷的病,人事不知。娘死了也不能回去守孝,哥嫂都在贾家做奴仆。这是贾家所谓"根生土长"的丫环。

所有这些女孩子一般都有她们真挚纯洁、自由不羁的一面。像那些唱戏的女孩子们,都是些豪爽坦率、慷慨好义的小英雄。比如派给怡红院和贾宝玉发生了亲密友谊的芳官,那种勇敢无畏,豪迈开朗的性格,好像从来就没有受过封建礼教的拘检一样。她受了干妈的不平待遇,立刻抗争;她横遭赵姨娘的欺侮,别的小英雄就义愤填胸,一窝蜂跑去找赵姨娘对打(见第五十八回)。

另外,为贾宝玉所亲近,引为知心朋友的,还有外边的秦钟、柳湘莲和蒋玉函。他们有的身居贫贱,有的是没落了的旧家少年。贾宝玉在和他们的友情关系中自然要受到影响的。

这所说的影响,不只是指她们或他们的思想品格的本身,重要的还应该是她们或他们的社会存在。比如袭人,她屡次规劝贾宝玉走封建主义的道路,用阴柔的手段对贾宝玉进行无休止的斗争,但贾宝玉并没有在这些方面接受她的思想影响。可是她的社会存在，或者说她在社会关系上所处的地位、所遭的运命等等，总是不幸的，可悲的；因此她对贾宝玉的用心，仍然使他感动，从而蒙受巨大的积极影响。

在这种方面，不止贾宝玉精神上所亲近的众多丫环们给予他以巨大深刻的影响；这个社会所有的女孩子，包括那些姑娘们在内，也无不在日常耳鬓厮磨的亲密接触中，对贾宝玉性格的形成起着强力的积极作用。因为她们，在贾宝玉的直感生活里，和那以世俗男性为主的居于中心统治地位的势力，都在聪明和愚蠢，纯真和腐朽，洁净和污浊，天真和虚伪，善良和罪恶，美好和丑陋:每一点上都鲜明映照，尖锐对比着。

书中强调地写了贾宝玉的聪慧和早熟；以他这样感觉敏锐的小孩，在这两相对照的生活里耳濡目染着，很快就把事物的特征辨别体察出来，而在自己思想上形成强烈的倾向，感情上产生明确的爱憎，那是不难理解的。

我们知道阶级偏见不是天生的，而是在社会关系、在具体处境、在生活教育的不断的作用下形成起来的。旧社会有"赤子之心"的话，意思应该是说小孩入世不深，所受社会影响或阶级蒙蔽不大，因此能够有一些识辨是非、分别善恶的初步能力。当然，在剥削阶级的社会里，这种所谓"赤子之心"不能长久保持，等他对不合理的社会制度所造成的生活现象看惯了，尤其和他自身的实际利害结合起来了，那时他的敏感和纯真善良的心都会失掉的。

贾宝玉所以能够保持这种"赤子之心"，并且一步步和封建主义统治势力远离，成为自己阶级的叛逆者，而日益发展了他的进步思想，那原因，除了上面已经论到过的他所在的社会关系和具体生活境遇等等方面的特点和它们的总和而外，他的以上述条件为基础而产生的和林黛玉的恋爱关系的发展，以及步步逼来的在婚姻问题上、在整个生活道路问题上所遭受的封建主义势力的切身压迫，是不可忽视的重要原因。

关于贾宝玉的恋爱和婚姻的悲剧问题，当另文详论。这里应该指出他所亲爱与钟情的林黛玉和他俩的爱情关系，对他成长中的性格的巨大影响和重要意义。

我们知道林黛玉原是个衰落旧家的女儿，父亲死后，就成为一无所有、悲苦无依的孤女。她像小浮萍似的寄居在这个声势显赫的"公府"里，环境的势利与恶劣，使她自矜自重，警惕戒备；使她孤高自许，目下无尘；使她用真率与锋芒对社会势力抵御、抗拒，以保卫自我的高超纯洁，免受轻贱和玷辱。这就形成她的性格与所在环境的矛盾对立。

在贾宝玉心目中，林黛玉的身世处境和内心品格，可以说突出地、集中地包括了生活环境里所有女孩子们一切使他感动、使他亲爱的客观与主观的特征。贾宝玉对女孩子们广泛的同情爱护之心，就是他对林黛玉发生发展其缠绵悱恻、生死不渝的爱情的根据。唯其林黛玉的性格具有极其广阔丰富的特征意义，所以他和林黛玉的相爱是以根深蒂固含有深刻社会内容的思想感情为基础的。

因此，林黛玉性格与所在环境的矛盾、他们的爱情关系与社会秩序的矛盾，就成为贾宝玉和封建主义势力永不妥协，成为他对自己本阶级叛逆到底，并且从而步步克服自身的劣点和弱点，日益发展他进步的新的思想性格的主要的支持力量或牵引力量。

另一方面，自古以来中国封建社会里面传统的人民性或民主性的文化思想，自然也给贾宝玉的性格以重大的影响。贾宝玉喜读诗词，喜读《庄子》，喜读《西厢记》和《牡丹亭》，就是具体的例子。

第二回里，当时尚未发迹的贾雨村对贾宝玉的性格有一番评论，提了一大串古人的名字，其中有许由、陶潜、阮籍、嵇康、卓文君等等，认为他们和贾宝玉都是易地皆同之人；称为清明灵秀之气，仁者之所秉；说他们往往成为情痴情种，逸士高人，断不为庸俗所制。这正是说的贾宝玉性格的传统因素。

但这方面因素，对贾宝玉性格的形成，不能居于决定性的主要地位。因为离开了上述种种社会现实的条件，这种传统因素是不能够起多大的重要作用的。

四

但是，贾宝玉的生活环境既是罪恶腐败的统治阶级社会，他在里面生长起来，就不可能入污泥而不染。许多贵家公子的恶劣习气和腐朽观念，最初贾宝玉也同样沾染了，和他的性格中的好的倾向并存着的。但随着在生活环境中他所面对的重大事件给予的刺激和教育，随着他在参加现实斗争中精神上所受的挫折与打击，他的思想品格里一些腐朽恶劣的东西就慢慢减少了，消除了。

贾宝玉一如现实中的人，他的性格是不断发展着的。

贾宝玉在书中一被介绍出来，首先给我们的当然是一种与众不同的印象。他有许多清新自由的见解，有许多离奇与独特的性格，为他当时那个社会所不能理解；尤其是他关于女子的议论，和对于世俗的批评，都使人惊讶，认为大逆不道。王夫人称为“混世魔王”，“孽根祸胎”。他思想性格里这些同世俗社会相抵触，跟封建秩序相违背的苗芽，都是在上面所论述的一些具体条件之下培养成的。但是与此同时，作为当时封建统治阶级家庭里一个宠儿，许多坏思想、坏习性，他也不可能没有。

比如，他幼年时常跟着凤姐到宁宅去玩，第五、第七、第十、第十一各回，屡次写他被凤姐带领着到“东府里”去。在秦可卿死前，书中很着力地描写宁宅。正如第五回太虚幻境“金陵十二钗”册子和“红楼梦”曲子里的话：“漫言不肖皆荣出，造衅开端实在宁”，“箕裘颓堕皆从敬，家事消亡首罪宁”。宁宅是个荒淫无耻的魔窟，贾珍许多淫乱行为，凤姐一些暧昧关系，书中有种种隐约曲折的暗示。当然荣宅也不是没有这方面的事，但不如宁宅的厉害和显露，是事实。贾宝玉当时以一个小孩，经常习染在里面，自然就学会了腐朽。像第六回写的和袭人的苟且行为，第十五回写的和秦钟睡前说的胡话。

对于书中写的性行为，不能无区别地一律批判它。因为在当时那个社会环境里，有些两性关系可以看作自由爱情，具有反封建秩序的意义，如秦钟和智能的关系。但那不纯洁的、邪恶腐朽的行为，却不能承认它。贾宝玉在幼年时代有这种腐朽、邪恶的习性，这是不能掩饰和抹煞的。

可是贾宝玉的这些方面，经过秦可卿之死（见第十三回），经过秦钟之死（见第十六回）等等一连串事故的刺激以后，他渐渐有所警悟，思想起了变化。因为这些事故，都是腐朽的封建主义势力糟践女子，迫害人命，摧残自由爱情的极为罪恶的表现。与此同时，他所亲爱的林黛玉死了父亲，成为一个身世飘零的孤女，她开始更为执着、更为切挚地要求着他的情分；他又见到身为贵妃的姊姊归省时那种完全失去人伦天性、难于忍受的悲苦的内心生活。贾宝玉从这些阅历里面开始认识到了关于男女关系的严肃与玩弄、纯洁与腐朽、美好真挚与罪恶虚伪的区分。从此,他对女孩子有了进一步的尊重和同情,对两性关系开始显出了比较严肃的态度,对自己所在的社会表现了深一层的反感。更为明显的,是他对凤姐疏远起来了;到了宁宅,感到嫌厌,待不下去了。

第十九回写贾宝玉到宁宅看戏,"兄弟子侄,互为献酬;姊妹婢妾,共相笑语。独有宝玉,见那繁华热闹到如此不堪的田地,只略坐了一坐,便走往各处闲耍。"他显然感觉精神上的郁闷和孤寂,想到小书房里一轴美人"也自然是寂寞的,须得我去望慰他一回",因而碰见茗烟和万儿的事;他对万儿流露了深切的关护,对两人的关系表示了由衷的同情。

第十六回一面写元春"封为凤藻宫尚书,加封贤德妃",全家"莫不欢天喜地",热闹非常;一面插写秦钟家里为智能恋爱私奔发生的惨剧:把这两个极端的事——皇家婚事和民间恋爱——拿来对比着。在荣宁两宅忙于谢恩庆贺,热闹得意的时候,贾宝玉却"置若罔闻","独他一个皆视有如无,毫不介意",一心惦记着秦钟,跑去痛哭好友的惨死。这时贾宝玉在性爱或婚姻问题上划清的界限和表现的态度就明白起来了。

但贾宝玉有些行为却不能归入上面说的腐朽邪恶这类里面去。比如书中追叙他幼年时有过"吃胭脂"的事。我们知道他自小在女孩子们群里长大,所谓"七岁不同席"之类"男女之大防"的封建礼教观念,他是没有的。在当时这样一个年幼的孩子,这些只能说是对女孩子表示亲爱的行为,本身是天真无瑕的。

我们在书中看到直接描写这事的有两次。第二十三回贾宝玉怀着紧张害怕的心情去见贾政,廊檐下站着丫环们,金钏儿对他说了一句有才擦的胭脂吃不吃的话。这分明是逗他、取笑他。所以彩云推开金钏儿说:"人家心里发虚,你还怄他!"第二十四回鸳鸯来传贾母的话,贾宝玉被袭人找回来,在等着换鞋的工夫,回头见鸳鸯作何打扮,是何面貌,就猴到她身上去亲热她,提到此事。这也应该看作贾宝玉不顾封建秩序违碍,对素日看顾他的女孩子(祖母的贴身丫环)表示亲爱的坦率纯真的行为。

贾宝玉一贯地被一种意识和情绪支配着:他对于在被糟践的运命笼罩之下的女孩子们,总抱着深切的爱护、亲热和体贴之心;因为比照起那些体现了封建主义统治势力罪恶的世俗男子来，她们从内心到外表都会显出耀人心目的纯洁、美丽和可亲可爱。

所以对贾宝玉跟女孩子们的关系，首先应该从他的思想性格和他所处的现实环境的关连与矛盾上，来了解那内在的社会意义。若一概看作性爱行为，那就掉进弗洛伊德精神分析方法的泥沼，必定得出离奇不经的论断。这并不是说，贾宝玉对于女孩子的感情完全没有性爱的因素；这种因素不免会有。但更具有重要意义并且主导着他那些行为活动的却无疑是其中的社会内容；这是不容忽略的。

五

其次，贾宝玉对人一般温存和顺，合情合理，尤其对女孩子们。可是在初期有时对女孩子也表现出暴厉脾气。

第八回里，在薛姨妈家喝多了酒，就一连两次对女孩子发怒：从薛家回来，一个小丫头替他戴斗笠，动作不如他的意，他就骂她"蠢东西"；跟着回到自己屋里，他留了豆腐皮包子给晴雯，又沏了一碗枫露茶，都被李嬷嬷吃了。他讨厌李嬷嬷，却把脾气发作在捧茶来的茜雪身上，摔了茶杯，跳起来大骂，说"撵出去"！

这是十足的贵家公子的恶劣作风，所谓阶级的烙印。他本是个大官僚地主家庭的骄子，当他在生活中未受什么锻炼和挫折时，他这些从大人处学来的恶劣脾气，是不可能没有的。若是贾宝玉在书中一出现就是个完美的新人性格，那对曹雪芹的现实主义艺术就要打个问号。但是当他历练较深，所受事实教训较多，或者说所受封建主义统治势力的压迫打击较为深重的时候，他的辨识能力提高了起来，思想感情进一步划清了界限，上述恶劣作风也就显见得澄清了。

这里所说的历练和教训，重要的有两件：一是金钏儿跳井惨死，一是他自己被贾政毒打。这是接连着发生，体现了贾宝玉新的性格和他父母的封建主义严重地矛盾冲突的事件。

金钏儿惨死事件，在书中是作为重要的脉络之一，来揭示在矛盾斗争中各方面有关人物的内心，而主要是描写贾宝玉性格的发展的。金钏从被打被撵以至跳井而死，占了第三十第三十二各回；跟着和第三十三回“大受笞挞”的事相结合，发展为另一重大事件；到第三十五回“亲尝莲叶羹”、第四十四回“撮土为香”，仍是这一事件的余绪。

现在不妨看一看第三十回中关于金钏儿事件发生的具体描写。我们知道这时贾宝玉为自己婚事、为林黛玉因“金玉”问题和他的吵闹，曾陷入从来没有的苦痛之中。这里跟林黛玉和解了，却受到薛宝钗冷酷尖刻的讽刺，林黛玉又从旁嘲弄他。他走出来，到了母亲的上房，看见母亲在床上午睡，金钏儿为她捶腿，一边打瞌盹；于是他动了金钏儿一下耳环子，掏出一丸“润津丹”放在她口里，并说要向母亲讨她过去。我以为这种场合下贾宝玉的心绪可以这样理解：他刚从林、薛之间苦恼的纠葛里逃避开来，这时看见这个坦率热情的丫环在这种苦境，就产生同情和亲近之心。他说要讨她去，因为怡红院是个自由天地，那里没有主奴之界，也不讲封建规矩；她若到他那里，就不会有这种替人捶腿自己打瞌盹的苦差和苦情。因此可以说贾宝玉这时并无邪念。至于金钏儿这个活泼真率的女子，她本和贾宝玉不拘形迹惯了，向来不知什么忌讳，说话就不免脱口而出。但贾宝玉想不到母亲向来“宽仁慈厚”的人，从来不曾打过丫头们一下子，这回却忽然翻身起来，给金钏儿一个嘴巴，指着骂起“下作的小娼妇儿”来。他料不到这会如此触怒母亲，他第一次看到母亲可怕的面目，切身受到封建主义一次迅雷不及掩耳的打击。在骤然惊震之下，当时他赶快溜开了。这样走到园子里，遇见龄官“画蔷”，心里不禁对女孩子生起更为深切的同情，于是甚至忘了自己，淋了一身雨回屋。

综看贾宝玉这段生活经历，可以说在苦恼的心绪之上，又加上难忍的苦痛和不安。因为叫不开门，所以火上添油，不由得“一肚子没好气”，他的恶劣的贵家公子脾气又有了一次严重的发作：他把开门的袭人当成“那些小丫头们”，对她踢了一脚，还骂道：“下流东西们！我素日担待你们得了意，一点儿也不怕，越发拿着我取笑儿了！”这里贾宝玉爆发出来的恶劣的封建主义习气和意识，和他平日一般表现的思想性格正相矛盾，和刚才一路来对女孩子所流露的心情也是严重地抵触的。这个娇生惯养、缺乏历练的公子，在刚受到一些切身挫折的特殊情况下，就不由自主地把他最坏的阶级本性暴露出来了。这是真实而且深刻的：这时处此具体情况下的贾宝玉势必有这种表现。

但他这时还不知道刚才在母亲那里的事所造成的悲惨的后果，连金钏被骂被打之后又被残酷地撵走了的事，他也不知道。等他知道了这全部的事实，他才算亲身受到一次惨痛的教训：他具体地感到了封建主义的血腥压迫，他清楚地看到了封建主义狞恶的面目。金钏儿死后，我们看到贾宝玉抱着怎样一种抱憾终古的苦痛的心；这表现在后来对玉钏儿的态度上（见第三十五回），表现在怎样在家长那么重视、全家上下那么隆重举行的凤姐生日那天，排除万难，不顾一切，逃到北门外水仙庵去"不了情撮土为香"的祭奠的事上（见第四十三回）。

由于金钏儿之死，由于和蒋玉函交好：以这两件事为导火线，引起贾政对贾宝玉的一顿痛打。这是贾宝玉的性格和封建主义势力正面冲突的另一重大事件。

蒋玉函的事和金钏儿的事性质是相同的。贾宝玉一贯不肯和上层士大夫交往，他鄙视他们功名利禄、庸俗恶劣的思想，却和处在被压迫被侮辱地位的优伶讲交情；他对蒋玉函只有亲近爱慕之心，实无腐朽玩弄之念。但那位忠顺王爷却以己度人，把他们纯洁的友谊看得那么腌臜，以为贾宝玉霸占了他，他要夺他回去；并且不承认、不允许蒋玉函有人身自由之权。这自然也是封建主义统治势力和民主自由思想之间的矛盾斗争。

但金钏儿和蒋玉函这两件事，都被贾政扣上罪名："在外流荡优伶，表赠私物；在家荒疏学业，逼淫母婢"。这两件事所体现的矛盾斗争，都是通过封建统治阶级内部矛盾（庶出的贾环对正出的贾宝玉的挑拨诬陷和忠顺王府对国公贾府的争执），归总为贾政对贾宝玉父子之间封建主义势力和民主自由思想的矛盾而暴发出来。贾宝玉这次所受的严重打击，更是以前所没有经验过的。

六

贾宝玉受到父亲和母亲这两次封建主义势力的切身压迫，是向封建主义投降了呢，还是进一步对封建主义背叛了呢？或者说，是尊从了家长的训诫了呢，还是更加靠拢了被压迫者了呢？我们知道，贾宝玉走的不是前一条路，而是后一条路。经过这两次严重的考验和锻炼，他对封建主义进一步划清了界限，对封建主义的反感大大加深了，对封建主义的警惕大大提高了；原先留存的封建统治阶级的恶劣习性和意识显见得消除了，他的反封建的性格愈加成熟起来了。这具体表现在两方面：

第一，从此他对处于被压迫、被糟践地位的女孩子们的同情和体贴之心，更为深切、更为周到、更为无微不至了。看书中的描写上举一些打骂丫环的恶劣行为，此后就再没有发生过。那次对袭人脚踢而且辱骂的事，成为他性格中恶劣因素"回光返照"的最后一次的表露。

第二，他原先对女孩子们的亲近和好感，本是一视同仁，因为她们在封建社会所居的客观地位和所遭逢的运命总都是不幸的，可悲的；而对她们主观方面的思想性格，却不加区别，或没有明确认识。比如对于林黛玉和薛宝钗、史湘云，对于晴雯和袭人，他虽然经常地处在她们彼此间无休止的冲突斗争的纠葛里面，可是他一直认不清她们各自的内心思想，因而他对她们的态度也一直总是狼狈进退、模糊不明的。但经过两次历练之后，他对她们就能在一视同仁地怀着同情之心的原有态度之中，又进而对她们的思想性格有了明确的辨识能力，心里分出彼此来了。

在经过为跟金钏儿表示好心而在母亲面前受了打击以后(当时金钏儿还没有死)，他对这方面已经表现有所认识。第三十二回"诉肺腑心迷活宝玉"，描写了贾宝玉和林黛玉恋爱关系发展到一个重要的新阶段。这一新阶段的发展，就是建立在贾宝玉这种思想认识的基础上面的：那就是他明确地辨认出薛宝钗、史湘云两人和林黛玉的思想有本质的不同。一听见史湘云规劝他的话，他就"大觉逆耳"，立刻给她下不去；同时自觉地认识到林黛玉是自己思想上的知己，于是怀着升高了的白热的爱情向路上遇见的林黛玉诉说了平日说不出的肺腑里的话。这种认识能力，是他过去所没有的。

但是一个人对于日常切近身边的事物，往往失去敏感，最不容易辨识。所谓"不识庐山真面目，只缘身在此山中"。贾宝玉对于近在身边的袭人和晴雯就是如此。他在被父亲痛打以前，对晴、袭两人的思想性格就缺乏实质的明确认识。有时甚至也对晴雯的率直和锐利表示嫌厌，为袭人的温和与柔媚深受迷惑。所以他一直有些亲袭而疏晴。第二十回里他对麝月说晴雯："满屋里就只是她磨牙。"第三十一回写怡红院里一场争吵，贾宝玉显然跟袭人站在一边，而责备晴雯。（这时期各方面复杂的和激烈的矛盾斗争辏集在贾宝玉身上，他异乎寻常地显出感情波动，心绪烦躁；这是他思想上和爱情上产生重要变化的时期。）

可是在第三十三回挨打之后，他的思想骤见提高，反封建的感觉灵敏起来，这情形就完全转变。第三十四回，林黛玉悄悄地来看过他的伤，两眼哭得像桃子一样。过后，他心里惦记着林黛玉，要打发人去，只是怕袭人阻拦，便设法先使袭人到薛宝钗那里去借书，而后才命晴雯去看黛玉，并且拿了两条旧绢子给她送去。这事说明，她已经明确知道他和林黛玉的关系，袭人不会赞助，他把她归到薛宝钗那边去；而晴雯却可亲信，他托她为自己向黛玉传达爱情、递送私物。此后，贾宝玉所感受的封建主义压迫愈深——主要在婚姻和生活道路问题上，他在晴、袭之间内心倾向愈见分明；即是说，他愈把晴雯看作知己，流露特殊的亲切厚挚之心。晴雯被撵至惨死前后，他对晴雯的情分，不但瞒住了袭人，就连和袭人思想一致的麝月、秋纹也不让知道。

从这些我们可以明显看出：贾宝玉原是一般不加区分地对女孩子怀着同情的，但经过切肤之痛的斗争以后，就进而对她们思想性格的实质有了认识，因而在对她们怀着同情之中，又能有分明的取舍和爱憎了。

他对林黛玉的爱情，正就是在这种思想意识的基础上面成熟巩固起来的。

与此同时，另一方面，前文已经提到，他和林黛玉的关系，对他的思想的成长，也起着特别重大的作用。林黛玉从她孤苦无依的身世与处境和高洁的思想品格出发，一贯执着地、强烈地向他要求着彼此"知心"、"重人"、忠于自我，与封建主义秩序截然划分界限的严肃专一的爱情。为此她以血泪与生命，对他不断地进行了镂心刻骨的斗争，使他从苦痛的体验中逐步摆脱社会势力对他的纠缠和吸引，使他性格趋于纯化，头脑趋于清醒，思想感情趋于稳固与坚定。这一因素的力量，是必须充分估计到的。

这里应该顺便说一说贾宝玉对于仆妇们的看法和态度。我们不能因为贾宝玉一贯地爱护女孩子们而憎厌婆子媳妇们，就谴责他并不尊重在下层地位的人。

贾宝玉憎厌婆子媳妇们，是事实；而且一直不变，甚至愈来愈甚。第五十九回春燕对莺儿转述贾宝玉的话："女孩儿未出嫁是颗无价宝珠；出了嫁，不知怎么,就变出许多不好的毛病儿来;再老了,更不是珠子,竟是鱼眼睛了! 分明一个人,怎么变出三样来?”春燕这里引此话,更为说明她的母亲和姨妈“老姐儿两个”越老越把钱看的真了。第七十七回周瑞家的带了司棋出去,迎春、绣橘都啼哭、赠物,依依不舍。周瑞家的不耐烦,只是催促。司棋要求到相好的姊妹跟前辞一辞,周瑞家的冷笑,坚决不许。这时恰好贾宝玉走来遇见,不觉如丧魂魄,连忙拦住。周瑞家的说:“我们只知太太的话,管不得许多”,又威吓司棋:“你如今不是副小姐了,要不听话,我就打得你了。”……几个妇人不由分说,拉着司棋就出去了。贾宝玉恨道:“奇怪,奇怪! 怎么这些人,只一嫁了汉子,染了男人的气味,就这样混账起来,比男人更可杀了。”守园门的婆子听了笑问:“这样说,凡女儿个个是好的了,女人个个是坏的了?”贾宝玉发狠道:“不错,不错!”

从这些具体的场合来看贾宝玉的话,已经可以了解他的意见的正义性。我们不妨再看看他对奶母李嬷嬷的态度。贾宝玉从早就十分讨厌他的奶母。第八回“奇缘识金锁”那次,他在薛姨妈家喝酒,正和薛宝钗、林黛玉说说笑笑,心甜意洽之时,也即在家长的管束以外作充心如愿的自由活动之际,李嬷嬷上来拦阻,说:“你可仔细! 今儿老爷在家,提防着问你的书!”贾宝玉顿时垂头丧气。

我们常看到贾宝玉从李嬷嬷跟前受到封建主义的干涉和威胁,看到封建主义势力经常通过林之孝家的、周瑞家的、王善保家的这些人对贾宝玉、对女孩子们的活动进行控制和压迫。这些婆子媳妇们,实在就是封建主义统治机构的基层组织细胞,封建主义势力总是通过她们来作恶逞威的。当然,她们自己也处于被压迫被奴役的地位。但她们所体现的封建主义罪恶特征却是更为重要的方面;因为她们总是为主子执行命令,作为封建主义势力的爪牙而从事活动的。贾宝玉嫌恶她们、憎恨她们,正是他反封建思想感情的具体表现。前面曾举贾宝玉因李嬷嬷吃了他留给女孩子的东西而大发脾气,那实质上也含有对封建主义发生反感的意义;至于他对茜雪发作了那脾气,那是另一回事。

总之,关于贾宝玉性格的发展,书中的描写极其真实深到;以上不过举出荦荦大端,以见他在思想上爱情上进于成熟与稳定阶段的情况而已。贾宝玉性格全部的发展变化,前面已经一再指明,主要和他的恋爱婚姻问题密切结合，直到最后出走都应包括在内；这在后面研究作者的处理态度时还有论述。

七

现在就贾宝玉典型形象的主要特征作一些说明。

贾宝玉性格最初的也是最突出的一个特征就是对于世俗男性的憎恶和轻蔑，以及与此相应的对于女孩子的特殊的亲爱和尊重。这是他自幼所处的生活环境的特点在他思想感情上的具体反映，前面阐论他的性格形成的条件，对这一点已经作过说明，这里不须重复。

《红楼梦》非常强调地描写了它的主人公性格的这一特点。开篇第二回，作者借冷子兴演说荣国府，就特意介绍了贾宝玉这句名言："女儿是水做的骨肉，男人是泥做的骨肉。我见了女儿便清爽，见了男子便觉浊臭逼人。"第二十回里作者又在旁叙中重说此点："他便料定天地间灵淑之气只钟于女子，男儿们不过是些渣滓浊沫而已。因此，把一切男子都看成浊物，可有可无。"至于"国贼禄鬼"，"须眉浊物"，就是他平日鄙视与厌恶男性的口号。重要的不是他这样说、这样想，他也是这样做人，这样生活的。全书里面，不只关于贾宝玉生活活动的描写一贯地表现了这一特征思想或基本精神，而且由众多人物所构成的现实环境，也为他这种思想的产生提出了无可置疑的具体根据。这不必多说。

与这点相关连的，贾宝玉还有一种意识，那就是对于自己出身的家庭或阶级阶层的憎恶，以及与此相应的对于有些比较寒素和微贱人物的爱慕和亲近。

第七回中描写贾宝玉和"年近七旬"、"宦囊羞涩"的"营缮司郎中"秦邦业的幼子秦钟见面："那宝玉自一见秦钟，心中便如有所失。痴了半日，自己心中又起了个呆想，乃自思道：'天下竟有这等的人物！如今看了，我竟成了泥猪癞狗了！可恨我为什么生在这侯门公府之家？要也生在寒儒薄宦的家里，早得和他交接，也不枉生了一世。我虽比他尊贵，但绫锦纱罗，也不过裹了我这枯株朽木；羊羔美酒，也不过填了我这粪窟泥沟：'富贵'二字，真真把人荼毒了！'"他和"一贫如洗"、"父母早丧"的破落世家子弟柳湘莲缔结深厚的友谊,对为当时社会所轻贱的"唱小旦的"蒋玉函衷心倾慕,可以说,也含有同样的意识。

当然,秦钟、柳湘莲和蒋玉函的所谓"人品",是使他和他们亲厚的主要原因。假如没有具备这种使他引为知己的"人品",他对他们的交情是建立不起来的。比如对于贾芸,最初他很怀有好感,但是接谈几次之后,看到贾芸人品的庸俗,他就不愿和他交往了。那么这种所谓"人品",究竟是什么呢?有人认为就是带有女性风格的美貌。我以为这是片面表面的看法。

第四十七回里写到在赖大家贾宝玉和柳湘莲见面的一个场面。他们的谈话主要是关于照管秦钟的坟墓和柳湘莲远行的事。贾宝玉一见柳湘莲,就问他这几日可曾去看秦钟的坟。一个说,想着雨水多,放心不下,特意绕路去看了坟,回家就弄了几百钱,雇人去收拾好了;一个自恨天天圈在家里,一点做不得主,但园子里结了莲蓬,就摘了十个,叫焙茗送到坟上供他。柳湘莲又说,"这个事也用不着你操心,外头有我,你只心里有了就是了"。柳湘莲虽然"一贫如洗,家里是没的积聚的",但他早"已经打点下上坟的花消"。贾宝玉意欲打发焙茗送钱给他,柳说用不着,这也不过各尽其道。于是谈到远行的事,贾宝玉依依难舍,说:"你要果真远行,必须先告诉我一声,千万别悄悄的去了!"说着便滴下泪来。

这里流露出来的他们之间友情的内容,在当时社会里是一种慷慨义气、严肃而又高尚的品格和精神。这不但和同一回里映照着描写的呆霸王薛蟠对柳湘莲的腌臜无耻的用心和行为成为尖锐的对比,就是和封建统治阶级或上层士大夫间——如贾雨村对甄士隐和贾家、贾政及他的那些门客们——那种庸俗的势利关系,也同样属于不同的范畴。这意思是说,像这种金子似的心,是当时被压迫人民所崇尚,贾宝玉的本阶级里一般是没有的。

早年贾宝玉对北静王水溶也怀着好感。那不止因为水溶"面如美玉,目似明星,真好秀丽人物",主要还因为水溶"风流跌宕,不为官俗国体所缚",和他的思想有合拍之处的原故,尽管如此,仍然碍于身份与社会地位,贾宝玉后来和他没有什么交往,更未和他发生像和柳湘莲、秦钟那样的亲密的友谊关系。

贾宝玉对于世俗男子和对于自己社会出身的憎恶,实质上都是对他出身的本阶级的否定。他对世俗男子的否定,同样也就是对他本阶级的否定。

因为封建主义社会以男性为中心建立其统治，妇女所受的压迫，实即反映了阶级的压迫；在旧社会，妇女的解放是必须在阶级斗争中去求取的。

贾宝玉的这种意识特别清楚地表现在对居于下层地位女子们的用心上。他对她们被糟践的命运，怀着无限同情；对她们纯真敏慧的资质和自由活泼的性格，倾心地亲爱。第二十三回写他在园中看见风吹花落，不忍落花被人践踏，兜起来抖入池中；后来又和林黛玉掘土葬花。这种对花怜惜的心情，正是他从对女孩子们的处境和品质的联想产生的。

八

书中关于贾宝玉对女孩子温柔体贴的描写随处都有，并且非常突出。这里只举两三个例，具体看一看贾宝玉这方面思想活动的特点，是有意义的：

第十九回写贾宝玉在宁宅看戏，对那里的富贵繁华和热闹发生厌恶，感觉内心的孤寂，就叫茗烟同他到花家去看袭人。他对袭人说："我怪闷的，来瞧瞧你作什么呢。"后来袭人回来，贾宝玉和她谈及在花家看见的穿红的女子，袭人有意用歪话缠他。他说她们不配穿红的，谁还敢穿？"他实在好的很，怎么也得他在咱们家就好了"。袭人冷笑道："我一个人是奴才命罢了，难道我的亲戚都是奴才命不成？"宝玉忙笑道："你又多心了。我说往咱们家来，必定是奴才不成？说亲戚就使不得？"袭人又故意说："明儿赌气花几两银子买进他们来就是了。"宝玉笑道："你说的话，怎么叫人答言呢？我不过是赞她好，正配生在这深宅大院里，没的我们这宗浊物倒生在这里。"后来袭人说及她们明年就要出嫁，宝玉不禁连"嗐"两声气。女孩子出嫁，在贾宝玉看来就像落花一样，遭受封建性的践踏；并且她们出嫁后渐渐成为社会机构的组成细胞，就会失去她们原有的纯真美好的内心精神和品质。贾宝玉一贯听说女孩子出嫁就难过，正是为此；他对女孩子的深切同情，也出于同样的意识。

贾宝玉这种意识和感情在金钏儿惨死，尤其在他和林黛玉的恋爱婚姻问题上所感受的切身压迫愈深的时候，就愈益发展了。

我们可以看看第四十四回"平儿理装"和第六十二回"香菱情解石榴裙"

两回的描写。处于“婢妾”地位的平儿,为贾琏和凤姐极端丑恶的争闹受到无辜的殴打和枉屈。贾宝玉招待平儿到怡红院,连声劝慰她:“好姐姐,别伤心。”照料她换衣、梳洗、擦脂粉。替她剪下秋蕙簪在鬓上。平儿到李纨处去了后,贾宝玉自觉在平儿前稍尽片心,引为今生意中不想之乐,歪在床上怡然自得。“忽又思及贾琏惟知淫乐悦己,并不知作养脂粉,又思平儿并无父母兄弟姊妹,独自一人,供应贾琏夫妇二人,贾琏之俗,凤姐之威,他竟能周旋妥帖,今儿还遭荼毒,也就薄命的很了。想到此间,便又伤感起来。复又起身,见方才的衣裳上喷的酒已半干,便拿熨斗熨了叠好;见他的绢子忘了去,上面犹有泪痕,又搁在盆中洗了晾上。又喜又悲……”贾宝玉服侍平儿温慰体贴的用心,这里是刻画得很清楚的。

再看贾宝玉生日那天,香菱和几个顽皮女孩子斗草,彼此逗趣,打闹起来。香菱的石榴红罗裙弄到脏水里玷污了,正在没办法,贾宝玉恰好走来看见,于是招扶她换了袭人的裙子,又无微不至地对她尽了一番温存体贴之心。这里描写两方内心活动是很深细的。贾宝玉说裙子本不值什么,但弄坏了,一则辜负琴姑娘的心,二则姨妈老人家嘴碎,会说只会糟蹋东西,不知惜福。香菱听了,碰在心坎儿上,反倒喜欢起来。这因为贾宝玉替她设身处地,想的深切入微。这在作“婢妾”的香菱是从来没有经过的温情。所以在袭人送来裙子给她换好之后,香菱已经走开,又重复回转身叫住宝玉;红了脸,只管笑,要说什么,又说不出口来;末后脸红说:“裙子的事,可别告诉你哥哥,就完了。”这正因为香菱从未领略过这样的温柔体贴,所以一时心里对贾宝玉有说不出的感激和欣喜。至于贾宝玉这样看待香菱,那心理活动也是很明白的:“一壁低头,心下暗想:‘可惜这么一个人,没父母,连自己本姓都忘了,被人拐出来,偏又卖给这个霸王!’因又想起:‘往日平儿也是意外想不到的,今儿更是意外之意外的事了!’”

可见贾宝玉对平儿和香菱的用心都是很严肃的。他只是对这些处于悲苦地位遭受压迫蹂躏的女子怀着莫可奈何的关怀和怜惜;他无力改变这种现状,于是到处发挥这种不能自制的感伤的温情。

但是贾宝玉严肃纯洁的内心,总是不为人所了解。比如香菱,就以为他对她怀着轻薄。第七十九回所写的,当时晴雯已死,迎春将嫁,和林黛玉的关系陷入一筹不展的苦境,贾宝玉在沉郁中,这种意识更为深入了。他到迎春住处紫菱洲一带徘徊瞻顾，吟咏了“蓼花菱叶不胜悲，重露繁霜压纤梗”这样的诗句；这时遇见香菱，谈到薛蟠将娶夏金桂。香菱是个天真的女子，在薛家长大，也只能有世俗的见解，对她自己悲苦的处境并没有自觉。所以这时她仍很高兴，说“我也巴不得早些娶过来”。宝玉冷笑道：“但只我倒替你担心虑后呢！”香菱道：“这是什么话？我倒不懂了。”宝玉笑道：“这有什么不懂的？只怕再有个人来，薛大哥就不肯疼你了。”香菱听了，不觉红了脸，正色道：“这是怎么说？素日咱们都是厮抬厮敬，今日忽然提起这些事来，怪不得人人都说你是个亲近不得的人！”一面说，一面转身走了。宝玉见她这样，便怅然如有所失，呆呆的站了半日，只得没精打采，还入怡红院来。

这里的描写显出贾宝玉在他的世俗社会里精神内心是多么孤独寂寞；香菱对他的了解，正可以代表一般的世俗之见。

自来《红楼梦》的读者对上述贾宝玉看待女子的用心，也总是以封建社会的世俗之见去了解。他们认为贾宝玉对下层地位的女子都怀着邪念。这是荒谬的。

贾宝玉的这一思想倾向坚定不移。为金钏儿和蒋玉函的事挨了贾政的痛打之后，林黛玉来看他，抽噎地说：“你可都改了罢？”他长叹一声说：“你放心。别说这样的话。我便为这些人死了，也是情愿的！”

他此时对林黛玉说这样的话，主要是因为他明确意识到，自己和林黛玉的爱情关系，跟他被封建势力拿做罪名的那整套行为思想完全属于同一回事。这是贾宝玉坚持他的行为思想和反封建决心的表示，也是他向林黛玉提出他和她爱情关系的再次的声明和保证。

前面已经说过，贾宝玉对于生活环境里的女子们广泛深切的同情与爱护，是和他跟林黛玉的爱情关系互为因果、不可分割的。正因为贾宝玉性格的这一特点，他把它集中专注在林黛玉身上，才发展成为他们之间那样生死不变的深挚的爱情；也正因为他在爱情问题上遭受着封建主义势力的沉重的压迫，他才对环境里的女子愈益深切地怀着那样的同情和体恤。

九

综观上述贾宝玉思想的这些特点——即一方面对自己出身的本阶级抱

着憎恶和否定的态度,一方面对他所接触的生活环境中居于被压迫地位的人物——尤其女孩子们则寄予尊重、同情和无限亲爱体贴之心:这就积极方面意义看,实即反映了人性解放、个性自由和人权平等的要求,实质上也就是人道观念和人权思想,就是初步的民主主义精神。

贾宝玉非常讲究尊重个性,尊重意志。第二十回他对贾环说:“大正月里,哭什么?这里不好,到别处玩去……譬如这件东西不好,横竖那一件好,就舍了这件取那件……你原是要取乐儿,倒招的自己烦恼。”第三十一回“撕扇子作千金一笑”写晴雯生气说到怕砸了盘子,宝玉笑道:“你爱砸就砸。这些东西原不过是借人所用,你爱这样,我爱那样,各自性情。比如那扇子,原是搧的,你要撕着玩儿也可以使得,只是别生气时拿他出气;就如杯盘,原是盛东西的,你欢喜听那一声响,就故意砸了,也是使得的,只别在气头儿上拿他出气。——这就是爱物了。”这番议论,我们今天看来自然觉得太过分,很不妥帖,其中流露了浓厚的贵家公子气味。但主要的意思,却是尊重意志,尊重个性;用当时思想家的话说,就是“使人各得其情,各遂其欲”(戴震语)。

第三十六回写“情悟梨香院”的一段,贾宝玉兴兴头头去找龄官,因素日和女孩子玩惯了,只当龄官也一样,央她唱一套“牡丹亭”曲子。不想龄官见他坐下,忙起身躲避,正色道:“嗓子哑了。前儿娘娘传进我们去,我还没有唱呢。”宝玉见此景况,从来未经过这样被人弃厌,自己便讪讪的,红了脸,只得出来了。后来看见贾蔷那样体爱龄官,龄官又那样自爱并爱着贾蔷,他就悟出“人生情缘各有分定”的道理。

他是完全尊重龄官的个性、意志和她与贾蔷的关系的。他平日和姊妹、丫环们一处,也总是尊重别人的意见,很少拿自己的主张;更不想强迫别人接受自己的意见。

在日常生活活动中,贾宝玉也一贯流露这一思想。第四十回贾母、王夫人和众姊妹商议给史湘云还席。贾宝玉因说:“我有个主意。既没有外客,吃的东西也别定了样数,谁素日爱吃的,拣样儿做几样。也不必按桌席,每人跟前摆一张高几,各人爱吃的东西一两样,再一个十锦攒心盒子,自斟壶。岂不别致?”这意见立刻为贾母所接受。他做诗也不主张限韵,要求自由发挥个性。

贾宝玉这种思想是和封建主义原则正面抵触的,它直接破坏着封建秩序。我们试看贾宝玉待人接物的态度，他总是否定封建社会的礼法观念，主张听任各人按照自己的意志和心愿去自由活动。

第二十回写他对弟弟贾环："宝钗素知他家规矩，凡做兄弟的怕哥哥，却不知那宝玉是不要人怕他的"。"并不想自己是男子，须要为子弟之表率。是以贾环等都不甚怕他，只因怕贾母不依，才只得让他三分"。

他对茗烟，也是亲密无间，没有什么主奴的界限。像第十九回写的他对茗烟和万儿的喜剧，第二十三回写的茗烟替他买来各种小说，第二十六回写的茗烟受薛蟠之嘱竟诳说老爷叫他，第四十三回写的和茗烟偷偷同到水仙庵去祭奠，茗烟祝告的时候说："跟二爷这几年，二爷的心事，我没有不知道的。"

在丫环们跟前，反倒经常服侍她们；并且受她们的排揎，不以为忤。正如袭人说的："你这个人，一天不挨两句硬话村你，你再过不去。"（见第六十三回）麝月甚至这样"村"他："你偏要比杨树，你也太下流了！"（见第五十一回）傅家婆子议论他："一点刚性也没有，连那些毛丫头的气都受到了！"（见第三十五回）

在贾宝玉这种思想领导下，怡红院关起门来，除了袭人作些梗，可说是个没多少封建礼法观念的民主自由的世界。第六十三回描写"寿怡红"，林之孝家的走后，丫头们要为宝玉安席，贾宝玉笑道："这一安席，就要到五更了。知道我最怕这些熟套，在外人跟前不得已的，这会子还怄我，就不好了。"众人听了，都说："依你。"于是先不上坐，且忙着御装宽衣。（这里"庚辰本""脂批"："吃酒从未如此者。此独怡红风俗。故王夫人云他行事总是与世人两样的。"）尤其姊妹们散后，简直弄得"无法无天"。但他觉得称心如愿，无比的快乐。袭人也说："昨日夜里热闹非常，连往日老太太、太太带着玩，也不及昨儿这一玩。"这话从袭人这样思想的人说出来，可见她们这些处在被压迫地位的女孩子们都是喜爱这种无拘无束的自由生活方式的。所以平儿说："还说给我听，气我！"

第六十六回兴儿对尤三姐等评论贾宝玉："再者也没有一点刚性儿。有一遭见了我们，喜欢时没上没下，大家乱玩一阵；不喜欢各自走了。他也不理我们，我们坐着卧着，见了他也不理他，他也不责备。因此没人怕他。只管随便，都过得去。"

贾宝玉这种性格,愈到后来,愈发展得厉害。第七十回写怡红院早晨,晴雯、麝月、芳官笑闹膈肢,贾宝玉也参加进去闹。碧月走来说:“倒是你们这里热闹。”他们在郁闷的生活中,简直作为精神的发泄。第七十九回写道:“这百日内,只不曾拆毁了怡红院,和这些丫头们无法无天,凡世上所无之事都玩耍出来。”

当时封建主义势力在大观园里大肆猖狂,园中素日丰富多彩的生活活动日见毁坏,形成“风雨如晦”的局势;贾宝玉和众多女孩子们所受压迫摧残日益加紧,宛如“釜底游鱼”:这样形势下,怡红院中愈是逞心胡闹,愈令人觉得惨切;但同时也足见贾宝玉虽然限于条件,逼于形势,却充分表现了他负隅顽抗、苦战到底、不肯屈服的精神。

从这整套颇具规模的初步民主主义思想看,当时封建主义社会秩序为一个统治阶级的儿子所安排的道路,贾宝玉当然不能遵循。除了家庭中晨昏定省而外,一切应该参加的交游和礼节,他都不愿参加,尽力逃避。这是明显的事:他和处于被压迫地位的女孩子们的纯真自由的世界,与居于统治地位的庸俗腐朽的男子们或利欲熏心的士大夫们的世界——这两个世界在贾宝玉的具体生活环境里是尖锐地矛盾对立着的。对这两相矛盾对立的生活道路加以抉择的问题,早就提到贾宝玉的面前。自幼虽经家长训诫逼迫,袭人和宝钗等规劝,他却利用衰朽制度和腐败社会的空隙,极力抗拒逼来的压力。他批评“读书上进的人”是“禄蠹”,“把一切男子都看成浊物”,把所有士大夫都骂为“国贼禄鬼”。

第三十二回史湘云天真直率地向他提出这个生活道路的问题:“如今大了,你就不愿去考举人进士的,也该常会会这些为官作宦的,谈讲谈讲那些仕途经济,也好将来应酬事务,日后有个正经朋友。让你成年家只在我们队里,搅的出些什么来?”贾宝玉立刻还击,斥为“混账话”。

第三十六回写道:“那宝玉素日本就懒与士大夫诸男人接谈,又最厌峨冠礼服贺吊往还等事……日日只在园中游玩坐卧……却每日甘心为诸丫头充役……或如宝钗辈有时见机劝导,反生起气来,只说:好好的一个清净洁白女子,也学的沽名钓誉,入了国贼禄鬼之流。这总是前人无故生事,立意造言,原为引导后世的须眉浊物,不想我生不幸,亦且琼闺绣阁中亦染此风,真真有负天地钟灵毓秀之德了。”这里概括地写出了贾宝玉日常生活中的坚定不移的信念和战斗姿态。

后来随着家道的愈趋败落，形势对他的要求愈迫切，那逼到头上的压力也愈沉重，他也就愈见陷于力疾苦战的地步。但是在他具体的主客观条件下，他的信念始终不移，战斗也始终不休。贾宝玉对封建主义势力为他安排的生活道路是坚决否定了的，而他的民主主义思想和要求是一直坚持到底的。

贾宝玉和林黛玉的爱情，正就是建立在这种思想和要求的基础之上，同时他和林黛玉的关系，也坚定了和发展了他的这种思想和要求；他被逼被骗和薛宝钗结婚后而终于出亡，也得从他这整套思想和要求来看，才能了解。

十

从以上的阐论中，我们已经可以看到一些贾宝玉形象所含有的民主主义思想的限度。

不错，贾宝玉思想性格中民主主义因素已经具备规模，我们可以看见那色彩鲜明、线条清楚的完整的轮廓；它和封建主义抵触着、矛盾着，不能相容，并且态度坚定，没有调和妥协的意向。这方面都是不容置疑的。但同时，我们却也看得出，它的力量是如此其微弱，所处的境状如此其黯淡，它在衰朽腐败的封建主义势力跟前，宛如一棵幼芽压在大石之下，显得无法与之抗衡，因之也看不见天日、找不到前途。这方面我们也不能忽视。

贾宝玉经常想到死和毁灭。在他的早期就有这念头，到后来不但未变，反倒愈来愈见深彻。

第十九回他和袭人说："只求你们看守着我，等我有一日化成了飞灰——飞灰还不好，灰还有形有迹，还有知识的！等我化成一股轻烟，风一吹就散了的时候儿，你们也管不得我，我也顾不得你们了，凭你们爱那里去那里去就完了。"

第三十六回他说——还是对袭人："比如我此时若果有造化，趁着你们都在眼前，我就死了，再能够你们哭我的眼泪流成大河，把我的尸首漂起来，送到那鸦雀不到的幽僻去处，随风化了，自此，再不托生为人：这就是我死的得时了！"

第七十一回尤氏驳辩贾宝玉对探春的批评:“谁都像你是一心无挂碍只知道和姊妹们玩笑?饿了吃,困了睡,再过几年,不过是这样,一点后事也不虑。”宝玉笑道:“我能够和姊妹们过一日是一日,死了就完了,什么后事不后事!”又说:“人事难定,谁死谁活?倘或我在今日明日,今年明年死了,也算是随心一辈子了。”

贾宝玉自幼从生活中明确感觉到那尖锐的矛盾。他身在那矛盾中,为之呕心耗血,苦痛难置;他无法解决那矛盾,也不能为自己的斗争找到支援和出路。他始终在一种莫可奈何的境状中。于是感伤主义情绪随着他的民主主义思想同时生长起来。他一般只能给予处在封建主义势力压迫摧残下的人们以温情和体恤,对自己切身的恋爱婚姻和生活道路问题一般只能作出偏于消极性的奋斗:他坚决不向封建主义妥协投降,但是他也不能积极有为地作出有力和有效的反抗。他一般多是以逃避态度对待面临的矛盾,但这是逃不脱的;为了减轻斗争中的苦痛,他找到了可能找到的虚无主义思想。

感伤主义和虚无主义是贾宝玉民主主义思想的弱点和病症。

他欣赏《庄子》,喜观佛家思想。当他在切身的尖锐矛盾中、在激烈的思想斗争中的时候,他就以此自慰,求得苦痛的解脱。

第二十一回他摹拟南华文,写出什么“焚花散麝,戕宝钗之仙姿,灰黛玉之灵窍,丧灭情意”的句子。第二十二回因听见戏曲中鲁智深唱的“赤条条来去无牵挂”等句,就喜得拍膝摇头,并且做了几句佛偈。这都是他用来自解烦恼,自慰苦痛的办法。在他的现实条件下,他只能找到这样一些精神思想的出路。

当然这些都是他早期的勾当,但是虚无主义一直生根在他的思想里。他的“死”和“化灰化烟”的念头,正就是它的流露。

温情主义和感伤主义是同一东西的两面。贾宝玉对处于不幸运命中的女孩子的温情,实出于一种莫可奈何的态度。这种思想感情的深化和扩大,就成为明显的感伤主义。

第三十九回刘老老向他胡诌了“雪中抽柴”的若玉小姐的故事,他就当成一件了不得的大事去办。第四十三回他为祭奠金钏儿在水仙庵看见“洛神”像,以为真有“荷出绿波,日映朝霞”的姿态,就不觉滴下泪来。第五十八回见园中杏树“绿叶成荫子满枝”，想到邢岫烟已经择了夫婿，又“不免伤心，只管对杏树叹息”。他为藕官掩护烧纸（见第五十八回），为彩云等瞒赃（见第六十一回），也都流露同一思想。

芳官被干妈打了，正吵闹，“宝玉恨的拿拄杖打着门槛子，说道：‘这些老婆子都是铁石心肠似的，真是大奇事？不能照看，反倒挫磨他们。地久天长，如何是好？’”（见第五十八回）

他对面临的现实无可奈何，尤其当他对切身的恋爱婚姻问题束手无策时，比如在第五十七回“情词试莽玉”以后，感伤主义就主宰了他的心神。

十一

贾宝玉思想里这些病症和弱点是根深蒂固的。他对面临的和切身的矛盾无可奈何，首先是因为他自己的思想里存在着严重的矛盾。

他的思想上的矛盾在这里：他从生活现实中否定了封建统治阶级社会，否定了封建主义社会秩序，可是，他却没有能够否定君权和亲权——即封建主义统治权。这是贾宝玉直到“出家”没有获得解决的思想问题。这个思想问题使他对现实的斗争始终带着阴黯气氛和悲剧色彩，并且他也只能成为悲剧主人，以悲剧来结束他的斗争。

第三十三回“大受笞挞”，众门客劝阻，贾政不许，说“明日酿到他弑父弑君，你们才不劝不成”？这是说在贾政看来，贾宝玉的行为虽然已离经叛道，但“今日”还未到弑父弑君的地步，不过听任不管，“明日”会酿到那地步。

贾宝玉不只没有弑父弑君的思想，他对君权亲权都一直尊重，从来不敢直接违抗。

这首先表现在他的民主主义思想并未突破封建主义体系而独立，他还不能不崇信“孔孟之道”。

第三回他说：“除了四书，杜撰的也多呢。”第十九回袭人复述他的话：“除了什么‘明明德’外就没有书了，都是前人自己混编出来的。”

第二十回作者旁叙他的思想：“只有父兄伯叔兄弟之伦，因是圣人遗训，不敢违忤。”

第七十三回叙道：“更有八股一道，因平素深恶，说这原非圣贤之制撰，焉能阐发圣贤之奥,不过是后人饵名钓禄之阶。”

由于把孔孟之道看作天经地义,由于不敢违忤圣贤遗训,贾宝玉对于封建主义统治从不怀疑。

第二十八回为“金”“玉”的问题他向林黛玉表白:“我心里的事也难对你说,日后自然明白。除了老太太、老爷、太太这三个人,第四个就是妹妹了。要有第五个人,我也起个誓。”

第三十六回他对袭人发议论:“人谁不死?只要死的好。那些须眉浊物只听见‘文死谏’、‘武死战’这二死是大丈夫的名节,便只管胡闹起来。那里知道有昏君方有死谏之臣,只顾他邀名,猛拼一死,将来置君父于何地?必定有刀兵,方有死战,他只顾图汗马之功,猛拼一死,将来弃国于何地?”又说:“那武将要是疏谋少略的,他自己无能,白送了性命:这难道也是不得已么?那文官更不比武官了。他念两句书,记在心里,若朝廷少有瑕疵,他就胡弹乱谏,邀忠烈之名;倘有不合,浊气一涌,即时拼死;这难道也是不得已?要知那朝廷是受命于天,若非圣人,那天也断断不把这万几重任交代。可知那些死的都是沽名钓誉,并不知君臣的大义。”

这些话把他颠簸不破地信持着的君父观念全盘托出来了。

第六十六回里他和柳湘莲有一段对话。柳湘莲说:“你们东府里,除了那两个石狮子干净罢了!”宝玉听说红了脸。湘莲自惭失言,连忙作揖,说:“我该死胡说,你好歹告诉我,他品行如何?”宝玉笑道:“你既深知,又来问我做什么?连我也未必干净了。”湘莲笑道:“原是我自己一时忘情,好歹别多心。”

这里贾宝玉流露了很深的宗族观念;其实在他的具体条件下,这也是理所当然的。

问题不在他只在口里说了什么或心里想了什么。重要的是他在日常生活活动中表现出来:他一贯遵循与顺从亲长的嘱咐,从不当面违抗。当然他心有不愿,但不敢直说,而只是逃避、掩饰,或作侧面的斗争和曲折隐忍的表示;要是逼紧了,也只好顺从。日常晨昏定省之礼,除非特殊原因和祖母叮嘱,也还是谨守不渝的。对父亲,他从心里惧怕;对母亲,他从心里尊重(有人认为芙蓉诔“毁诐奴之口”“剖悍妇之心”二句中有指王夫人的意思;这怕是误解。按情理,按贾宝玉的思想,这还只能是指那些仆妇,如王善保家的之类);对老太太,他从心里崇敬。亲长通不过的事,他只能偷偷地隐瞒着做:如到花家去看望袭人,到水仙庵去祭奠金钏儿。凡这些,他都不能理直气壮、光明正大地在亲长前公开做出来。

下人来传亲长的话,他得站起来答话。甚至走过父亲书房门前要下马这一礼节,他也不肯违犯;他只能要求打角门绕过去,以免下马。周瑞说"老爷不在书房里,天天锁着,爷可以不用下来罢了"。宝玉笑道:"虽锁着,也要下来的。"他不肯越过礼去(见第五十二回)。

到检抄大观园后,晴雯、芳官、四儿等无辜被撵出去,他虽然如丧魂魄,痛愤得万箭穿心,恨不能一死,"但王夫人盛怒之际,自不敢多言",还一直跟送王夫人到沁芳亭。到了晴雯垂死的时候,贾政叫他随同出去做诗,他也只好去。

贾宝玉在家庭里,在他的社会环境里,在奴仆下人心目中,都有他特殊的地位。他以这种地位或面子对被压迫者被糟践者给予温情和庇护。他的丫环们也依靠了他的地位和势力以对抗婆子们和她们自己长上所施的压迫和干涉。并且,他得有这样的特权:打破了成规,被准许进行为封建主义社会秩序所不容的这样那样的民主自由生活活动(包括和林黛玉的爱情);从这里,培养出来他的具备规模的初步民主主义思想和反封建主义的叛逆精神。

可是,他的地位和特权那儿来的呢?显然,他依靠的是亲长的爱宠,是封建主义统治势力的支持。

这是可悲的矛盾:他所深恶痛绝的,正是他所仰赖的;他所反对的,正是他所依靠的。

因此之故,在家长威力的压迫之下,他可以变得失去力量,毫无作为。

我们可以看看第七十七回的几段描写。周瑞家的押送司棋出去,坚执不允许司棋辞一辞姊妹们;贾宝玉走来遇见,向周瑞家的求道:"姐姐们且站一站,我有道理。"周瑞家的便道:"太太吩咐不许少捱时刻,又有什么道理?我们只知道太太的话,管不得许多。"宝玉又恐他们去告舌,恨的只瞪着他们。

到晴雯被撵以后,贾宝玉偷偷地去看她。他"将一切人稳住,他独自得便,到园子后角门,央一个老婆子带他到晴雯家去。先这婆子百般不肯,只说‘怕人知道,回了太太,我还吃饭不吃饭?’无奈宝玉死活央告,又许他些钱,那个婆子方带了他去。”

这样的场合下,贾宝玉社会关系的真相就显出来了:没有了封建主义势力的支持,他就失掉了特殊地位,也就不能得到重视了。当王夫人拿出狰狞面目,残酷地把晴雯等人撵出去时,贾宝玉不但不能挺身而出,有所抗辩,甚至也不敢到老太太那里去求情。为什么?因为这就和母亲的意志正面冲突,就直接违犯了亲权。

贾宝玉是一贯尊重着与信守着封建主义统治的;违犯了统治权力的事,他就不能理直气壮公开做出来。

所以贾宝玉只能在封建主义统治所特准或其衰朽势力所不能控制的范围里进行他的反封建秩序的活动和发挥他的民主主义精神。这样的反封建活动,这样的民主主义思想,尽管它本身已具有规模,而且很坚决,不妥协,但终究是缺乏力量,没有前途的。

贾宝玉的恋爱与婚姻的悲剧,就植根在他的这种严重的思想矛盾上面:他热烈地进行了自由恋爱,他迫切地要求婚姻自主,可是同时又不得不期待家长的主持或批准,不得不仰赖封建主义势力的赞助与支持。

第五十六回贾母和江南甄家来的女人有一段谈话,透露了他们看待贾宝玉的许多消息,尤其道破了贾宝玉思想的这一症结所在。

贾母笑道:“不知你我这样人家的孩子,凭他们有什么刁钻古怪的毛病,见了外人,必是要还出正经礼数来的。若他不还正经礼数,也断不容他刁钻去了。就是大人溺爱的,也因为他一则生的得人意儿;二则见人礼数,竟比大人行出来的还周到,使人见了可爱可怜,背地里所以才纵他一点子。若一味他只管没里没外,不给大人争光,凭他生的怎样,也是该打死的。”

对于封建主义统治无法违抗,自己的民主主义思想和要求又不能放弃:于是贾宝玉的出路只有出家做和尚——那不是现实世界里的和尚,而是回到虚无飘渺的“太虚幻境”里去,大约还是去做什么“神瑛侍者”吧?

总之,他只能在超现实的世界里找到出路。

而且,当他随着“空空道人”和“渺渺真人”离开这个现实世界的时候,他光着头,赤着脚,身上披着大红猩猩毡的斗篷,还不得不去找在归途中船上的贾政倒身下拜,特意向父亲告辞。

因此，在他决心“出家”以前，也须考得一个功名以报“亲恩祖德”。

续书作者这样一些处理，可说费了很大的心血：他是掌握了他的主人公的性格里这个症结问题的。

十二

贾宝玉典型形象的特征以及它所反映的矛盾和限度，跟原作者曹雪芹的思想是一致的。但是，因为贾宝玉的性格在书中是不断地成长、发展的，所以原作者直到原著八十回结束，还曾有多处对他的主人公的某些弱点给予讽嘲和批判。

作者对于贾宝玉的感伤主义和虚无主义并不表示异议或反对，因为作者自己显然具有同样的思想感情。但是贾宝玉一些稚气的、空想的、过痴过傻的感伤与温情，作者则不免要给以同情的挖苦和嘲笑。

第三十九回“村老老是信口开河，情哥哥偏寻根究底”，写扮演着丑角的刘老老为博得喜欢、投其所好，胡诌了“雪中抽柴”的若玉小姐的故事；贾宝玉信以为真，显出那等欲罢不能、严肃深挚的用心，打发焙茗去认真访了一整天。焙茗回来说，在田埂子上找到一个破庙，说“可好了”，一看泥胎，活似真的似的。贾宝玉喜的笑道：“他能变化人了，自然有些生气！”焙茗拍手道：“那里是什么女孩儿，竟是一位青脸红发的瘟神爷！”

作者对贾宝玉的一些迂阔之见和在斗争的关键问题上认识模糊、易受愚弄哄骗的弱点也加以揭发和讽刺。

第七十七回刚直纯真的晴雯遭受歧视和陷害，被残酷地撵了出去，贾宝玉痛愤难言，对袭人生了疑心，提出许多尖锐问题，使袭人窘态毕露，无可回答。于是袭人就用对贾宝玉惯用的诡谲的挟制手段，把话题岔开，故意说贾宝玉是咒晴雯死。贾宝玉对袭人诡诈的用心毫不觉察，还呆头呆脑的说什么阶下海棠花死了半边的坏兆头，又长篇大论发表迂阔的谬论。袭人接过来说：“就是这海棠，也该先比我，也还轮不到他。想是我要死的了！”这一下贾宝玉被她抓住了弱点，忙掩住她的口，劝道：“这是何苦？……罢了，再别提这事……”袭人听说，心下暗喜道：“若不如此，也没个了局。”这里通过对袭人鬼蜮伎俩的揭露，狠狠的讥讽了贾宝玉的软弱和胡涂。

贾宝玉不是不知道袭人的思想性格和自己是背道而驰的。但另一方面,袭人的身份和地位,同其他受压迫糟践的女子一样,他对她寄予了深切的同情和爱护;同时袭人从早一片真心待他,对他无微不至,他对她有特别亲切深厚的感情。这样,贾宝玉对袭人的关系就纠结着爱和憎,而他对处于被压迫地位的女子一贯总是以同情和爱护为主导的,这使他无法解决自己对袭人的矛盾。

他的性格的这一特点,不但成为弱点,老是被袭人抓在手里加以利用,而且也使他对袭人的为人在认识上有时清楚,有时模糊,不想去深究。因此,他不只对晴雯"善善而不能留",对袭人也"恶恶而不能去"。这就使他在斗争的关键上显得软弱没有办法,只能自欺欺人、得过且过地苟安下去。

第七十八回那个伶俐的小丫头顺着贾宝玉的意思编了一套谎话,说晴雯咽气前自说死后去做花神,又见景生情地胡诌,说她专管芙蓉花。这些谎话正符合贾宝玉的内心要求,他不但不以为怪,亦且去悲生喜。他决心到晴雯灵前一拜,但尸已抬出焚化了,他扑了个空,回园顺路找林黛玉,林黛玉到薛宝钗处去了,再寻了去,薛宝钗搬走了,蘅芜院已空寂无人,他不觉大吃一惊,怔了半天。因转念一想:"不如还是和袭人厮混,再与黛玉相伴。只这两三个人,只怕还是同死同归。"

贾宝玉在这样严重的尖锐斗争关头,却一再地持这类迂阔无稽之见来为自己解慰苦痛,对晴雯的惨死、对袭人的奸伪,就都不了了之,安心要苟且地厮混下去了。在这种地方,作者对贾宝玉性格中弱点的揭发和批判是很严厉、很不留情的。

但所有这些,不仅是作者对他的主人公性格在肯定的前提之下持着善意的爱护的态度提出来的讽嘲与批判,而且也是贾宝玉性格在继续发展中存在的问题。

续书里描写了贾宝玉这些弱点的克服,或性格的进一步发展:当林黛玉郁病致死后,他并没有长久和薛宝钗、袭人等苟且厮混下去,而是终于抛弃了她们,毅然决然出走了的。当然,其中许多具体安排——如和薛宝钗做了颇为恩爱的夫妻,日后生子,贾家仍得"兰桂齐芳";如贾宝玉思想发生变化,是因再游"太虚幻境",由此悟了"仙缘",才"斩断尘缘"等——都不对头,有心的读者会觉得遗憾;但这方面问题本文且不讨论。

十　三

不用说,作者在书中一贯是以热烈赞扬的肯定态度处理他的主人公贾宝玉的形象的。

开头安排了一系列的神话,突出地渲染主人公为世俗所不容的新的性格和他跟林黛玉的悲剧关系。关于他的前身,一面说它是"顽石"、是"蠢物",一面说它是"通灵"、是"宝玉";一面说它"无才补天",一面说它"灵性已通"。整个的神话以及这种正反两面的口吻,都表露着作者反对世俗之见,寄予主人公特殊的揄扬和赞美。

第二回用冷子兴和贾雨村的谈话来介绍还未出场的主人公,也是先说世俗之见的评论,而后又用较为高明的见解予以驳斥,再从而极力加以赞扬。

书中特意安排主人公和林黛玉见面的场合出场,以最重的着色之笔来反复描绘。仍然先介绍出于世俗成见的贬词,再用站在面前的主人公光彩耀人的具体形象把那些贬词批判掉;两首《西江月》,也还是取嘲弄世俗的反语,以贬为褒,以抑为扬,对主人公作了笼括全书的赞美。

作者所采取的这种从批判反面来歌颂正面,或从否定世俗来肯定反世俗的态度和描写手法,在全书里面是一贯的。我们前面的阐论正是从这两相对立、彼此映照的具体描写来说明作品的思想倾向性的;这里面自然也正体现了作者的这种态度和手法。

作者在书中猛烈地攻击了腐朽罪恶的封建主义统治势力,对贾宝玉反封建、反世俗、一心倾向于被压迫、被糟践者的正义感情,以及他的全部以初步民主主义为主要内容的思想性格和行为活动作了极高的评价,并且以一种不胜悲慨之情,给予全心的同情和歌颂。

同时,从书中所安排的神话和一些超现实的情节描写里,我们也看得出来,作者对他的主人公在热烈爱护中,明显地带着惊异;在极力赞扬中,流露着觉得神奇;在全心歌颂中,显得以为不可解、不可知。于是贾宝玉这一高度现实主义艺术的典型形象出现在我们读者之前的时候,被作者点染了许多神秘主义的云雾。这些神秘主义的东西正是作者企图解释它、说明它,因而才带了出来的。

第二回里写尚在落拓中的贾雨村驳斥世俗说主人公“不过酒色之徒”，“将来色鬼无疑”，罕然厉色道：“非也，可惜你们不知道这人的来历。大约政老爷也错以淫魔色鬼看待了。若非多读书识事，加以致知格物之功，悟道参元之力者，不能知也。”但贾雨村所能作出的解说，只是把他比做古来封建社会里传统的优秀人物——“情痴情种，逸士高人”。

第五回写“太虚幻境”，作者写了一个“司人间之风情月债，掌尘世之女怨男痴”的警幻仙姑。她款待贾宝玉喝“千红一窟”的茶，饮“万艳同杯”的酒，听“开辟鸿蒙，谁为情种”的红楼梦曲子，后来对贾宝玉说：“……吾所爱汝者，乃天下古今第一淫人也”；又详加解说道：“……淫虽一理，意则有别。如世之好淫者，不过悦容貌，喜歌舞，调笑无厌，云雨无时，恨不能天下之美女供我片时之趣兴：此皆皮肤滥淫之蠢物耳。如尔，则天分中生成一段痴情，吾辈推之为‘意淫’。惟‘意淫’二字可心会而不可口传，可神通而不可语达。汝今独得此二字，在闺阁中虽可为良友，却于世道中未免迂阔怪诡，百口嘲谤，万目睚眦。……”

这些议论，我以为都可以看作作者从活生生的对现实体察中，认识了这种新的性格的特征，他努力要正确地说明它，但是难于寻找确当的概念或语言，只好用“情痴”“情种”等名目，又觉得不能尽意，不够妥帖，就又找来“意淫”二字，特意加以诠释，指明须作特殊的意思来理解。此外，作者再无法说明这个性格了。

自来《红楼梦》的评点家批注家，一般也袭用“意淫”二字来说明贾宝玉的特征性格，但已与上引警幻仙姑所解说的词义完全相背，而是用了作者再三驳斥的世俗之见，按照字面望文生义来作理解的。

庚辰本脂批有两段说的比较老实。例如第十九回批贾宝玉对袭人说话一段：“这皆宝玉意中心中确实之念，非前勉强之词，所以谓今古未有之一人耳。听其囫囵不解之语，察其幽微感触之心，审其痴妄委宛之意，皆今古未见之人，亦是未见之文字，说不得贤，说不得愚，说不得不肖，说不得善，说不得恶，说不得正大光明，说不得混账恶赖，说不得聪明才俊，说不得庸俗平凡，说不得好色好淫，说不得情痴情种，恰恰只有一颦儿可对，令他人徒加评论，总未摸着他二人是何等脱胎，何等骨肉。余阅此书，亦爱其文字耳，实亦不能评出二人终是何等人物。后观情榜评曰：‘宝玉情不情，黛玉情情’。此二评自在评痴之上，亦属囫囵不解，妙甚。”老实承认对这个新的性格不理解，但认为是“今古未有之一人”，或“今古未见之人”；这倒为我们作了很好的说明。

有位署名“读花主人”的，在光绪十四年版《增评补像全图金玉缘》上面作有人物论赞，对书中人物的理解，我以为高出任何评点家；其中《贾宝玉赞》说：“宝玉之情，人情也，为天地古今男女共有之情，为天地古今男女所不能尽之情……此为天地古今男女之至情……我故曰：宝玉圣之情者也。”

这里正面说明的，用来诠释上引警幻仙姑说的话，我想倒还比较中肯些。这所说的“天地古今男女之至情”，不只是男女关系的“情”，而是一种广义的“情”，即“人情”；这是长期封建主义社会秩序所压制的东西；当时进步的思想家特意提出来加以鼓吹，并且用以反对“理”、批判“理”的，也就是这东西；用我们今日的话说，就是要求“个性解放”，要求“人性自由”，就是“人道观念”和“人权思想”，就是民主主义精神。

十　四

贾宝玉典型形象的特征是复杂多端的，但是民主主义却无疑是它的主要内容。

有人怀疑贾宝玉性格中民主主义精神的来头。他们说：在那种“富贵温柔之乡”的生活环境里，怎么可能产生这样的进步思想？

有人否认贾宝玉性格反映了当时历史与社会的新的内容。他们说：贾宝玉性格的民主性内容，不过是自古以来中国封建社会内优良传统的因素，其中没有什么新的东西。

也有人承认贾宝玉性格含有新的现实内容。但又觉得贾宝玉成天关在大观园里，现实社会可能给他的影响很遥远，难于指明；因此还是只好过分地去强调我国古代进步文化传统对他性格所起的作用。

根据本文的分析，我想提出下面几点意思：

封建统治阶级和被压迫人民并不是各有一个自己的天地，彼此隔离着，互不相关。因此，贾宝玉固然生活在封建统治阶级社会里，生活在“富贵温柔之乡”的大观园里,但是我们不能以为他的生活环境就和人民的“现实社会”截然划开,没有关系。

我们也不可脱离实际生活,把“阶级矛盾”的概念作简单化的理解,以为只有像《水浒传》所描写的斗争才是阶级矛盾;在贾宝玉的生活里就没有阶级矛盾,而贾宝玉所受的压迫、所参与的斗争就与现实社会的阶级矛盾无关。

我们也不可脱离实际生活,把“人民”或“市民”的概念作简单化的理解,以为只有像住在村庄里的“二丫头”之类才是人民(事实上住在农村里的也不一定就是劳动人民),以为只有城市手工业者、织造工匠才是市民;贾宝玉的生活环境里就没有人民或市民。

从书中的具体描写看,贾宝玉的生活环境里存在着两个矛盾对立的世界,这是很清楚的。贾宝玉认识这两相鲜明映照、尖锐对比着的世界,他以分明的爱憎态度和感情,背叛了自己出身的本阶级,站到处在被压迫地位的一边去;并且把自己的切身问题和这些处在被压迫地位人们的幸福问题完全连结起来:由此,从他丰富的阅历和苦痛经验中,逐步发展了和巩固了他独特的思想性格。

我们也清楚的看出来,给予他的思想性格以积极影响,使他的民主主义精神得以萌生与成长的,主要就是他生活上密切接近、精神上倾心亲爱的居于被压迫地位的众多男女青年们——首先是那些境遇悲苦、资质优美的女孩子们。她们和他们的具体境遇与内心精神以及在生活中所体现的迫切要求,不断地启发着他、熏陶着他;他在切身问题上所作的热情追求、所受的严重压迫,不断地教导着他、锻炼着他:由此,凭他敏锐的体察和很好的文化知识的修养,经过融合与提高,就使他性格中的民主主义精神日见深入巩固起来。

贾宝玉的生活环境正是当时封建主义统治下整个现实社会重要的剖面和缩影;这个环境里极其复杂错综的斗争冲突的主要环节,正是当时整个现实社会主要矛盾的具体反映。

为贾宝玉所倾心亲爱,从而对他的性格给予了积极影响的那众多男女青年们——主要是女孩子们,实质上正就体现了当时人民或市民的历史处境与时代要求;而且,她们和他们之中的绝大多数自身正就是人民或市民。

对贾宝玉性格的形成发展起了决定作用的，是社会现实的条件与因素；只有在这种现实的基础上，他才有可能接受并进一步发扬古来优良文化传统的影响。一味地或过分地强调文化传统的作用，不止不符合作品的具体内容，同时也是违背事理的。

假如贾宝玉只接受了优良文化传统的影响，他的性格自必不会有什么新的内容；那么，就贾宝玉这个具体人物说，恐怕也就只能像书中第二回贾雨村所说的，不过是“情痴情种”、“逸士高人”之类。可是这样的人物或典型，贾雨村也已具体指明，在我国历史上和文学作品中经常出现，为人所熟知，我们从贾宝玉形象的特征内容看，从作者的处理态度看，从作者和他同代人的理解情况看，可以知道事实远不是如此的。

看不到或忽视了产生贾宝玉性格的社会现实的根由，也就不能认识贾宝玉性格的新的内容。

如前文所阐明的，从贾宝玉形象的主要特征，我们可以看出色彩鲜明、线条清楚的民主主义精神的完整轮廓或雏形；这在当时我国历史现实中、在我国古典现实主义文学中，无疑是“新人的典型”。我国封建社会内要是没有资本主义萌芽的孕育，要是当时生产关系在原有的社会基础之上没有发生一些显著的变化，那就不仅不可能出现贾宝玉这样的典型形象，首先应该是不可能出现作品所描绘的那样形态的典型环境、那样形态的人与人间矛盾对立的关系，更为重要的是不可能出现那样种种不同典型的具有光彩耀人的内心精神的女子们。

贾宝玉形象的特征所反映的矛盾和限制，也是复杂多端的；其中有许多东西当然应该归于没落阶级的属性，比如那些感伤主义和虚无主义成分。但是当时的历史条件还是它的矛盾和限制的主要根源。

在当时历史阶段，封建主义制度虽然早已到了衰朽不堪、濒于最后崩溃的地步，资本主义萌芽虽然曾有长久孕育的历史，但后者仍然远没有脱离前者的社会基础而独立。史实告诉我们，当时各种工矿实业、国内外商业和银钱业，随着经济的恢复，开始有了显著的成长。可是这些新的经济因素，都是掌握在封建主义统治者之手；资金所有者和官僚、地主紧密地结合着，成为“三位一体”的社会统治势力。于是处在萌芽状态的资本主义因素，和衰朽的封建主义势力之间，一面抵触着，一面却又依存着。在这种形势下面，生活处境最感苦痛的，首先是被迫脱离了土地、脱离了自给自足小农经济生产的广大城乡被压迫人民；他们迫切要求巨大的变革，但又困在黑暗的现实中，看不到自己的斗争道路。

《红楼梦》的作者曹雪芹从他自己的生活经历里面敏锐地感受到那时代的窒息气氛，深刻体验到社会统治势力的罪恶，通过他天才地创造的以贾宝玉为主人翁的巨著，提出了控诉与诅咒，同时描绘了自己所向往的生活理想；这正和当时广大被压迫人民内心的苦痛状态和热切要求完全相通的。

作为伟大艺术家的《红楼梦》作者，凭他的生活体验和形象思维通过贾宝玉典型所说道、所宣传的，和当时历史阶段我国伟大的思想家、学术家所呼吁、所主张的，那内容实质也是一致的。这些先进的思想家、学术家，一面鼓吹人的"情"、"性"或"欲"，以反对统制文化思想的"理"，但一面还是只能以儒家经典为依据，为孔孟之学作新的解说；一面反对专制政治，攻击"后世之为君者"，一面还只能向往于古代仁君之政，拿"古之为君者"作根据来要求新的政治：他们所提倡鼓吹的，含有明显的民主主义的新的因素，有强烈的反对封建主义文化与政治的要求，可是同时也没有能够脱离封建主义思想体系。

我们知道有一个民间故事：一个樵夫，坐在树枝丫上面，用斧子砍他所坐的那枝丫；他所要砍掉的，正是他赖以托身的。

这个故事是可笑的；但就历史现实说，却是可悲的！

一九五六年六月十六日补毕

(原载《北京大学学报》1956年第四期，选自吴组缃《说稗集》，北京大学出版社1987年版)

林 庚

林庚(1910—2006),字静希,诗人、文学史家、教育家、北京大学中文系教授。原籍福建闽侯(今福州市),1910 年 2 月 22 日生于北京。1928 年考入清华大学,1933 年毕业留校任朱自清先生助教。1934—1952 年先后在北京民国学院、厦门大学、燕京大学任教。1952 年院系调整,改任北京大学中文系教授。1956 年,任北京大学中文系古代文学教研室主任,至 1986 年退休。2004 年,任北京大学诗歌中心主任,直至去世。

林庚是现代文学史上的杰出诗人,著有《夜》、《春野与窗》、《北平情歌》、《冬眠曲及其他》、《问路集》、《空间的驰想》、《新诗格律与语言的诗化》等新诗集和新诗理论著作。林庚的古代文学研究也显示出诗人学者独有的特色,在学界享有盛名。研究领域涉及文学史、唐诗、楚辞、明清小说等诸多方面,著有《中国文学简史》、《诗人屈原及其作品研究》、《天问论笺》、《诗人李白》、《唐诗综论》、《西游记漫话》等著作,主编《中国历代诗歌选》、《林庚推荐唐诗》等。毕生创作与著述已编辑为《林庚诗文集》出版。

盛唐气象

盛唐是中国古典诗歌的全盛时期,这全盛并不是由于量多,而是由于质高。当然盛唐比起初唐来,诗的数量是较多的,但是比起中晚唐来,它却是较少的。《全唐诗》所收诗的比例,除五代及生平不明的作家(这些人一般的作品也都很少)外,初唐诗人约为二七〇人,作品约二七五七首;盛唐诗人约为二七四人,作品约六三四一首;中唐诗人约为五七八人;作品约一九〇二〇首;晚唐诗人约为四四一人,作品约一四七四四首。按照这个数字,如果画成曲线,中唐显然在人数和作品数量上都是高峰,然而我们却说盛唐时代是唐诗的最高峰,这里正是就质量而言。

盛唐时代前后约半世纪,初唐时代则前后约一世纪。从发展上看,盛唐时代的诗坛盛况对于初唐说乃是加速飞跃的;而中唐的八十年,虽然数量增多了,在某些方面,并且也取得了新的成就,但从发展上看却是在减速中,是在深入与浅出难以统一的过程中。这样,到了晚唐便自然地更为无力了。如果事物发展速度可以说明它本质的一面,那么盛唐时代的诗歌发展就正是处于最蓬勃健旺的时刻。

一 盛唐气象是反映盛唐时代的

盛唐气象所指的是诗歌中蓬勃的气象,这蓬勃不只由于它发展的盛况,更重要的乃是一种蓬勃的思想感情所形成的时代性格。这时代性格是不能离开了那个时代而存在的。盛唐气象因此是盛唐时代精神面貌的反映。然而我们如果以为诗歌是象照像机似的,在反映时代的精神面貌时,乃是完全亦步亦趋,则也是不尽然的。因为文学之反映现实经常是通过作者的思想感情来表现的,特别是古典的抒情诗歌,作者的世界观与作品的艺术形象经常是统一的。当然这并不等于说在古典抒情诗中就没有主客观矛盾的现象。例如唐初王绩的一首名诗《野望》：

东皋薄暮望，徙倚欲何依。
树树皆秋色，山山唯落晖。
牧童驱犊返，猎马带禽归。
相顾无相识，长歌怀采薇。

作者是隋末的遗民，对于唐代新的统一局面是怀着遗民的寂寞之感的。这首诗的主题，所谓"东皋薄暮望，徙倚欲何依……相顾无相识，长歌怀采薇"，也正是表达了这遗民之感的。可是这首诗之所以成为唐初的名作，却并不因为这个主题，而是由于中间四句"树树皆秋色，山山唯落晖。牧童驱犊返，猎马带禽归"的醒目的形象。这形象比一切唐初的诗篇更早的反映出了在新的统一局面下和平生活的环境与人民各得其所的心情，这也就是这首诗之所以具有文学史上突出的价值。而这一种对于时代的礼赞，它原是遗民的世界观中所没有的，却正是客观上现实存在的。这里客观的反映是突破了作者的世界观而出现的。然而一般的情况，在古典抒情诗里这样的现象是稀少的，至少是不明显的。一般的情况，时代的精神面貌经常是通过它所赋予作者的世界观与它所孕育的作者的性格而出现的。这就必然发生一种现象：诗歌中所反映的时代精神面貌，不免会稍迟于那个时代现实的发展。因为认识既经常落后于形势，那么诗人能充分认识新的现实也就经常需要一段短暂的时间，同时诗人们要改变他们已经形成的世界观与前一阶段所孕育成熟的性格也需要一段短暂的时间，这就不能那么紧凑的亦步亦趋了。事实上开元之初，继承了武则天王朝的发展，整个社会已经是进入上升的高潮，然而诗坛盛况却还要等到开元中叶才更有力的普遍展开。《河岳英灵集》叙所以说：

贞观末(近650)，标格渐高；景云(710)中，颇通远调；开元十五年(727)后，声律风骨始备矣。

景云(710)中其实也就是开元(713)前夕。可是为什么要等到开元十五年

(727)后,“声律风骨始备”呢?这就是说一种“气象”或“风格”孕育成熟,原不是一朝一夕之事。远而如代表建安时代的诗人曹植,他的名作大部分是在建安的后期,有的则还到了建安之后。而历代归之于盛唐诗歌成就之一的岑参的大量边塞诗,却正是写在安史乱前不久的。一个时代的影响之来既不是突然而来,一个时代的影响之去,也不会是突然而去。特别是在几千年的长期封建社会中,其发展原是缓慢的;人们需要十年八年或更长的时间来充分认识它,乃是自然的事情。安史之乱作为唐代高潮的分水岭,也作为几千年封建社会发展的分水岭,这意义当时人是很少察觉的,甚至除了李白、杜甫之外,诗人们几乎都没有反映这一重大的事件。特别由于从安史之乱到长安收复,为期不过两年,更容易使当时的人们认为这不过是偶然短暂的不幸而已。那么安史乱前,即使社会上黑暗面的抬头已经露出端倪,也就还难于立即改变开元盛世所长期孕育的普遍的生活感情。至于黑暗面与光明面的矛盾斗争这是任何时代都有的。盛唐时期,其间的对比也是在渐变的发展中,总的说来,在征云南战役(天宝十载)之前社会的精神面貌,光明面仍是占着上风的,所以李白《古风》说:

白日曜紫微,三公运权衡;天地皆得一,澹然四海清。

这就是李白对于征云南前夕社会的描写。当时宰相李林甫阿附权贵、杀害贤能,的确是开明政治的破坏者。但李林甫还有自知之明,在开明政治传统的压力下,仍然不敢十分胡作非为。历史上说他为了保持自己的相位,排除异己,却又尽量的在各项措施上照规矩办事;这就使得直到天宝十年,整个的情况还是平稳的。而杨国忠则是一个好大喜功大胆妄为的人。这样到了天宝十一载杨氏独揽大权,十二载十三载连年饥荒,局势才显得严重起来。而安史乱后,唐帝国还维持了一个半世纪左右,说明在这划时代的转折点后,一方面固然是开始面向下坡路,一方面也并非就立即一落千丈、分崩离析。而安史乱前正如李白《古风》所说:

一百四十年,国容何赫然。

其间虽然有矛盾、有曲折，总的是统一在一个发展的盛况中，这就是盛唐气象的根据。

二 盛唐气象与陈子昂

盛唐气象是反映着时代精神的，然而如果以为一谈盛唐气象便是歌功颂德，则显然又是错误的。歌功颂德指的是对于封建统治阶级的阿谀，是从来也不代表盛唐气象的那些应制诗之类的主要内容。而盛唐气象所歌颂的是人民的胜利，离开了人民的胜利就无所谓盛唐气象。唐代的盛世是由于隋末农民起义迫使统治阶级作了让步，是由于建安以来成长起来的民主要求在这一基础上的更为高涨，才使得封建社会顺利发展了它的上升阶段。而这些都是人民的斗争成果。盛唐时代并不是统治阶级好心的赐与，歌颂这一时代因此与所谓歌功颂德并无相同之处。相反的，歌颂盛唐时代正是要歌颂那促进现状更为富于解放的精神力量，歌颂那人民在胜利中饱满的生活情绪与自豪感。陈子昂作为盛唐诗坛的先驱，也是盛唐气象与建安风骨之间的桥梁，而陈子昂就是并不满足于现状的。他的最有名的《登幽州台歌》：

前不见古人，后不见来者。念天地之悠悠，独怆然而涕下！

这动人心魄的诗篇，它鼓舞了人们的事业心，增强了突破现状的豪迈气质，一种追求理想的热情，一种积极浪漫主义精神的新鲜品质，它乃是陈子昂在诗歌史上给人们最深刻最难以磨灭的印象。而我们如果却以为陈子昂主要的是在这里揭露黑暗，或者说是在这里反映了一个没落无望的时代，岂不违背历史真实吗？实际上陈子昂在这里所揭开的正是盛唐的序幕。这就说明反映一个上升时代的诗篇原不是一味歌咏升平的，当然更不是什么歌功颂德了。陈子昂在诗歌主张上与李白是先后相映成辉的，陈子昂的《登幽州台歌》等也与李白的《行路难》等一类篇章有极多共同之处。如果陈子昂所反映的时代竟是没落的，李白所反映的时代也竟是没落的，那么历史上还有什么唐代上升的高潮呢？如果他们之中一个是反映了上升的时代，一个却是反映了没落的时代，那么我们将如何来理解他们之间从诗歌主张到诗歌创作上的许多共同之处？事实上陈子昂是呼唤着盛唐时代的，李白是歌唱了盛唐时代的；他们之间原极为相近。而孕育这样诗人的正是一个半世纪所形成的一个上升发展的时代高潮。把盛唐气象错误地理解为歌功颂德，或者把富于解放精神的诗篇又简单地理解为是反映了矛盾的激化，这就必然造成了认识上的混乱。

矛盾是社会发展中不可缺少的因素，而我们却要求反映当时上升发展的诗篇中没有矛盾，这是可能的吗？不理解这一点，陈子昂唤起了整个时代注意的《登幽州台歌》发生在盛唐时代的前夕，也就几乎成为不可理解的事情。

三　盛唐气象与建安风骨

中国诗歌史上，作为一个理想的诗歌时代，唐代以前大都向往于建安，唐代以后则转而醉心于盛唐。盛唐气象乃是在建安风骨的基础上又发展了一步，而成为令人难忘的时代。对于建安风骨的大力提倡，首先有梁代优秀批评家钟嵘的《诗品》，之后就是陈子昂了，他的《与东方左史虬修竹篇序》说：

> 汉魏风骨，晋宋莫传！

这有力的语言指出了唐诗明确的方向。之后李白《古风》说：

> 自从建安来，绮丽不足珍。

又《宣城谢朓楼饯别校书叔云》中说：

> 蓬莱文章建安骨，中间小谢又清发。俱怀逸兴壮思飞，欲上青天览明月。

而专选盛唐的殷璠《河岳英灵集》则说：

> 开元十五年后，声律风骨始备矣。言气骨则建安为俦，论宫商则太康不逮。

可见风骨乃是建安诗歌的特点，也是唐诗的优良传统。所以论到高适则说：

> 适诗多胸臆语，兼有气骨。

论到崔颢则说：

> 晚节忽变常体，风骨凛然。

然则盛唐气象之继承了建安风骨，盖为无可争辩的历史事实。那么盛唐时代与建安时代到底有什么共同之处呢？盛唐气象与建安风骨又有什么不同点呢？要说明这个问题，首先就必须了解建安时代乃是一个解放的时代，那是从两汉的宫廷势力之下解放出来，从沉闷的礼教束缚之下解放出来；于是文学也就有力地从贵族文学中解放出来，带着人民胜利的心情、民主要求的信念；一种自由奔驰的浪漫的气质、富于展望的朗爽的形象，这就构成建安风骨的精神实质。而唐代也正是从六朝门阀的热力下解放出来，从佛教的虚无倾向中解放出来、从软弱的偏安与长期的分裂局面下解放出来，而表现为文学从华靡的倾向中解放出来，带着更为高涨的胜利心情，更为成熟的民主信念，更为豪迈的浪漫气质，更为丰富的朗爽的歌声，出现在诗歌史上。而初唐社会上残余的门阀势力与诗歌中残余的齐梁影响，到了盛唐就一扫而尽。这一种解放的力量，也就是建安风骨真正的优良传统。而这样一种发展的力量与社会上的落后势力、保守势力能没有抵触吗？它乃冲击为绚烂的浪花，反映为复杂的歌唱，而总的则统一为人民胜利的声音，这也就是令人向往的"盛唐之音"。唐代的宏伟的力量，表现在经济上，表现在文化上，表现在边防上，也就广泛地表现在日常生活之中。这些力量如果不是人民的力量，那么是谁的力量呢？而解放了这些力量的如果不是人民自己那么又是谁呢?这也就是蓬勃的盛唐气象的实质。然而我们有些人却以为盛唐气象必然是歌功颂德,在这里似乎也就没有看见盛唐时代中人民的力量,或者是以为盛唐时代中人民是没有力量的,那么要歌颂只能是歌颂统治力量了。关于盛唐气象的许多争辩,问题就在这里。

建安是一个解放的时代,但也是一个艰苦的时代。这艰苦由于这时代是出现在一个兵荒马乱的废墟之上的,这艰苦又由于这时代还缺少一种保证这个解放的有效的经验,因为一切都似乎是草创的。一种荒凉高亢的歌声,所谓"惊风飘白日""高台多悲风",就是建安风骨的基调。而盛唐时代是出现在百年来不断上升的和平繁荣的发展中,是有了几百年来成熟了的封建社会中民主斗争的方式,它是一个进展得较为顺利的解放中的时代。一种春风得意一泻千里的展望,所谓"天生我材必有用""黄河之水天上来""大道如青天""明月出天山",这就是盛唐气象与建安风骨,同为解放的歌声,而又不全然相同的地方。当然,为保证并发展这一解放的高潮,就得不断地斗争,就不得不有能禁得起艰苦考验的风骨,建安风骨因此是具备在盛唐气象之中的,也是盛唐气象的骨干。没有这个骨干,盛唐气象是不可能出现的,这就是为什么陈子昂高倡风骨在诗歌史上具有那么重大的意义,也就是李白之所以赞美"建安骨"的根据。然而盛唐气象又不止于这个"骨",它还有丰实的肌肉,而丰实的肌肉也就更为有力的说明了这个"骨"。如果建安风骨无妨以刘桢的《赠从弟》一诗为例:

亭亭山上松,瑟瑟谷中风。
风声一何盛,松枝一何劲。
冰霜正惨悽,终岁常端正。
岂不罹凝寒,松柏有本性。

这正是《诗品》所赞美的"真骨凌霜,高风跨俗"了。那么盛唐气象就是"阳春召我以烟景,大块假我以文章"的大地回春的歌声。它们在本质上是一个东西,而盛唐气象却进一步显示出这个本质在生活中起了更为丰富的作用。它潜移默化,无往而不存在,因此只能说是一片气象,而非素朴的风骨所能尽了,它乃是建安风骨的更为丰富的展开。

盛唐气象正如建安风骨，又传统的是诗歌上的一个概念。它是反映盛唐时代的，但历来人们并不把它直接作为一个时代的精神面貌来理解，虽然它是反映着盛唐时代的精神面貌的。它与人民的力量受到束缚压抑的时代的诗歌有着显然不同的基调。这后者正是所谓矛盾尖锐的时代。这在长期封建社会中乃是民不聊生而又找不到出路的时候。反映在诗歌上其基调是黯淡的，仿佛在灰沉沉的天气里，一切色调都失去了光彩。而盛唐气象正如建安风骨其基调是朗爽的，色调是鲜明的。这里，盛唐诗歌的色调则要比建安更为鲜明，其基调也更为爽朗。盛唐气象之与建安风骨，其关系正是这样的。

四　盛唐气象是一个具有时代性格的艺术形象

什么叫做盛唐气象呢？或者先说什么叫做气象呢？唐皎然《诗式》说：

> 气象氤氲，由深于体势。

而其《明势篇》又说：

> 高手述作，如登荆巫，觌三湘、鄢、郢之盛，萦回盘礴，千变万态。或极天高峙，崒焉不群，气盛势飞，合沓相属；或修江耿耿，万里无波，欲出高深重复之状。古今逸格，皆造其极。

“明势”就是阐明体势的，所谓“气盛势飞”也就是气象与体势的关系。而“高手述作，如登荆巫，觌三湘、鄢、郢之盛，萦回盘礴，千变万态”，正是盛唐气象的概念了。皎然与殷璠约为同时人，所谓“气象氤氲”的概念正是在盛唐诗歌的基础上形成的，而后人向往于盛唐也就是向往于这个气象。姜夔在《白石道人诗说》里说：

> 气象欲其浑厚，其失也俗；体面欲其宏大，其失也狂。

这里所说的“体面”约同于《诗式》所说的“体势”，所谓“其失也狂”也正可以说明所谓“宏大”乃是“气盛势飞”的，所以其“失”才会“狂”。而这里所说的“气象欲其浑厚”也就是《诗式》的“气象氤氲”，因其是“浑厚氤氲”的，所以似浅而实深，似俗而实高。《沧海诗话》说：“盛唐人有似粗而非粗处，似拙而非拙处”，若竟是粗拙便是俗了；这正是盛唐诗歌“深入浅出”的造诣。使得三言两语就抵得无尽的言说，这也就是“氤氲”与“浑厚”了。因此《诗式》中序说：

> 至如天真挺拔之句，与造化争衡，可以意会，难以言状。

《白石道人诗说》则引东坡的话：

> 言有尽而意无穷，天下之至言也。

他们都强调诗歌的最高造诣就是丰富到不可尽说，完整到天真自然。而我们今天应当进一步的了解，能达到这样造诣，固然有待于诗歌的艺术修养，而更主要的还是诗歌的生活内容。没有丰富而深厚的生活内容，艺术修养也是无法提高的。而盛唐诗歌中普遍存在的“浑厚”“氤氲”的气象，证明它不单是属于某一个诗人的，而乃是整个时代精神面貌的反映。

蓬勃的朝气，青春的旋律，这就是“盛唐气象”与“盛唐之音”的本质。朱彝尊的《静志居诗话》里所以引有这样的一段话：

> 唐诗色泽鲜妍，如旦晚脱笔砚者；今诗才脱笔砚，已是陈言。

这一个富于创造性的解放的时代，它孕育了鲜明的性格，解放了诗人的个性，使得那些诗篇永远是生气勃勃的，如旦晚才脱笔砚那么新鲜，它丰富到只能用一片气象来说明。当然“气象”二字是一个更为抽象的概念，不象风骨本身那么具体，然而“盛唐气象”却与“建安风骨”同样是具体的，它是古代诗歌中理想的艺术形象。它之所以用了一个比风骨更为抽象的概念，正因其内涵的更为丰富，而当这个抽象的概念得到了具体的说明，它就具有更为广泛的典型意义。这就是“盛唐气象”所以在“建安风骨”之后成为古代诗人们普遍向往的造诣。

五 《沧浪诗话》论盛唐气象

论“盛唐气象”最集中的，莫过于严羽的《沧浪诗话》。这一部批评名著，其中心命题就是高倡“盛唐气象”。

《沧浪诗话》的见解事实上也是继承了“建安风骨”到“盛唐气象”这一传统的认识，集中了自《诗品》以至《诗式》各家的见解，而最后得出了结论：

> 推原汉魏以来，而截然谓当以盛唐为法。虽获罪于世之君子不辞也。

他说：

> 论诗如论禅，汉魏晋与盛唐之诗则第一义也。

这里所谓汉、魏、晋也就是指的建安风骨，他说：

> 黄初之后，惟阮籍《咏怀》之作极为高古，有建安风骨。

又说：

> 晋人舍陶渊明、阮嗣宗外，惟左太冲高出一时。

而钟嵘《诗品》论陶渊明则说他“兼协左思风力”（钟嵘称“建安风力”与“建安风骨”实为一义）。《沧浪诗话》之所以在传统的“汉魏风骨”的概念中又加上了晋，也就是认为阮籍、左思、陶渊明是具有建安风骨的。这一优良的传统，到了盛唐乃发展得更为理想更为丰富，所以说：“盛唐人诗，无不可观者”，“推原汉魏以来，而截然谓当以盛唐为法”。

《沧浪诗话》说:“诗之法有五:曰体制、曰格力、曰气象、曰兴趣、曰音节。”这里分开来说则为五,合起来说则都可以说是气象,如曰:

> 《西清诗话》载晁文元家所藏陶诗,有《问来使》一篇云:“尔从山中来,早晚发天目。我屋南山下,今生几丛菊?蔷薇叶已抽,秋兰气当馥。归去来山中,山中酒应熟。”余谓此篇诚佳,然其体制气象,与渊明不类,得非太白逸诗,后人谩取以入陶集耶?

曰“体制气象”则正如《诗式》所云:“气象氤氲由深于体势。”二者乃是密切相关的。而《沧浪诗话》之论诗体则有“建安体”、“正始体”、“盛唐体”、“晚唐体”、“少陵体”、“太白体”等,则所谓“体制”,这里正是时代或作家的风格。至于“音节”,则《沧浪诗话》说:

> 下字贵响,造语贵圆。
>
> 孟浩然之诗,讽咏之久,有金石宫商之声。

则所谓“音节”也正如《河岳英灵集》所说:“开元十五年后,声律风骨始备矣。”所指绝非仅在于平上去入,双声叠韵的追求而已。(《河岳英灵集》对于专意追求这些的人,认为是“攻异端、妄穿凿”“虽满箧笥,何以用之!”)而《白石道人诗说》说:“一家之语,自有一家之风味,如乐之二十四调,各有韵声。”风味也就是风格,而比之“声”“调”,这一传统用法盖早源于《典论论文》,则《沧浪诗话》的“音节”也仍指的是形象风格。我们无妨说《沧浪诗话》所举的五项之中,“体制”、“音节”是比较外在的部分,而“格力”、“气象”、“兴趣”则是其中心环节。《诗式》鄴中集一节论代表建安风骨的曹植、刘桢时说:

> 语与兴驱,势逐情起。不由作意,气格自高。

这里的“兴”“情”,也即《沧浪诗话》的“兴趣”,这里的“气格”,也即《沧浪诗话》的“格力”。它们与“风骨”、“气象”本质上实为一物。所以《沧浪诗话》说:

诗者，吟咏情性也，盛唐诸人，惟在兴趣。

而用之以全面概括诗人风格造诣的，于《沧浪诗话》中则是“气象”，则曰：

唐人与本朝诗，未论工拙，直是气象不同。

所谓：

大历以前分明别是一副言语，晚唐分明别是一副言语，本朝诸公分明别是一副言语。

又如说：

“迎旦东风骑蹇驴”绝句，决非盛唐人气象。

这里更突出的是《沧浪诗话》不但用“气象”来说明盛唐诗歌，而且也用“气象”来说明汉、魏、建安或其他时代的诗作，则“气象”乃是最具有概括性的了。如曰：

汉魏古诗，气象混沌，难以句摘。

又说：

建安之作，全在气象，不可寻枝摘叶。

虽谢康乐拟鄴中诸子之诗，亦气象不同。

然则建安风骨也正是一种气象。而《沧浪诗话》的《答出继叔临安吴景仙书》又说：

盛唐诸公之诗,如颜鲁公书,既笔力雄壮,又气象浑厚。

然而气象最高的标准就要达于浑厚,这也是《诗式》、《诗说》所共同的,《诗式》说:

要气足而不怒张。

《诗说》说:

体面欲其宏大,其失也狂;血脉欲其贯穿也,其失也露。

《答出继叔临安吴景仙书》论对于"盛唐之诗"的按语时说:

于诗则有"健"字不得,不若诗辩"雄浑"、"悲壮"之语,为得诗之体也,毫厘之差,不可不辨。坡、谷诸公之诗,如米元章之字,虽笔力劲健,终有子路未事夫子时气象。……只此一字,便见我叔脚根未点地处。

"雄浑"、"悲壮"是《沧浪诗话》中所谓"诗有九品"之中的二品,这"品"也即风格的意思,而这里又说"得诗之体",可见体实兼有风格之意,而风格的中心则归之于气象,气象的标准则要达于浑厚。盛唐气象既是气象的最高理想,所以"用健字不得",因为"健"字有"怒张"、"狂"、"露"的倾向,所以说"终有子路未事夫子时气象",唐司空图《二十四诗品》第一篇就是"雄浑",所谓:

反虚入浑,积健为雄,具备万物,横绝太空。

古人以为"健"要累积起来才够得上"雄",则"健"的概念还是不够深厚的,而"盛唐气象"之所以是"浑厚"、"雄浑",正因其是"具备万物,横绝太空",这就是"盛唐气象"的本质。

《沧浪诗话》说:"汉魏古诗,气象混沌,难以句摘",那么与"盛唐气象"的"浑厚"又有什么区别呢?这就还要从它另一个论诗的角度来理解,那就是

《沧浪诗话》论“悟”的地方。“悟”原是禅宗的说法，有“渐悟”、“顿悟”之分。《沧浪诗话》实是借其“顿悟”的说法来说诗。所谓：

谓之直截根源，谓之顿门，谓之单刀直入也。

《沧浪诗话》借用了这个“悟”字说诗，吴景仙曾表示反对，所以《答出继叔临安吴景仙书》说：“我叔谓说禅非文人儒者之言。本意但欲说得诗透彻，初无意于为文，其合文人儒者之言与否，不问也。”那么《沧浪诗话》所说的“悟”到底是什么呢？其实就是对于形象的捕逐。韩愈诗：“我愿生两翅，捕逐出八荒。精诚忽交感，百怪入我肠。”诗人们凭着丰富的想象翅膀在广阔的空间中飞翔，捕逐他要塑造的形象；这正是所谓“文章本天成，妙手偶得之”了，所以《沧浪诗话》说：

且孟襄阳学力下韩退之远甚，而其诗独出退之之上者，一味妙悟而已。

“悟”既是“捕逐”，“妙悟”也就是“妙手偶得之”。而形象乃是最直接的感受，这也就是“直截根源”、“单刀直入”，这个意见也是本于钟嵘《诗品》的说法。《诗品》说：

至于吟咏情性，亦何贵于用事：“思君如流水”，既是即目；“高台多悲风”，亦惟所见；“清晨登陇首”，羌无故实；“明月照积雪”，讵出经史？观古今胜语，多非补假，皆由直寻。

《诗品》这里所说的“直寻”，也就是要捕逐“高台多悲风”、“明月照积雪”这么鲜明直接的形象。而《沧浪诗话》又有与《诗品》如出一辙的大段论述。他说：

诗者吟咏情性也。盛唐诸公……言有尽而意无穷。近代诸公乃作奇特解会。遂以文字为诗，以才学为诗，以议论为诗，夫岂不工，终非古

> 人之诗也。盖于一唱三叹之音,有所歉焉!且其作务多使事,不问兴致。用字必有来历,押韵必有出处。读之反复终篇,不知着到何处!

《诗品》的“羌无故实”、“讵出经史”“皆由直寻”,正是《沧浪诗话》的“一味妙悟”、“直截根源”、“单刀直入”。《诗品》反对的“补假”,也就是《沧浪诗话》所反对的“以文字为诗”、“以才学为诗”。至于“以议论为诗”,又见于他所说的:

> 夫诗有别裁,非关书也;诗有别趣,非关理也。然非多读书,多穷理,则不能极其至。所谓不涉理路,不落言筌者,上也。

他以为诗人要有高度的艺术成就则需要平时多读书、多穷理,然而到了写诗时,却又要“不涉理路,不落言筌”,正因为诗所要捕逐的乃是最直接的形象,而这个形象应当自然含有平时所“读”的“书”、所“穷”的“理”在内,所以说“唐人尚意兴,而理在其中”。而这个“意兴”,到了汉魏则是:

> 汉魏之诗,词理意兴,无迹可求。汉魏古诗,气象混沌,难以句摘。

我们若再证之以《沧浪诗话》的另一段话:

> 惟悟乃为当行,乃为本色。然悟有深浅,有分限,有透彻之悟,有但得一知半解之悟,汉魏尚矣,不假悟也……盛唐诸公透彻之悟也。他虽有悟,皆非第一义也。
>
> 盛唐诗人,惟在兴趣。羚羊挂角,无迹可求。故其妙处,透彻玲珑,不可凑泊。

总结上面的话就是说,汉魏是:“气象混沌”,“不假悟也”,“词理意兴,无迹可求”。盛唐是:“气象浑厚”,“透彻之悟”,“尚意兴而理在其中”,“惟在兴趣……玲珑透彻”。如果“悟”是对于形象的捕逐,那么,汉魏就是还不曾有意去捕逐,而是听其自来的,所以说“不假悟也”;盛唐则是认识到捕逐而且达于深入浅出的造诣，所以是“透彻之悟”。汉魏既然还没有致力去捕逐形象，所以形象是淳朴的，又是完整的，因此“难以句摘”；如同还没有开采的矿山，这也就是“气象混沌”。而盛唐则由于致力捕逐而获得最直接鲜明的形象，它好像是已经展开来真金美玉的矿藏，美不胜收的放出异样的光彩，这就不能说是混沌，只能说是浑厚了。然则《沧浪诗话》所说的“悟”就是形象的捕逐。所说的“意兴”或“兴趣”就是“想象”的飞翔。所说的“透彻”就是深入浅出直接了当；所以他说：“诗贵透彻，不可隔靴搔痒。”所说的“气象”就是风格形象。而所谓的“浑厚”则在于说明这个风格形象的蓬勃饱满，这也就是盛唐时代精神面貌的反映。

六　盛唐气象的艺术特征

盛唐气象正是凭借着生活中丰富的想象力，结合着自建安以来诗歌在思想上与艺术上成熟的发展，飞翔在广阔的朝气蓬勃的开朗的空间，而塑造出那个时代性格的鲜明的形象。那么这个形象的艺术特征，就不可能离开那个时代而存在，它的艺术特征与时代特征因此是不可分割的。

盛唐气象最突出的特点就是朝气蓬勃，如旦晚才脱笔砚的新鲜，这也就是盛唐时代的性格。它是思想感情，也是艺术形象，在这里思想性与艺术性获得了高度的统一，我们如果以为只有揭露黑暗才是有思想性的作品，这说法是不全面的，我们只能说属于人民的作品是有思想性的作品，而人民不一定总是描述黑暗的。以艺术的重要渊泉民歌为例，绝大多数的民歌是歌唱爱情的，以《国风》而论，像《硕鼠》一类的篇章究竟是占少数的。人民要求幸福的生活，当然就形成与黑暗面敌对的力量，这里为什么没有思想性呢？它的思想性就因为它是属于人民的。有人又以为唐诗中的积极浪漫主义精神是不满足于现状的，因此它必然是在揭露黑暗，这说法也是不合逻辑的；不满足于现状固然可以是揭露黑暗的，但也可以是追求理想的，而积极浪漫主义精神一般的理解，特别是表现在中国古典诗歌中，往往正是属于后者；屈原的《九歌》不用说，没有具体揭露什么黑暗面，就是屈原最有代表性的《离骚》，给我们最深刻的印象也是强烈的追求理想追求光明的性格形象，很少具体黑暗面的描述。当然追求光明就会与黑暗面形成敌对，这原是矛盾的两面;可是作者究竟是带着更多黑暗的重压,还是带着更多光明的展望来歌唱,这在形象上是有所不同的,这里事实上正是一个时代精神面貌的反映;当现实中光明的力量被压抑而黑暗势力横行的时候,揭露黑暗就成为主要的手法;当光明的力量得到发展,而黑暗势力不得不退让的时候,热情的追求理想就成为最直接的歌唱。屈原的时代正是先秦迅速发展的时代,也是中国古代经济,政治,文化,各方面跃进得最澎湃的时代,屈原作品中华采缤纷的形象正是这一时代的写照;这与他具有积极的浪漫主义精神,以及浪漫主义的创作方法乃是一致的。而李白出现在盛唐时代的高潮中,其情形也正复相似。李白《古风》中少数揭露黑暗的诗篇,只是李白诗歌成就的一方面,而李白诗歌上主要的成就,李白在诗歌史上典型的形象,却是他的"斗酒诗百篇"的那些豪迈的乐府篇章,这里追求理想乃是它的主要方面。李白之所以被目为是具有积极浪漫主义精神的诗人,李白诗歌之表现为采取了浪漫主义的创作方法,主要也表现在这方面的作品上,而不是他那较少的《古风》中。李白是盛唐时代最典型的诗人,整个盛唐气象正是歌唱了人民所喜爱的正面的东西,这里反映了这时代中人民力量的高涨,这也就是盛唐气象所具有的时代性格特征;它是属于人民的,它是人民所喜爱的,它是与黑暗力量、保守势力相敌对的,这就是它的思想性。

盛唐时代是一个统一的时代,是一个和平生活繁荣发展的时代,它不同于战国时代生活中那么多的惊险变化。因此在性格上也就更为平易开朗。《楚辞》比起《国风》来要复杂得多,曲折得多,而唐诗则反而与《国风》更为接近;这一个深入浅出而气象蓬勃的风格,正是盛唐诗歌所独有的。王维的《少年行》:

新丰美酒斗十千,咸阳游侠多少年。
相逢意气为君饮,系马高楼垂柳边。

高适的《营州歌》:

营州少年厌原野,狐裘蒙茸猎城下;
虏酒千钟不醉人,胡儿十岁能骑马。

李白的《望天门山》：

天门中断楚江开，碧水东流直北迴，
两岸青山相对出，孤帆一片日边来。

以及他的《庐山谣》：

庐山秀出南斗傍，屏风九叠云锦张，
……
登高壮观天地间，大江茫茫去不还，
黄云万里动风色，白波九道流雪山。

一种青春的旋律，无限的展望，就是盛唐诗歌普遍的特征。他的《横江词》：

人道横江好，侬道横江恶；一风三日吹倒山，白浪高于瓦官阁。

在风浪的险恶中，却写出了如此壮观的局面，这与《蜀道难》的惊心动魄，乃同为时代雄伟的歌声。而这一首民歌似的短诗，它究竟是说“横江恶”还是在更深入的礼赞“横江好”呢？这就是现实生活中丰富的歌唱。在现实生活中矛盾是不可能没有的，然而那压倒一切的辉煌的形象，它说明了一个经得起风浪的时代性格的成长。李白的诗歌因此是盛唐气象的典型。这一时代性格事实上无往而不存在。杜甫的《后山塞》：

朝进东门营，暮上河阳桥；
落日照大旗，马鸣风萧萧。
平沙列万幕，步伍各见招；
中天悬明月，令严夜寂寥。
悲笳数声动，壮士惨不骄；
借问大将谁，恐是霍嫖姚。

这真是“雄浑悲壮”的诗篇了，在中国古典诗歌中它只能是属于盛唐的。而王昌龄的《塞下曲》：

> 饮马渡河水，水寒风似刀；
> 平沙日未暮，黯黯见临洮。
> 昔日长城战，咸言意气豪；
> 黄尘足今古，白骨乱蓬蒿。

其深厚、朗爽、典型、形象，正是最饱满有力的歌声，至如李白的《将进酒》：

> 黄河之水天上来，奔流到海不复回。……五花马，千金裘，呼儿将出换美酒，与尔同销万古愁！

如果单从字面上看，那么已经是“万古愁”了，感情还不沉重吗？然而正是这“万古愁”才够得上盛唐气象，才能说明它与“前不见古人，后不见来者。念天地之悠悠，独怆然而涕下”的气象可以匹敌，有着联系；才能说明盛唐的诗歌高潮比陈子昂的时代更为气象万千。然而我们如果以为“白发三千丈”，“同销万古愁”仅仅是由于说愁之多，愁之长，也还是停留在字面之上，更深入的理解是这个形象的充沛饱满，这才是盛唐气象真正的造诣。李后主《虞美人》：

> 问君能有几多愁，恰似一江春水向东流。……

也是说愁多、愁长、也是形象的名句；然而这个形象绝不是盛唐气象；它说愁多、愁长，却说得那么可怜相；它的“一江春水向东流”与“黄河之水天上来”，在形象上简直是无法比拟的全然不同的性格。难道长江不比黄河更大些吗？难道一定要用“长江”“大河”才能构成“盛唐气象”吗？王昌龄《芙蓉楼送辛渐》：

寒雨连江夜入吴，平明送客楚山孤；
洛阳亲友如相问，一片冰心在玉壶。

这也是典型的盛唐气象。盛唐气象是饱满的、蓬勃的，正因其在生活的每个角落都是充沛的；它夸大到"白发三千丈"时不觉得夸大，它细小到"一片冰心在玉壶"时不觉得细小；正如一朵小小的蒲公英，也耀眼地说明了整个春天的世界。它玲珑透彻而仍然浑厚，千愁万绪而仍然开朗；这是植根于饱满的生活热情、新鲜的事物的敏感，与时代的发展中人民力量的解放而成长的，它带来的如太阳一般的丰富而健康的美学上的造诣，这就是历代向往的属于人民的盛唐气象。

盛唐气象是一个时代的性格形象，是盛唐诗歌普遍的基调。然而这并不妨碍盛唐个别诗篇不同于这个气象或基调，也不妨碍盛唐之后的诗篇中偶然出现这个气象。如刘方平也是曾生活于盛唐时代的人，但是他的诗《月夜》：

更深月色半人家，北斗阑干南斗斜，
今夜偏知春气暖，虫声新透绿窗纱。

又《春怨》：

纱窗日落渐黄昏，金屋无人见泪痕；
寂寞空庭春欲晚，梨花满地不开门。

都宛然是中晚唐的气象了。而大历时期的诗人卢纶，他的《塞下曲》：

林暗草惊风，将军夜引弓；
平明寻白羽，没在石棱中。
月黑雁飞高，单于夜遁逃；
欲将轻骑逐，大雪满弓刀。

则依然是盛唐气象。所以《沧浪诗话》说:“大历之诗高者尚不失盛唐,下者渐入晚唐矣。”又说“盛唐人诗亦有一二滥觞晚唐者,晚唐人诗亦有一二可入盛唐者,要当论其大概耳。”因为这既然是一个时代的性格,当然只能论其大概了。盛唐气象因此又是一个诗歌时代总的成就,无数优秀的诗人们都为这一气象凭添了春色。它也是中国古典诗歌造诣的理想,因为它鲜明、开朗、深入浅出;那形象的飞动,想象的丰富,情绪的饱满,使得思想性与艺术性在这里统一为丰富无尽的言说。这也就是传统上誉为“浑厚”的盛唐气象的风格。

历史上不知有多少诗人们在追求着向往着这个盛唐气象,然而这到底是一个时代的产物和反映;盛唐以后,宋、元、明、清各代,中国长期的陷在封建社会没落阶段的泥淖中,这一个如日之方中的美好的成就,也就成为千百年来古典诗歌中可望而不可及的赞叹。

结 语

今天我们来说盛唐气象,它是作为诗歌史上的现象来理解的,也是作为文学遗产中丰富的宝藏而接受的。我们今天正欢欣鼓舞的进入了一个完全属于人民的更为豪迈的时代,当我们回顾祖国诗歌史上曾经有过如此辉煌的时代,我们是含着微笑的;让古典诗歌优秀的成就,丰富我们今天的创作,鼓舞我们塑造出自己时代的更为辉煌的性格形象。

1958 年 1 月 27 日

(原载《北京大学学报》1958 年第 2 期)

王　瑶

王瑶（1914—1989），字昭琛，文学史家。山西省平遥县人。1934年考入清华大学中文系。1936年主编《清华周刊》第四十五卷。抗战后随学校到昆明，在清华大学研究院中国文学部做朱自清的研究生，专攻汉魏六朝文学。后任清华大学讲师。1946年回到北京，任清华大学讲师、副教授。1952年后任北京大学中文系教授，兼任鲁迅研究室研究员、社会科学院文学研究所研究员、现代文学研究会会长。

主要著作有《中国新文学史稿》、《鲁迅与中国文学》、《中国文学论丛》、《李白》、《中国诗歌发展讲话》、《中古文学史论集》、《陶渊明集编注》、《关于中国古典文学问题》。论文收进《鲁迅作品论集》、《中国现代文学史论集》。

论中国现代文学与古典文学的历史联系

一

现代文学史是几千年的中国文学史的新的发展部分,它与古典文学的关系应该是继承与革新的关系,它们之间有着不可分割的历史联系。每一个民族的文学历史都有它自己独特的面貌和风格,这种民族特点是与人民的生活方式和美学爱好密切联系的,有着长期形成的民族传统。当然,一切民族特点都是历史性的范畴,民族传统也是不断发展的,不能把它理解为凝固的东西,这种发展就意味着革新。现代文学长期以来被称为"新文学",就是指它从五四开始,为了适应民主革命的要求而自觉地学习外国进步文学的充满革新精神的特点。鲁迅在谈到文学革命时指出:"一方面是由于社会的要求的,一方面则是受了西洋文学的影响。"[①]由于痛感到自己思想文化的落后,要提倡民主与科学的现代思潮,当然也要求文学具有现代化的特点,因此现代文学在发展中学习和借鉴外国进步文学是一种自觉的行动。这成为提倡革新的重要内容,而且从主要方面说来它对新文学的建设也是起了积极的促进作用的。但这并不说明现代文学与民族传统之间就没有联系,不仅文艺创作所反映的社会生活和它所要适应的人民的欣赏习惯具有鲜明的民族特点,而且许多作家所受的教育和具有的文艺修养都和民族文化传统有着很深的联系,这是现代文学具有民族特色的重要原因。只是为了和国粹主义者划清界限,为了进行反封建的战斗,便很少有人从理论上来作全面的论述罢了。我们可以这样来概括:现代文学中的外来影响是自觉追求的,而民族传统则是自然形成的,它的发展方向就是使外来的因素取得民族化的特点,并使民族传统与现代化的要求相适应。用鲁迅的话就是:

① 鲁迅:《且介亭杂文·〈草鞋脚〉小引》。

"都和世界的时代思潮合流,而又并未梏亡中国的民族性",即要求文学发展既符合实现现代化的方向,但"其中仍有中国向来的魂灵"[①]现代文学较之传统的文学确实有了巨大的革新,但它又是继承和发扬了民族传统的。

一个民族或一个作家的文学创作带有鲜明的民族特点,是它趋于成熟的标志。没有民族特色的作品,就谈不上有什么世界意义。中国文学的历史不仅悠久,而且从未间断地形成了一条长流,成为我们民族文化传统的重要组成部分。在长期的发展过程中我们也接受过外来的影响,譬如由印度来的佛教文学,就对中国的小说戏曲发生过积极的影响。但那也是在经过了一定的过程与阶段,在中国文学发展基础上作为营养而逐渐成为它的有机部分的。我们的民族是一个发展着的向上的民族。在它的发展过程中原是勇于和善于接受一切外来的有用事物的,鲁迅在《看镜有感》一文中所称道的汉唐时代主动地摄取外来文化的事例,就是明证。只是到了封建社会的后期,国粹主义思想逐渐占据统治地位,他们顽固守旧,敌视一切新鲜事物,从而导致了国力的衰弱和文化的停滞。因此,五四新文化运动把反对国粹主义当作一项重要任务是完全正确的。国粹主义者并不尊重我们的民族文化传统和优秀的文学遗产,他们所要保存的完全是封建糟粕和一切陈规陋习;摧毁这种顽固的保守势力,介绍和学习外来的进步文化,无疑是十分必要的。即使那种内容带有某些消极性的东西,在五四当时也是起了解放思想和对封建文化的冲击作用的。

就现代文学的主流说,这种介绍和学习外国文学的思潮同继承和发扬民族传统的要求并不矛盾。正是通过五四文学革命才对中国文学遗产提出了新的评价,把一向不受重视的小说、戏曲和民间文学提高到了文学正宗的地位。鲁迅是最早研究中国小说史的人,他深感于"在中国,小说是向来不算文学的"[②],而鲁迅开始创作时又是"所仰仗的全在先前看过的百来篇外国作品"[③],他的小说既是深深植根于中国现实生活的,但又确实受了外国文学的启发和影响。他自己说他后来写的作品如《肥皂》、《离婚》等"脱离了

① 鲁迅:《而已集·当陶元庆君的绘画展览时》。
② 鲁迅:《且介亭杂文·〈草鞋脚〉小引》。
③ 鲁迅:《南腔北调集·我怎么做起小说来》。

外国作家的影响"[①],"脱离"并不等于没有受影响,从学习、借鉴到脱离,就体现了对外国文学的一个吸收和融化的过程,也就是使它的有用成分成为具有中国民族特色的现代文学的组成部分,这实际上就体现了在继承和发扬民族文化传统基础上的革新。尽管当时许多作家的爱好、趣味和认识都不尽相同,但无论学习和借鉴外国文学或者中国古典文学,目的都是为了创造能够受到读者欢迎的新文学这一点,大家一般还是比较明确的;因此就现代文学的主流和发展方向说,作为奠基人的鲁迅的经历、意见和创作特色,仍然是有很大代表性的。

五四文学革命当然也有它的历史局限和弱点,这特别表现在许多人的形式主义地看问题的方法上。在对待社会生活和文化遗产对文艺创作的关系,在对待民族传统和外国文学的主次位置的态度,以及在对新文学的源流的认识等问题上,都有过各种各样的带有片面性的看法。这种态度和看法也影响了后来的发展。例如周作人把新文学解释为明朝"公安派"和"竟陵派"的继承[②],胡风则把它解释为欧洲文艺复兴以来的"一个新拓的支流"[③],就都是既忽略了它所产生的特定的历史条件和现实生活的基础,又片面地夸大了某一方面影响的结果。就现代文学的发展情况说,由于文学革命是在痛感祖国落后而向外国追求进步事物的条件下发生的,因此缺乏分析地接受外国影响的情况是相当普遍地存在的,甚至有的人还主张"全盘西化",对民族文化采取了虚无主义的态度。这表现在创造上就使得一些作品的语言和艺术手法都过于欧化,与民族传统的联系比较薄弱,与人民的欣赏习惯有较大的差距,因而就使读者和影响的范围都相对地缩小了。"左联"时期的提倡大众化,抗战初期进行的利用旧形式的创作的尝试和关于民族形式的讨论,都是为了增强现代文学的民族特色,使它能够适应人民群众的欣赏习惯所作的努力。现代文学的历史说明,凡是在创作上取得显著成就,并受到人民广泛欢迎的作家,他的作品就都不同程度地浸润着民族文化传统、特别是中国古典文学的滋养的,这是形成他的创作特色的一个重要来源。

---

① 《〈中国新文学大系〉小说二集导言》。

② 周作人:《中国新文学的源流》。

③ 胡风:《论民族形式问题》。

二

我们在具体考察中国现代文学与古典文学的历史联系时,不能不首先注意到两者之间的内在精神上的深刻联系。

这首先是爱国主义的文学传统,以及与此相联系的忧国忧民的思想、执著的探索精神和强烈的社会责任感,从屈原的《离骚》开始,"爱国主义"就是中国传统文学的一个中心主题,以屈原为代表的中国知识分子历来具有强烈的忧国忧民的思想,热情而焦虑地关注着祖国的命运和前途,怀着"天下兴亡,匹夫有责"的社会责任感,自觉地运用文学来为祖国和人民抒发自己的情感和抱负。古典文学的这一爱国主义传统对于现代文学特别亲切和重要,因为现代文学本身就是中国近代社会民族危机的产物;以文学为工具,唤起民族的觉醒,改变人民的精神面貌,进而促进民族的新生,这几乎是所有中国现代作家走上文学道路的最初的出发点。中国现代文学的伟大奠基者鲁迅,以完全是屈原式的诗句"寄意寒星荃不察,我以我血荐轩辕",作为他献身祖国解放事业的决心书,同时也是他从事文学工作的宣言书,这当然不是偶然的。因此现代文学与民族解放、人民革命事业有着天然的血缘联系,关注民族命运的历史使命感与社会责任感是中国现代作家的基本品格,它与中国古典文学和民族文化的优良传统是一脉相承的。在现代文学史上,为人生的文学,通过干预民族灵魂干预社会生活,成为现代文学的基本文学观念;而"为艺术而艺术"的思潮则在现代中国始终没有得到充分发展的土壤。文学的爱国主义激情常常与执著而痛苦的探索联系在一起,屈原的"路漫漫其修远兮,吾将上下而求索",作为鲁迅以及其后许多现代作家普遍的心境和历程,就表现了强烈的时代精神和他们共同的精神追求。中国现代文学总的看来有一种博大深沉而又抑郁悲壮的"调子"。这当然首先是历史条件和人民情绪的反映,但它与中国古典文学的精神和特色又是息息相通的。

人道主义精神是在长期的历史传统中不断积累和丰富起来的,在中国古典文学中有着深厚的基础。儒家所强调的"仁"以及后来的"民胞物与"的思想,道家的"强梁者不得其死"的自然观,都对古典文学中的人道主义精神有着深刻的影响;在文学作品中,这种人道主义传统突出地表现在对被压迫人民,特别是妇女与儿童的同情。《诗经》中有《伐檀》、《硕鼠》那样的诗篇,汉乐府中的著名篇章中就有《妇病行》和《孤儿行》,唐宋传奇以及后来的章回小说中,妇女的形象常常居于主要地位,民间文学中也有象虐待至死的童养媳"女吊"那样的形象。古典文学中对下层人民的同情和爱的人道主义传统,与现代民主主义精神和社会主义思想结合起来,就形成了中国现代文学的"人民本位主义"的传统。中国现代文学本质上就是人民的文学,它以工人、农民和知识分子为主体的人民作为文学的主要表现对象和接受(服务)对象。它不仅要求在文学内容上真实地反映人民的实际生活,表达人民的情绪、愿望和要求,而且追求为中国老百姓所喜闻乐见的文学形式;五四文学革命由倡导白话文开始,延安文艺整风运动从批判党八股开始,中国现代文学的变革都首先体现了文艺必须为最广大的人民群众所接受的这一历史要求。不仅如此,毛泽东在延安文艺座谈会上所说"对待人民的态度如何,在历史上有无进步意义",也成为对于传统文学作品的基本评价和取舍标准。五四时期之所以对《水浒传》这样的作品给以很高评价,就是因为它真实地反映了中国农民的反抗精神,正如钱玄同所说:"《水浒》尤非诲盗之作,其全书主脑所在,不外'官逼民反'一义,施耐庵实有社会党人之思想也。"[①]这是对古典文学的一次再评价和再发现,当时就是运用了这种眼光对古典文学作出了新的检阅和评价的。从《诗经》"国风"开始,一直到近代小说,一大批真实反映人民生活和愿望的作品或被发掘,或得到了新的肯定,这反过来对现代文学的理论与创作又产生了深远的影响,突出了中国文学中的悠久绵长的人民本位主义的优秀传统。

中国现代文学是从"文学革命"开始的,它当然要反对传统文学中的一切阻碍社会进步的东西,它尖锐地提出了要打破"瞒"与"骗"的精神迷梦,睁开眼睛,揭示现代中国社会的真实的矛盾运动,把激发变革现实的热情作为自己的基本使命。[②] 因此,它必然以革命现实主义为基本的创作方法。五四文学革命在一开始就旗帜鲜明地把"推倒陈腐的铺张的古典文学,建设新

---

① 钱玄同:《寄陈独秀》。

② 鲁迅:《坟·论睁了眼睛》。

鲜的立诚的写实文学"[1]作为文学革命的三大主义之一,就反映了这一历史要求。值得注意的是,五四文学革命的先驱者在高举现实主义旗帜、批判传统文学中的"瞒"与"骗"的反现实主义创作倾向的同时,也在古典文学中努力发掘现实主义的积极因素,作为自己所提倡的现实主义文学的渊源和依据。钱玄同在《寄陈独秀》一文中,在尖锐地批判一般传统小说"彼等非有写实派文学之眼光"的同时,充分肯定了《红楼梦》、《儒林外史》、《官场现形记》、《二十年目睹之怪现状》、《孽海花》等小说的"价值",其着眼点显然在这些作品的现实主义成就。鲁迅正是据此才对《红楼梦》给以极高评价的,他说:"至于说到《红楼梦》的价值,可是在中国底小说中实在是不可多得的。其要点在敢于如实描写,并无讳饰,和从前的小说叙好人完全是好,坏人完全是坏的,大不相同,所以其中所叙的人物,都是真的人物。总之自有《红楼梦》出来以后,传统的思想和写法都打破了。"[2]鲁迅在这里所说的打破"传统的思想和写法"的革新精神,"敢于如实描写,并无讳饰"的现实主义精神,都是与五四文学革命的时代要求相符合的,也是为中国现代文学所直接继承的。

文学的历史现象从来是纷纭的和复杂的,不能想象任何时代的文学都是清一色的;但作为贯串历史发展的重要线索,它就不可能不是我们民族文化的精髓,例如爱国主义,人民本位主义和现实主义这类文学史的重要现象。正是这些方面,我们可以鲜明地看到中国现代文学和古典文学之间的深刻的精神联系。

三

中国现代文学与古典文学的历史联系(包括继承与革新两个方面)不仅体现在文学内在精神的传统和特色上面,如果我们就文学的各种体裁来考察,就会发现二者之间存在着更为具体和更加深刻的联系。

鲁迅在三十年代回顾中国现代小说在历史发展时说:"在中国,小说是

① 陈独秀:《文学革命论》。

② 鲁迅:《中国小说的历史的变迁》。

向来不算文学的。在轻视的眼光下,自从十八世纪末的《红楼梦》以后,实在也没有产生什么较伟大的作品。小说家的侵入文坛,仅是开始'文学革命'运动,即一九一七年以来的事。"[①]五四文学革命在中国小说史上的意义,不仅在于由此开始了现代小说的创造,而且对中国传统小说的价值作出了新的评价;正是这两个方面构成了"小说家""侵入文坛"、小说获得了文学正宗地位的新局面。

五四时期,几乎每一篇关于文学革命的发难文章在猛烈批判以"桐城谬种、选学妖孽"为代表的封建旧文学的同时,对一向不被重视的以《红楼梦》为代表的优秀古典小说给以肯定的评价。胡适《文学改良刍议》就明白宣布自己是传统白话小说的继承者:"吾惟以施耐庵、曹雪芹、吴研人为文学正宗";"吾每谓今日之文学,其足与世界'第一流'文学比较而无愧色者,独有白话小说一项。"陈独秀《文学革命论》也以明清小说为"近代文学之粲然可观者",称施耐庵、曹雪芹为"盖代文豪",给予崇高的评价。这一事实清楚地说明五四文学革命并不要打倒所有的传统文学,而是要求对它作出新的评价,是在否定中有肯定、批判中有继承的。就现代小说来说,它对于古典小说的继承也并不仅限于内在精神的联系,而是包括着艺术构思和表现手法等多方面的因素的,鲁迅的小说就和《儒林外史》之间存在着深刻的联系。鲁迅少年时代曾受过传统的教育,学过八股文和试帖诗,他对于《儒林外史》所写的"士林"风习有着深切的感受;他笔下的《白光》里的陈士成,以至《孔乙己》里的孔乙己,在精神世界上与《儒林外史》中的人物是非常类似的。讽刺艺术是鲁迅小说的显著特色,而鲁迅就给《儒林外史》的讽刺艺术以很高的评价;他说:"迨吴敬梓《儒林外史》出,乃秉持公心,指擿时弊,机锋所向,尤在士林;其文又感而能谐,婉而多讽:于是说部中乃始有足称讽刺之书。……既多据自所闻见,而笔又足以达之,故能烛幽索隐,物无遁形,凡官师,儒者,名士,山人,间亦有市井细民,皆现身纸上,声态并作,使彼世相,如在目前……是后亦鲜有以公心讽世之书如《儒林外史》者。"[②]鲁迅还写过两篇论讽刺的文章,说明"非写实决不能成为所谓'讽刺'",所举的例子之一就

① 鲁迅:《且介亭杂文·〈草鞋脚〉小引》。

② 鲁迅:《中国小说史略·清之讽刺小说》。

是《儒林外史》中的范举人守孝，鲁迅说："和这相似的情形是现在还可以遇见的。"[①]鲁迅作品中像《端午节》中方玄绰的买彩票的想法，像《肥皂》中"移风文社"那些人的聚会情形的描绘，是和范进丁忧的"翼翼尽礼"，"而情伪毕露"的写法可以媲美的，都可以说是"诚微辞之妙选，亦狙击之辣手矣"。在形式和结构上，《儒林外史》也是最近于鲁迅小说的。鲁迅曾经说过，由于现代社会"人们忙于生活，无暇来看长篇"，因此，五四首先兴起的是"以一目尽传精神"的短篇小说[②]；但中国传统的短篇小说如唐宋传奇或宋元话本和后来的"拟话本"，虽篇幅不长，但在有头有尾、故事性很强等特点上，反而是更近于《三国演义》、《水浒传》等长篇的；只有《儒林外史》"事与其来俱起，亦与其去俱讫，虽云长篇，颇同短制"[③]，是最近于现代短篇小说的。五四时期的短篇创作当然主要是借鉴于外国短篇小说的格式，但同《儒林外史》的形式和结构也是有联系的，在鲁迅的《肥皂》、《离婚》等他自己觉得技巧圆熟的作品中，这种"事与其来俱起，亦与其去俱讫"的特点，非常明显；就是在《阿Q正传》、《孤独者》等首尾毕具、人物性格随着情节的发展而展开的作品中，那种以突出生活插曲来互相连接的写法，也是颇与《儒林外史》的方法近似的。

鲁迅对中国古典文学有着深厚的修养，从整体上看，他的小说与中国古典诗歌、绘画以及戏剧艺术，都有着很深的继承关系。鲁迅总结他写小说的经验时说："我力避行文的唠叨，只要觉得够将意思传给别人了，就宁可什么陪衬拖带也没有。中国旧戏上，没有背景，新年卖给孩子看的花纸上，只有主要的几个人……我深信对于我的目的，这方法是适宜的，所以我不去描写风月，对话也决不说到一大篇。"又说："忘记是谁说的了，总之是，要极省俭的画出一个人的特点，最好是画他的眼睛。我以为这话是极对的。"[④]这里说的都是他对于传统绘画、戏剧的风格特点的追求。鲁迅所引述的是东晋画家顾恺之的观点，所谓"四体妍媸，本无关于妙处；传神写照，正在阿堵中"[⑤]中国的传统画论和戏剧理论中有不少关于传神写意的类似说法，如

① 见鲁迅《且介亭杂文二集·论讽刺》及《什么是"讽刺"?》二文。
② 鲁迅：《三闲集·〈近代世界短篇小说集〉小引》。
③ 鲁迅：《中国小说史略·清之讽刺小说》。
④ 鲁迅：《南腔北调集·我怎么做起小说来》。
⑤ 见《世说新境·巧艺》。

“论画以形似，见与儿童邻。作诗必此诗，定知非诗人”(苏轼诗)，“所谓画者，不过逸笔草草，不求形似，聊写胸中逸气耳”(元·倪云林)“画者当以意写之，不在形似”(元·汤垕)，以及“优孟学孙叔敖抵掌谈笑，至使人谓死者复生，此岂举体皆似，亦得其意思所在而已”(苏轼)等，都是强调从形似中求神似，由有限(画面)中出无限(诗情)的美学原则。所谓“写意”，实际上是对绘画、戏剧、小说……的一种自觉的“诗意追求”。中国是一个有悠久的诗歌传统的国家，诗的因素渗透于一切文学艺术形式中，形成了“抒情诗”的传统。在鲁迅的小说中，有一部分是着重客观写实的，但另一部分则具有浓厚的抒情性；在这类小说中，作者常常通过自然景物的描绘或心情感受的抒发，形成一种情调和气氛，他所着重的正是小说的“抒情”的功能；因此作品的具体描写总是追求“情”与“景(境)”的统一，着意创造诗的“意境”。《在酒楼上》的情节发生在风景凄清的大雪中的狭小阴湿的小酒店，而作品还有一大段对于酒楼外的废园雪景的富有诗意的描写。结尾是在风雪交加的黄昏中，这一对友人方向相反地告别了；充满了“意兴索然”的感触。《孤独者》写深冬灯下枯坐，“如见雪花片片飘坠，来增补这一望无际的雪堆”中，突然接到了两眼象嵌在雪罗汉上小炭一样黑而有光的正在怀念中的魏连殳的来信，而这位久别的正陷在绝境中的孤独者的信也正是写在大雪深夜中吐了两口血之后的，这是多么沉重、孤寂而悲凉的气氛。到最后送殓归来的时候，却是散出冷静光辉的一轮圆月的清夜，在那里隐约听到狼似的长嗥，“惨伤里夹杂着愤怒和悲哀”。这里主观心理、情愫与客观景物达到了融合的境地，是完全可以作为“诗”来领会的。鲁迅小说对中国“抒情诗”传统的自觉继承，开辟了中国现代小说与古典文学取得联系、从而获得民族特色的一条重要途径。在鲁迅之后，出现了一大批抒情体小说的作者。如郁达夫、废名、艾芜、沈从文、萧红、孙犁等人，他们的作品虽然有着不同的思想倾向，艺术上也各具特点，但在对中国诗歌传统的继承这一方面，又显示了共同的特色。

在中国现代小说史上，以赵树理为代表的一批作家，则是通过另一途径，以另一种方式取得与中国传统文学的联系的。他们所继承的主要是民间艺术的“史诗传统”，因此他们更重视小说的“说故事”的功能；在小说的结构、语言、表现方式等方面，都十分注意与以农民为主体的普通读者的欣赏习惯、审美趣味与文化水准相适应。用赵树理自己的话来说，就是“在写法上对传统的那一套照顾得多一些”[①]；所谓“传统的那一套”主要就是指“中国民间文艺传统”。赵树理曾结合自己创作实践中的体会，将民间艺术传统写法总结为四点：“一、叙述和描写的关系。任何小说都要有故事。我们通常所见的小说，是把叙述故事融化在描写情景中的。而中国评书式的小说则把描写情景融化在叙述故事中的。”“二、从头说起，接上去说。……我们通常读的小说，下一章的开头，总可以不管上一章提过没有，重新开辟一个场面，只要把全书读完，其印象是完整的就行，而农村读者的习惯则是要求故事连贯到底，中间不要跳得接不上气。”“三、用保留故事中的种种关节来吸引读者……（这）叫做‘扣子’，是根据听书人以听故事为主要目的的心理生出来的办法。”“四、粗细问题。在故事进展方面，直接与主题有关的应细，仅仅起补充或连接作用的不妨粗一点。”[②]他所总结的这些民间艺术的形式结构特点，其实是可以概括宋元话本以来的大部分中国传统小说的。由于对民间文艺传统的自觉继承与发展，赵树理以及康濯、马烽这一类作家的小说，常常取得了为中国老百姓所喜闻乐见的形式与风格，在促进现代小说与普通人民的结合上起了重要的作用。以鲁迅和赵树理为代表的这两类不同风格的小说家的艺术追求，说明中国现代小说与古典文学传统的联系是多方面和多角度的，也说明实现中国小说的现代化与民族化的道路是十分宽广的。现代作家既然在共同的民族文化传统中孕育成长，则无论自觉或不自觉，他的创作是不可能不与古典文学存在着某种历史联系的。艺术的天地十分广阔，我们只能就总的趋向来考察，而不能将某些明显的有迹可求的艺术特征绝对化，那是反而会顾此失彼的。

四

胡适曾经说过，在五四文学革命中“用白话来征服诗的壁垒”，从而“证

① 赵树理：《〈三里湾〉写作前后》。

② 同上。

明白话可以做中国文学的一切门类的唯一的工具"[①]，曾经是关键性的一仗。因此，当时所有的先驱者一起上阵，连自称"不喜欢做新诗"的鲁迅也"打打边鼓，凑些热闹"[②]，写了新诗五首。在理论上也采取了最为激进的姿态：胡适明确提出了"诗体大解放"的口号："不但打破五言七言的诗体，并且推翻词调曲调的种种束缚；不拘格律；不拘平仄；不拘长短；有什么题目，做什么诗；诗该怎样做，就怎样做。"[③]刘半农则提出了"破坏旧韵、重造新韵"，"增多诗体"[④]的主张。新诗可以说是彻底冲破旧体诗词的束缚，直接借鉴外国诗歌的产物。

但是，能不能据此就说中国现代新诗与古典诗歌之间不存在历史的联系呢？

我们先看一个简单明了、却很能说明问题的事实：五四时期的新一代作家大都能写旧诗，而且功力深厚，写得很好，如鲁迅、郭沫若、茅盾、郁达夫、叶圣陶、朱自清、田汉等人，但他们都不公开在报刊上发表旧诗。鲁迅的旧诗是杨霁云编《集外集》时替他搜罗入集的，其他的人也是一直到一九四九年后人们才逐渐知道的。朱自清把他的旧诗集称为《敝帚集》和《犹贤博弈斋诗抄》，就是表示"敝帚自珍"、不供发表的意思，这当然是为了表现他们支持诗歌革命、支持新诗的立场的；鲁迅就劝人对旧诗词"大可不必动手"[⑤]但从以后整理、发表的他们的旧诗词中，我们仍然可以看出，这些新作家、新诗人都同时具有很高的古典诗歌的修养。鲁迅的旧诗多为近体诗，近年来研究它与屈原、李商隐、龚自珍等人的联系的文章已经很多。新加坡的郑子瑜曾经作过一篇《郁达夫诗出自宋诗考》[⑥]，列举出郁达夫的许多旧诗都从宋诗点化而来，而所举的宋诗有相当部分都是比较冷僻、为一般人所不熟悉的，这恰好说明了郁达夫古典文学修养之深厚。郭沫若说"达夫的诗词实在比他的小说或者散文还好"[⑦]，这并不是毫无根据的。这个事实说明：五四

① 胡适：《逼上梁山》。
② 鲁迅：《集外集·序言》。
③ 胡适：《谈新诗》。
④ 刘半农：《我之文学改良观》。
⑤ 鲁迅一九三四年十月十三日致杨齐云信。
⑥ 见《郁达夫研究资料》。
⑦ 郭沫若：《望远镜中看故人——序〈郁达夫诗词抄〉》。

时期的新作家、新诗人尽管在公开场合都提倡新诗，自觉学习外国诗歌，表现出与传统诗词的决绝姿态，但他们自幼自然形成的古典诗词的深厚修养却不能不在他们的实际创作中发生影响；尽管这种影响有一个从“潜在”到“外在”、从“不自觉”到“自觉”的过程，但这种影响存在的本身就表现出了一种深刻的历史联系。

事实上五四时期的新诗创作并没有、也不可能与古典诗歌的传统完全割裂。胡适在《谈新诗》里就指出了这样一个事实：“我所知道的‘新诗人’，除了会稽周氏弟兄之外，大都是从旧式诗、词、曲里脱胎出来的”他并且举例说：“沈尹默君初作的新诗是从古乐府化出来的。”在同一篇文章里他还提出这样的观点：“做新诗的方法根本上就是做一切诗的方法；新诗除了‘诗体的解放’一项之外，别无他种特别的做法”；他在谈到“诗需要用具体的做法，不可用抽象的说法”时，所举的例证全部是传统的旧诗词，这几乎已经是一种自觉的借鉴了。朱自清认为胡适的主张“大体上似乎为《新青年》诗人所共信；《新潮》、《少年中国》、《星期评论》，以及文学研究会诸作者，大体上也这般作他们的诗”①。至于胡适自己写的后来被称之为“胡适之体”的白话诗，也早已有人指出是“于旧诗中”取了“元白易懂的一派”，而排斥了“温李难懂的一派”②，也就是说对中国古典诗歌传统是既有所扬弃，也有所继承的。前文谈到有人研究郁达夫旧诗与宋诗的关系，其实五四前后的“早期白话诗”都与宋诗存在着某种类似的关系。严羽《沧浪诗话》曾用“以文字为诗，以才学为诗，以议论为诗”来概括宋诗的特点。朱自清则进一步指出，宋诗“终于回到了诗如说话的道路，这如说话，的确是条大路”③。五四早期白话诗正是以“作诗如作文”为主要理论旗帜的。我们当然不能从这种历史的相似中得出现代新诗是由宋诗演化而来的，因为新诗是文学革命的产物，它主要是借鉴外国诗歌而来的；但晚清宋诗一派的流行也有它的历史的和社会的原因，而且是不可能不对五四初期的作家产生一定的影响的。

当然，在新诗发展史上，早期白话诗带有很大程度的过渡性质。真正开

---

① 《中国新文学大系·诗集导言》。

② 冯文炳：《谈新诗》。

③ 朱自清：《论雅俗共赏》。

一代新风的,还是郭沫若的《女神》。《女神》可以说是更彻底地打破了旧诗词的镣铐,以至闻一多批评《女神》是走到了过于“欧化”的极端。在影响很大的《女神之地方色彩》一文里,闻一多尖锐地批评“《女神》中所用的典故,西方的比中国的多多了”;“《女神》之作者对于中国文化之融膜”,“《女神》底作者这样富于西方的激动底精神,他对于东方的恬静的美当然不大能领略”。应该说,闻一多的这种批评带有很大偏颇,因为他将《女神》的现代化特点与民族特点截然对立起来,用前者来否定《女神》与传统文化的历史联系,而这是不符合事实的。《女神》中表现得十分突出的泛神论思想,就不但有西方斯宾诺莎学说、东方古印度婆罗门经典——奥义书的影响,而且溶汇了他对中国古代哲学的“再发现”和“再认识”;他是把东西方哲学和中国传统哲学思想按照自己的理解,加以溶化汇合,从而形成了他的“泛神论”思想的。收在《女神》中的《湘累》、《棠棣之花》中的屈原形象、聂嫈形象,都是他用五四时代精神“照亮”了传统的产物。郭沫若在《女神》中所致力的是将民族文化“现代化”的意图,而不是对民族文化的“隔膜”或“不能领略”。

闻一多当时对传统文化的理解比较狭窄,并且带有某种保守的性质。在同一篇文章中,他热烈地赞颂“东方的文化是绝对美的,是韵雅的”,主张“恢复我们对旧文学底信仰”;他的诗作《忆菊》、《祈祷》,把诗人对于中国传统文化的热爱和向往,表现得非常真挚和强烈。在理论上他明确提出新诗“要做中西艺术结婚后产生的宁馨儿”,强调“真要建设一个好的世界文学,只有各国文学充分发展其地方色彩,同时又贯以一种共同的时代精神,然后并而观之,各种色彩虽互相差异,却又互相调和”①;他的诗歌创作就是这种主张的实践,因此闻一多的格律诗虽然受西方诗歌的影响很深,但它与中国文化传统的联系还是十分明显的。

也许更能说明问题的是中国现代派诗歌发展的历史。现代派诗歌显然是从“异域”、“世纪末的果汁”里摄取营养、并且以反传统为其特点的;但也正是中国最早的现代象征派诗人李金发在理论上最早提出:“东西作家随处有同一的思想,气息,眼光和取材”,应“于他们之根本处”,“把两家所有,试

① 闻一多:《〈女神〉之地方色彩》。

为沟通,或即调和"[1]。由于李金发对于中国民族生活与诗歌传统都十分隔膜,他所谓"东西调和"不过是将文言词语嵌入诗中,这不仅没有改变他的诗过于欧化的倾向,反而增加了理解的困难,终因脱离群众而未能获得更多的读者。到了三十年代,以戴望舒与何其芳、卞之琳诸人为代表的现代派诗人,不仅通晓外国文学,而且有着较高的中国古典文学修养,对处于动乱中的民族生活以及在一部分知识分子中产生的迷茫、梦幻和感伤情绪,有着深切的感受和体验;他们从法国象征派诗人那里接受了现代诗歌的观念,再去反观中国古典诗歌,从而发现了它们之间内在的一致。卞之琳在发表于《新月》四卷四期的《魏尔伦与象征主义·译序》中指出:"'亲切'与'含蓄'是中国古诗与西方象征诗完全相通的特点。"何其芳在《梦中道路》中追述自己写作《燕泥集》的艺术渊源时也说:"这时我读着晚唐五代时期的那些精致的冶艳的诗词,蛊惑于那种憔悴的红颜上的妩媚,又在几位班纳斯派以后的法兰西诗人的篇什中找到了一种同样的迷醉。"即使在诗歌形式上,中国现代诗人也发现了西方的十四行诗"最近于我国的七言律体诗,其中起、承、转、合,用得好,也还可以运用自如"[2]。

西方现代派诗歌与中国古典诗歌中的某些流派(如晚唐的温、李诗派)在诗的艺术思维方式、情感感受与表达方式之间存在着某种内在的相似,是一个很有意义的现象;正是这种发现使得中国的现代派诗人(从戴望舒到以后的《九叶集》诗人)能够逐渐摆脱早期象征派诗人那种对于外国诗歌的模仿和搬弄的现象,而与自己民族诗歌的传统结合起来,逐渐找到了外来形式民族化的道路。

同小说领域一样,中国现代新诗与古典诗歌传统的历史联系,道路也是宽广的。除了上述与文人诗歌传统的联系之外,从五四时期起,新诗作者就开始了对民歌传统的探索和汲取。刘半农提倡"增多诗体",其中一条途径就是从民间歌谣的借鉴中创作民歌体白话诗,《瓦釜集》里的作品就是这种创作实践的收获。三十年代,中国诗歌会的诗人提倡新诗的"歌谣化"。抗战时期又有从曲艺中汲取养料来创作新诗的尝试,如老舍的《剑北篇》。《在

① 李金发:《食客与凶羊·自跋》。
② 卞之琳:《雕虫纪历·自序》。

延安文艺座谈会上的讲话》之后,解放区出现了大规模地搜集、整理和学习民歌的运动,并涌现出了象李季的《王贵与李香香》、阮章竞的《漳河水》这样的民歌体叙事诗。这一趋向对新中国成立以后的诗歌创作,也产生了深刻的影响。

五

鲁迅对五四时期散文创作的成就曾给以很高的评价,认为"散文小品的成功,几乎在小说戏曲和诗歌之上"[①]朱自清在《背影》序中也说:"但就散文论散文,这三四年的发展,确是绚烂极了:有种种的样式,种种的流派。"这种成功是同古典文学中的历史凭藉分不开的。在散文的种种不同的样式和流派中,如果大致区分,则依习惯可分为议论、抒情、叙事三大类,而这些内容又都是在古典文学中有着大量存在的。如果说五四时期的现代小说、新诗和话剧主要是借鉴于外来的形式,那么散文就和古典文学传统有着更为密切的联系。五四时期的作家都受过传统的读古书的教育,对古代散文有基本的素养,这是散文获得成功的一个重要原因。

五四时期最早出现的散文作品是以议论为主的文章,即杂文。一九一八年四月,《新青年》四卷四期首设《随感录》一栏,主要作者有陈独秀、鲁迅、钱玄同、刘半农等人,从开始起这种文体就是为新文化运动开辟道路的;他们认为杂文是文学的一种主要形式,正是受了古典文学的影响。如刘半农在《我之文学改良》中就说"故进一步言之,凡可视为文学上有永久存在之资格与价值者,只诗歌戏曲、小说杂文二种也"。鲁迅也指出:"其实'杂文'也不是现在的新货色,是'古已有之'的"[②]。三十年代关于小品文的讨论中,鲁迅还引述了由晋代清言起的中国古典文学中散文的传统,而且特别发扬了其中带着议论色彩的特点。他指出:"唐末诗风衰落,而小品放了光辉。但罗隐的《谗书》,几乎全部是抗争和愤激之谈;皮日休和陆龟蒙自以为隐士,别人也称之为隐士,而看他们在《皮子文薮》和《笠泽丛书》中的小品文,

① 鲁迅:《南腔北调集·小品文的危机》。
② 鲁迅:《且介亭杂文·序言》。

并没有忘记天下，正是一塌胡涂的泥塘里的光彩和锋芒。明末的小品虽然比较的颓放，却并非全是吟风弄月，其中有不平，有讽刺，有攻击，有破坏。"[①]现代文学中的杂文在具体写法上也许并不同于这些古代作品，但对其战斗精神的继承和发展则是十分明显的。

鲁迅自己的杂文在表现方式和艺术风格上同"魏晋文章"有其一脉相承之处，这是鲁迅自己也承认的，据孙伏园记载，刘半农曾赠送过鲁迅一副对联即"托尼学说，魏晋文章"，"当时的朋友都认为这副联语很恰当，鲁迅先生自己也不加反对"[②]。什么是"魏晋文章"的特色呢？鲁迅曾用"清峻、通脱"来概括，并解释说："通脱即随便的意思，此种提倡影响到文坛，便产生多量想说什么便说什么的文章。更因思想通脱之后，废除固执，遂能充分容纳异端和外来的思想"；"清峻的风格——就是文章要简约严明的意思"[③]这就是说，没有"八股"式的规格教条的束缚，思想比较开朗，个性比较鲜明，而表现又要言不烦，简约严明，富有说服力。很显然，魏晋文章的这些特色，正是鲁迅平日所致力，也是在鲁迅杂文中得到继承和发展的。

就具体作者来说，魏晋时代的孔融和嵇康对鲁迅杂文的影响最大，尤其是嵇康。鲁迅曾说："孔融作文，喜用讥嘲的笔调。"[④]据冯雪峰回忆，鲁迅晚年"曾以孔融的态度和遭遇自比"[⑤]。这里所说的"态度"是指孔融的不屈的反抗精神，并且是通过他的讥嘲笔调表现出来的。孔融文章中运用讽刺手法的地方很多，同鲁迅杂文的风格颇有类似的地方。鲁迅自己说他的杂文是"论时事不留面子，砭锢弊常取类型"[⑥]，在表现方法上则是"好用反语，每遇辩论，辄不管三七二十一，就迎头一击"[⑦]。这些话是可以概括鲁迅杂文的特色的。他擅长讽刺的手法，常常给黑暗面以尖利的一击；在表现方法上则多用譬喻、反语，使自己的思想能形象地表现出来；因此也常常援引古人古事来说明今人今事，引对方的话来举例反驳。而这样特点在中国文学史

① 鲁迅：《南腔北调集·小品文的危机》。
② 孙伏园：《鲁迅先生二三事》。
③ 鲁迅：《而已集·魏晋风度及文章与药及酒之关系》。
④ 同上。
⑤ 冯雪峰：《过来的时代·鲁迅论》。
⑥ 鲁迅：《伪自由书·前记》。
⑦ 鲁迅：《两地书·一二》。

上的类似状态，在以孔融和嵇康为代表的魏晋文章中是十分明显的。鲁迅特别喜爱嵇康的议论文，这是人们熟知的。他说："嵇康的论文，比阮籍更好，思想新颖，往往与古时旧说反对。"[①]这些话几乎可以移用来评价鲁迅的杂文。鲁迅特别欣赏嵇康的论难文章，并且对嵇康"所存的集子里还有别人的赠答和论难"[②]表示赞同；嵇康在他与别人辨难的文章中不仅"针锋相对"，而且说理透辟，富有逻辑性，表述方式又多半是通过"据事以类义，援古以证今"[③]；不只风格简约严明，而且富于诗的气氛。这些都对鲁迅杂文的表现方式产生过一定的影响。

除了议论散文(杂文)之外，五四时期还出现了大量的被称为"美文"的叙事性和抒情性的散文(有时也称为"散文小品")。这类散文同传统散文的联系是更为密切的。鲁迅曾指出当时有些散文作者着意于"那和旧文章相合之点"，"写法也有漂亮和缜密的，这是为了对于旧文学的示威，在表示旧文学之自以为特长者，白话文学也并非做不到"[④]；这种努力在当时是具有进步意义的。冰心的散文就属于"漂亮"这一路；郁达夫在《中国新文学大系·散文二集》导言中赞扬说："冰心女士散文的清丽，文字的典雅，思想的纯洁，在中国好算是独一无二的作家了。"郁达夫并且这样谈到了自己读冰心散文的感受："我以为读了冰心女士的作品，就能够了解中国一切历史上的才女的心情；意在言外，文必己出，哀而不伤，动中法度，是女士的生平，亦即是女士的文章之极致。"这就是说，冰心的人格与文风都是充分地体现了传统文化所特有的美的。所谓"冰心体"散文曾在五四时期产生过很大的影响，这同她对文体美的自觉追求是分不开的。她曾在小说中借一个人物之口这样表白："文体方面我主张'白话文言化''中文西文化'，这'化'字大有奥妙，不能道出的，只看作者如何运用罢了！我想如现在的作家能无形中融会古文和西文，拿来应用于新文学，必能为今日中国的文学界，放一异彩。"[⑤]冰心的散文正是"无形中融会古文与西文"的典范，它既发挥了白话

---

① 鲁迅：《而已集·魏晋风度及文章与药及酒之关系》。

② 鲁迅：《且介亭杂文二集·"题未定"草(六至九)》。

③ 刘勰：《文心雕龙·事类篇》。

④ 鲁迅：《南腔北调集·小品文的危机》。

⑤ 冰心：《超人·遗书》。

文流利晓畅的特点，便于现代人思想感情的交流，又吸收了中国古文和外国语言的长处，善于简洁凝炼地表达现代人委婉复杂的思想和情绪。“冰心体”之所以能够风靡一时，并不是偶然的。例如冰心在《山中杂记》里有一段比较“山”与“海”的文字，她先从客观、外在的颜色、动静、视野相比，力争“海比山强得多”，语言基本上是口语化的；下面在比较处于山或海的包围中的人的主观内心感受时，就引用了两首古诗的句子：“南山塞天地，日月石上生”，“海上生明月，天涯共此时”。有时现代人的复杂、难以言传的主观感受，引用适当的古典诗句反而更能传神达意。冰心有深厚的古典文学修养，她在散文里引用古诗词，似乎随手拈来，却构成了文章的有机部分。

五四时期强调散文语言的“杂糅”特点的还有周作人。周作人甚至认为这是现代散文语言与现代小说、戏剧语言的一个根本区别。他说：“我也看见有些纯粹口语的文章……觉得有造成新文体的可能，使小说戏剧有一种新发展”，而散文“必然有涩味与简单味，这才耐读，所以他的文词还得变化一点。以口语为基本，再加上欧化语，古文，方言等分子，杂糅调和，适宜地或吝啬地安排起来，有知识与趣味的两重的统制，才可以造出雅致的俗语文来”。[1] 周作人显然敏锐地看到了传统散文所具有的含蓄的美，也就是他所说的“涩味与简单味”，同文言文的语言形式有一定的联系，因此他企图创造一种“雅致的俗语文”；除了在内容上追求“知识与趣味”之外，在语言形式上就必然要求文言（以及欧化语，方言）与口语的“杂糅”。周作人自己的散文就是他所追求的这种“雅致的俗语文”，它在内容和形式上同传统散文（特别是明末小品）存在着深刻的联系，是十分显然的。

正因为周作人注意到汉语语言文字的特点，因此他关于现代散文文体曾发表过要“设法利用骈偶”的意见；他说：“因为白话文的语汇少，欠丰富，句法也易陷于单调，从汉字的特质上去找出一点装饰性来，如能用得适合，或者能使营养不良的文章，增点血色，亦未可知。”[2]他并且据此提出了“混合散文的朴实与骈文的华美”[3]的文体要求。周作人这里提出了建立现代

① 周作人：《燕知草·跋》。

② 周作人：《汉文学的传统》。

③ 周作人：《苦竹杂记·后记》引《答上海有君书》。

散文与传统散文的联系的一个相当重要的问题:就是认识到它们使用的共同的文字工具——“汉字的特质”。正是在这一点上,传统散文是积累了丰富遗产的。传统散文(包括骈文)十分重视语言文字的声调节奏和装饰性。这是在把握“汉字的特质”基础上对语言形式美的追求和创造。尽管后来有的作家发展到了极端,成为形式主义的桎梏;但为了创造新文体,从中是可以汲取合理的内核的。鲁迅就很注意这种特点,他曾应友人之请,作《〈淑姿的信〉序》(收《集外集》),“以文言文中骈文出之,全篇文字也铿锵入调”[①]。由于鲁迅有深厚的文学修养和掌握了中国语言文字的特质,在他的散文中也常有“杂用骈文句法”的地方。例如:“惨象,已使我目不忍视了;流言,尤使我耳不忍闻。我还有什么话可说呢?我懂得衰亡民族之所以默无声息的缘由了。沉默呵,沉默呵!不在沉默中爆发,就在沉默中灭亡”(《纪念刘和珍君》);“活着的时候,又须恭听前辈先生的折衷:早上打拱,晚上握手;上午‘声光电化’,下午‘子曰诗云’”(《随感录·四十八》);“只要从来如此,便是宝贝。即使无名肿毒,倘若生在中国人身上,也便‘红肿之处,艳若桃花;溃烂之时,美如乳酪’。国粹所在,妙不可言。”(《随感录·三十九》)在这些似乎随手拈来的句式中,就有骈散交错、起伏顿挫的特点;它形成了自然的声音节奏,加强了文章气势。作为文学语言,白话文可以议论和叙事,是比较容易得到社会承认的;但用白话文来抒情写景,就会有许多人怀疑,因为当时还缺少这样的实绩。这就是五四时期为什么要提倡“美文”以及许多作者努力创作漂亮和委婉的抒情散文的原因。鲁迅自述他“没有相宜的白话,宁可引古语”,而且把称他为文体家(Stylist)的批评者认为是看出了他的文学语言的特点[②],就说明他也是十分重视文学语言的建设的。当时一些著名的抒情写景的散文名篇,如朱自清和俞平伯都写了《桨声灯影里的秦淮河》,就是为了证明“旧文学之自以为特长者,白话文学也并非做不到”。既然许多作者是自觉地与古文名篇进行文体风格的竞赛,那自然就要重视传统散文的优点和特点了,这实际上就体现了继承和革新的关系。可见现代散文尽管绚烂多彩、风格各异,但它同传统散文仍然是保持着十分紧密的联

① 许广平:《鲁迅回忆录·同情妇女》。

② 鲁迅:《南腔北调集·我怎么做起小说来》。

系的。

六

比之小说、散文和诗歌来，话剧同古典戏剧的关系当然要薄弱得多；各种文体都是有它自己的特点和不同的发展情况的。但五四时期在提高小说地位的同时，也提高了戏剧的地位。胡适在《文学改良刍议》中，为了强调白话文学的正统地位，提出“中国文学当以元代为最盛”，也就自然给以关汉卿为代表的元代戏曲以很高的评价。刘半农在《我之文学改良观》里更进一步明确提出要“提高戏曲对于文学上之位置”，认为“凡可视为文学上有永久存在之资格与价值者，只诗歌戏曲、小说杂文二种也”，而他的立论的基点也是“以现今白话文学尚在幼稚时代，白话之戏曲，尤属完全未经发见，故不得不借此易于着手之已成之局而改良之”。可见当时，重视戏剧的原因和重视小说是一样的，除了因为它的时代离现时较近，反映的社会比较广阔，有利于新文学的建设以外，更多的是着眼于它的语言比较通俗，接近于当时所提倡的白话文；但与此同时，又对传统戏剧的内容展开了尖锐的批判。批判的锋芒主要是指向传统戏剧中封建迷信和封建伦理道德，“仅求娱悦耳目”的戏剧观念，“瞒”与“骗”的大团圆主义创作倾向，以及“戏子打脸之离奇”等“形式主义”程式[①]。可见五四时期对传统戏剧的重新评价，对它的肯定和否定，都是从五四文学革命的基本要求出发的。当时的先驱者们对于传统戏剧的态度也并不完全一致，主张“全数封闭”[②]、持全盘否定的极端态度的，仅钱玄同等一二人，刘半农、傅斯年以至胡适都是主张在创造“西洋派”新戏的同时，对传统旧戏加以改良的[③]。他们所谓创造“新戏”，着眼点完全在外国戏剧的移植，强调“西洋文学名著”的翻译与改作；也就是说，批判地继承传统戏剧遗产的问题还没有提到这些先驱者们的艺术探讨的日程。第一次在理论上明确提出这一问题的是北平艺术专门学校戏剧系的熊佛西、赵太

---

① 参看钱玄同：《寄陈独秀》，胡适：《文学进化观念与戏剧改良》等文。

② 钱玄同：《随感录·十八》。

③ 参看傅斯年：《戏剧改良各面观》，刘半农：《我之文学改良观》，胡适：《文学进化观念与戏剧改良》等文。

侔、余上沅等人,他们于一九二六年六至九月在《晨报》副刊上创办《剧刊》,发动"国剧运动";在戏剧形式上,首先提出糅合东、西方戏剧的特点,"在'写意的'和'写实的'两峰间,架起一座桥梁",并且预言"再过几十年大部分的中国戏剧,将要变成介于散文诗歌之间的一种韵文的形式"①。但由于他们主要着力于理论的提倡,艺术实践并未跟上,更重要的是他们同时主张恢复旧戏"目的在于娱乐"的"纯粹艺术倾向"②,脱离了时代与观众的需要,因而这种"国剧运动"并未能产生预期的影响。但戏剧改革的呼声和艺术实践却一直没有停止过;特别是抗日战争爆发后,很多艺术家都热心于利用旧戏形式宣传抗日的艺术尝试,当时称之为"旧瓶装新酒"。但是,在人们的认识与实践中,一般都是把戏曲的改造和利用仅仅看作是一种普及的措施,并没有把它同话剧创作联起来。许多人都认为要提高现代戏剧水平,仍然在于话剧运动。这样,在很长时期内,戏剧与观众的联系是一种"二元结构":一方面,现代话剧(即所谓"新戏")主要以城市知识分子、市民和一部分工人为观众;另一方面,传统戏曲以农村为广大阵地,同时在城市市民中也拥有大量观众。由于毛泽东在《在延安文艺座谈会上的讲话》中明确提出"文艺首先是为工农兵"的问题,因而农民的欣赏习惯成为解放区戏剧工作者关注的中心,并由此创造了以《白毛女》为代表的新歌剧作品。当时的剧作家马健翎就说:"戏剧是最锐利的武器,逼来逼去,不得不注意'庄稼汉'的爱好。"③正是出于对农民艺术趣味的重视,对他们所喜闻乐见的传统戏曲的继承问题才引起了人们的注意。新歌剧所显示的对传统戏曲的改革成绩,实际上就是促使传统戏曲的"现代化";与此同时,对于话剧创作的民族化也进行了多方面的探索,有些作品吸收和融汇了传统戏剧的一些艺术手法,出现了《战斗里成长》等有民族特色的作品。同样,在国统区的话剧创作中也有过类似的尝试,特别是在抗战时期历史剧的创作高潮中,尤为明显。就是在现实题材中,也产生了如田汉的《丽人行》等有鲜明的民族特色的作品。

当然,中国现代话剧主要是受西方影响所产生的一种艺术形式,但这并

① 余上沅:《国剧》。

② 余宗杰:《旧剧之国画的鉴赏》,余上沅:《旧戏评价》。

③ 马健翎:《十二把镰刀·后记》。

不意味着它同民族传统就完全没有联系。不过这种联系比较薄弱一些，而且不是表面上的罢了。曹禺谈到他的《雷雨》时曾说过一句十分朴实、却耐人寻味的话："《雷雨》毕竟是中国人写的嘛。"[①]这就是说，中国的现代剧作家在创作时必然要受到民族传统的制约，不仅他反映的生活和所表现的思想必然带着中国民族的特色，而且他还必须考虑到中国观众的带有鲜明民族心理的欣赏要求和艺术趣味。这样，现代剧作家在借鉴外国戏剧创作经验的同时，也必然会自觉或不自觉地重视并汲取中国传统戏剧所积累的艺术经验。一些有影响的现代话剧作品如田汉的《获虎之夜》、《回春之曲》，曹禺的《雷雨》、《原野》，郭沫若的《屈原》、《孔雀胆》等，都充分地注意到中国观众重故事、重穿插的欣赏习惯，并巧妙地运用戏剧冲突来推动情节的发展，以造成波澜起伏、跳跃跌宕的情势，紧紧抓住了观众；而这正是中国古典戏曲的特点。清代戏曲家李渔，就认为戏曲事件要"未经人见而传之"，"若此等情节已见之戏场，则千人共见，万人共见，绝无奇矣，焉用传之。"[②]中国古典戏曲是讲究情景交融的，它的唱词实际上就是抒情诗，因此诗的味道很浓。现代话剧中有些作品也是以诗意浓郁著称的，如曹禺的《北京人》、《家》，夏衍的《上海屋檐下》，郭沫若的《屈原》、《虎符》，以及田汉的早期剧作（如《获虎之夜》、《南归》）等。这些剧作对于情景交融的诗的意境的追求——《原野》里沉郁、神秘的旷野，《上海屋檐下》"郁闷得使人不舒服"的黄梅天气，《屈原》里的雷电，都是这种诗的意境的创造，出色地体现了中国古典文学的抒情写意的美学原则。它们既是写实的，又是写意的；既是现代化的，又是民族化的；既有个人的风格特色，又实现了借鉴外国与继承传统的统一。

鲁迅曾说：只有用"现今想要参与世界上的事业的中国人的心里的尺来量"，才能真正"懂得"中国现代文学艺术[③]。这是很能概括中国现代文学的基本特点的。中国现代作家首先是"想要参与世界上的事业的"现代人，因此必然要追求文学的现代化，努力汲取外国思想文化中的优秀东西，以使中

---

① 胡受昌：《就〈雷雨〉访曹禺同志》，《破与立》一九七八年第五期。

② 李渔：《闲情偶寄》。

③ 鲁迅：《而已集·当陶元庆君的绘画展览时》。

国文学与世界的时代潮流合流,并对世界文学的发展作出自己的贡献;另一方面,中国现代作家又是“中国人”,“其中仍有中国向来的魂灵”,“固有的东方情调,又自然而然地从作品中渗出,融成特别的丰神”[①],使中国现代文学又具有鲜明的民族特色。我们从五四以来各种文学体裁的发展概貌中,就可以清楚地看到这种历史的特征。中国现代文学史本身就是一个不断追求外来文化民族化和民族文化现代化的过程,它正是在这种追求中日趋成熟的;就文学史的发展线索看,它与古典文学之间自然就存在一种继承和革新的历史联系。事实说明,越是有民族特色的艺术,就越有世界意义。正如鲁迅所说:“现在的文学也一样,有地方色彩的,倒容易成为世界的,即为别国所注意。打出世界上去,即于中国的活动有利。”[②]鲁迅自己的作品就充分地体现了这一点,因此法捷耶夫称他为“真正的中国作家”,说“他的讽刺和幽默虽然具有人类共同的性格,但也带有不可模仿的民族特点”[③]。其他的作家虽然成就各不相同,但就总的方向来说,却都具有类似的特点。中国现代文学正是以自己独特的民族特色与民族风格,独立于世界文学之林的。随着国际文化交流的发展,它必将成为世界各国人民共同的精神财富,为人类文化的发展作出应有的贡献。

一九八六年一月三十日

(选自《中国现代文学史论集》,《王瑶文集》
第5卷,北岳文艺出版社1995年版)

---

① 鲁迅:《集外集拾遗·〈陶元庆氏西洋绘画展览会目录〉序》。

② 鲁迅:一九三四年四月九日致陈烟桥书。

③ 见一九四九年十月十九日《人民日报》。

阴法鲁

阴法鲁,男,汉族,1915 年 7 月出生,2002 年 3 月逝世。山东省肥城县人。1935 年考入北京大学中文系读书,1939 年在昆明西南联合大学中文系毕业。1942 年昆明北京大学文科研究所研究生毕业,获硕士学位。历任昆明北京大学文科研究所研究助教,武昌华中大学(迁滇)副教授,北京大学讲师、副教授,北京政法学院副教授,中国科学院历史研究所副研究员,北京大学教授,北京市音乐舞蹈协会副主席,国家古籍整理出版规划小组成员等职。

主要研究方向为古典文献学和中国古代文化史,侧重古代音乐舞蹈研究。在研究方法上注重古典文献与考古资料的结合,以及社会调查资料与古典文献的结合。主要论著有:《唐宋大曲之来源及其组织》、《宋姜白石创作歌曲研究》(与杨荫浏先生合著)、《从敦煌壁画论唐代的音乐和舞蹈》、《古文献中不同语言的译语校注问题》、《考古资料与中国古代音乐史》、《历史上中国和东方诸国音乐文化的交流》等。还参加了中华书局本"二十四史"的点校工作。20 世纪 80 年代,主编高校文科教材《中国古代文化史》,荣获教育部等多项奖励。

中国古代诗歌中的唱和形式

音乐和诗歌中的唱和形式,即领起部分与应和部分互相结合的形式。采用这种形式,或抒情,或叙事,都能造成活泼热烈或深刻厚重的气氛,可以充分表达人们的思想感情,有强烈的表现力,因而也有强烈的艺术感染力。现在研究这个问题,一方面试图从唱和形式的角度分析一些古代作品,或许能加深理解;另一方面试图探索古人从事艺术创作的技巧,提供一些古为今用的参考资料。但古代诗歌中明确标出唱和形式来的不多,而有声无词的应和部分记载下来的更少;现存的一些不完备的有关文献资料,也有讹误和脱漏的情况,需要进一步加以考订。本文所能提出的只是些初步的意见和推测,供大家参考。文中所引选例,都根据资料或对作品的理解,分别在章句或段落之前,加注"唱"或"和"字,作为标志。

一　唱和形式是中国古代民歌的一种基本形式

中国古代诗歌发展的过程,很清楚地说明了一个事实,即诗歌的起源是和音乐分不开的,它的发展也往往是和音乐分不开的。它们都起源于劳动或其他社会文化活动,其艺术原料都出自人民生活,而又都随着社会的发展而发展,两者是经常结合在一起的。音乐和诗歌都有节奏和旋律,都有唱和形式。《吕氏春秋·淫辞篇》说:"今举大木者,前呼'舆謣',后亦应之。此其于举大木者,善矣。岂无郑卫之音哉?然不若此其宜也。"它认为虽然已经有了复杂的乐歌,但就抬大木材的劳动者说,歌唱"舆謣",前后呼应,却是最适宜的歌唱形式。正是这种集体劳动的基本节奏,产生了音乐和诗歌中的唱和形式。这种形式后来得到广泛运用,对音乐和诗歌形式的发展产生了重要影响。

我国最早的一部诗歌总集《诗经》中,就有关于唱和的记述。《诗经》保存下来的三百五篇诗歌，上起西周初年，下至春秋中期，一部分出于贵族阶级，大部分是民歌。《郑风·萚兮》篇记载："萚兮萚兮！风其吹女(汝)。伯兮叔兮！倡(唱)，予(余)和女(汝)。"风吹着落叶在飞舞，一个姑娘对她的情人说："哥哥呀，先唱起来，我来应和你。"《诗经》中可能就有不少具备这种唱和形式的即兴创作。

所谓唱和，包括"对唱"、"帮腔"以及"重唱"等形式。战国时代的《礼记·乐记》曾论述"唱"与"和"的关系及其效果问题。它说："清庙之瑟，朱弦而清越，一唱而三叹，有遗音者矣。""一唱而三叹"即"一唱而三和"，在弹奏领起部分或主曲调之后，多次出现应和的旋律，使人感到余韵徘徊，意味无穷。如果有歌词，也必然具备相应的唱和形式。

战国末年，屈原《九章》中的《抽思》篇，用"倡曰"作为一大段开始的标志。楚国诗人宋玉在《高唐赋》中描写群鸟鸣叫的声音说："更唱迭和，赴曲随流"，以唱和为比喻。可见唱和是社会上普遍流行的歌唱形式。

汉武帝时，官府音乐机构乐府普遍地搜集各地的民间音乐，并加以整理。乐府的歌曲大体上分为两大类，即"鼓吹曲"和"相和歌"。《宋书·乐志》说："相和，汉旧歌也，丝竹更相和，执节(拍板)者歌。"又说："凡乐章古辞，今之存者，并汉世街陌谣讴。"相和歌的主要来源是街陌谣讴，而街陌谣讴往往采用互相唱和的形式，这大概就是相和歌最初得名的由来。

东汉诗《西北有高楼》描写一个心情悲伤的人弹奏的曲调："清商随风发，中曲正徘徊。一弹再三叹，慷慨有余哀。"在主旋律之后，反复出现了帮腔旋律，激昂悲哀的音律久久飘扬在高楼之外。这里反映了音乐中唱和形式所表现的效果。

《宋书·乐志》记载三国时有"但歌四曲，出自汉世。无弦节，作伎最先唱，一人唱，三人和"。"但歌"，即徒歌，无乐器伴奏，是一唱众和的形式。当时新的音乐又发展起来，称为"清商三调"。《晋书·乐志》说，魏晋之世，"宋识善击节唱和"，这是一项被重视的专门技艺。

南北朝时代，南朝盛行的"江南吴歌"和"荆楚西声"，都是源于南方一些地区的民间音乐；在北朝，除了北方各地的民间音乐陆续被发掘整理之外，西域音乐也传了进来。北朝将相和歌、清商三调、吴歌、西曲等统称为"清商乐"。现存清商曲词中很多都保留着"和声""送声"的帮腔形式。

隋唐时代,在音乐文化领域里,经过长期酝酿,中原音乐和西北等地区少数民族的音乐结合起来,并且吸收了中亚及印度等地的音乐因素,从而产生了新的中国风格的音乐,称为“燕乐”(燕同宴)。唐代诗歌中新添了依照新乐曲的节拍而填写的“曲子词”,简称为词。词有唱和形式,歌舞戏的唱词也有唱和形式。

到了北宋,不仅涌现出新的民间音乐,而且戏剧也流行起来。南宋杨万里《竹枝歌序》记述舟人的唱词:“有云:‘张哥哥,李哥哥,大家着力齐一拖’。又云:‘一休休,二休休,月子弯弯照几洲’。其声凄婉,一唱众和。”民间的劳动歌曲一直采用唱和形式。南宋、金、元时期,在南方出现了温州杂剧,即“南戏”,也称“戏文”;在北方出现了金元杂剧。明代许多地区吸收民间音乐而形成的地方戏都发展起来。南戏流传到江西弋阳一带,和当地的民间乐曲结合,产生了“弋阳腔”;南戏流传到江苏昆山一带,和当地的乐曲结合,产生了“昆山腔”(昆曲)。明汤显祖《宜黄县戏神清源师庙记》说:“自江以西为弋阳,其节以鼓,其调喧。”“调喧”即指“一唱众和”的帮腔而言。

明末清初,弋阳腔和昆曲最为盛行。清代乾隆中期以后,昆曲渐衰,而所谓“乱弹”者代之而兴。乱弹即指京腔、秦腔、弋阳腔、梆子腔、二黄腔等。这些腔调里集中了不少优秀的民间乐曲。弋阳腔又发展成各种流派,大都保留着帮腔形式。清李渔《闲情偶寄・音律》篇说:“北曲一折,止隶一人。虽有数人在场,其曲只出一口,从无互歌迭咏之事。弋阳、四平等腔,字多音少,一泄而尽。又有一人启口,数人接腔者,名为一人,实出众口。”弋阳腔流传到各地区,又和当地的语音土戏结合,发展成各种流派,如四川高腔、湖南高腔等,这些流派大都保留着帮腔形式。其他各地区有些民歌和地方戏中,也仍然保留着帮腔、对唱的唱和形式或这种形式遗留下的痕迹。

二 唱和——对唱

对唱指两人或两方交替歌唱,或采取问答方式,或采取接续方式。所用曲调,或相同,或不同。采用不同的曲调,当然以能互相配合为原则。

(甲)问答式的对唱形式。《诗经》中如《召南・采蘋》篇可能属于这一类:

〔唱〕于以采蘋？〔和〕南山之滨
〔唱〕于以采藻？〔和〕于彼行潦。
〔唱〕于以盛之？〔和〕维筐及筥
〔唱〕于以湘之？〔和〕维锜及釜
〔唱〕于以奠之？〔和〕宗室牖下。
〔唱〕谁其尸之？〔和〕有齐（斋）季女。

到南山涧采浮萍，到流水的河边采水藻。烹煮蘋藻，祭祀祖先。有个庄严的少女主持这个祭礼。这是祭祀时唱的诗，表现了此唱彼和的节奏。反复叙述，这是唱词的特点。乐曲的旋律当然比文字的形式复杂得多，歌唱时还要依照曲调对歌词加以扩展调整，如增加衬字虚声等。

汉代乐府诗歌的影响，在东汉末年曹操等人的作品中已经明显地表现出来。曹操《短歌行》（其一）的内容，既有求贤若渴的思想，又有感恩图报的思想，不像一个作者的口气。故北京大学教授罗庸先生曾指出，此诗可能是宴会上宾主唱和之作：

〔唱〕对酒当歌，人生几何？譬如朝露，去日苦多。（一解）
〔和〕慨当以慷，忧思难忘。何以解忧？惟有杜康（酒）。（二解）
〔唱〕青青子衿，悠悠我心。但为君故，沉吟至今。（三解）
〔和〕明明如月，何时可掇。忧从中来，不可断绝。（四解）
〔唱〕呦呦鹿鸣，食野之苹。我有嘉宾，鼓瑟吹笙。（五解）
〔和〕山不厌高，水不厌深。周公吐哺，天下归心。（六解）

这首诗有“古词”，有“晋乐所奏”歌词。古词共八章，每章四句。这里采用的是晋乐歌词，只有六章，称为六解，缺七、八两章，而四、五两章的位置互易。这种情况有两种解释：或者是原为六章，古词中有后人增补之处；或者是原为八章，在晋代演唱时曾经乐人删削调整。如果按唱和形式去理解，晋乐歌词各章在文义上更能互相衔接，唱和的特征更为显著。

敦煌发现的唐代曲子词中，有《南歌子》二首，是男女对唱的歌词：

〔唱〕斜影竹帘立，情事共谁亲？分明面上指痕新。罗带同心谁绾？甚人踏裰裙？　蝉鬓因何乱？金钗为谁分？红泣垂泪忆何君？分明殿上实说，莫沉吟。

〔和〕自从君去后，无心恋别人。梦中面上指痕新。罗带同心自绾。被狲儿踏裰裙。　蝉鬓竹帘乱，金钗归股分。红泣垂泪哭郎君。信是南山松柏，无心恋别人。

两首词中相当的句子互相构成问答语，唱法和后来的《小放牛》有相似之处，但《小放牛》又增加了比较复杂的帮腔形式。

(乙)接续式的对唱形式。《诗经》中也有这类歌词，如《周南·芣苢》：

〔唱〕采采芣苢，薄言采之。
〔和〕采采芣苢，薄言有之。
〔唱〕采采芣苢，薄言掇之。[1]
〔和〕采采芣苢，薄言捋之。[2]
〔唱〕采采芣苢，薄言袺之。[3]
〔和〕采采芣苢，薄言襭之。[4]

妇女们在野外采集车前子，一面摘采，一面歌唱，此唱彼和，不一会就装满了大兜小兜，兴高采烈，相偕而归。诗歌的节奏反映了迅速敏捷的摘采动作。

《豳风·东山》似乎也是接续式的对唱形式的歌词，原诗四章，今抄录首章如下：

〔唱〕我徂东山，慆慆不归。我来自东，零雨其濛。

---

① 掇，拾取。
② 捋，握着茎部成把地采下来。
③ 袺，提着衣襟来兜东西。
④ 襭，把衣襟掖在腰带间来兜东西。

〔和〕我东曰归，我心西悲。制彼衣裳，勿士（事）行枚[1]。蜎蜎者蠋[2]，烝在桑野[3]。敦彼独宿[4]，亦在车下。

本诗中唱的部分像乐曲的引子，在各章中重复出现，其位置和文字完全相同。杨荫浏同志认为是“副歌”。和的部分反而成为诗的主体。这又是一种曲式。一个离家三年的士卒，结束了征戍生活，在濛濛细雨中踏上归途，他一面走着，一面想象战乱后家园的荒凉情景，也回忆起过去的家庭生活，百感交集，凝为诗歌。它使人透过文字仿佛听到了一唱三叹的哀怨歌声。

南北朝时代，南朝的西曲歌中有《莫愁乐》二首：

〔唱〕莫愁在何处？莫愁石城西。艇子打两桨，催送莫愁来。

〔和〕闻欢下扬州，相送楚山头。探手抱腰看，江水断不流。

莫愁是一女子名。这两首是男女对唱的歌，抒写离别的心情。“欢”是当时女子对她的情人的称呼。

西曲歌中还有《那呵滩》六首，也是男女对唱的送别诗。《古今乐录》说：“其和云‘郎去何当还’。”这里所说的“和”，当是指帮腔的和声（以下称为“帮和”）。今将帮腔实词安排在每章尾句之后。举例如下：

〔唱〕我去只如还，终不在道边。我若在道边，良信寄书还。〔帮和〕郎去何当还。

〔和〕江水引百丈，一濡多一艇。上水郎担篙，何时到江陵。〔帮和〕郎去何当还。

演唱时主要由男女二人对唱，再由其他人或此二人合唱帮腔。对唱是唱和，帮腔也是唱和，这样就构成了二重唱和的复杂形式。这种对唱形式，后来发

---

① 行枚，横枚。行军时含在口中，以免出声。

② 蜎蜎，蠕动的样子。蠋，野蚕。

③ 烝，发语词。

④ 敦，蜷缩的样子。

展成小歌舞戏。现在内蒙古和东北地区有“二人转”、“二人台”等,都是属于对唱形式的小歌舞戏,但所用曲调已比较复杂丰富。四川灯戏和云南花灯戏等也都是从二人对唱的小歌舞戏发展而成的地方戏。

三 唱和——帮腔

帮腔是紧接每段唱词尾句,每句唱词或全首唱词尾句而出现的应和部分,一般采用“一唱众和”的形式。帮腔,大概最初只是虚声,后来才有依照虚声填上实词的。古代由于人们熟悉这种形式,而且由于书写或刻印条件的限制,也要尽量省略文字,所以关于唱和形式特别是虚声的记载很少。帮腔虚声只有偶然保存下来的,如《后汉书·五行志》所载歌谣中的“董逃”。这首歌谣共十三句,今摘录四句如下(帮腔加方括号):

承乐世〔董逃〕,游四郭〔董逃〕。蒙天恩〔董逃〕,带金紫〔董逃〕。

《五行志》认为“‘董’谓董卓也。言虽跋扈,纵其残暴,终归逃窜”。这是牵强附会的说法。董逃二字是帮腔虚声,这种帮腔加强了诗歌的节奏感。

又如南宋赵长卿《摊破丑奴儿》词:

树头红叶飞都尽,景物凄凉。秀出群芳。又见红梅浅淡妆。也啰,真个是可人香。兰魂蕙魄应羞死,独占风光。梦断高唐,月送疏枝过女墙。也啰,真个是可人香。

本词与《丑奴儿》词相比,上下两叠各增帮腔“也啰,真个是可人香”八字,“也啰”是帮腔虚声,“真个是可人香”则填为实词。

帮腔实词在《诗经》里相当多,如《郑风·木瓜》篇:

〔唱〕投我以木瓜,报之以琼琚。
〔和〕匪(非)报也,永以为好也。
〔唱〕投我以木桃,报之以琼瑶。

〔和〕匪报也，永以为好也。

〔唱〕投我以木李，报之以琼玖。

〔和〕匪报也，永以为好也。

男女唱和，诉说彼此相爱的感情和决心。和的部分反复出现在各章中，其位置和文字完全相同，当是帮腔。又如《商颂》中有《那》篇，过去不分章，现在可分为五章，每章四句，第五章是“乱”；最后还有两句“顾予蒸尝，汤孙之将”。这两句也是一种帮腔，但这种帮腔大概是巫师等人朗诵的祝词。清代学者孙诒让认为，《那》诗中所说的《万舞》是指颂扬商汤的《大濩》舞而言。按《那》诗可能就是春秋时代宋国所用的配合《大濩》舞的乐歌。《商颂》中另一篇《烈祖》的章句和《那》完全相同，最后也有“顾予蒸尝，汤孙之将”两句。它也可能是配合《大濩》的乐歌。这两句祝词的大意是，顾念我们的诚意，请享用祭品，这是商汤的后代子孙所奉献的。歌唱时加朗诵，为的是加强严肃气氛。

《宋书·乐志》中著录了一批“清商三调歌诗”，有无名作者的古词，也有曹操等人的乐府诗，都是“魏晋乐所奏”的经过整理增补的作品。歌诗中有些重复的字句，当是帮腔。今抄录曹操《苦寒行》一首如下(重复部分加方括号)：

北上太行山，艰哉何巍巍。〔太行山，艰哉何巍巍。〕羊肠坂诘屈，车轮为之摧。(一解)

树木何萧瑟，北风声正悲。〔何萧瑟，北风声正悲。〕熊罴对我蹲，虎豹夹道啼。(二解)

溪谷少人民，雪落何霏霏。〔少人民，雪落何霏霏。〕延颈长叹息，远行多所怀。(三解)

我心何怫郁，思欲一东归。〔何怫郁，思欲一东归。〕水深桥梁绝，中道正裴回。(四解)

迷惑失径路，暝无所宿栖。〔失径路，暝无所宿栖。〕行行日以远，人马同时饥。(五解)

担囊行取薪，斧冰持作糜。〔担囊行取薪，斧冰持作糜。〕悲彼《东山

诗》，悠悠使我哀。(六解)

共六解。前五解，重复首句三字，次句全句；最后一解，重复前两句。其他歌诗，有每解中前两句重唱，每解之后唱“歌以言志”，再重唱首句的；还有只重唱每解首句的，有只重唱歌诗中一解的。从这几个曲调的唱法，可以推想其他同调歌词的唱法。

《宋书·乐志》说：“凡乐章古词，今之存者，并汉世街陌谣讴，《江南可采莲》、《乌生》、《十五》、《白头吟》之属也。”许多研究者都指出，《江南可采莲》是一首一唱众和的诗歌：

〔唱〕江南可采莲，莲叶何田田，鱼戏莲叶间。

〔和〕鱼戏莲叶东，鱼戏莲叶西，鱼戏莲叶南，鱼戏莲叶北。

采莲人对着这样美丽的风物，情不自禁地唱起来，一唱众和，洋溢着一片欢乐。

《宋书·乐志》中保存了汉魏以来的清商大曲(即相和大曲)十五曲，今将大曲《艳歌何尝行》(白鹄)古词抄录如下：

〔艳歌〕飞来双白鹄，乃从西北来。十十五五，罗列成行。(一解)妻卒被病，行不能相随。五里一返顾，六里一裴回。(二解)吾欲衔汝去，口噤不能开；吾欲负汝去，毛羽何摧颓。(三解)乐哉新相知，忧来生别离。踌躇顾群侣，泪下不自知。(四解)

〔趋曲〕念与君别离，气结不能言。各各重自爱，道远归还难。妾当守空房，闭门下重关。若生当相见，亡者会黄泉。

〔和〕今日乐相乐，延年万岁期。

本诗下有注文：“‘念与’下为趋曲，前有艳。”对于趋曲的段落，说得明确。艳歌指什么？就注明艳趋的一些大曲加以比较，可以推想这里的艳歌即指“念与”以前的古词四解。本诗艳歌与趋曲是两大段男女对唱的歌词。曲尾“今日乐相乐，延年万岁期”两句，与整个趋曲不押韵，疑是附加的帮腔实词，表示祝福的习惯用语。唱到这两句时,可能是由此二人或其他人合唱或朗诵。

南北朝时代的清商曲词中,许多诗歌都有帮腔实词。如《欢闻歌》,《古今乐录》说:"歌毕辄呼'欢闻不',以为送声,后因此为曲名。"今抄录一首如下:

遥遥天无柱,流漂萍无根。单身如荧火,持底报郎恩。〔欢闻不?〕

又如《子夜变歌》,《古今乐录》说:"前作'持子'送,后作'欢娱我'送。"送声在语句之后。今按唐代诗歌帮腔的一种形式,把《子夜变歌》的两种送声安排在歌词里。举例如下:

岁月如流迈〔持子〕,行已及素秋〔欢娱我〕。蟋蟀吟堂前〔持子〕,惆怅使人愁〔欢娱我〕。

《西乌夜飞》的帮腔形式比较复杂。《古今乐录》说:"歌和云'白日落西山,还去来。'送声云'折翅乌,飞何处,被弹归'。"本诗每首四句,而和声、送声都较长,不宜安排在每句之下,因此,将和声安排在第二句之后,送声安排在尾句之后。举例如下:

〔唱〕阳春二三月,诸花尽芳盛。
〔和〕〔白日落西山,还去来。〕
〔唱〕持底唤欢来,花笑莺歌咏。
〔和〕〔折翅乌,飞何处,被弹归。〕

《三洲歌》的和声更长。《古今乐录》说:"歌和云'三洲断江口,水从窈窕河傍流。啼将别,共来长相思'。"本诗每首四句,今将和声安排在尾句之后。举例如下:

〔唱〕送欢板桥湾,相待三山头。遥见千幅帆,知是逐风流。
〔和〕〔三洲断江口,水从窈窕河傍流。啼将别,共来长相思。〕

其他如《江南弄》、《采菱曲》等只有和声，和声当然都在歌词尾句之后。

唐代初年，李世民封为秦王，当时军中有歌颂他的乐舞，称《秦王破阵乐》。《新唐书·礼乐志》说："歌者和曰《秦王破阵乐》。"其后，唐朝又有《大定乐》。《旧唐书·音乐志》说："歌和云'八纮同轨乐'。"这里所说的和声都是帮腔。

唐代有个流行的小歌舞戏《踏谣娘》，内容描写妇女受虐待的情况。据唐崔令钦《教坊记》记载，表演时"丈夫着妇人衣，徐步入场行歌。每一叠，旁人齐声和之云：'踏谣和来，踏谣娘苦，和来。'"歌词已失传，但它的帮腔实词保留下来，是一唱众和的形式。

唐中宗时曾盛行泼寒胡戏，表演者持油囊装水，泼洒歌舞，以为笑乐。诗人张说作《苏摹遮》诗五首，自注"泼寒胡戏所歌，其和声云'亿岁乐'"。今抄录一首如下：

> 摹遮本出海西胡〔亿岁乐〕，琉璃宝眼紫髯胡〔亿岁乐〕。闻道皇恩遍宇宙〔亿岁乐〕，来时歌舞助欢娱〔亿岁乐〕。

和声，不知是在每句之后，还是在每首之后。今按唐代诗歌帮腔的一种形式，安排在每句之后。

唐代的《竹枝词》又称《巴渝歌》，是四川的民歌。刘禹锡写了一些竹枝词，如"巫峡巫山杨柳多，朝云暮雨远相和"。都是七言绝句，没有帮腔。但词中既然说"远相和"，可见歌唱时是采用对唱或帮腔形式的。皇甫松《竹枝词》有帮腔：

> 山头桃花〔竹枝〕谷底杏〔女儿〕，两花窈窕〔竹枝〕遥相映〔女儿〕。

孙光宪《竹枝词》也有帮腔：

> 门前春水〔竹枝〕白蘋花〔女儿〕，岸上无人〔竹枝〕小艇斜〔女儿〕。
> 商女经过〔竹枝〕江欲暮〔女儿〕，散抛残食〔竹枝〕饲神鸦〔女儿〕。

皇甫松《采莲子》和《竹枝词》相似：

菡萏香连十顷陂〔举棹〕，小姑贪戏采莲迟〔年少〕。晚来弄水船头湿〔举棹〕，更脱红裙裹鸭儿〔年少〕。

“竹枝”表示曲调，其他帮腔都是些口头语。

在五代词及宋词中似乎也有帮腔遗留的痕迹。如南唐李璟《摊破浣溪沙》词：

菡萏香销碎叶残，西风愁起绿波间。还与韶光共憔悴，不堪看。细雨梦回鸡塞远，小楼吹彻玉笙寒。多少泪珠何限恨，倚栏干。

本词与《浣溪沙》词相比，上下叠各增最后一句三个字。这三个字也许是帮腔实词，但已构成曲调的一个组成部分，不再是附加部分。

四　唱和——重唱

重唱，即依照别人所唱的曲调唱歌。重唱时或者曲调和歌词都相同，或者曲调相同而歌词不同。《论语·述而》篇记载：“(孔)子与人歌而善，必使反之，而后和之。”孔子同他人一起歌唱，如果觉得是一首好歌，一定要求他再唱一遍，然后自己来应和。这里所说的“和”，大概就是按照别人的声腔重唱。战国末年，宋玉《对楚王问》说：

客有歌于郢中者，其始曰《下里巴人》，国中属而和者数千人；其为《阳阿薤露》，国中属而和者数百人；其为《阳春白雪》，国中属而和者不过数十人。

“属”是接续的意思。《下里巴人》是大家喜爱的感到亲切的歌曲，所以跟着唱的人就特别多。这里所说的“和”也是重唱的意思。

秦朝灭亡之后,刘邦和项羽展开了争夺帝位的战争。《史记·项羽本纪》记载项羽在垓下被围困的情况说:

> 于是项王乃悲歌慷慨,自为诗曰:"力拔山兮气盖世,时不利兮骓不逝。骓不逝兮可奈何,虞兮虞兮奈若何!"歌数阕。美人和之。

"阕"是乐章的意思。歌数阕,唱了几遍。虞姬应和,大概也是重唱,只是歌词会有所改动。《史记·高祖本纪》记载刘邦回到故乡沛郡的情况说:

> (刘邦)置酒沛宫,悉召故人、父老、子弟纵酒。发沛中儿,得百二十人,教之歌。酒酣,高祖击筑,自为歌诗曰:"大风起兮云飞扬,威加海内兮归故乡,安得猛士兮守四方。"令儿皆和习之。

"和习"即依照刘邦唱的曲调唱他的歌诗。《汉书·礼乐志》说:"至孝惠(汉惠帝)时以沛宫为原庙,皆令歌儿习吹以相和。"到这时已经增加了伴奏的乐器,歌儿互相唱和,音乐也有了发展。

歌唱时由乐器伴奏或按照器乐的曲调唱歌,古代都称为"和"。《史记·刺客列传》记载,荆轲在燕国,"日与狗屠及高渐离饮于燕市","高渐离击筑,荆轲和而歌于市中。"荆轲动身去秦国时,至易水之上,"高渐离击筑,荆轲和而歌"。荆轲按照高渐离用筑奏出的曲调唱歌。

在音乐的唱和形式影响下,从东汉末年诗坛上就出现了以诗互相赠答的风气,也称为唱和,或称酬唱。词的赠答,最早的是上面所引的敦煌曲子词《南歌子》,两首的韵脚基本相同。至文人作词互相赠答,以唐代的白居易、刘禹锡为最早。白居易《忆江南》词:

> 江南忆,最忆是杭州。山寺月中寻桂子,郡亭枕上看潮头。何日更重游。

自注:"此曲亦名《谢秋娘》,每首五句。"因白居易填词,此曲改为词调《忆江南》。刘禹锡《和乐天春词,依〈忆江南〉曲拍为句》:

春去也，多谢洛城人。弱柳从风疑举袂，丛兰裛露似沾巾。独坐亦含颦。

此后，词的赠答风气也盛行起来。赠答的作品不仅格律相同，而且往往韵脚也相同。

五 结束语

从历史上看，歌谣是在集体劳动中产生的。群众掌握劳动节奏的特征，创造了诗歌的唱和形式。在劳动中，劳动者此唱彼和，一唱众和，声应气求，喜闻乐唱，不仅使同伴有减轻疲劳之感，而且能协调共同劳动的动作，起了互相关照的作用。从此广泛运用，唱和形式产生了多种效果。它能使音乐色彩多样化，避免单调滞板；能扩大音量，宜于在空旷地方演唱，能容纳许多人参加，适合群众性娱乐活动的需要。对唱，可以两人对唱，可以两组对唱，还可以轮换。帮腔，能参加的更多。如前面所举的唐代小歌舞戏《踏谣娘》，在广场上表演时，“每一叠，旁人齐声和之云‘踏谣和来，踏谣娘苦，和来’”。演员只有两人。所谓“旁人齐声和之”，当然是指观众。观众帮腔，更易于进入戏剧境界，和演员的情感融为一体，都得到了艺术享受，也都受到了教育。显而易见，群众的需要和艺术实践，是唱和形式发展的主要条件。

在音乐发展的漫长过程中，有的唱和形式保留下来，成为一种传统的民歌形式；有的唱和形式从简单的旋律发展成比较复杂的曲调，或者成为独立乐曲，或者融合在大型乐曲中。大型乐曲中有些对称、呼应的段落，可以认为是对唱形式的运用；有些尾声，是帮腔形式的发展；有些重复的段落，也可以认为是唱和形式的化身。但这些特点不可能都反映在歌词上。

帮腔，一般都很短，也有比较长的。它对于主乐曲只能起配合或补充的作用，处于陪衬地位，但它能使乐曲更加完美地塑造音乐形象，表达主题思想。

《诗经》中有些歌曲可能有帮腔，有些比较长的歌曲有“乱”，或者同时还可能有帮腔。乱是乐曲的高潮部分，往往安排在乐曲的末尾，采用器乐合奏的方式。《诗经》中有乱的歌曲，已经确定的共三篇，即《周南·关雎》、《周颂·大武》和《商颂·那》。《国语·周语》记载:“昔正考父校商之名颂十二篇,以《那》为首。其辑之‘乱’曰:‘自古在昔,先民有作,温恭朝夕,执事有恪’。”这四句是《那》篇的最后一章,是乐曲的乱。全曲结束后又有两句祝词。如果这些祝词是帮腔实词,那么,本诗有乱也有帮腔。

在相和歌、清商曲中,较长的歌曲往往分为若干解。解相当于章,大概是由于使用解曲而得名。解曲的来源之一是一个曲调。如《新唐书·礼乐志》说:“初隋有法曲,其音清而近雅”,“隋炀帝厌其声淡,曲终复加解音”。以解音弥补法曲过于清淡的缺陷。唐南卓《羯鼓录》记载:“夫曲有不尽者,须以他曲解之,方可尽其声也。夫《耶婆色鸡》当用《柘枝》即便解之。”借用《柘枝》大曲的一段,来弥补《耶婆色鸡》曲不完整的缺陷。解曲的另一个来源,可能是由帮腔发展而成的曲调。有的帮腔是重复主曲调末尾的部分声腔,有的则是配合上的其他声腔。这种配合的声腔有可能发展成解曲。帮腔如发展成解曲,它的原始形式就不显明了。

在戏曲音乐中,帮腔虚声有逐渐向实词转化的趋势,而帮腔实词也在演变中。它演变的形式可以分为三类:

(1)帮腔实词以合唱形式构成了每段唱词的结尾部分,无论就曲调或歌词内容说,都是这段唱词中的一个组成部分。这种情况在宋元戏文中已经屡次出现。如元戏文《薛云卿鬼做媒》中的一段唱词:

> 《越调排歌》(曲牌)一夜朔风,冻云四垂,向长空纷坠。飘棉舞絮,迸玉筛乱珠,一望琼瑶天地里。〔合〕豪家见,雪恁飞,暖阁里多乐意。贫人见,雪恁飞,寒屋下长吁气。

这里的合唱部分是《排歌》的一叠。明代戏文中采用这种形式的更多。如高明《琵琶记》戏文第二出《高堂称寿》中的一段(剧中人有蔡伯喈、蔡翁、蔡婆、蔡妇):

> 《宝鼎现》〔翁〕小门深巷,春到芳草,人间清昼。〔婆〕人老去星星非故,春又来年年依旧。〔妇〕最喜今朝春酒熟,满目花开如绣。〔合〕愿岁岁年年,人在花下,常斟春酒。

这里的合唱部分占了三句。周贻白说："昆山腔每值数人同场，有合唱曲尾之例。"他认为昆曲中也有帮腔遗留的痕迹。

(2)众人帮腔的实词变为主唱者一人独唱的唱词，即唱到每段尾句时重复尾句一次，如小歌舞戏"小放牛"和云南"花灯戏"等。

(3)众人帮腔的实词变为主唱者一人独唱的唱词，但后来主唱者唱到每段尾句时也不再重复尾句，而只由伴奏乐器重奏尾句的声腔一次。周贻白指出，如越剧、楚剧，虽然都是每人独唱，但"其伴奏乐器之随腔，每至尾句过门，辄即尾句之重复"。帮腔又演变为器乐曲调。

戏曲音乐中帮腔形式所以逐渐转化、减少或消失，一方面由于戏剧表演场所的转移，一方面由于伴奏器乐的发展。戏剧表演，最初在广场上，以后在广场、街道或寺院的戏台上。但在城市里，从北宋起就有固定的群众娱乐场所，称为"瓦舍"、"瓦子"，瓦子里又分成各种戏棚，称为"勾栏"，专供戏剧表演之用；官府或贵族家中的戏剧表演，就在庭院里或室内。因此，一唱众和的帮腔形式渐渐地不适用了，需要变换其他形式。同时，伴奏乐器逐渐增加，演奏技巧不断提高，不仅为唱腔伴奏，而且能代替部分唱腔，补充唱腔的间隙和不足之处，能发挥相对独立的音乐效果。这样，帮腔形式就部分地或全部地转入主曲调唱腔和过门曲中，又成为一种新的因素，推动着唱腔和过门曲有所扩展，更加丰富多彩。

古代音乐和诗歌中唱和形式的发展变化，反映了广大群众和艺人艺术实践的丰硕成果。

（原载《词刊》1980 年 1、2 期）

冯钟芸

冯钟芸(1919—2005),古代文学研究家、语文教育家。河南省唐河县人。1941年毕业于西南联合大学中文系,同年至1943年在西南联大附设学校任语文教师。1943年夏在西南联大中文系任助教。1946年受聘于清华大学,随校返回北京。1952年调至北京大学,任副教授、教授。撰写过《关于杜甫弃官往秦州缘由新探》、《杜甫〈秋兴〉八首的艺术特点》等论文及《庄周》、《关汉卿》、《贯云石》等古代作家的评传,并编著有《庄子散文选集》(百花文艺出版社,1995)等。参加过多种语文教材的编写,发表过《词字与造句》《论层次——句子在篇章中的结构问题》等语文教育方面的论文多篇。1986年受国家教委聘,任全国中小学教材审定委员会中学语文教材审查委员。1948年开始发表文学作品,1979年加入中国作家协会。部分论著及创作曾汇集为《芸叶集》(新世界出版社,2002)。

杜甫《秋兴》八首的艺术特点

杜甫(712—770)的诗歌以广博深厚的内容和丰富多彩的艺术形式为我国文学积累了大量财富,他把中国古典诗歌推向一个新的历史阶段。

《秋兴》八首是杜甫在公元766年(大历元年)、55岁旅居夔府时的作品。这是八首蝉联、结构严密、抒情深挚的七言律诗,体现了诗人晚年的思想感情的艺术成就。写这组诗时,离开安史之乱的爆发(755)已十一年,自诗人759年弃官走秦州、辗转入蜀已过了七个年头。

杜甫入蜀时(759年),安史之乱尚未平息,到公元763年史朝义战败自缢,部下将领田承嗣等降唐,连续八年的战乱暂得结束。但吐蕃、回纥相继进攻以及藩镇割据的局面已形成。

开元天宝之际,唐边防以西北为最雄厚。安史乱起,河西、陇右、朔方军全被征调,西北一空。吐蕃、回纥乘虚而入。自公元761年起至诗人写《秋兴》八首的时候,吐蕃、回纥以及党项羌、浑奴剌不断进攻,他们或分或合,或长驱直入,或骚扰边境。他们不仅占有河陇一带,还在公元763年兵临京师,迫使代宗出奔。吐蕃军入长安,使长安在收复后(安史乱中,长安曾陷落)又遭受一次焚掠。公元764年吐蕃、回纥又一度逼近奉天,京师戒严。765年又举兵数十万进攻。其他如蜀北部和西北部也遭受吐蕃等的攻击或占领,经常处于战争状态。

自安史乱后,藩镇就各拥重兵,唐中央政府难以控制。杜甫所在的两川,这几年间军阀混战,此起彼伏,少有宁静时候。如公元761年有段子璋反,762年有徐知道叛乱,后又与部将李忠厚争雄。765年又有崔旰之事。广大人民陷于深重的苦难中。

杜甫对国家大事和政局的变化无一日忘怀。上述情况,在诗人创作中都得到反映。见《早花》、《对雨》、《愁坐》、《警急》、《王命》、《征夫》、《西山》三首、《巴山》、《天边行》、《岁暮》、《释闷》、《去秋行》、《光禄坂行》、《草堂》等诗。

这些重大事变，有的是诗人辗转听到的，有的是他亲身经历的，或者是在身边发生的。尽管杜甫宽慰自己说："安危大臣在，不必泪长流"(《去蜀》)，其实，诗人却"十年朝夕泪，衣袖不曾干"(《第五弟丰独在江左，近三四载寂无消息，觅使寄此二首》)。

诗人入蜀，定居成都草堂，生活确实比从前在秦州、同谷时安定许多。但自公元760年开始修建草堂到765年离开，先后两次在草堂生活不过四年。其他时间避难流寓川北。"三年奔走空皮骨，信有人间行路难"(《将赴草堂途中有作》)、"况我飘转无定所，终日慽慽忍羁旅"(《严氏溪放歌行》)，写出诗人的风尘漂泊。长期生计无着落，他说"路难悠悠常傍人"，既然"常傍人"，难免要看人颜色。"强将笑语供主人，悲见生涯百忧集"(《百忧集行》)，概括了他的生活处境和心酸。就是这样，并不能完全解决家人饥寒。这在《百忧集行》、《狂夫》等诗中都曾写到。764年，诗人曾一度入严武节度使幕府，"已忍伶俜十年事，强移栖息一枝安"(《宿府》)，"晚将末契托年少，当面输心背面笑"(《莫相疑行》)，足见诗人当时不得已的苦衷和受人猜忌的悲愤。

杜甫入蜀前已患肺病、疟疾，入蜀后的几年，又添了风痹、消渴等病。同时，761年王维死，762年李白死，763年房琯死，764年苏源明、郑虔死，765年严武、高适相继去世。这些朋友，有的是文字故交，有的是知心朋友，有的是政治上的倚靠。接连不断地传来他们的死讯，给年老诗人以极大的打击。他深深感到知己零落，文坛寂寞。

从上所述，可以大致了解诗人在写《秋兴》八首时的心情、生活环境和时代情况。封建社会里的知识分子通常是"达则兼济天下，穷则独善其身"的。杜甫是"达"要"兼济"，"穷"也不肯"独善其身"。他永远不忘天下，虽"济时敢爱死，寂寞壮心惊"(《岁暮》)，有志报国，而却被弃置江上，只能"不眠忧战伐，无力振乾坤"(《宿江边阁》)。诗人的心境一直抑郁难平。本来，他在垂暮之年，很想早日出川。765年严武死，在成都失去凭依，才决然东下。766年来到夔府，又以兵戈未定，滞留不行。夔府临三峡之险，山河雄峻。山民生活的艰苦以及其独特的风习，都激起诗人无限诗情。但诗人经常抒发的是对战局的不安和对长安的怀念。

公元766年，与写《秋兴》的同时或稍早，杜甫在夔州西阁写过以《夜》为题的一首诗：

露下天高秋水清，空山独夜旅魂惊。
疏灯自照孤帆宿，新月犹悬双杵鸣。
南菊再逢人卧病，北书不至雁无情。
步檐倚杖看牛斗，银汉遥应接凤城。

全诗以第二句为骨，抒写山阁秋夜所见所闻。这首诗里，充满着旅人孤怀怅惘、心旌摇摇的感情。秋江上的孤帆夜泊，新月下杵声叠起。卧病经年，再见清秋菊放，北雁南归。但是北方故乡、首都长安没有任何令人鼓舞的消息。深宵倚仗伫立，望牛斗而思长安。这首七律中，萧条的秋色，清凄的秋声，暮年多病的苦况，关心国家命运的深情，几乎冲破纸面，跃然欲出。

《夜》与《秋兴》八首，思想相通，感情一贯。《夜》以简括、含蓄胜；《秋兴》八首则逐层展开，感情更浓郁，意境更深闳。《夜》这首诗，似应写于《秋兴》八首之前，可以看做《秋兴》八首的前奏。可能诗人写了《夜》之后，仍感到言不尽，意无穷，所以继续写出了《秋兴》八首。诗人心事郁结，反复咏叹，也许正是前人所说的"长歌可以当哭"了。

《秋兴》八首内容丰富，感情深沉，章法缜密严整，层次分明。各首之间有伏笔、有照应。这些，前人早已有所论述。如王嗣奭《杜臆》说：

秋兴八章，以第一起兴，而后章俱发隐衷，或起下承上，或互发，或遥应，总是一篇文字。

朱鹤龄说：

前三章俱主夔州，后五章乃及长安。(《辑注杜工部集》)

陈廷敬说

前三章详夔州而略长安，后五章详长安而略夔州，次第秩然。（转

引自仇兆鳌:《杜少陵集详注》)

王嗣奭的说法有道理,可惜具体分析不够。朱鹤龄等人的说法不能说错,但看得简单了些。杜甫写夔州,正是写长安;写长安,又何尝不是写夔州? 截然分为“前三”、“后五”,不完全恰当。事实上,杜甫围绕一个中心主题,尽量深入发掘其思想感情的起伏变化,而不得不反复咏叹,婉转低回。从《诗经》、《楚辞》以来,就有这种成功的艺术表现方式。《诗经》的《××》×章、章×句,屈原在《离骚》的反复抒写自己的怀抱与痛苦。较后,如曹子建的《杂诗》六首、陶渊明的《咏贫士》,他们的这些诗,有的构成了完整组诗,也有的主题思想虽一贯,但前后的有机联系较差,显得松散。甚至杜甫的《咏怀古迹》五首,主题虽一贯,但五首之间联系并不紧密。《秋兴》八首这组诗内容上有不可分的内在联系,组织结构上也严谨完整,不宜拆开,不可颠倒。

从整体看来,从诗人身在的夔州,联想到长安。由暮年飘零,羁旅江上,面对满目萧条景色而引起国家以及个人身世的感叹。以对长安盛世胜事的追忆而归结到诗人现实的孤寂处境,抒发国运的由盛转衰、今昔对比的哀愁。这种忧思不能仅仅看做他个人一时一地的偶然触发,而是自经丧乱以来,特别是入蜀七年来,忧国伤世感情集中的表现。诗人为祖国复兴,剖心沥血在所不惜,这在《凤凰台》诗里及其他诗篇里,都表现得很真切。目睹国家残破,人民流离的现状,自己在政治上又不允许有所作为,其中曲折,诗人不忍明言,也不能尽言。这就是诗人所以望长安,写长安,反复慨叹的道理。当然,杜甫对盛唐的追忆,有惋惜,但有比惋惜更深刻的感情,钱谦益曾指出过:

> 肃宗收京后,委任中人,中外多故,公不以移官僻远,慭置君国之忧,故有长安世事之感。“每依北斗望京华”,情见乎此。白帝城高,目瞻故国,兼天波浪,身近鱼龙。曰“平居有所思”,殆欲以沧江遗志,奋袖屈指,复定百年举棋之局。非徒伤畹晚,如昔人愿得入帝京而已。(《笺注杜工部集》)

《秋兴》八首为诗人晚年刻意经营之作,为了更好理解这组诗的结构,有必要把八首的内容略作说明。

第一首是组诗的序曲，通过对巫山巫峡的秋色秋声的形象描绘，烘托出阴沉萧森、动荡不安的环境气氛，令人感到秋色秋声、扑面惊心。发抒了诗人爱国感情和孤独抑郁。这就使组诗一开始就抓住了读者，并为后七章的开展创造了条件。这首诗开门见山，抒情写景，波澜壮阔，思想感情强烈。诗意落实在"丛菊两开他日泪，孤舟一系故园心"两句上，下启第二、三首。

第二首写出了诗人身在孤城，从落日的黄昏坐到深宵，仰天翘首北望、长夜不寐的孤独。上应"丛菊两开"、"孤舟一系"两句，侧重写自己已近暮年，兵戈不息，卧病秋江的寂寞。诗人入蜀多年，一直是身在剑南，心怀渭北，无日不关怀君国，北望朝廷。他曾在许多诗里表示过这种强烈的愿望。旅途滞留，自己不仅年老体衰，无力北归，且天下骚乱，北方仍然在动荡不安，也不能北归。又由于诗人对生活的热爱，渺茫的希望往往更激起强烈的对长安的怀念。所以他寄居夔府时所写的诗里，一再出现《秋兴》八首中作为基调的"每依北斗望京华"这类思想感情。如："中夜江山静，危楼望北辰"(《月》)，"步檐倚仗看牛斗，银汉遥应接凤城"(《夜》)。

第三首是第二首的继续和发展，写晨曦中的夔府。诗人日日独坐江楼，思前想后，集中表现了他一生事与愿违的矛盾。秋气清明，江色宁静，对于心烦意乱的作者，这种宁静的景色反而给人带来了扰乱，增加了烦躁不安的情绪。

第四首是组诗的前后过渡。前三首诗的忧郁不安步步紧逼，至此才揭示它们的中心内容，接触到"每依北斗望京华"的核心：长安像"弈棋"一样彼争此夺，反复不定。内政上人事的更变，诗人心目中纲纪制度的崩坏，军事上回纥、吐蕃的连年进攻，这一切都使诗人深切感到大非昔比。诗人在这唐代全盛时期的政治心脏整整住过十年。在这里，诗人有熟悉的朋友，有他依恋的朝廷宫阙，也有使他失意、悲愤的丑恶政治现实。总之，对诗人说来，长安不是个抽象的地理概念。这个地方深深印在诗人心上的有依恋、有爱慕、有文艺创作上的友谊、有兴高采烈的欢笑、有到处潜藏悲辛的眼泪。当此国家残破、秋江清冷、个人孤独之际，所熟悉的景象，一一浮现眼前。"故国平居有所思"一句挑出以下四首。

第五首，描绘长安宫殿的巍峨、壮丽，早朝的庄严、肃穆，在这样的朝廷上，自己曾得“识圣颜”，至今引为欣慰的回忆。从诗人的回忆中可以看出当时地主阶级知识分子对自己国家强盛繁荣的自豪感。在这里，一定程度上也表达了他的爱国感情。因为对封建知识分子来说，君、国之间，很难划分明确的界限。因此，他们的爱国思想也不可避免地带着忠君的历史局限。特别在沧江病卧，岁晚秋深，更加触动了他爱国忠君的感慨。

第六首，怀想曲江昔日帝王歌舞游宴之地的繁华。上层统治者不知疲倦地游宴，引入了“边愁”，清歌曼舞，断送了“帝王州”。诗人在无限惋惜中隐示对封建帝王斥责之意。

第七首忆及昆明池的盛况，展示唐朝当年的国力昌盛。“武帝旌旗在眼中”，形象鲜明飞动地表现了唐代武功显赫。当年的昆明池，即使在秋天，景物给人的印象也是壮丽的，没有萧瑟的气氛。物产的富庶更足以表现国家财物的富饶。

第八首写诗人当年在昆吾、御宿、渼陂春日郊游的诗意豪情。“彩笔昔曾干气象”更是深刻难忘的印象。对封建时代的文人来说，自己创作才能为帝王所赏识，是毕生难忘的荣誉，也是自然的事。

八首诗是不可分割的整体。正如一个大型抒情乐曲有八个乐章一样。这个抒情曲以国家兴衰的爱国思想为主题，以夔府的秋日萧瑟，诗人的暮年多病，身世飘零，特别是忧念祖国安危的沉重心情作为基调。其间也穿插有轻快欢乐的抒情，如“佳人拾翠春相问，仙侣同舟晚更移”；有壮丽飞动、充满豪情的描绘，如对长安宫阙、昆明池水的追述；有表现慷慨悲愤情绪的，如“同学少年多不贱，五陵衣马自轻肥”；有极为沉郁低回的咏叹，如“关塞极天唯鸟道，江湖满地一渔翁”，“白头吟望苦低垂”等。就以表现诗人孤独和不安的情绪而言，其色调也不尽相同。“江间波浪兼天涌，塞上风云接地阴”，以豪迈、宏阔写哀愁；“信宿渔人还泛泛，清秋燕子故飞飞”，以清丽、宁静写“剪不断、理还乱”的不平静的心绪，总之，八章中的每一章，都以它自己独特的表现手法，从不同的角度共同表现基调的思想感情，而它们每一章在八章中又是互相支撑，构成了整体。这样，不仅使整个抒情曲错综、丰富，而且有抑扬顿挫，有开有阖，更突出地表现了基调的主题。朱熹批评杜甫的夔州创作说：

……杜子美晚年诗都不可晓。吕居仁尝言,诗字字要响,其晚年诗都哑了,不知如何以为好处。(《朱子语类》百四十卷)

从上面所述,朱熹的看法,显然不妥。形象、韵律要服从于基调的感情,要构成整体的和谐。还是王船山说得确切些:

八首如正变七音旋相为宫而自成一章,或为割裂,则神态尽失矣。(《船山遗书·唐诗评选》卷四)

杜甫恰当地、熟练地继承了古人已有的循环往复的表现手法,八首诗中,用强烈的对比,无数次的循环往复,把读者引入诗的境界中去。组诗的纲目是由夔府望长安——“每依北斗望京华”。全组诗的枢纽是“瞿塘峡口曲江头,万里风烟接素秋”。从瞿塘峡口到曲江头,本来相去万里,诗人以一“接”字,把客蜀望京,抚今追昔,忧国家安危……种种复杂感情交织构成一个深厚壮阔的艺术境界。

第一首气势磅礴。从眼前丛菊的开放联系到“故园”,追忆故园的沉思又被白帝城四处砧声所打断。这中间有从夔府到长安又从长安回到夔府的往复。第二首,由夔府孤城望北斗星,由北斗的方向想到北斗下面的京华。听峡中猿啼,又想到画省香炉。这是两次往复。联翩的回忆,又被夔府古城悲笳所唤醒。诗人思想由长安回到夔府。这是第三次往复。第三首以下,无不如此。千家山郭浸沐在朝晖中,想到个人的志愿与现实的矛盾。虽然全首诗在写悒郁不平,但诗中讲到“五陵衣马”,仍然有夔府到长安的往复。第四首,先从长安的回忆开始,又回到当前“鱼龙寂寞”的秋江,由秋江景色又回到“故国平居”,有两度往复。第五首从长安宫阙之盛,回到当前岁晚沧江,由岁晚沧江回到“青琐”、“朝班”,思想上又是两度往复。第六首,从瞿塘峡口到曲江头,从目前的万里风烟,想到当年歌舞繁华,招致边愁,抚今追昔,是两度往复。第七首由当前想到昆明池水盛唐武功,又由长安回到目前“关塞极天”的冷落。第八首的从长安的昆吾……到白头吟望的现实。都是往复。

《秋兴》八首的基本表现方式,循环往复是它的特色。不论从夔府写到长安,还是从追忆长安而归结到夔府,总是夔府——长安,长安——夔府。循环往复,从不同角度,层层加深。全诗不仅丝毫无重复之感,还赋予诗以无比深沉感人的力量。真可以说是“毫发无遗憾,波澜独老成”(《赠郑谏议十韵》)的诗篇。

这组诗里有繁华与冷落的对比,远与近的对比,个人处境的对比,唐中央政权的今昔对比,志愿与现实的对比,春与秋的对比等等。由对比产生的矛盾和苦闷,一切事与愿违。杜甫经历了这多年的战乱漂泊生活,对唐中央无力恢复昔日盛世已看透了,但又不能不寄予希望,尽管希望是渺茫的,但他没有放弃过。他常想到“开元全盛日”,实际上形成“开元全盛日”的客观和主观条件均已不存在了。这是封建社会统治阶级知识分子在乱世中忧国爱民所不可避免的悲剧。在这组诗里,也流露一些感伤的情绪,但更多的是沉郁、悲壮的感叹,更多的是体现了诗人坚韧不拔的积极精神。

《秋兴》八首,自然不同于《诗经》常有的复沓,它比《诗经》的复沓复杂许多。《诗经》的复沓,基本上是民歌重复歌唱的方式。其中有的每章更换一二字;有的在每章开头或结尾保有部分重复的字句,而中间有较大的变换。有的相互间没有相承关系,有的联系紧密。总之都起了加深感情和加强艺术效果的作用。《秋兴》八首的循环往复更接近于屈原《离骚》的反复抒情方式。《离骚》的大部分篇幅,反复表现自己的理想以及为实现理想而上下求索的精神;抒发他对祖国人民的热诚,以及这种忠贞不为人所谅解的悒抑;反复陈述理想与现实的矛盾痛苦以及战胜这种矛盾的顽强的斗争。屈原运用了惊人的想像、大量的比喻、神话传说和变化曲折的情节,反复吟咏,构成完美的诗篇,展示了伟大的爱国诗人的自我形象。《秋兴》八首在创作方法上和《离骚》有区别,但其循环往复的写法是一致的。

七律是诗人晚年更多使用的一种抒情形式。因为七律的句中折叠多,意思有跌宕回旋余地,音调上曲折萦回,组织严密,音乐性强,所创造的形象,表达的内容,比五律更易生动饱满。杜甫晚年,七律的造诣达到空前高度。他的七律章法严密而富于变化,这一向被人称道的优点,体现了诗人辞章修养的工夫,驾驭诗律的能力,同时也说明了诗人思想的深度与思想的逻辑性。

能否正确处理情与景的关系,是文学作品能否成功的关键之一。景就是客观存在的景物，情就是人的主观思想感情。但在作品里的情与景的关系就要复杂得多。

作品里的景物描写，一定要符合于原有事物的外貌以及其精神实质的某些特征。不真实、不准确的形象，不能唤起美感，不能引起读者兴趣，也不能启发人的想像、联想，从而获得更深厚的内容。由于这样的缘故，前人所描绘的富有特征的某种景，可以被后人所认识、所欣赏。但也要看到作品里的景，是作家所感受的景。这个景，除了符合上面所说的要求外，它不再是单独存在的客观景物，它不可避免地有人的移情作用。这个景，就带有某个特定的人对这景物的看法、感受在内，不可避免地要反映这个特定的人的某种精神状态和心理活动。同样的景，往往因时代不同，人的遭遇、经历不同而有差异。即使在一个人的身上，同样的景物，描写起来，也往往因一时一地的喜怒哀乐而有区别。抒情诗人往往要借赖景物形象表现自己的心情、思想感情的倾向和对事物的态度。情与景，分开说是两回事，不容混淆，而在作家的处理下，它们又是统一的。

抒情诗里的情景，不论是诗人触景生情，或以景寓情，他所描绘的景物，一定服从于所要抒发之情。因之，情景的和谐统一，就成为抒情诗里一个异常重要的方面。这就是论诗经常说到的"情景交融"。作到"情景交融"并不是一件容易的事，这决定于作家对现实生活观察、理解的深度，思想感情的深厚和明晰，以及作家的艺术修养。前人所说的"隔"与"不隔"，是就"情景交融"这个方面说明其所产生艺术效果的高低之分。

自然，当我们考察作家作品的"情景交融"时，更重要的尺度，就是要认真区别其所写的景与所抒发之情，是什么情、景，不能脱离作家作品的阶级倾向、历史内容而抽象地谈论"情景交融"，也不能只从道理推论而撇开作品中艺术形象的分析、欣赏，因为这样并不真正能发掘其情景统一所凝聚的形象及其感人力量，因而也就不能认识作家作品的真实、深刻的思想内容。"情景交融"，古典作家为我们提供了丰富的创作经验，也创造了不少范例，《秋兴》八首，是其中之一。

如"江间波浪兼天涌，塞上风云接地阴"，波浪汹涌，仿佛天也翻动；巫山风云，下及于地，似与地下阴气相接。（按：秋，阴气上升。三峡据郦道元的描写："重岩叠嶂，隐天蔽日，自非亭午夜分，不见曦月。"〔《水经注·江水注》〕。秋来自然阴气更重。)前一句由下及上,后一句由上接下。波浪滔天,风云匝地,秋天萧森之气充塞于巫山巫峡中。我们感觉这两句形象有力,内容丰富,意境开阔。诗人不是简单地再现他的眼见耳闻,也不是简单地描摹江流湍急、塞上风云,三峡秋深的外貌特征,诗人捕捉到它们内在的精神。赋予江水,风云某种性格,因此,这些原来本无生命的景物就获得了生命。这就是天上地下,江间关塞,到处是惊风骇浪,动荡不安;萧条阴晦,不见天日。与此同时,通过形象也表现了诗人的极度不安,翻腾起伏的忧思和胸中的悒郁不平;也象征了国家局势的变易无常和巍峗不安的前途。两句把峡谷的深秋,诗人个人身世以及国家丧乱,都包括在里面。这种既掌握景物的特点,而又把自己人生经验中最深刻的感情融会进去,用最生动,最有概括力的语言表现出来。这样的景物就有了生命,而作者企图表现的感情也就有所附丽。情因景而显,景因情而深。语简而意繁,心情苦闷而意境开阔(意指不局促,不狭窄)。苏东坡曾说:"赋诗必此诗,定知非诗人。"(《书鄢陵王主簿所画折枝二首》)确实是有见识、有经验的话。

杜甫《白帝》这首诗里有"高江急峡雷霆斗,古木苍藤日月昏"两句,出色地表现了大雨急峡的雨声水势,阴霾中山林的暗淡,也包含有时代战乱的影子。但其心情与《秋兴》的"江间波浪兼天涌,塞上风云接地阴"深沉、厚重有所不同。《登高》的"无边落木萧萧下,不尽长江滚滚来",也是写夔府秋深,但视野无限开阔,有漫天卷地的雄伟声势。上引《白帝》、《登高》诗句的感情和《秋兴》这两句有相似的地方,而各首的郁愤不平的感情和诗笔的起伏变化各有特色和重点。

以杜诗中经常写的燕子为例。杜甫住在成都时,在《江村》里说:"自去自来堂上燕",从栖居于诗人草堂上燕的自去自来,表现了诗人所在的江村长夏环境的幽静,显示了诗人经漂泊后,初获暂时安定生活时的自在舒展的心情。在《秋兴》第三首里,同样是燕飞,诗人却说:"清秋燕子故飞飞"。诗人日日江楼独坐,百无聊赖中看着燕子的上下翩翩,燕之辞归,好像故意奚落诗人的不能归,所以说它故意飞来绕去。诗人这里对燕子不是欣赏,而是带有几分诅咒。在《绝句漫兴》九首里,有这样一首:

孰知茅斋绝低小,江上燕子故来频

衔泥点污琴书里，更接飞虫打着人。

同样说到燕子，同样用了“故”字，这里的江燕好像故意嘲笑诗人茅屋低小，诗人恼它衔泥点污琴书……惹事生非。但诗人生意盎然，而“清秋燕子故飞飞”则表现了诗人的心烦意乱。

再如同是写到花开，在《春望》中则说“感时花溅泪”，沉重悲凉，见诗人遭安史之乱，陷身贼中，切身感到国家残破的沉痛心情；《秋兴》第一首里说：“丛菊两开他日泪”，凄怨愁苦，见诗人羁旅伤时的怀抱。其他如“瞿塘峡口曲江头，万里风烟接素秋”，瞿塘峡在夔府东，临近诗人所在之地，曲江在长安城东南，是所思之地。黄生《杜诗说》：“二句分明在此地思彼地耳，却只写景。杜诗至化处，景即情也”，不失为精道语。至如“花萼夹城通御气，芙蓉小苑入边愁”之意在言外；“鱼龙寂寞秋江冷”的写秋景兼自喻；“请看石上藤萝月，已映洲前芦荻花”的纯是写景，而情也在其中。这种情景交融的例子，八首中处处皆是，不再详举。

前面所说的情景交融，是指情景一致，有力揭示诗人的丰富复杂的内心世界所产生的艺术效果。此外，杜甫善于运用壮丽、华美的字和词表现深沉的忧伤。这是诗人运用高度的艺术技巧，对事物内部矛盾的统一。这种不协调的协调，不统一的统一，不但丝毫不损害形象和意境的完整，而且往往比用协调的字句，产生更强烈的艺术效果。如果没有炉火纯青的艺术造诣，很少艺术家敢于这样运用，因为这种写法比较困难。正如用“笑”写“悲”远比用“泪”写“悲”要困难得多。可是，如果写得好，就把思想感情表现得更为深刻。刘勰在《文心雕龙》的《辞丽》篇中讲到对偶时，曾指出“反对”（对偶的一种方式）较“正对”为优。其优越处正在于“理殊趣合”，也就是用不同的道理表达同一的意趣。这样取得相反相成、加深意趣、丰富内容的积极作用。曾看到苏联作家的一幅油画，画的是个身着黑衣，面情忧郁的青年寡妇。她以呆滞的眼神凝视着面前一堆五颜六色异常鲜艳的花朵。人物内心世界的悲凉和面前的绚烂、秾丽的花朵，是那么强烈的“不协调”，但又是那么深刻地协调，使观众对创作的主题获得深刻难忘的印象。

在绘画中的这种表现手法，在音乐中也有类似的情况。如明代沈宠绥的《度曲须知》中讲到伴奏和歌者在一种情况下，“歌高，则弹者亦高和；曲低则指下亦以低承。”(《弦律存亡》)但也有时为了增强气氛,“丝(伴奏乐器)扬,则肉(歌声)乃应低;调(歌声)揭(高),则弹者愈渺”。(同上书《曲运隆衰》)这种相反相成的方法,在现代京剧青衣唱腔伴奏中也是经常运用的。相反相成,就意味着统一。运用豪华的字句、场面来表现哀愁、苦闷,同样是“理殊趣合”。这可以说是情景在更高的基础上的交融。其间的和谐,也是在更深刻、更复杂的矛盾情绪下的统一。

如果把问题更深一层看,就不单纯是个表现方法问题。它反映了作家对事物内部的复杂性的认识和揭示。悲与喜,热闹与冷清,是矛盾的对立面,但往往是统一的。大发雷霆固然表现一个人的盛怒,强烈激动的怒和笑又往往相伴而起。流泪固然表现一个人的悲哀,但哀痛之极,往往欲哭无泪,反而会出现异常的沉默,甚至凄苦的笑容。这种沉默或苦笑,比痛哭流涕更能深刻地表达人的难过和心酸。辛稼轩的一首词说:

> 少小不识愁滋味,爱上层楼,爱上层楼,为赋新词强说愁。 如今识尽愁滋味,欲说还休,欲说还休,却道天凉好个秋。(《稼轩长短句·丑奴儿》)

这里不拟评价或分析这首词,如果说他的好处,我认为就在于它揭示了关于“愁”这一思想感情的内部矛盾,概括了对某种生活的深刻体会。

《秋兴》里,把长安昔日的繁荣昌盛描绘得那么气象万千,充满了豪情,诗人早年的欢愉说起来那么快慰、兴奋。对长安的一些描写,不仅与回忆中的心情相适应,也与诗人现实的感情苍凉成了统一不可分割、互相衬托的整体。这更有助读者体会到诗人在国家残破、个人暮年漂泊的极大忧伤和抑郁。诗人愈是以满腔热情歌唱往昔,愈使人感到诗人的愈老衰、爱国感情的愈加深切,忧国感情越深,其“无力振乾坤”的痛苦越重。

比如,在《秋兴》八首中,它的基调如前所分析是深秋的冷落、荒凉,心情的寂寞、凄楚,国家的残破等的交织。按通常的写法,总要多用一些上述的清、凄、残、苦等字或词,才能符合所要表达的思想感情。李清照的《声声慢》开头就写愁苦:“寻寻觅觅,冷冷清清,凄凄惨惨戚戚……”杜甫在这组诗里,更多地使用了绚烂、华丽的字和词写秋天的哀愁。乍看起来这些字、词和秋的意境截然不同，但这些字、词在诗人巧妙的驱遣下，它们更有力地烘托出深秋景物的萧条和心情的苍凉。如“蓬莱宫阙”、“瑶池”、“紫气”、“云移雉尾”、“日绕龙鳞”、“珠帘绣柱”、“锦缆牙樯”、“武帝旌旗”、“织女机丝”、“石鲸鳞甲”、“香稻”、“鹦鹉”、“碧梧”、“凤凰”、“佳人拾翠”、“仙侣共舟”、“彩笔”……甚至一些平常的地名，“花萼”夹城，“芙蓉苑”、“紫阁”、“渼陂”也都引起美丽的联想，透过字句，泛出绚丽的光彩。

以上这些字和词的含义，在通常的情况下，很容易引起读者联想到春天的景色，以及愉快的心情。事实上，一般诗人也确实藉助于这些绚烂的字眼写春天、写繁华、写热闹的场面。可是在杜甫的笔下，这些词被用来衬托荒凉和寂寞，用字之勇，真出于常情之外，而意境之深，又使人感到无处不在常情之中。杜甫之所以能够如此，除了他的艺术修养外，恐怕更为重要的要归结到他的世界观来认识。他有强烈的爱国爱民的感情，他负荷了时代的苦难。他立脚点高，所见者大，所忧者深，即使是写个人哀愁的诗，也不囿于个人狭小的天地，因此，他的诗是丰腴多彩的、具有惊人的气魄的。如果拿中唐诗人孟郊的诗相比，更可以说明这点。孟郊也有一些像《寒地百姓吟》那样反映人民贫困的诗篇。他一生穷愁潦倒，有不少写穷愁的诗。如：

> 食荠肠亦苦，强歌声无欢。
> 出门即有碍，谁谓天地宽
> ……
> （《赠别崔纯亮》）

如果没有备尝寒苦、辛酸的人，写不出这样的诗句。此诗虽对现实有所批判，但毕竟心肠太狭窄。像这样的诗句，在孟郊集中占相当大的比重，所以前人才有“[孟]郊寒[贾]岛瘦”的说法。贾岛这里且不说，孟郊以愁苦的字写愁苦，以凄凉的字写凄凉。艺术成就也是出色的，但毕竟使人看了，得不到比字句所表示的更多的东西，印象只是愁苦而已。苏东坡对孟郊的诗风不满意，曾说：“何苦将两耳，听此寒虫号”（《读孟郊诗二首》），元遗山也说：“东野（孟郊字）穷愁死不休，高天厚地一诗囚”（《遗山先生文集·论诗三十首》）。其所以如此，正因为诗人胸襟窄狭，他关心的多是个人得失。

有人以为杜甫在蜀中的诗退步了,不再有前期像《自京赴奉先县咏怀》、“前后出塞”、“三吏三别”那样大气磅礴、浓烈炽人的感情。其实诗人在这时期并没有消沉,只是思想感情更复杂,更深沉了。《秋兴》八首中虽流露些伤感情绪,这种伤感情绪有其具体的历史内容,正如前面所说,主要是诗人对唐朝的复兴感到绝望而引起的。不能由此得出结论说他晚年的爱国热情有所减退,应看成这是他一贯的忧国忧民的感情在当时历史条件下的一种表现。《秋兴》八首就是个例证。杜甫晚年的艺术表现方面,经长期创作经验的积累,长期生活和创作的锻炼,比起前期有进一步的提高或丰富。《秋兴》八首就是个例证。关于杜诗的艺术方面,有待进一步研究和总结。这无疑地会对我们今天的文学艺术事业的发展将起积极的作用。

1962 年 4 月

(选自《芸叶集》,新世界出版社 2002 年版)

赵齐平

赵齐平(1934—1993),古典文学研究家、教育家。四川崇庆人。1955年毕业于四川大学中文系。1959年毕业于北京大学中文系研究生班,留校任教。1981年任副教授,1982年任教授。曾担任"中国《三国演义》学会"理事、"中国《儒林外史》学会"理事,并被中央电视大学聘为"中国文学史"主任教授。1993年2月25日因病逝世。

学术研究与教学以宋元明清诗、词、文以及小说为主。讲授"宋元文学"、"明清文学"、"宋诗"、"中国古代小说"等课程。著有《关于〈红楼梦〉的成书过程》、《浅谈〈儒林外史〉的讽刺艺术》、《浅谈宋诗的议论》、《李清照与赵明诚及〈金石录〉》等论文,以及《谈谈〈三国演义〉》、《中国文学史纲要》(合著)、《宋诗臆说》等著作。《宋诗臆说》获国家教委第二届全国高等学校出版社优秀学术著作奖,并被收入"北大名家名著文丛"。

江南春尽离肠断

——说寇准《江南春》

提起寇准，人们自然会联想到“澶渊之盟”。宋真宗景德元年(1004)十一月，南侵的契丹军深入到距汴京不远的澶州(今河南濮阳)，举朝惊恐。参知政事王钦若密请真宗迁都金陵，知枢密院事陈尧叟则主迁都成都，总之是畏敌逃避。独有同中书门下平章事寇准力排众议，劝说真宗亲征御敌[①]。由于契丹军初战受挫失利，加上真宗本不欲战而急于求和，在十二月双方就达成和议，订立盟约，宋王朝每年向契丹输纳银十万两、绢二十万匹，这就是史家所称“澶渊之盟”。“澶渊之盟”的订立，虽然出于宋真宗的畏敌心理，未能抓紧战机反攻，收复契丹侵占已久的领土，反而以屈从的姿态乞求维持苟安局面，但在当时遏阻了契丹的南下，此后较长一段时期内契丹又停止了攻掠，宋王朝得以免除战争的困扰，国内相对稳定，生产有所发展。于是，“莱公庙略传耆旧”(黄庭坚《山谷诗外集》卷四《和谢公定河朔漫成八首》[其四])，寇准以其军事政治上的建树而广为人们称颂[②]。但寇准还是一位诗人。仁宗时孙抃为寇准撰《莱国寇忠愍公旌忠之碑》，称其“好为诗”；南宋孝

① 邵伯温《邵氏闻见录》卷一：“真宗皇帝景德元年，契丹入寇，犯澶渊，京师震动。当时大臣有请幸金陵、幸西蜀者。左相毕文简公病不出，右相寇莱公独劝帝亲征，帝意乃决，遂幸澶渊。帝意不欲过河，寇公力请，高琼控帝马渡过浮梁。”(司马光《涑水纪闻》卷六已有类似记载。)

② 《苕溪渔隐丛话·后集》卷二十：“澶渊之役，荆公以为‘丞相莱公功第一’，张文潜则谓‘可能功业尽莱公’，大抵人之议论，各有所见，故尔不同。”按，王安石《澶州》诗云：“去都二百四十里，河流中间两城峙。南城草草不受兵，北城楼卤如边城。城中老人为予语，契丹此地经钞虏。黄屋亲乘矢石间，胡马欲踏冰河渡。天发一矢胡无酋，河冰亦破沙水流。欢盟以此至今日，丞相莱公功第一。”(《王文公文集》卷四七)张耒《听客话澶渊》诗云：“忆昔兵来动河朔，渡河饮马吹边角。澶渊城下兵载车，边风萧萧千里余。城上黄旗坐真主，夜遣六丁张猛弩。雷惊电发一矢飞，横射渠魁贯车柱。敌氛已扫大漠空，归来封禅告成功。自是乾坤扶圣主，可能功业尽莱公。”(《张耒集》卷十五)其实，张耒侧重强调天命攸归，“乾坤扶圣主”，故对真宗封禅加以肯定，不知其中有王钦若对寇准的陷害，而对寇准的“功业”则并未否定。苏轼《过巴东下泊闻颇有莱公遗迹》诗为寇准早年沉抑下僚鸣不平，也把寇准视为“豪俊”、“英雄”(《苏轼诗集》卷一)。

宗时辛敩《再开莱公诗集后序》亦谓寇准“自其少年从仕，以至立朝退处，欢愉逸乐，激烈愤惋，无不并见于诗。”人们多侧重把寇准看作一代名臣，这当然由于他的诗“传写宝秘，恨不多得”（范雍《忠愍诗序》），以至“诗编之传，家不百一”（辛敩《再开莱公诗集后序》）[①]，更由于他首先以风节闻于时，因而诗名不显。明代胡应麟曾指出“宋诸人诗”皆“实有篇章”，但有“掩于文者”，有“掩于词者”等许多情况，寇准则是“掩于勋者”（《诗薮·杂编》卷五）。不过，陆游早已说过：

> 豪杰何必后世后，材高遇事即峥嵘。巴东诗句澶州策，信手拈来尽可惊。（《剑南诗稿》卷二《秋风亭拜寇莱公遗像》[其二]）[②]

陆游把寇准在政治军事上的建树同其诗歌创作上的成就相提并论，以为都表现了寇准的“材高”[③]。所谓“巴东诗句”，系指寇准初登仕途，知归州巴东县时所作诗，举以代表寇准的全部诗作。司马光《续诗话》说：“寇莱公诗，才思融远。年十九进士及第，初知巴东县，有诗云：‘野水无人渡，孤舟尽日横。’……为人脍炙。”“野水”二句，是寇准《春日登楼怀归》诗（《忠愍公诗集》卷二）的颔联。“野水”或作“远水”。文莹《湘山野录》卷上也说：“寇莱公诗若‘野水无人渡，孤舟尽日横’之句，深入唐人风格。初授归州巴东令，人皆以寇巴东呼之，以比前赵渭南（赵嘏）、韦苏州（韦应物）之类。”“野水”二句即

---

① 范雍《忠愍诗序》：“雍顷为公倅，常从游燕，多闻其得意之句，情思闲雅，听之忘倦，随录简牍，才数十篇。今守三城会监赵侯临，即公之中表也，日与游接，时道公诗，因请于公家尽录昔所存纪，得二百余篇，并前之所录不在此数者，及谪公后赵公所记共二百四十首，类而第之，分为上中下三卷。其余流落，无复求购。”

② 《渭南文集》卷四八《入蜀记》：“（乾道六年十月二十日）早离归州。……（二十一日）晚泊巴东县……谒寇莱公祠堂，登秋风亭，下临江山。”

③ 《苕溪渔隐丛话·后集》卷二十：“忠愍诗思凄婉，盖富于情者。如《江南春》云……又云……观此语意，疑若优柔无断者；至其端委庙堂，决澶渊之策，其气锐然，奋仁者之勇，全与此诗意不相类。盖人之难知也如此。”胡仔把寇准的政事与文章分裂开来，对立起来，未免把问题简单化，不懂得其间的辩证统一关系。照胡仔的看法，陶渊明赋闲情，宋璟赋梅花，都是难以理解的了。（萧统《陶渊明集序》：“故更加搜求，粗为区目，白璧微瑕，唯在《闲情》一赋。”皮日休《桃花赋序》：“予尝慕宋广平之为相，贞姿劲质，刚态毅状，疑其铁肠石心，不解吐婉媚词。而有《梅花赋》，清便富艳，得南朝徐庾体，殊不类其为人也。”）

出自韦应物《滁州西涧》诗的“野渡无人舟自横”。[①] 在今存寇准诗集中,还保留有不少巴东所作诗。王士禛《蜀道驿程记》说:“巴乐县寇莱公祠在巴山南麓,公在巴东有‘野水’、‘孤舟’之句为人传诵。然公此中诗尤多佳句,如‘印锁残阳后,人归叠翠阴’、‘水穿吟阁过,苔绕印床斑’、‘众木侵山径,寒江逼县门’[②],皆钱(起)、郎(士元)之选也。”(《带经堂诗话》卷十二)其实,巴东佳句远不止于王士禛所引,如《巴东寒食》、《春晚书事》、《题巴东寺》、《巴东有感》、《巴东驿秋日晚望》等诗皆不乏佳句。《宋史·艺文志》著录《寇准诗》三卷,又《巴东集》一卷。这《巴东集》当是巴东所作诗的结集,今已不存。然而“寇巴东”之称已足以表明寇准是宋初一位颇有成就和影响的诗人。

寇准小王禹偁七岁。他在太宗淳化四年(993)十月,以左谏议大夫出知青州,自商州回汴京不久的王禹偁写诗为他送行(《小畜集》卷十《送寇谏议赴青州》)。寇准大杨亿十三岁。澶州抗御契丹时,杨亿知制诰,同赴前线。当时真宗缺乏克敌取胜的信心,使人探视寇准动静。“准方与杨亿饮博,歌谑欢呼。帝喜曰:‘准如此,吾复何忧。’”(《宋史·寇准传》)[③]天禧三年(1019),真宗得风疾,刘后准备临朝听政,寇准不赞成,“密令杨亿草表,请太

---

① 《四库全书总目提要》卷一五二《寇忠愍公诗集》以为“野水”二句,“点窜一二字,改为一联,殆类生吞活剥,尤不为工。”顾嗣立《寒汀诗话》称寇准化用韦应物诗句“已属无味”。那么,欧阳修《采桑子》词“野岸无人舟自横”,只改一字,岂不更是“生吞活剥”?而纪昀在《瀛奎律髓刊误》卷十中则谓此二句“实本苏州‘野渡无人舟自横’之句,然不觉其衍。”近人陈衍《宋诗精华录》卷一亦称寇准“用韦苏州语极自然”。这二句诗描写自然景色,以幽寂无人之境,寓落寞怀归之情。但有人喜作附会,把这二句诗跟寇准后来身任宰执联系起来。葛立方《韵语阳秋》卷十八:“寇忠愍方知巴东县,有‘野水无人渡,孤舟竟日横’之句,固以公辅自期矣,奈何时未有知者。东坡巴东访莱公遗迹诗云:‘……江山养豪俊,礼数困英雄。执板迎官长,趋尘拜下风。当年谁刺史,应未识三公。’公以瑰奇忠谅之才,而当路者只以常辈遇之,信乎知人之难也。”蔡正孙《诗林广纪·后集》卷九引《政要》:“公尝赋诗,有‘野水无人渡,孤舟竟日横’之句,时人以此觇其相业。”方回《瀛奎律髓》卷十评寇准此诗,批驳了上述说法:“‘野水无人渡,孤舟竟日横’之联,说者以为兆相业。只看诗景自好。”专门指摘方回纰缪的纪昀却认为方回“此评最通,足见诗话之陋。”(何文焕的《历代诗话考索》也曾批评葛立方为“强作解”。)

② “印锁”二句见《寇忠愍公诗集》卷中《县斋春书十二韵》诗,“水穿”二句见同上《巴东县斋秋书》诗,“众木”二句见同上《巴东书事》诗。

③ 《邵氏闻见录》卷一:“帝(真宗)不欲渡河,寇公力请,高琼控帝马渡过浮梁。帝登城,六军望黄屋呼万岁,声动原野,士气大振。帝每使人觇莱公动息,或曰:‘寇准昼寝,鼻息如雷。’或曰:‘准方命庖人斫鲙。’帝乃安。”不及寇准与杨亿纵博欢谑之事。但陈师道《后山集》卷十八《谈丛》曾记寇准请真宗渡河北上亲征,真宗犹豫不决,“召问从官,至皆默然,杨文公(亿)独与公(寇准)同,其说数千言,真宗以一言折之曰:‘儒不知兵。’”是知杨亿极有可能并在军中。

子监国，且欲援亿辅政”，结果事泄，寇准罢去尚书右仆射、集贤殿大学士。丁谓乘机窜逐寇准，初贬道州司马，再贬雷州司户参军，寇准遂死于雷州（同上）。欧阳修《归田录》卷上记载：“寇忠愍之贬，所素厚之人，自盛文肃度以下，皆坐斥逐，而杨大年（亿）与公尤善，丁晋公（谓）怜其才，曲保全之。”其实，杨亿与丁谓的关系并不好，丁谓也知道杨亿鄙其为人[①]，因杨亿文名甚重，又为真宗赏识，所以在贬窜寇准时，暂置杨亿不问。其后不数月，杨亿便忧悴而卒。

王禹偁是宋初诗歌白体的代表诗人，杨亿则是西昆体的代表诗人。寇准的诗歌有类似白体的，如《暇日》：

江楼昼静春阴变，日午帘空飞乳燕，帆稀客散野岸空，隐隐遥峰望中见。（《忠愍公诗集》卷上）

又如《秋日后登楼》：

远山重叠故关遥，公退乘闲上丽谯。今日登临秋思苦，雨荷风叶共萧萧。（同上卷中）

也有类似西昆体的，如《惜花》：

深谢暖风传馥郁，长忧夜雨暗摧残。黄昏欲放笙歌散，更绕朱栏子细看。（同上）

又如《无题》：

金甲珠襦锁绣扃，杜城残月葬娥英。春风侯馆花如雪，空有莺传度

① 曾敏行《独醒杂志》卷一：“杨文公大年美须髯。一日朝罢，至都堂，丁晋公（谓）时在政府，戏谓之曰：‘内翰拜时须拂地。’公应声曰：‘相公坐处幕漫天。’晋公知其讥己，而喜其敏捷，大称赏之。天禧末，寇公诸人皆贬远方，文公实豫谋，晋公爱其才，终不忍害。”

曲声。(同上)

但终归是类似,寇准的诗歌既不属于白体,也不属于西昆体。宋末方回把他划入晚唐体。《桐江续集》卷三二《送罗寿可诗序》:"宋刬五代旧习,诗有白体、(西)昆体、晚唐体。白体如李文正(昉)、徐常侍昆仲(铉、锴)、王元之(禹偁)、王汉谋(奇);昆体则有杨(亿)、刘(筠)《西昆集》传世,二宋(庠、祁)、张乖崖(咏)、钱文僖(惟演)、丁崖州(谓)皆是;晚唐体则九僧最为逼真,寇莱公、鲁三交[①]、林和靖(逋)、魏仲先父子(野、闲)、赵清献(抃):凡数十家,深涵茂育,气极势盛。"此后,诗评家与文学史家谈到宋初诗歌,大多同意方回的这种划分[②]。宋初三体之说,虽然基本上可以成立,但三体的成就、影响不能等量齐观,不能通通誉之为"深涵茂育,气极势盛",而且有许多诗人与方回所归属的诗体派别明显地名实不副。他把寇准划入晚唐体,与王禹偁为代表的白体、杨亿为代表的昆体并列,就很不恰当。

"晚唐"这一概念,本来颇为笼统含混。杨慎《升庵诗话》卷四以为晚唐诗分二派,一派学张籍,一派学贾岛。这又把晚唐诗简单化了。晚唐著名诗人如姚合、杜牧、许浑、李商隐、赵嘏、温庭筠、皮日休、陆龟蒙、罗隐、郑谷、韩偓、杜荀鹤等的诗歌,都是自具面目的,风格路数各不相同。胡应麟曾指出晚唐诗人的"铮铮者"中,"俊爽若牧之(杜牧),藻绮若(温)庭筠,精深若义山(李商隐),整密若丁卯(许浑)"(《诗薮·外编》卷四),众多诗人"途轨纷出"、"纯驳相揉"(《诗薮·内编》卷六)。当然,相对于盛唐而言,晚唐诗具有"气韵衰飒"(同上)的总的特征[③];不过,具体到每个诗人,又须对不同的风格流

---

① 元刘埙《隐居退议》卷六《方紫阳序罗寿可诗》作"鲁三变",误。鲁三交,待考。《宋诗纪事》卷十二:"交,字叔达,梓州人,仕至虞部员外郎,有《三江集》。"由是知有"鲁三江"之称,而方回或因此讹作"鲁三交"。《宋诗纪事》据《宋文鉴》及《前贤小集拾遗》选录鲁交诗五首。清姚埙《宋诗略》卷三选录鲁交《有寄》一诗:"思君又是东风起,楼与浮云目千里。芳草不知人断肠,带烟带雨连春水。"与寇准的《江南春》诗颇为近似。

② 1989年南京出版社出版的许总《杜诗学发微》犹袭方氏"三体"之说。

③ 严羽《沧浪诗话·诗辨》:"禅家者流,乘有大小,宗有南北,道有邪正。学者须从最上乘,具正法眼,悟第一义。若小乘禅,声闻辟支果,皆非正也。论诗如论禅:汉魏晋与盛唐之诗,则第一义也。大历以还之诗,则小乘禅也,已落第二义矣。晚唐之诗,则声闻辟支果也。"又《诗评》:"大历之诗,高者尚未失盛唐,下者渐入晚唐矣。晚唐之下者,亦堕野狐外道野窟中。"

派有所区别[①]。南宋初年杨万里说："受业初参且半山（王安石），终须投换晚唐间。"（《答徐子材谈诗绝句》）陆游说："及观晚唐作，令人欲焚笔。"（《宋都曹屡寄诗且督和答作此示之》）。他们对晚唐诗的态度迥异，实则他们所指的"晚唐"并非同一对象。杨万里有时说"唐人"，有时说"晚唐"，仅指杜牧、许浑、陆龟蒙等诗人工整流丽、富有情韵的绝句[②]，而陆游所指则是姚合、方干、马戴、李频等诗人仿效贾岛作风的琐碎小巧、孤峭奇僻的诗歌，主要是五律[③]。《沧浪诗话·诗体》所说"以时而论则有……晚唐体"，也就是"以人而论"的"贾浪仙（岛）体"。南宋中期的"四灵"即学此体。《沧浪诗话·诗辨》："赵紫芝（师秀）、翁灵舒（卷）辈，独喜贾岛、姚合之诗。"[④]方回标立的"晚唐体"，正是"贾岛、姚合之诗"，后人因姚合曾任武功主簿，作有《武

---

① 刘克庄《后村诗话·前集》卷一："杜牧、许浑同时，然各为体。……二人不著姓名亦可辨。"清陈维崧《抄唐人七律竟辄取数断句楮尾》诗："大能感慨许丁卯，别有心情赵倚楼。谁说晚唐无妙诣，二公才调也风流。"今人蔡作恩等《晚唐诗译释》（黑龙江人民出版社1987年出版）只取晚唐具有现实内容（狭义的）之作，全然不顾晚唐诗多样的流派、风格。

② 杨万里《诚斋诗话》："五七字绝句最小而最难工，虽作者亦难得四句全好，唯唐人及介甫（王安石）最工于此。"又《荆溪集序》："予之诗始学江西诸君子，既又学后山（陈师道）五字律，既又学半山老人（王安石）七字绝句，晚乃学绝句于唐人。"又《读笠泽丛书》诗："晚唐异味同谁赏，近世诗人轻晚唐。"《笠泽丛书》，陆龟蒙著。陆龟蒙诗兼有隐逸情趣与愤世忧民的内容，所以杨万里在《周子益蒙训省题诗序》中称晚唐诗"好色而不淫，怨诽而不乱"，《答徐子材谈诗绝句》诗又说晚唐诗"国风此去无多子，关捩挑来只等闲。"（元好问《论诗绝句三十首》："万古幽人在涧阿，百年孤愤竟何如。无人说与天随子，春草输赢较几多。"陆龟蒙自号天随子，其《自遣诗三十首》有"恐随春草斗输赢"之句。）

③ 欧阳修《六一诗话》："唐之晚年，诗人无复李杜豪放之格，然亦务以精意相高。""务以精意相当"当指贾岛、姚合一派的冥思苦吟，锻字炼句。俞文豹《吹剑录》发挥欧阳修的意见，指出"近世诗人（指四灵）好为晚唐体。不知唐祚至此，气脉浸微，士生斯时，无他事业，精神伎俩悉见于诗，局促于一题，拘挛于律切，风容色泽，轻浅纤微，无复浑涵气象，求如中叶之全盛，李杜元白之瑰奇，长篇大章之雄伟，或歌或行之豪放，则无此力量矣。"所谓"局促于一题，拘挛于律切"，系指这些诗人用力于五言律诗，专写细小题目。（不是"长篇大章"，不见"瑰奇"、"豪放"。）闻一多曾分析贾岛"做一种阴暗情调的五言律诗"，是由于"一则五律与五言八韵试帖最相近，做五律即等于做功课，二则为拈拾点景物来烘托出一种情调，五律也正是一种标准形式。"（《贾岛》）

④ 《后村诗话·新集》卷四："亡友赵紫芝选姚合、贾岛诗为《二妙集》，其诗往往有与姚、岛相犯者。"《瀛奎律髓》卷二四方回评姚合《送喻凫校书归毗陵》诗："姚少监合诗选入《二妙》者百二十一首，比浪仙为多。此四灵之所深嗜者。"

功县中》五律三十首，所以又称这一派诗为“武功派”[①]。方回划分宋初三体，列入“晚唐体”，为的指明“诗学晚唐，不自‘四灵’始”，也正是针对严羽而说的。

宋人诗学贾岛、姚合(方回所谓“晚唐体”)，确实“不自‘四灵’始”，北宋初年就有了，如九僧。九僧是希昼等九名能诗的和尚，其中以惠崇诗名较著[②]。他们大约生活在太宗、真宗朝、与寇准、魏野、林逋同时而略早于杨亿[③]。他们的诗歌今犹散见于《瀛奎律髓》、《禅藻集》、《宋高僧诗选》等选本及一些宋人笔记中，另有《九僧诗集》。他们也像贾岛、姚合一样，专心致力

① 《瀛奎律髓刊误》卷六纪昀评姚合《武功县中》诗：“武功诗语僻意浅，大有伧气。唯一二新异之句，时有可采，然究非正声也。”同上卷十评姚合《游春》诗：“武功诗欲求诡僻，故多琐屑之景，以避前人蹊径。佳处虽有，而小样处太多。”同上卷四七评九僧之一行肇《郊居吟》“茗味沙泉合，炉香竹霭和”二句：“亦武功一派。”同上卷二三评贾岛《寄胡遇》诗：“武功派从此种出，最为偏僻狭小。”

② 《瀛奎律髓》卷四七方回评惠崇《访杨云卿淮上别墅》诗：“九僧之七惠崇，为最高者。”欧阳修距惠崇生活时代不远，其《六一诗话》已称“(九僧)其一曰惠崇，余八人者忘其名字。”魏泰《临汉隐居诗话》：“永叔诗话载，本朝诗僧九人，时号‘九僧诗’。其间惠崇尤多佳句，有《百句图》刊石于长安，甚有可喜者。”(惠崇《自撰句图》，见《青箱杂记》卷九。刘攽《中山诗话》：“人多取佳句为句图，特小巧美丽可喜，皆指咏风景、影似百物者耳，不得见雄材远思之人也。”)《宋诗纪事》卷九一将《临汉隐居诗话》中“其间惠崇尤多佳句……”等语误入《六一诗话》。惠崇之见称于世，不但因其能诗，而且因其工绘事。葛立方《韵语阳秋》卷十四：“僧惠崇善为寒汀烟渚潇洒虚旷之状，世谓‘惠崇小景’，画家多喜之。故鲁直诗云：‘惠崇笔下开江面，万里晴波向落晖。梅影横斜人不见，鸳鸯相对浴红衣。’东坡诗云：‘竹外桃花三两枝，春江水暖鸭先知。蒌蒿满地芦芽短，正是河豚欲上时。’舒王诗云：‘画史纷纷何足数，惠崇晚出吾最喜。沙平水淡西江浦，凫雁静立将俦侣。’皆谓其工小景也。”李之仪《姑溪集》有《惠崇扇面小景》诗：“耳冷无人唱竹枝，归心唯有梦魂知。杨花扑面烟波阔，犹记征帆欲卸时。”刘仙伦《招山小集》有《题惠崇鹭鸶》诗：“惠也小景称独步，那知写生尤得趣。”朱弁《风月堂诗话》卷下：“僧惠崇善画，人多宝其画，不知其能诗。宋子京以书托梵才大师编辑其诗，则当有可传者。人或未之见，恐曾编辑而未大行于世耳。”宋祁《景文集》有《过惠崇旧居》诗。

③ 《湘山野录》卷中：“寇莱公一日延诗僧惠崇于池亭，探阄分题，丞相得‘池上柳’，青字韵；惠崇得‘池上鹭’，明字韵。……”杨亿《谈苑》：“楚僧惠崇工诗，于近代僧子中最为杰出。”是知惠崇略早于杨亿。上海辞书出版社编印的《宋诗鉴赏辞典》在评析保暹《秋径》诗时却说：“时值西昆体盛行，‘时人争效之’。九僧虽深居禅林古寺，却恶此时弊。于是他们结为诗友，常互相唱和，以清炼洗浮艳。”短短几句话中就有三个错误：第一，用“洗炼”与“浮艳”来概括九僧体与西昆体的诗歌特色，不符合实际情况。耽于冥思苦吟，刻意追求精巧，与“洗炼”无关。反之，重视才力学识，讲究典故辞藻，不等于“浮艳”。第二，不是九僧“恶”西昆体盛行之“时弊”，九僧体在前，西昆体在后。田况《儒林公议》称杨亿编辑《西昆酬唱集》之后，“一变晚唐诗体，专效玉溪，亦足以革风花雪月小巧之病。”第三，诗僧未必真的“深居禅林古寺”。陆游《跋云丘诗集后》：“宋兴诗僧不愧唐人，然皆因诸巨公以名天下。”(《渭南文集》卷二九)惠崇不是与宰执大臣寇准拈题赋诗么？

于五言律诗，所以“晚唐体”又称“九僧体”①。九僧呕心沥血摹写景物，尤其在颔联、颈联上刻意求工，以致不顾首尾意脉贯通。姚合、方干等人学贾岛，已越发显得偏僻寒俭，九僧更是充分地表现出根柢浅薄、间架狭小的致命弱点。保暹的“虫迹穿幽穴，苔痕接断棱”（《秋径》），宇昭的“余花留暮蜨，幽草恋残阳”（《幽居即事》），简长的“落日悬秋树，寒芜上废城”（《晚次江陵》），行肇的“茗味沙泉合，炉香竹霭和”（《郊居吟》），与姚合的“蚁行经古藓，鹤毳落深松”（《过无可上人院》）、“嚼花香满口，书竹粉沾衣”（《游春》[其二]）相比，同样的意境凡近，气格卑弱，鄙俚细碎，单调枯窘，甚至有过之而无不及。方回曾经指出姚合写诗“所用料不过花、竹、鹤、僧、琴、药、茶、酒，于此几物，一步不可离，而气象小矣”（《瀛奎律髓》卷十评姚合《游春》诗），九僧写诗也是如此。欧阳修《六一诗话》记载九僧的一个故事：“当时有进士许洞者，善为词章，俊逸之士也。因会诸诗僧分题，书一纸，约曰：‘不得犯此一字。’其字乃山、水、风、云、竹、石、花、草、雪、霜、星、月、禽、鸟之类，于是诸僧皆阁笔。”欧阳修又称赞杨亿等人“雄文博学，笔力有余，故无施而不可，非如前世号诗人者，区区于风云草木之类，为许洞所困者也。”这“为许洞所困”的“诗人”，也是指九僧。欧阳修把杨亿等人的“雄文博学，笔力有余”，与九僧的“区区于风云草木之类”作对比，表明他对西昆体及其变革“小巧呻吟”的晚唐体，是基本肯定的②。同时也可见九僧诗题材狭窄，意象雷同。“风云草木之类”，不是不可以运用于诗，关键在：第一，九僧仅仅局限于此，翻来覆去只这些“诗材”。第二，九僧运用这些“诗材”所表现的思致、所构成的境象，几乎没有什么审美价值，如闻一多说贾岛“爱静、爱瘦、爱冷，也爱这些情调的象征——鹤、石、冰雪。……甚至爱贫、病、丑和恐怖。”（《贾岛》）方回说姚合“有结裹，无大涵容”（《瀛奎律髓》卷二四评姚合《送喻凫校书归毘陵》诗），实则这“小结裹”也非常的寒伧、卑微。只缘生活圈子狭小，便谈不上视野广大、襟怀开阔，从而谈不上诗歌中的“大涵容”。因此，九僧及其诗在宋初诗

---

① 《瀛奎律髓》卷十方回评寇准《春日登楼怀归》诗：“莱公诗学晚唐，九僧体相似。”

② 欧阳修不反对西昆体。从其与蔡襄书中说到“杨刘风采，耸动天下，至今使人倾想”，可见其心向往之。《六一诗话》中又摘评杨亿等人的“佳句”。至于雕琢、堆垛等缺点，他以为那是“学者之弊”。在谈欧阳修诗时，还将涉及其与西昆体的关系，此不细说。

坛上只能是昙花一现①。《九僧诗》,到仁宗朝已"不复传矣"。九僧之名,欧阳修少时仅知惠崇,"余八人者忘其名字",其后人们"多不知有所谓九僧者"(《六一诗话》)。司马光在《续诗话》中说他在宋神宗元丰元年(1078)从进士闵交如那里得到一本《九僧诗集》,并列举了九僧之名。《九僧诗集》虽有留存,但鲜为人知,即司马光也不甚重视,以为"其中美者亦止于世人所称数联耳"。这"世人所称数联",大约即包括欧阳修所列举的"马放降来地,雕盘战后云"(宇昭)、"春生桂岭外,人在海门西"(希昼),以及司马光所列举的"剑静龙归匣,旗闲虎绕竿"、"河分冈势断,春入烧痕青"(惠崇)。即如"河分"一联,司马光还记述有人"讥其犯古"②。九僧在宋初国力方盛之际,而扬姚贾之余波,写微不足道之物,发有气无力之声,可谓不合时宜③,借用苏轼的两句诗来说,就是"五季文章堕劫灰,升平格力未全回"④。而胡应麟却极其推崇九僧,反映了明人尊唐抑宋的普遍倾向⑤。实际上,九僧诗于晚唐未必"最逼真",纪昀便说"九僧诗源出中唐,几'十子'之余响,与贾、周(贺)南辕

---

① 《蔡宽夫诗话》称宋初诗歌或宗尚白居易,或宗尚李商隐,而没有提到宗尚贾岛、姚合。

② 《续诗话》:"其(惠崇)尤自负者,有'河分冈势断,春入烧痕青'。时人或有讥其犯古者,嘲之:'河分冈势司空曙,春入烧痕刘长卿。不是师兄多犯古,古人诗犯师兄。'"魏野《钜鹿东观集》卷二《赠惠崇上人》诗说:"是非言语徒喧世。"当是为此而发。刘攽《中山诗话》亦载惠崇为人所讥的故事,明确指出"时人"即惠崇弟子,并且认为"大抵讽古人诗多,则往往为己得也。"好像为惠崇的"犯古"说点原谅的话。明人王世贞对此则竭力攻击,《艺苑卮言》卷四:"剽窃摹拟,诗之大病。……乃至割缀古语,用文之陋,痕迹宛然,如河分冈势、春入烧痕之类,斯丑方极。"

③ 晚唐诗包括姚、贾一流之作,总体上是"衰飒"的,反映了唐王朝面临末日的时代特征,亦如南宋末期词人的咏寒蝉、萤火,但有断绝的哀鸣、闪烁的微光。宋初诗文如若再接晚唐五代之余绪,其生命必然不能久长。

④ 苏轼说的是西昆体,所以后二句诗云:"故知前辈宗徐庾,数首风流近玉台。"从语调上看,苏轼没有全部否定西昆体,仅对其雕章绘句、内容贫弱颇有微词而已。《后村诗话·前集》卷一批评《玉台新咏》"赏好不出月露,气骨不脱脂粉,雅人庄士见之废卷。"然而苏轼却忽视了西昆体在宋初出现的必然因素之一就是要以"雄文博学"来显示宋初结束晚唐五代分裂局面的"升平格力"。西昆体决不同于唐初上官体、明初台阁体。从欧阳修到苏轼都汲取了西昆体的优点,而皮毛落尽,精神独存,于是区别于唐音的宋调出现了。当然,宋调的出现,还有其他许多重要条件。在谈杨亿诗时,将涉及西昆体的全面评价问题。

⑤ 《诗数·外编》卷五:"宋初诸人,九僧辈尚多唐韵。""宋初九僧……五言律固皆晚唐调,然无一字宋人也。"又《杂编》卷五批驳司马光《续诗话》,而极赞九僧。

北辙”(《瀛奎律髓刊误》卷四七评文兆《宿西山精舍》诗)[①]。纪昀说得不免太绝对了，但代表了对九僧诗的另一种看法。至于寇准，方回只说与九僧体“相似”，不说“逼真”，但还是划入了晚唐体[②]。寇准是否晚唐体，要依靠他的诗歌创作来判定。

这里，且说寇准的一首《江南春》诗：

> 波渺渺，柳依依。孤村芳草远，斜日杏花飞。江南春尽离肠断，蘋满汀州人未归。(《寇忠愍公诗集》卷上)

以《江南春》为题，唐人多有，凡七言四句。或题作《江南曲》，亦写离情，大多为五言而句数不拘，如刘希夷、刘昚虚、宋之问、刘禹锡、温庭筠、李商隐等人之作，唯于鹄所作为七言四句，格式同《江南春》。宋初田锡《江南曲》三首(《宋诗纪事》卷三)仍是五言，而语意均不异于《江南春》。《江南春》与《江南曲》是何关系，抑或一题演化，有待详考。而王君玉《国老谈苑》卷二称寇准“偶撰《江南曲》云……”，又不言《江南春》。《江南春》一般为仄声韵，如沈雄《古今词话·词话》上卷所引白居易《江南春》：

> 青门柳枝软无力，东风吹作黄金色。
> 街前酒薄醉易醒，满眼春愁消不得。

偶尔也有用平声韵的，如李约《江南春》：

> 池塘春暖水纹开，堤柳垂丝间野梅。
> 江上年年芳草早，蓬瀛春色逐潮来。

---

① 方回把魏野划归晚唐体，而司马光《续诗话》却认为魏野“诗效白乐天”。难怪王禹偁的《清明》诗被《古今合璧事类备要》卷十六误作魏野诗。这也代表了对魏野诗的一种看法。魏野诗往往不假雕饰，而流于浅易平近。

② 《中国大百科全书·中国文学卷》“寇准”条：“寇准与宋初山林诗人潘阆、魏野、九僧等为友，诗风近似，也被列入晚唐派。其五律如《冬夜旅思》之类，情思凄婉，很有贾岛诗的风味。”(既已“情思凄婉”，就与寒涩幽僻的贾岛不同。)又“惠崇”条谓九僧“与魏野、寇准、林逋、潘阆俱宗贾岛、姚合，同属晚唐派。”

最著名的，要算杜牧的《江南春绝句》了。北宋末年陈与义作《江南春》，则又演为五言四句、七言四句。《江南春》之题，实本南朝梁柳恽《江南曲》，《乐府诗集》归入《相和歌曲》，可见原为古乐府。柳恽《江南曲》有"日落江南春"之句，后来的拟作遂题作《江南春》。原作五言八句，换韵；唐人改为七言四句，仄声韵，一似采用乐府旧题，取其题意，而不依其字句格式。寇准所作《江南春》，亦源于柳恽《江南曲》，而将唐人七言四句的格式，缩小首句为三言二句(省一字)，扩大次句为五言二句(增三字)。寇准意犹未足，再作《江南春》一首，题云：

追思柳恽"汀洲"之咏，尚有余妍，因书一绝。

这第二首《江南春》，却是七言四句，仄声韵，采用唐人一般格式。

第一首《江南春》，三、五、七言都有，句子参差不齐，仿佛长短句的词。寇准的诗歌"含思凄婉"(《四库全书总目提要》卷一五二《寇忠愍公诗集》)，就其风格的某些方面而言，在宋初又颇近于稍后的西昆体，所以与倚声家言相似，寇准本人即是诗人兼词人，诗词风格一致。《四库提要》认为第一首《江南春》"体近填词"，并非无据。有人就径自把它当作词了。朱彝尊选它入《词综》(卷四)[①]。《钦定词谱》及万树《词律》都说是寇准的自度曲。《词律》卷一《江南春》："两三、两五、两七。或曰：此莱公自度曲，他无作者。余谓唐李青莲(白)诗：'秋风清，秋月明，落叶聚还散，寒鸦栖复惊。相思相见知何日，此时此夜难为情。'即此调之滥觞耳。"又云："按《词谱》以此调为《秋风清》，较李青莲'秋风清'之作，只少一句韵。"[②]沈雄《古今词话》引钱谦益语，亦以白居易《江南春》"毕竟是词而非诗，《阿那曲》本此。"此说本杨慎《词

---

① 清人陈廷焯《词则·闲情集》卷一只选一首寇准的《踏莎行》(小陌轻寒)词，但在《别调集》卷一中却选入了《江南春》。胡云翼的《宋词选》也选入了。唯龙榆生《唐宋名家词选》、唐圭璋等《唐宋词选》都不选入。

② 先著《词洁》："宋初去五代不远，莱公《江南春》、《点绛唇》二调，体制高妙，皆不减《花间》。"李佳《左庵词话》"江南春词"条："金粟香辑倪云林《江南春》词，并后人和作，汇刻一卷。此调除下阕起二句，句二字，余皆七字句，似七言古体诗音节，不如他调长短相间之妙。"则另有词调亦名《江南春》。

品》卷一“仄韵绝句”条：“仄韵绝句，唐人以入乐府，唐人谓之《阿那曲》，宋人谓之《鸡叫子》。”其实，宋人并不把《江南春》看作词，范雍编辑《寇忠愍公诗集》，不收寇准的词作，序中也未涉及。《乐府雅词》、《花菴词选》里面都没有寇准的《江南春》。司马光《续诗话》：“寇莱公诗，才思融远。年十九进士及第，初知巴东县，有诗云：‘野水无人渡，孤舟竟日横。’又尝为《江南春》云：‘波渺渺……。’为人脍炙。”胡仔《苕溪渔隐丛话·后集》卷二二：“忠愍诗思凄婉，盖富于情者也。如《江南春》云：‘波渺渺……。’又云：‘杳杳烟波隔千里……。’”文莹《湘山野录》卷上：“寇莱公诗若‘野水无人渡，孤舟尽日横’之句，深入唐人风格。……尝为《江南春》二绝云……。”司马光、胡仔、文莹都认为寇准的《江南春》是诗。吕祖谦编《宋文鉴》，把《江南春》收在“乐府歌行”类，《宋文鉴》是不收词的。寇准《江南春》一题二诗，第二首仅有小序，说得很明白。“因书一绝。”“绝”，当然不是词了。

寇准在知巴东县时，曾作《春日登楼怀归》诗：

高楼聊引望，杳杳一川平。
远水无人渡，孤舟尽日横。
荒村生断霭，深树语流莺。
旧业遥清渭，沉思忽自惊。
(《寇忠愍公诗集》卷中)

寇准十九岁即举进士，希冀一朝得要职，但不过授大理评事，知巴东县，继知成安县而已。巴东又系偏远烟瘴之地，成安也接近与契丹交界的边境。所以他在巴东、成安创作的诗歌，大多表示对沉抑下僚、未获大用的不满。当初“少年得意出风尘，自为青云无所隔”，谁知“墨绶铜章竟何用，巴云瘴雨徒荒凉”。(《寇忠愍公诗集》卷中《感兴》)于是只好感叹“薄宦未能酬壮节，良时空自感流年”(同上《巴东寒食》)，“时平偶作青衫吏，心老浑如白发翁”(同上《池上偶书》)。这些牢骚不满最后转化为思乡怀归的忧愁心绪，表现在诗中就是抒发离情。如多次写到杜宇：

曾为深冤无处雪，长年江上哭青春。

平林雨歇残阳后，愁杀天涯去国人。
(同上《闻杜宇》)

长岁天涯悲断梗，逢君无处不伤情。
那堪月落红楼畔，更听萧萧杜宇声。
(同上《巴东有感》)[①]

《春日登楼怀归》诗，题目已标明“怀归”，结句“旧业遥清渭，沉思忽自惊”，正收束在题目的“怀归”二字上。被人叹赏不置的“野水无人渡，孤舟尽日横”一联，妙处不主要是点化韦应物诗句[②]，而主要是转接自然，情景兼备，表现舟楫不通，山河间阻，难以回到清渭而徒劳“引望”的怅惘与愁闷。《江南春》诗所表现的基本上就是这个思想情调。司马光《续诗话》说寇准“初知巴东县，有诗云：野水无人渡，孤舟尽日横”，接着说“又尝为《江南春》云……，为人脍炙”。好像《江南春》诗也作于知巴东县时。还有，文莹《湘山野录》卷上：“莱公富贵之时所作诗，皆凄楚愁绝，尝为《江南春》……。”王君玉《国老谈苑》卷一：“寇准初为密学(勿)，方年少得意。偶撰《江南曲》云……意皆凄惨，末年果南迁。”都把《江南春》诗看作“年少得意”时作。说“知巴东县”时作，具体一些。说“年少得意”时作。宽泛一些。总之，都在早年。确定《江南春》诗的创作时间，需要结合诗的创作地点。《江南春》诗因柳恽“汀洲”之咏而作，所写又是江南春色，那么，它应该与江南有关。据《宋史·寇准传》，寇准自淳化二年(991)，拜枢密副使，改同知枢密院事之后，陆续在朝当政，又因屡遭排挤谗毁而罢黜，先后在青州、邓州、河阳、同州、凤翔、陕州、河南府、永兴军任职，最后“知相州，徙安州，贬道州司马，……再贬雷州司户参军”，仁宗天圣元年(1023)卒于贬所。考寇准毕生行迹，似未一至江南。然而《寇忠愍公诗集》卷中却有一首《金陵怀古》诗：

---

① 《题花》诗，花鸟兼写：“繁花昨夜香苞裂，露裛风吹照野时。能与离人添惆怅，一时留与子规啼。”(《寇忠愍公诗集》卷中)

② 《春郊闲望》诗的“沙平古岸春潮急，门掩残阳暮草深”(同上)，亦从韦诗化出。

极目望吴甸，野烟凝乱流。

夜来榆塞雁，叫断石城秋。

旧苑余荒草，平川半古丘。

迟迟独回首，落日一蝉幽。

的的确确地在金陵，人在金陵。同卷又有《江行书事》诗，“江”当是金陵依傍的长江，所以诗的结尾说：“因思六朝事，千古有遗愁。”柳恽不就是六朝人物么？同卷还有《春雨》诗：

散乱萦花坞，空濛暗柳堤。

望回肠已断，何处更莺啼。

分明一派江南春色，与杜牧《江南春绝句》的境界颇为相似。同卷《有寄》诗的“金陵烟草绿，玉塞霜天白”，又分明表示自己曾居留金陵。看来，寇准真到过金陵佳丽地了，“轺车南去咏江天”（《寇忠愍公诗集》卷中《秋兴浩然追忆馆殿幽致偶成长句寄徐休学士》）这句诗，就是证据。后来离开金陵，寇准还十分怀念：“遥想江南岸，余花委故林。”（同上《雨夜书事》）由此可知，寇准创作《江南春》诗，时不在早年，地不在巴东，而是在朝外贬“轺车南下”金陵所作，至少是中年以后的事了。范雍《忠愍公诗序》引王曙语云：“公（寇准）之为诗，必本风骚之旨，而以感伤为主。尝为《江南春》二绝。……人曰：‘少贵无不足者，其摅辞绮靡可也，气焰可也，唯不当含凄尔。’今而思之，乃暮年迁谪流落不归之意。诗人感物，固非偶然。”范雍是寇准僚属，王曙是寇准女婿，这段话应当是可信的。但“暮年迁谪”一语容易引起误解，以为仅指被丁谓窜逐道州、再贬雷州时。而“江南”的概念，一般指长江下游地区，湖南、广东不在其内。把“暮年迁谪”理解宽泛一些，就包括“轺车南下”金陵那一次罢官出朝任外职了。

寇准诗多写离情，也善写离情。知巴东、成安时所作诗借写“离情”表现对沉抑下僚、未获大用的感愤。这还属于个人得失。后来屡受诬陷排斥而离京出朝。辗转各地，诗中的“离情”便往往关系着国家政治。在朝当政，寇准已看到“丐色谀言尽虚饰”的腐败现象，一旦邪佞专权，正直有为的官僚即遭受打击迫害,“楚兰罢秀足蓬蒿,青松委干多荆棘。”(《寇忠愍公诗集》卷上《杂言》)在“薄才难变俗”的情况下,自己远去京国,自然不免“端居增浩叹,离恨销刚肠。木落多异感,蝉鸣非故乡。”(同上《述怀》)思念“故乡”是“离恨”即“离情”的主要内容[①],《有怀》诗云:

秦川春婉娩,汉水路迢遥。不待凭危槛,离魂已暗销。(同上卷中)

而“离情”的实质则是早年《成安秋望有怀》诗中所说:

诗句偶吟皆感事,文章无用独伤才。(同上)

寇准写“离情”,一般不涉及男女的悲欢离合,诗中便没有旖旎风流、缠绵悱恻的情调。但又受到历代这类诗歌的影响,《古别离》就是借“深闺从此泣秋扇”来抒写自己的政治失意的[②]。寇准以“离情”为题材的诗歌,主要是在朝中难立身、故乡归未得的感伤中创作的,所以情调“凄婉”。例如《江南春》诗比起柳恽《江南曲》来,仅在内容上就较为深广、深沉、深刻,在情调上,同时也“凄婉”过之。

《江南春》诗既为“追思柳恽‘汀洲’之咏”而作,当是面对江南春景,联系己身遭际,因柳恽《江南曲》而有所感发。柳恽原诗是:

汀州采白蘋,日落江南春。洞庭有归客,潇湘逢故人。故人何不返,春华复应晚。不道新知乐,且言行路远。(《乐府诗集》卷二六《相和歌辞》、《全汉三国晋南北朝诗》《全梁诗》卷七)

柳诗的主人公是被遗弃的江南女子。当春暮她格外思念“故人”时,恰好有

① 也包括思念朝廷在内。《秋兴浩然追忆馆殿幽致偶成长句寄徐休学士》诗:“幽致不知何日共,思君唯赋帝京篇。”(同上卷中)《离京作》诗:“致君才业本无能,恋阙情怀老不胜。”(同上)《离京日作》诗:“离歌岂忍樽前听,别恨无由醉里消。唯有梦魂归北阙,不知京洛路迢迢。”(同上)但这类诗不如思念故乡的多。

② 《寇忠愍公诗集》卷下《宫词》:“长门秋夜雨,窗外滴寒声。悔不先辞辇,应无别恨生。”

一位自洞庭湖畔归来的远客，曾在潇湘一带会见过她的“故人”。她打听“故人何不返”，那“故人”借口“行路远”，实际上另有“新知”，乐而忘归。诗中略带一点“凄婉”意味，但全诗情绪较平和，语气较舒缓，没有悲痛欲绝的扼腕号呼。大约这位江南女子遇此“故人”已多，曾经沧海，不复轻易动情。她可能是青楼中人。寇准《江南春》诗以“故人何不返，春华复应晚”为全篇主旋律，而内容、意义上却有很大变化。“故人”像是泛指离乡背井的人，又像是具体指羁留江南的作者自己。总之，寓含了“迁谪流落不归之意”，但不必在“暮年”。这样的内容、意义自为一般南朝文人乐府与民间吴声西曲所难有，可在意趣情味上，寇诗又分明承其流风余韵。

《江南春》诗，依柳恽《江南春》已写到的江南、落日、汀洲、白蘋，着重描绘江南暮春景色，寓情于景，抒发春归人未归的“伤感”①。“波渺渺”，从大范围写，春水弥漫，烟波浩渺，一望无际，人水隔离，使人想到“遡洄从之，道阻且长”。“柳依依”，从小范围写，一岸垂杨，巧弄东风，枝条萦绕，绾尽离情，使人想到“昔我往矣，杨柳依依”。古人相别，多临水行舟。“无情水都不管，共西风只管送归船。”“波渺渺”，不就见出流水无情，但知送人离去而不接人归来么？古人相别，多折柳为赠。“垂杨只解惹东风，如何系得行人住。”“柳依依”，不就见出柳不能“留”，照样“拂水飘绵送行色”么？起头两句写春水春柳，水则“渺渺”，如离情不断，柳则“依依”，如别恨千重，贬外与思归之苦已尽在二句景中。下面依然写景。“孤村芳草远”，是由近及远。“孤村”在近处，“流水绕孤村”，而“芳草”则连接远处，“青青河畔草，绵绵思远道。”“斜日杏花飞”，是由远及近。“斜日”在远处，照应“芳草”，“山映斜阳天接水，芳草无情更在斜阳外。”而“杏花”则在近处，照应“孤村”，“隔岸两三家，出墙红杏花。”“芳草”而言“远”，既写春来已久，寓“天涯何处无芳草”之意，亦写春之将去，寄“王孙游兮不归”之感。合而言之，就是“离恨恰如春草，更行更远还生。”“杏花”而言“飞”，无非表明繁花似锦的“红杏枝头春意闹”那番景象终成过去，时下“花飞满天”，已然“红消香尽”，春意阑珊了：“林花谢了春红，太匆匆。”“孤村”，就眼边景物拾取得来，“村”虽“孤”，究竟是家人聚居所在，哪里像贬外流寓的人“闲忆故山归未得”(《寇忠愍公诗集》卷中

① 《寇忠愍公诗集》卷中《新秋》：“正是多伤感，仍将别恨中。”

《冬日北斋》)呢？元人马致远《天净沙·秋思》正是以“小桥流水人家”来与“古道西风瘦马”作对比。“斜日”同“杏花飞”相联，盖一写春之将尽，一写日之将尽。马致远的《天净沙》曲也有“夕阳西下，断肠人在天涯”之句。春暮思归，春暮又当日暮，那思归之情就更加沉重了。“孤村芳草远，斜日杏花飞”，与“波渺渺，柳依依”的描绘相配合，似乎有机地组合着许多生动镜头，一幅暮春江南水乡图宛然在目。可是，“诗人感物，联类不穷”，景物描绘，实是心灵之写照，所谓“眼中景，心中情”。因此，景物描绘之后，诗人又补足二句，“江南春尽离肠断，蘋满汀洲人未归”，点明题意。所有春水春柳，芳草孤村，杏花斜日，就字面讲是写“江南春尽”，就内涵讲是写“离肠断”。“离人”的主观感情外化、物化，是为情景交融。末句“蘋满汀洲”，系生发“江南春尽”，“人未归”，系生发“离肠断”。蘋，一种水生植物，暮春时节开白花，又称白蘋。诗人有用它来象征白发的，杜甫《清明三首》(其二)诗：“春来春去洞庭阔，白蘋愁杀白头翁。”[①]宋初宋白《一春》诗：“已为韶光发惆怅，可堪家近白蘋洲。”(《宋诗纪事》卷二)但白蘋一般代表春暮，又暗示相思离别。古代女子似有采蘋送别或采蘋怀人的习俗。柳恽《江南曲》首句就是“汀洲采白蘋”。宋初田锡《江南曲》(其一)也写到“南浦解清佩，西谿采白蘋。”而白蘋洲也便成了男女或友人相别之地。孟浩然《送元公之鄂渚寻张骖鸾》诗：“赠君青竹枝，送尔白蘋洲。”温庭筠《梦江南》词：“过尽千帆皆不是，斜晖脉脉水悠悠，肠断白蘋洲。”白蘋既与离别相关，又表示“江南春尽”，则“蘋满汀洲”四字已把春归人未归的意思和盘托出，剩下的必然是未归人的“离肠断”了。这未归人，应是流寓江南未返故乡的诗人自己，即马致远曲中“在天涯”的“断肠人”，而不是柳恽《江南曲》中有了“新知”便乐不知返的潇湘“故人”。这可以用寇准另外两首诗作证。《暇日》(其二)诗：

邮亭落日多飞絮，琵琶音重江春暮。
坐久凝眸欲断肠，梅雨如烟暝村树。

(《寇忠愍公诗集》卷上)

---

① 白蘋洲有多处。其一在洞庭湖畔。张元干《潇湘图》诗：“黄陵祠畔白蘋洲。”

《南浦》诗：

春色入垂杨，烟波涨南浦。
落日动离魂，江花泣微雨。

（同上）

“坐久凝眸欲断肠”、“落日动离魂”的人，作为二诗的主角，身在“梅雨如烟暝村树”、“江花泣微雨”的江南，显然也就是《江南春》诗中“蘋满汀州人未归”的“人”了。这类诗，往往表现出“迁谪流落不归之意”，但由于它们运用了传统的手法，构成了传统的意境，显示了传统的风格情调，因而容易被误认为描写青年女子的伤春惜别、相思怀人。

《江南春》的第二首与第一首题旨相同。原文是：

杳杳烟波隔千里，白蘋香散东风起。
日落汀洲一望时，愁情不断如春水。

这里，“隔千里”是故人阻隔，还是故乡阻隔，没有明说，因此，“日落汀洲一望时”，“望”的是故人还是故乡，也不是确有所指。而“愁情”就颇难加以界定。这种烟云模糊处，只有结合诗人身世遭遇才能辨认得清了。第二首《江南春》虽然也写得不错，但其意象境界似未超出第一首之外。它除了“白蘋香散”一句纯粹写景，余三句均从景中写出了人，诗意显豁，不像第一首仅在末句才点到“人未归”，含蓄不尽。而且在景物描绘上，第一首很注意画面色彩。“波渺渺”。碧色，“一江春水碧琉璃”。“柳依依”，碧色，“碧玉妆成一树高”。“芳草远”，碧色，“乱碧萋萋”，“翠色和烟老”。一味碧色，岂不单调？于是便有“斜日杏花飞”。“斜日”，红色，“余霞散成绮”。“杏花”，红色，“冷淡胭脂凝注”。春草碧色，春水碧波，夕阳吐艳，杏雨飞红，再加上布满汀洲的蘋花，一望皆白，这样的画面当然是绚然灿然，美丽极了。但是，景物越发美丽，就越发反衬出“未归”人内心的悲苦：好景不常，时不我留，江南虽美，终非故土。梅尧臣所说的“状难写景如在目前，含不尽之意见于言外”，移作第一首《江南春》诗的评价，是十分确切的。

读了寇准的《江南春》诗,可知诗人"富于情",而诗作则"含思凄婉"。有情人写凄婉诗,而又"藻思宏逸"、"清才雅韵",自是"骨韵特高,终非凡艳可比",更不是寒窘褊狭的晚唐体九僧所能望其项背。寇准诗与九僧诗无论在哪个方面都决不"相似",而是相反。

当然,寇准也写了不少五言律诗,在今存二百五十首左右诗中,约占九十首。这类诗中,也有少量小巧卑琐的句子,如"少梦虫声碎,无风树影闲"(《寇忠愍公诗集》卷中《夜坐有怀寄张士逊》)、"寒蛩啼暗壁,败叶下苍苔"(同上《楚江夜怀》)、"水穿吟阁过,苔绕印床斑"(同上《巴东县斋秋书》)、"径僻苔空老,林寒日渐曛"(同上《题杨氏别墅》),都略有一些武功派的味道。然而大多数却是写得阔大超远的,如"孤烟暝汀树,霜气高秋空"(同上卷上《秋兴呈裴李二同年》[其二])、"河流经陕狭,山色入秦高"(同上卷中《再归秦川》)、"故国经年别,秋鸿半夜来"(同上《秋夜独书勉诗友》)、"蝉鸣关外树,人在水边楼"(同上《秦中感怀寄江外知己》)、"碛迥风长急、天寒雁度迟"(同上《塞上秋怀》)。九僧没有寇准的生活经历,胸襟气度,写不出上述诗句,便只好依靠冥思苦想、搜索身边细小物事,讲求对仗工巧来创作诗歌了①。寇准在格律方面倒是不太拘泥计较的,如"故园应坠叶,昨夜又西风"(同上《秋思》)、"游子在何处,秋风吹五湖"(同上《江上晚望怀所知》)、"有时闻落叶,不语立残阳"(同上《暮秋感兴》)、"明月夜还满,故人秋未来"(同上《楚江夜怀》)。这些诗句不求对仗贴切工整,反而显得生动流畅,浑涵圆活。寇准同时也不专心致力于一二联,他注意全篇的完整匀称。《秋兴呈裴李二同年》(其一)诗:

秋兴逐凉吹,飒然驱烦襟。
人悲故乡远,叶落空山深。
楚俗纷去恨,秦城稀来音。
何当返烟渭,自乐于园林。

(同上卷上)

① 《唐诗纪事》卷三记刘昭禹作诗锱铢计较,搜索枯肠,有诗云:"句从夜深得,心从天外归。"又云:"五言如四十个贤人,著一字如屠沽不得。"

又《送李生归秦中》诗：

酒阑还执手，之子拟归秦。
风雪过残岁，山川近早春。
久游诗思苦，远别柳条新。
后会知何日，空余泪满襟。
（同上卷中）

这类诗写得清新自然，却又“含思凄婉”，与寇准的全部诗歌包括《江南春》在内，情调风格基本一致。九僧更是断然写不出的。范雍序明明说寇准喜王右丞、韦苏州诗，孙抃碑明明说寇准诗有刘（梦得）、元（稹）风格而过之。其后明王丞祐序寇准诗集亦称其有刘长卿、元微之风格，清人王士禛又称寇诗系“钱（起）、郎（士元）之选”（《带经堂诗话》卷十二）。何物方回，妄自评议，说寇准诗与“九僧体相似”，从而归之于晚唐体。今天，是否应该依据寇准的诗歌创作实际来推翻这一旧说呢？

陈贻焮

陈贻焮(1924—2000),字一新,著名文学史家。湖南省新宁县人。北京大学中文系古代文学教研室教授,中国古代文学博士生导师,中国作家协会会员,中国唐代文学学会常务理事,中国韵文学会副秘书长,中国诗学研究会副理事长,王维研究会名誉会长。曾任《文学评论》编委、《文学遗产》编委、《中华诗词》顾问等。长期在北大中文系从事魏晋南北朝隋唐五代文学史的研究和教学工作,撰有《王维诗选》、《唐诗论丛》、《孟浩然诗选》、《杜甫评传》(上、中、下)、《论诗杂著》等学术著作,主编有《增订注释全唐诗》等大型文学总集。在古典诗词创作方面也有很高的造诣,有《梅棣盦诗词集》行世,是一位诗人型的学者。

孟浩然事迹考辨(有删节)

一　涧南园和鹿门山

《旧唐书·文苑列传》载:“孟浩然,隐鹿门山,以诗自适。”他有《夜归鹿门歌》。白居易的《游襄阳怀孟浩然》也说:“南望鹿门山,蔼若有余芳。旧隐不知处,云深树苍苍。”可见他隐鹿门山一事是毋庸置疑的。但是,他在襄阳是否就只有鹿门山这一处住所?如果另外还有,又在何处?他平常主要居住在何处?等等这些问题,至今还不了然。由于这些问题对理解他的生活和创作有关,因而有深入探索的必要。

孟浩然有一个叫王迥的同乡好友,集中有关他的诗很多。《全唐诗》卷二百十五收录了这人一首叫《同孟浩然宴赋》的诗,前缀小传说:“王迥,家鹿门,号白云先生,与孟浩然善。”这几句话都是从孟诗中钩稽出来的。据孟《白云先生王迥见访》[①]“归闲日无事,云卧昼不起。有客款柴扉,自云巢居子。居闲好花木,采药来城市。家在鹿门山,常游涧泽水。”又《登江中孤屿赠白云先生王迥》:“忆与君别时,泛舟如昨日。夕阳开晚照,中坐兴非一。南望鹿门山,归来恨相失。”可见王迥“家在鹿门山”,而孟浩然却并不住在鹿门山。

原来孟家本宅叫涧南园,在襄阳郭外:“敝庐在郭外,素业惟田园。左右林野旷,不闻城市喧。钓竿垂北涧,樵唱入南轩。”(《涧南园即事贻皎上人》)[②]涧在屋之北,所以称北涧。屋在涧之南,所以叫涧南园。这北涧可行船。他常乘船经此到各处游赏:“北涧流恒满,浮舟触处通。沿洄自有趣,何

① 诗题依《全唐诗》本。本文所引孟诗主要据《四部丛刊》影印明刊本《孟浩然集》,间采《全唐诗》本及其简单校记异文定字,除有必要,不一一注明。

② 诗题《全唐诗》本脱“园”字。

必五湖中。”(《北涧泛舟》)他的《上巳日涧南园期王山人陈七诸公不至》说:“摇艇候明发,花源弄晚春。在山怀绮季,临汉忆荀陈。”这王山人当是王迥。他“家在鹿门山”,故有“在山怀绮季”语。这涧就是南园的北涧。可见前引《白云先生王迥见访》中所说的“涧泽水”指的就是这北涧。王住在鹿门山,偶因卖药入城,便道到郭外涧南园访孟,故有这诗中“居闲”四句。

他的《都下送辛大之鄂》说:“余亦忘机者,田园在汉阴。”又《秦中苦雨思归赠袁左丞贺侍郎》说:“为学三十载,闭门江汉阴。”又《送张祥之房陵》说:“我家南渡头,惯习野人舟。”水南为阴。知涧南园在汉水之南、渡口附近。又《南山下与老圃期种瓜》说:“樵牧南山近,林闾北郭赊。先人留素业,老圃作邻家。”鹿门山与襄阳相隔汉水,在其东南三十里。诗中的“南山”若指鹿门山,则论远近就不当着眼于郭了。正因近郭,故有“林闾北郭赊”句。这也就是“敝庐在郭外,素业惟田园。左右林野旷,不闻城市喧”的意思。可见这两首诗中所说的“素业”都是指涧南园。襄阳城在汉水弯曲处,汉水绕过其东、北二面。城北临江而无山。城南九、十里内则有岘山、卧龙山、白马山等。涧南园若在“北郭”外,则临汉水而不近“南山”。若在南郭外,则近“南山”而真与“北郭赊”了。可见当在南郭外。

王士源《孟浩然集序》说:“开元二十八年,王昌龄游襄阳。时浩然疾疹发背,且愈;相得欢甚,浪情宴谑,食鲜疾动,终于冶城南园。”现可查考的冶城有两处:一在江宁(今江苏南京市)西;一在今湖北黄陂。遍查孟集及有关方志,孟既无园庐在黄陂,更无论江宁。且据王序所述,王昌龄游襄阳,孟正患背痈将愈,因食鱼鲜病翻而卒。黄陂距襄阳很远,江宁更远。断无病在襄阳却转移到黄陂或江宁而卒之理。想这冶城当在襄阳近郭,而“冶城南园”即涧南园。但查考襄阳府县志,却不见有叫冶城的地方。可能因年代久远,这个旧时的小地名今已不传了。

按古代称冶铸军械处为冶城。如江宁冶城本吴冶铸处。《清一统志》载:“《水经注》:岘山上有桓宣所筑城。”又载:“檀溪,在(襄阳)县西南(四里。)……《梁书·武帝纪》:东昏即位,高祖潜造器械,多伐竹木,沉于檀溪,密为舟装之备。”或桓宣所筑之城为冶城,后梁武帝复于此潜造器械而沉于檀溪以舟装之。若然,则可进一步推断冶城南园(即涧南园)在岘山附近。《襄阳府志》(清陈锷纂修,乾隆刻本)载:“岘山,县南七里(《清一统志》作九里),东临汉水。"可见如前所论,这南园正在南郭外。岘山在襄阳南。前引诗中所称"南山"当即指岘山。岘山"东临汉水",在汉水西岸江边。鹿门山则在汉水东岸,处在岘山的东南方。故孟于南园怀念王迥,须"南望鹿门山"了。他的《途中九日怀襄阳》说:"去国似如昨,倏然经杪秋。岘山不可见,风景令人愁。[1] 谁采篱下菊,应闲池上楼。"又《伤岘山云表观主》说:"少小学书剑,秦吴多岁年。归来一登眺,陵谷尚依然。……因之问闾里,把臂几人全?"这岂不明显地说出他的闾里、园庐是在岘山附近么?他的《岘山送萧员外之荆州》说:"岘山江岸曲,郢水郭门前。……亭楼明落照,井邑秀通川。涧竹生幽兴,林风入管弦。"写的虽是登岘山所见,却真可看成为岘山下他园庐所在江村的鸟瞰图。

他的《游明禅师西山兰若》说:"日暮方辞去,田园归冶城。"《唐贤三昧集》吴煊、胡棠辑注引《晋书·谢安传》"(安)尝与羲之登冶城,悠然有高世之想"来注"冶城"。按谢安、王羲之所登是江宁的冶城。据上所论,这首诗中的冶城当是岘山附近孟家涧南园所在地。可见这条注是不正确的。又按士礼居旧藏宋本孟集王序中无"冶城"二字,而此诗中的"冶城"作"治城"。唐高宗讳治,唐人一般避之而用理字。作"治城"者,或亦因避讳之故。若然,则"治城"似指襄阳城。但于义终觉不惬,录以备考。

他的《仲夏归南园寄京邑旧游》:"尝读《高士传》,最嘉陶徵君。日耽田园趣,自谓羲皇人。……中年废丘壑,上国旅风尘。忠欲事明主,孝思侍老亲。归来冒炎暑,耕稼不及春。扇枕北窗下,采芝南涧滨。"题中"南园"一作"汉南园",即涧南园,或称冶城南园。这诗是他四十多岁时所作(说详第三节《入京赴举和吴越之游》)。这时他老亲还健在。又同时前后所作《书怀贻京邑故人》也说:"昼夜常自强,词赋颇亦工。三十既成立,嗟吁命不通。慈亲向羸老,喜惧在深衷。"可见他大半生多侍亲居住在这"先人(所)留素业"的南园中。而鹿门山,只不过是他偶尔盘桓的别业。

孟集中写在襄阳郭外近郊诸胜游览宴集的诗很多。仅择所及山川名胜

---

① 《秦中苦雨思归赠袁左丞贺侍郎》也说:"泪忆岘山堕。"

较著名的就有《初春汉中漾舟》、《大堤行寄万七》、《秋登万山寄张五》[①]、《登江中孤屿赠白云先生王迥》、《岘潭作》、《万山潭作》、《登望楚山最高顶》、《高阳池送朱二》、《冬至后过吴张二子檀溪别业》、《岘山送朱大去非游巴东》、《卢明府九日岘山宴袁使君张郎中崔员外》、《岘山送萧员外之荆州》、《与诸子登岘山》、《岘山饯房琯崔宗之》、《檀溪寻故人》、《登岘山亭寄晋陵张少府》等十余首。按岘山前已述及,其上有晋羊祜碑及祠。襄阳人感羊祜之德,见碑莫不流涕,杜预因名之为"堕泪碑"。此山历来是襄阳登临饯送的首要去处。又楚山,在县西南八里。昔秦与齐、韩、魏攻楚,登此山以望楚,故又名望楚山。又万山,一名方山,一名蔓山,一名汉皋山,在县西北十里。下有解佩渚,相传是郑交甫遇神女解佩处。又万山潭,一名沉碑潭,在县西北五里。昔杜预刻南征、纪功碑二,一立岘山,一沉万山下潭中。又习家池,在县南八里,后汉习郁所凿。晋山简镇襄阳,每出游,多至池上,置酒辄醉,名之为高阳池。又大堤,亦在城外(均见《襄阳府志》、《湖北通志》、《清一统志》等)。诸地都相距不远。他的《初春汉中漾舟》说:"羊公岘山下,神女汉皋曲。……良会难再逢,日入须秉烛。"又《秋登万山寄张五》说:"相望试登高,心随雁飞灭。愁因薄暮起,兴是清秋发。"又《万山潭作》说:"游女昔解佩,传闻于此山。求之不可得,沿月棹歌还。"又《登望楚山最高顶》说:"暝还归骑下,萝月映深溪。"他不仅常在西、南郭外邻近几处名胜勾留,而且往往日暮始归。可见前面论证他平日多居住在涧南园,而涧南园即在岘山附近,是接近真实的。

他的《登鹿门山怀古》说:"清晓因兴来,乘流越江岘。沙禽近方识,浦树遥莫辨。渐到鹿门山,山明翠微浅。岩潭多屈曲,舟楫屡回转。昔闻庞德

① 岑仲勉《唐人行第录》说:"(此诗题)或作《九月九日岘山寄张子容》,或作《秋登万山寄张文儃》;按逕为张五,子容为张八,两不相蒙,疑后世传抄,诗与题混,然此首寄逕抑子容,殊难定也。儃儃,舒适之意,文儃其子容号欤?""万山"一作"兰山"。兰山在今山东临沂市南;一说即今四川庆符县的石门山。孟浩然从未和张逕或张子容隐居于此二地,疑"兰"为"万"字之误。但据本文所论,孟浩然的园庐在岘山附近,张子容隐居于岘山南两里左右的白鹤山。这诗当是孟傍晚就近登岘山眺望怀人之作,疑题作《九月九日岘山寄张子容》近实。若然,则诗中"北山"指岘山(相对其南白鹤山而言),"隐者"自指。这诗若是寄张子容之作,则当作于先天二年(公元七一三)张进士擢第之前隐居乡里时。

公,采药遂不返。金涧养芝术,石床卧苔藓。纷吾感耆旧,结缆事攀践[1]。隐迹今尚存,高风邈已远。白云何时去,丹桂空偃蹇。探讨意未穷,回舻夕阳晚。"这诗很有趣,从中可看出许多问题。根据诗中所述,首先可肯定写这诗时他尚未隐居鹿门山。不然,他既感到"探讨意未穷",那又何必忙着"回舻夕阳晚"呢?不仅如此,如果细细玩味"昔闻"六句,似乎这还是他头几次特意来凭吊庞德公隐居处的遗迹哩!那末,他这次从何处而来,又归何处而去呢?我认为此处非它,就是涧南园。"江岘",谓汉江西岸的岘山。"乘流越江岘",是说从涧南园乘船经北涧入汉江越岘山顺流而下。"沙禽"六句写汉水上所见和折东溯溪入鹿门山情景。可见自涧南园乘舟赴鹿门须经:一、涧南园至岘山北面北涧入汉处北涧自西而东顺流一段;二、北涧入汉处至鹿门"岩潭"入汉处汉水自北而南顺流一段;三、鹿门"岩潭"入汉处至鹿门山下"岩潭"自西而东逆流一段。共水程三段。"回舻"而归途径同而水流顺逆适相反。岘山在县南七里(一作九里)。鹿门山在县东南三十里。涧南园在岘山附近,距鹿门山约二十余里。两地之间有三段水程,有顺有逆,故乘船往返,所需时间不会相差很远,一般说来,似乎都只须一个多时辰。这诗说:"清晓因兴来,乘流越江岘。……渐到鹿门山,山明翠微浅。……探讨意未穷,回舻夕阳晚。""山明"句是写天大明景色。这时已见鹿门山。可见"清晓"自涧南园开船出发,到鹿门山不须很长时间。回程所须时间想也差不多。不然,岂待"夕阳晚"才"回舻"么?

他的《夜归鹿门歌》说:"山寺鸣钟昼已昏,渔梁渡头争渡喧。人随沙岸向江村,余亦乘舟归鹿门。鹿门月照开烟树,忽到庞公栖隐处。岩扉松径长寂寥,惟有幽人自来去。"这是孟集中现存明确写他隐居鹿门山的惟一诗篇。这诗前三句当写岘山一带江村日暮情景。"渔梁",洲名。《水经注·沔水》载:"沔水(汉水上游名)中有鱼梁洲,庞德公所居。"又孟浩然的另一首诗《与诸子登岘山》说:"水落鱼梁浅。"知洲距岘山不远。后代方志载此洲在襄阳县东北(详注⑦),或流传有误。"幽人",自指。"自来去",当谓独自往来于涧南园与鹿门隐居之间。这诗和前引《登鹿门山怀古》中所述水程相同。可见他这次确是从涧南园归鹿门隐居。自涧南园沿北涧"乘舟归鹿门",经岘

---

① 诸本均作"揽"。此依杨氏秋草斋影印宋版《孟浩然集》。

山前鱼梁洲时“昼已昏”,而“鹿门月照开烟树”时即“忽到庞公栖隐处”。可见自涧南园乘船至鹿门山确乎如前所论不须很长时间。这就无怪乎孟浩然这些“幽人”们喜欢日暮时乘船“自来去”了。又《登江中孤屿赠白云先生王迥》说:“悠悠清江水,水落沙屿出。回潭石下深,绿筱岸傍密。鲛人潜不见,渔父歌自逸。忆与君别时,泛舟如昨日。夕阳开晚照,中坐兴非一。南望鹿门山,归来恨相失。”这孤屿当在岘山前汉江中,或即鱼梁洲①。这诗后段当是追述王迥上次访涧南园乘舟辞归鹿门时他曾伴登孤屿游赏情事。“夕阳开晚照,中坐兴非一。”夕阳西下时他们还留连忘返。那末,王迥之归鹿门,岂不也很晚了么?

据以上分析,可归纳为:一、浩然祖传园庐在襄阳南郭外岘山附近江村中。因屋北有涧,又其地旧有冶城,故一名涧南园,一名冶城南园,简称南园;二、他四十多岁时老亲尚在。入京前后他与弟辈侍亲读书于此。故集中写南园生活和西、南郭外诸胜宴游情事的诗最多;三、隐居鹿门山当在写作《登鹿门山怀古》之后。《后汉书·庞公传》载庞德公先居岘山南,后隐鹿门山②。想孟浩然有意步武先贤,藉扬清德,故虽偶住鹿门,而仍以归隐名山相标榜。后人不察,就不知有涧南园,更不知它在岘山附近了。

二 乡里亲友和张子容

上文谓孟浩然四十多岁时“老亲”尚存。当时所作的《书怀贻京邑故人》中亦称“慈亲”:“慈亲向羸老”。按这诗此句后有“捧檄怀毛公”句,典出《后汉书》列传第二十九:“庐江毛义,少节家贫,以孝行称。南阳人张奉慕其名,往候之,坐定而府檄适至,以义守令。义奉檄而入,喜动颜色。奉者志尚士也,心贱之,自恨来,固辞而去。及义母死,去官行服。数辟公府为县令,进

---

① 《唐贤三昧集》吴煊、胡棠辑注误为温州永嘉江中的孤屿。

② 《清一统志》:“庞德公宅有二。一在襄阳县南。《后汉书·庞公传》:庞公居岘山之南。《舆地纪胜》:庞德公宅在岘山南广昌里。县志:鹿门山有鹿门寺,寺左有三高祠(汉庞德公、唐孟浩然、皮日休俱隐此,后因建祠纪念——烿注),即庞德公旧宅。一在襄阳县东北。《水经注》:沔水中有鱼梁洲,庞德公所居。……按《后汉书》庞德公居岘山南,后入鹿门山,采药不返。鱼梁洲之居,乃其孙奂所居。《水经注》似误。”马茂元《唐诗选》孟浩然《与诸子登岘山》注:“‘鱼梁’,沔水中的洲名,在鹿门山附近。”亦似误。

退必以礼。后举贤良,公车徵,遂不至。张奉叹曰:'贤者固不可测!往日之喜,乃为亲屈也。'"可见他那位当时尚存的"老亲"当是母亲。

他的《入峡寄弟》说:"吾昔与汝辈,读书常闭门。"知他有兄弟数人。其中能考知名字的有孟洗然。据《送洗然弟进士举》,知洗然后曾赴举。又《早春润州送弟还乡》说:"兄弟游吴国,庭闱恋楚关。已多新岁感,更饯白眉还。"这人若是孟浩然,则知洗然赴举未中。洗然入京与游吴似稍早于浩然。《早春润州送弟还乡》《全唐诗》本"弟"前一有"从"字(似有"从"字是),他又有《洗然弟竹亭》,疑洗然是他别居的从弟。又有《送从弟邕下第后寻会稽》[①],邕似是洗然之名。大而化之,"从弟"有时也可能称"弟"。以上所论只是揣测,都无更多根据,姑录以备考。据他的《送莫氏甥兼诸昆弟从韩司马入西军》,知他有姊妹适莫氏;莫氏甥和他的几个弟弟曾参军。又《送陈七赴西军》说:"余亦赴京国,何当献凯还。"据史传,浩然赴京在开元十六年。诸人入西军当在这一年。这年前后,西边与叶蕃有战事。

王士源《孟浩然集序》说孟浩然"有二子曰仪、甫"。唐彦谦《赠孟德茂》(《全唐诗》卷六百七十一)题下注:"浩然子。"这诗末两句说:"平生万卷应夫子,两世功名穷布衣。"知他还有一个叫德茂的儿子;也不得志。但不知德茂是仪或甫的字,还是另一人?唐彦谦是晚唐人,距孟浩然卒时约百年。他还能见到浩然子德茂,则德茂岂不活了百多岁?这诗前缀《过浩然先生墓》,二诗似同时同人所作。但百多岁的人究竟罕见,德茂若真有此高寿,诗中似不当无一字赞及,这诗或是别人之作而误入唐集,或题下之注有误。又朱庆余《过孟浩然旧居》(《全唐诗》卷五百十五)说:"冢边空有树,身后独无儿。"朱庆余较唐彦谦年长许多,他过襄阳时孟浩然的子息已亡,可见其子不当有活到百多岁的。

据孟集,知孟浩然乡里友人有王迥(行九)、辛谔(行大)、丁凤(行大)、朱去非(行大)、陈七等。王迥后曾出游江南(《鹦鹉洲送王九游江左》)[②]。辛谔隐居西山(当在楚山一带),距涧南园似不远(《西山寻辛谔》),后曾被徵辟

① "寻"《四部丛刊》本作"归",此依《全唐诗》本。孟邕襄阳人,往会稽游历,作"寻"为是。

② 《古今图书集成》第一千一百二十五卷收此诗,作孟郊《送王九之武昌》。按《四部丛刊》本《孟东野诗集》与《全唐诗》孟郊诗中均无此首,未知何据,疑《古今图书集成》有误。

入洛阳一带幕府(《送辛大之鄂渚不及》:“郡邑经樊邓,云山入嵩汝。蒲轮去渐遥,石径徒延伫”)。孟浩然后在长安又曾送辛大回乡(《都下送辛大之鄂》)。丁凤于开元二十一年张九龄执政后曾入京赴举(《送丁大凤进士赴举呈张九龄》:“故人今在位,歧路莫迟回”)。朱去非曾游巴东(《岘山送朱大去非游巴东》)[①]、长安(《送朱大入秦》)。陈七名未详,前已述他曾参军。——这些人后来都到外面活动去了。

他乡里友人中最可注意的是张諲和张子容。张諲,行五,官至刑部员外郎。懂易象,擅长书画,尤工山水。与王维、李颀友善(见张彦远《历代名画记》、《唐诗纪事》)。岑仲勉《唐人行第录》说:“王维与諲酬唱特多,如全诗二函《戏赠张五弟諲》,《送张五归山》,《答张五弟》,《送张五諲归宣城》,皆其著也。三函孟浩然《寻张五回夜园作诗》,虽有‘闻就庞公隐,移居近洞湖’之句,然维赠諲诗亦云:‘张弟五车书,读书仍隐居,……闭门二室下,隐居十年余’,则諲亦先隐而后仕者。浩然尚有《秋登兰山寄张五》一首。”若孟诗中的张五确系张諲,那末,孟浩然和王维的结识,可能就由于他的介绍。

张子容和孟浩然的关系最深,且对探索浩然出京后的事迹有关,故须详细论述。

《唐诗纪事》载:“子容乃先天二年(公元七一三)进士第。曾为乐城尉。与孟浩然友善。《贬乐城尉日作》云(云)。”据孟《除夜乐城张少府宅》“如何岁除夜,得见故乡亲”,又《岁除夜会乐城张少府宅》“畴昔通家好,相知无间然”,又张子容《送孟八浩然归襄阳二首》[②]其一“因怀故园意,归与孟家邻”,知张不仅是孟的乡人,且有通家之好,二人园庐相近,平日过从甚密。孟的《送张子容赴举》当作于先天二年张中试前一年入京赴举时。这诗末段说:“茂林余偃息,乔木尔飞翻,无使《谷风》诮,须令友道存。”孟在政治上对张有所期望,足见二人相知之深。又《寻白鹤岩张子容隐居》说:“白鹤青岩畔,幽人有隐居。阶庭空水石,林壑罢樵渔。岁月青松老,风霜苦竹疏。睹兹怀旧业,携策返吾庐。”这当是张离乡从政数年后孟过其隐居,有感于人去楼空而

① 一作《岘山送张去非游巴东》,一作《岘山亭送朱大》。

② 《唐人行第录》:“孟八(?)浩然,全诗二函张子容《送孟八浩然归襄阳二首》,唯一首(其二‘杜门’首)或作王维。余以为‘八’乃‘六’之讹。”

作。据此知:一、张子容隐居处名白鹤岩;二、二人园庐确乎相距不远:"睹兹怀旧业,携策返吾庐。"按《襄阳县志》(清李士彬纂,同治刻本)载:"白马山,在县南十里,一名白鹤山。"岘山在其北两三里,相距极近。可见白鹤岩当即在白鹤山。

又《晚春卧疾寄张八子容》说:"南陌春将晚,北窗犹卧病。林园久不游,草木一何盛!……念我平生好,江乡远从政。云山阻梦思,衾枕劳感咏。感咏复何为,同心恨别离。世途皆自媚,流俗寡相知。贾谊才空逸,安仁鬓欲丝。遥情每东注,奔晷复西驰。常恐填沟壑,无由振羽仪。"这是孟浩然卧疾涧南园怀知交叹不遇之作。"安仁"句自叹,典出潘岳(字安仁)《秋兴赋》:"余春秋三十有二,始见二毛。"可见这诗或作于浩然三十二岁(公元七二〇)前后。"贾谊"句谓张未得重用。说"江乡远从政",说"遥情每东注",可见张当时似在长江下游一带作官。按《登岘山亭寄晋陵张少府》:"凭轩试一问,张翰欲来归?"此当是盼张子容辞官归里之作。若然,知张于贬乐城尉前曾为晋陵(今江苏武进)尉(自乐城入京后即迁奉先县令等职,详后,故当在其前)。孟于开元十三年到十六年之间曾去扬州一转(详第四节"下扬州"条),但不知孟游扬州与之有关否?

孟浩然四十岁入京赴举,失利后游吴越,于永嘉(今浙江温州市)上浦馆遇张子容,曾同游江中孤屿。后在乐城(今浙江乐清)张宅度岁。次年初春二人相别,张入京,孟溯江返里。以上诸事孟均有诗纪述,张亦间有篇章(详第三节《入京赴举和吴越之游》);之后孟集中似乎很难再找到张子容的踪迹了。其实集中还有不少有关张子容的诗。只是由于改变了称呼,一直未为人发觉而已。

他的《奉先张明府休沐还乡海亭宴集》说:"自君理畿甸,余亦经江淮。万里音信断,数年云雨乖。归来休浣日,始得赏心谐。朱绂心虽重,沧洲趣每怀。树低新舞阁,山对旧书斋。何以发佳兴,阴虫鸣夜阶。"这位称之为"张明府"的奉先县令到底是谁呢?我认为他不是别人,就正是那位"失踪"多时的"张少府""张八子容"。

据这诗可知:一、张明府是京县奉先县令。他这次是"休沐(休假)还乡"。初归宴集时约在秋季:"阴虫鸣夜阶";二、二人原是好友,前于某地别后,张即入京作了"畿甸"(京县)奉先县令,孟则经江淮归里,几年不见,今始重逢:“自君理畿甸,余亦经江淮。万里音信断,数年云雨乖”;三、张曾隐居故里,发迹后于“旧书斋”旁建“新舞阁”——海亭宴集宾朋:“朱绂心虽重,沧洲趣每怀。树低新舞阁,山对旧书斋。”又《同张明府碧溪赠答》说:“别业闻新制,同声和者多。还看碧溪答,不羡绿珠歌。自有阳台女,朝朝拾翠过。舞庭铺锦绣,妆牖闭藤萝。秋满休闲日,春余景色和。仙凫能作伴,罗袜共凌波。别岛寻花药,回潭折芰荷。更怜斜日照,红粉艳青娥。”就详尽地记述了张于别业蓄姬妾开舞筵宴客游赏等情事。又《秋登张明府海亭》说:“海亭秋日望,委曲见江山。染翰聊题壁,倾壶一解颜。欢逢彭泽令,归赏故园间。余亦将琴史,栖迟共取闲。”知他这一时期竟搬到海亭和这位张明府一同“栖迟取闲”,足见二人交情之深。根据《卢明府早秋宴张郎中海园即事》、《同卢明府早秋宴张郎中海亭》和《秋登张明府海亭》这三首诗的题目,可知海园即海亭,张郎中即张明府。又有《卢明府九日岘山宴袁使君张郎中崔员外》,知张明府(即张郎中)所还之乡即襄阳,而海亭(即海园)乃在襄阳附近。根据二人的交情、行迹等判断,这张明府(即张郎中)就只能是张子容而非别人了。因为和孟浩然同隐于襄阳附近,交情很深,且有可能作县令的张姓友人只有张諲和张子容。据王维《送张五諲归宣城》和孟浩然《寻张五回夜园作》“闻就庞公隐,移居近洞湖”,知諲乃宣城(今安徽宣城)人,只是曾移居于此地。而这位张明府却是襄阳人。既不是张諲,就只能是张子容了。即是张子容,则可进一步揣知:一、“自君理畿甸,余亦经江淮”,是指他们于越中别后的事。据“自君”句,知张子容那一次自越入京后就作了“畿甸”奉先县的县令了。“淮”,指扬州。扬州属淮南道,故称。孟入京以前曾去过一次扬州(详第四节《还山以后及其他》)。出京之后“自洛之越”途中又经过扬州一次(详第三节《入京赴举和吴越之游》)。他的《广陵别薛八》说:“士有不得志,栖栖吴楚间,广陵相遇罢,彭蠡泛舟还。”知他自越西归途中再次经扬州。故说“余亦经江淮”;二、“旧书斋”在白鹤山,而“新舞阁”——海亭(即海园)则在邻近的卧龙山。前已论证张子容的隐居在襄阳城南十里的白鹤山。可见这“旧书斋”当即指这一隐居。按《襄阳府志》(清王万芳纂,光绪刻本)载:“卧龙山,在县南十里,有望海亭。”这望海亭可能就是张子容海园中的海亭。张前曾贬乐城尉。乐城(今浙江乐清)近海。当时他写到海的诗句极多,如“来过海岸家”、“灵异寻沧海”、“海气朝成雨”、“投荒更海边”、“窜谪边穷海”

(见《全唐诗》卷一百十六),且附近永嘉有颜延之所建望海亭(见《浙江通志》)。他这次"荣归"故里,以"海"名园亭,可能与这一段经历有关。"旧书斋"在白鹤山,"新舞阁"在卧龙山,而两山贴近相对,故说"树低新舞阁,山对旧书斋"。据方志知卧龙山下有习家池。《卢明府早秋宴张郎中海园即事》说"暂滞海池游",这"海池"莫非指卧龙山下的习家池而言么?

孟浩然《岁除夜会乐城张少府宅》说:"续明催画烛,守岁接长筵。旧曲《梅花》唱,新正柏酒传。"又同时张子容所作《除夜乐城逢孟浩然》说:"樽开柏叶酒,灯发九枝花。妙曲逢卢女,高才得孟嘉。东山行乐意,非是竞繁华。"知张在贬所为尉时家中已蓄丝竹,生活奢华。这次他自京县任上"荣归",开舞阁,宴宾朋,就无怪乎其势派排场之大了。从好声色、"竞繁华"这点看,也可印证这张明府就是张子容。张在乡"休沐"期内,经常招孟在海园宴集,宾主相得甚欢。孟《送张子容赴举》说:"无使《谷风》诮,须令友道存。"张能如此,在孟看来,也可说能存友道,不致受《谷风》之诮了。但当日孟的期望恐不仅止于此。

《卢明府早秋宴张郎中海园即事》一作卢象诗(见《全唐诗》卷一百二十二),题无"卢明府"三字,又"园"作"亭"。这诗前段说:"邑有弦歌宰,翔鸾狎野鸥。眷言华省旧,暂滞海池游。""华省"谓秘书省。我原以为首二句称美卢令,并述其游海园事;三四句谓卢令与张子容曾是秘省旧友,今来相与盘桓。均似孟浩然口气,因断这诗是孟作。后经反复推敲,却又以为是卢作。因为张子容也是县令,首二句指他"休沐还乡"游赏事,不惟可通,且更切。三句叙旧谊,四句述己游海园。这样理解,就是卢令的口气了。此外孟集中还有《同卢明府早秋夜宴张郎中海亭》。二者当是同时所作。这诗前六句说:"侧听弦歌宰,文书游夏徒。故园欣赏竹,为邑幸来苏。华省曾联事,仙舟复与俱。"用典、叙事和上诗头四句完全雷同。同一人通常不会同时接连写两首意思相同的诗,而唱和之作则多如此。《卢明府早秋宴张郎中海园即事》题末一多"得秋字"三字,可知这次宴集,张、卢、孟诸人确曾拈韵赋诗。想这诗当是卢令所作,孟抄存时题前加"卢明府"三字,本为标明作者,只是编集者不察,见这诗与《同卢明府早秋夜宴张郎中海亭》和章抄在一起[1],就误认二诗都是孟作的了。卢明府的诗竟收在卢象集中,可见这卢明府就是卢象。刘禹锡《唐故尚书主客员外郎卢公集(序)》载:"(象)以章句振起于开元中,与王维、崔颢比肩骧首,鼓行于时。……由前进士补秘书省校书郎。……(张九龄)擢为左补阙,河南府司录、司勋员外郎。名盛气高,少所卑下,为飞语所中,左迁齐、汾、郑三郡司马。"(见《刘梦得文集》)以此知象曾为秘书省校书郎。这也与上二诗所说:"眷言华省旧","华省曾联事"相符。从而知张子容约在擢进士第后贬乐城尉前也曾作过校书郎之类的官[2]。张子容"休沐还乡"约在开元二十二、三年,在家住了一年后复返京从政(说详后)。张在家休假期内,卢象常和他周旋。知象为襄阳县令在开元二十二、三年前后几年内[3]。卢象《赠张均员外》亦收在孟集中(见《四部丛刊》本,《全唐诗》孟诗中无此首),题作《上张吏部》,少末后"承欢"四句。这诗当作于长安。同收在二人集中,必有一误。但可据以揣知孟在长安时,可能就和卢象有文字之交了。

据孟《同卢明府饯张郎中除义王府司马海园作》和《送张郎中迁京》,知张子容不久即除义王府司马,赴京就职。按义王李玭为玄宗第二十四子。由于"自玄宗以后诸王不出阁,不分房",不仅他们的"子孙阙而不见"(《新唐书·宗室世系表》),就是他们自己的事迹也都不很清楚。因此李玭封王的年代各纪传所载多不一样。《旧唐书·玄宗诸子列传》载:"(玭)开元十三年,三月,封为义王。二十二年,七月,授开府仪同三司。"(沈炳震《廿一史四

---

[1] 《四部丛刊》景印明刊本《孟浩然集》中这二诗仍前后相联。王士源《孟浩然集序》:"他人酬赠,咸录次而不弃耳。"今本已无他人酬赠之作。或后人不察,汰除未尽而余此首。拙著编辑时,承出版社审稿同志指出这一错误早已为李嘉言先生发现;深愧粗疏,未及查考。今特钞录李说如下:"《全唐诗》卷六孟浩然集有一首《卢明府早秋宴张郎中海园即事得秋字》,下注'一作卢象诗'(同文馆石印本,下同)。卢明府即卢象,这首诗原系卢象所作,附在孟浩然集内,钞录者误以作者名衔'卢明府'三字并入题中,遂致误为孟诗。卷四卢象集载有此诗,题上正无'卢明府'三字,是其确证。汲古阁本《孟浩然集》题注云宋刻收此篇,元刻收前篇(指此篇之前一首《同卢明府早秋宴张郎中海亭》而言),不知孟集别有一篇《同卢明府饯张郎中除义王府司马海园作》,即系与此二篇同时唱和之作。宋、元二刻皆误。"(《古诗初探·全唐诗校读法》)李先生的这个考证是很精审的。

[2] 又《卢明府九日岘山宴袁使君张郎中崔员外》也说:"华省旧郎官。"《旧唐书·职官志》载:"(秘书省置)校书郎八人,正九品上。"品秩虽卑,颇为清要,唐代文士进士擢第后多任此职。

[3] 《陪卢明府泛舟回岘山作》当作于这几年内。

谱·封爵谱》所订义王受封年代即据此)又同书《玄宗本纪》载:“(开元二十一年)九月,壬午,封皇子……泚为义王。”(《新唐书·玄宗本纪》、《十一宗诸子列传》同)又载:“(开元二十三年)七月,丙子,皇太子鸿改名瑛。庆王直已下十四王并改名。又封皇子玼为义王。……其荣王琬已下(包括义王在内。琬,玄宗第六子。——煍注)并开府置官属。”仅一处说义王封于开元十三年,而说封于开元二十一年的却三见于两部《唐书》中。可见后说可信。《旧唐书·玄宗诸子列传》说义王于开元二十二年七月授开府仪同三司。但义王兄玄宗第二十二子济王、第二十三子信王都在开元二十三年七月授开府仪同三司。义王无特殊表现,一般不会在他们之前开府。可见《旧唐书·玄宗本纪》说他在开元二十三年开府是可信的。据此可判断义王于开元二十一年始封,二十三年改名后复重封,随即“开府置官属”。据《同卢明府饯张郎中除义王府司马海园作》:“上国山河裂,贤王邸第开。故人分职去,潘令宠行来。”知义王开府和张子容除官二事相隔不久。可见张除义王府司马当在开元二十三年(公元七三五)七月义王重封始开府置官属后几月或次年。

前已提出张子容自奉先“休沐还乡”初归时约在秋季。《奉先张明府休沐还乡海亭宴集》、《秋登张明府海亭》当皆作于张初归时。《寒食宴张明府宅》当作于次年寒食。《同张明府碧溪赠答》:“秋满休闲日,春余景色和。”秋属头年,春属次年,当作于次年春末夏初。《和张明府登鹿门山》:“忽示登高作,能宽旅寓情。……草得风先动,虹因雨后成。”当作于次年夏末秋初。孟此时似暂至外地。《卢明府九日岘山宴袁使君张郎中崔员外》当作于次年重阳节。卢《早秋宴张郎中海亭即事》和孟《同卢明府早秋宴张郎中海亭》当作于上诗前后。从此始改称张为“郎中”。想张已于此时免奉先令而迁郎中。《同张明府清镜叹》虽难判明作于何时,但仍称“明府”,可知当作于此前。又《张郎中梅园作》说:“绮席铺兰杜,珠盘折芰荷。故园留不住,应是恋弦歌。”当和《同卢明府饯张郎中除义王府司马海园作》、《送张郎中迁京》同时作于次年张将离乡赴京职时。题中“梅”字当是“海”字之误。从张初回到离去,孟浩然所作有关诗篇几乎可按季编次。据此可知张头年秋始回,次年秋后复返京,在乡休假整一年。既知他返京任义王府司马在开元二十三年(公元七三五)七月后几月或次年二十四年(公元七三六,如前所论,若在此年,亦当在秋后),那末他自奉先县还乡休假就在开元二十二年或二十三年(公元七三四或七三五)秋了。

三　入京赴举和吴越之游

孟浩然生于武后永昌元年(公元六八九),卒于开元二十八年(公元七四〇)。这是根据王士源《孟浩然集序》中这一段话推知的:"开元二十八年,王昌龄游襄阳。时浩然疾疹发背,且愈;相得欢甚,浪情宴谑,食鲜疾动,终于冶城南园。年五十有二。"

孟有《听郑五愔弹琴》。岑仲勉《唐人行第录》说:"愔字文靖,见《(唐诗)纪事》(卷)一一,或是此人。"按郑愔年十七进士擢第。景龙中为吏部侍郎同平章事,倾附权势,贪赃枉法,被弹贬官。后因助谯王重福谋反,于景云元年(公元七一〇)处死(见《资治通鉴》、《唐诗纪事》)。时孟年二十二。如确是此人,这诗当作于这年以前。孟长期不赴举,不知与此人有干系否?

《旧唐书·文苑列传》说他"年四十[①],来游京师,应进士,不第,还襄阳",知他于开元十六年(公元七二八)赴京应举。他的《赴命途中逢雪》说:"迢递秦京道,苍茫岁暮天。"知此行在年底。《长安早春》说:"草迎金埒马,花伴玉楼人。……何当桂枝擢,归及柳条新。"[②]这诗当作于开元十七年(公元七二九)早春临试前。这时他对考试抱有极大希望,那知终于失败了。

王士源《孟浩然集序》说:"(孟)间游秘省。秋月新霁,诸英华赋诗作会。浩然句曰:'微云淡河汉,疏雨滴梧桐。'举坐嗟其清绝,咸阁笔不复为继。丞相范阳张九龄、侍御史京兆王维、尚书侍郎河东裴胐、范阳卢僎、大理评事河东裴揔、华阴太守郑倩之、□□〔太〕守河南独孤策,率与浩然为忘形之交。"知他应举不第后仍留长安。

按《旧唐书·张九龄传》载:"(张九龄于开元)十一年拜中书舍人。……(十四年张)说……为(宇文)融所劾,罢知政事,九龄亦改太常少卿。寻出为冀州刺史。九龄以母老在乡,而河北道里辽远,上疏固请换江南一州,望得

① 他的《田家元日》说:"我年已强壮,无禄尚忧农。"按《礼·曲礼》:"四十曰强而仕。"知这诗作于他四十岁那年(开元十六年)元旦。

② 此诗一作张子容诗。

数承母音耗;优制许之,改为洪州都督。俄转桂州都督,仍充岭南道按察使。……(后)召拜九龄为秘书少监、集贤院学士副知院事。再迁中书侍郎。……寻丁母丧,归乡里。”二十一年十二月起复中书侍郎,并同中书门下平章事。二十二年正月自韶州至东都入见玄宗,求终丧;不许。五月为中书令。二十四年十一月迁尚书右丞相,并罢知政事(见新旧《唐书》、《资治通鉴》)。未终丧起复,亦当近两年,可知张丁母忧约在开元二十年,这时已迁中书侍郎。传载他迁中书侍郎后“寻丁母忧”[①],可知二十年前不久始迁中书侍郎,再前为秘书少监、集贤院学士副知院事。本文已考知孟浩然游长安在开元十六、十七两年,而王士源《孟浩然集序》说他在长安时间游秘省,与张九龄等为忘形之交,可知开元十六、十七年张已由桂州召入长安,正为秘书少监、集贤院学士副知院事。我曾在《王维生平事迹初探》一文中论证王维进士擢第当在开元九年而非十九年;并说:“据《新唐书》传,知王维擢进士后调大乐丞;坐累,贬为济州司仓参军;张九龄执政,擢为右拾遗。……张九龄于开元二十二年五月为中书令。王维《上张令公》诗:‘贾生非不遇,汲黯自堪疏。学易思求我,言诗或起予。尝从大夫后,何惜隶人余。’可见维献诗九龄求汲引,因擢右拾遗,即在是年。”但二十二年以前王维的行止未详。今既已肯定孟游长安在开元十六、十七年,而据《新唐书·文艺列传》“(浩然)尝于太学(王士源作‘秘省’,是)赋诗,一座嗟伏,无敢抗;张九龄、王维雅称道之”,复知王维这时已在秘省,则可得知王维在开元十六、十七年已不在济州贬所而在秘书省秘书少监张九龄手下任事了。他的《上张令公》“学易”三句当即指此。按《旧唐书·职官志》载秘书少监下置丞一员,从五品上;秘书郎四员,从六品上;校书郎八人,正九品上;正字四人,正九品下;等等。后几年王维所任的右拾遗亦仅为从八品上。就资历论,他十六、十七年在秘书省时不可能为秘书郎,更不可能为丞。就才学而论,似亦不当为正字。所任想是校书郎。此可补拙文《王维生平事迹初探》中的不足,亦可用来进一步证实他擢进士第确当在开元九年而非十九年。据前引史传知张九龄于开元二十四年十一月迁尚书右丞相,并罢知政事。又上述拙文考知开元二十五年王维为监察御史(正八品上),二十八年为殿中侍御史(从七品下),天宝元年

① 唐制:三年之丧,二十五月而毕(详《唐会要》卷三十七《服纪上》、卷三十八《夺情》)。

为左补阙(从七品上),迁库部郎中(从五品上)。王士源《孟浩然集序》作于天宝四载后不久("天宝四载……始知浩然物故。……乡里购采,不有其半;敷求四方,往往而获。……今集其诗"),序说:"丞相范阳张九龄、侍御史京兆王维、尚书侍郎河东裴朏、范阳卢僎、大理评事河东裴揔、华阴太守郑倩之、□□〔太〕守河南独孤策,率与浩然为忘形之交。"可见"丞相"是张最后的京衔,"侍御史"是王维在王士源作序前几年的官职(王士源当时大概不知维已迁官,误以为仍任此职),都不是孟在长安时他们二人的职守。孟《留别王维》一作《留别王侍御维》。"侍御"衔亦当同为王士源编集时所加。张九龄是韶州曲江(今广东韶关市)人;序作"范阳",误。王维是太原祁(今山西祁县)人,其父始迁居于蒲(今山西永济);作"京兆",亦误。《新唐书·张韦韩宋辛二李裴列传》载韩思复开元中由吏部侍郎复为襄州刺史,治行名天下,去职后故吏卢僎和邑人孟浩然为他立碑岘山。开元中卢尚为襄州府部属,可见孟在长安时他不当已为"尚书侍郎"。其余诸人官职当皆为王作序时所任。《旧唐书·职官志》载:"武德改郡为州,州置刺史。天宝改州为郡,置太守。"序中称"太守",可见确是据天宝四载后作序时的官职。孟《闻裴侍御朏自襄州司户除豫州司户因以投寄》说:"故人荆府掾,尚有柏台威。移职自樊沔,芳声闻帝畿。昔余卧林巷,载酒访柴扉。松菊无君赏,乡园懒欲归。"据第四、第八句,这诗似作于长安。若然,则知裴曾为襄州司户,孟入京前在家乡时已和他有来往。孟在京与之交游,似是裴除豫州司户后不久的事。

他的《题长安主人壁》说:"久废南山田,谬陪东阁贤。欲随平子去,犹未献《甘泉》。……我来如昨日,庭树忽鸣蝉。……授衣当九月,无褐竟谁怜。""谬陪"句即指与上述诸人交游事。据"我来"二句、"授衣"二句,知这诗当作于十七年九月。考试失利,他又拟献赋上书求汲引。《南阳北阻雪》说:"十上耻还家,徘徊守归路。"[①]可见他当时真献过赋,但仍无结果。

据《秦中苦雨思归赠袁左丞贺侍郎》"明扬逢圣代,羁旅属秋霖。岂直昏垫苦,亦为权势沉。二毛催白发,百镒罄黄金。泪忆岘山堕,愁怀湘水深。谢公积愤懑,庄舄空谣吟。跃马非吾事,狎鸥宜我心。寄言当路者,去矣北山岑",又《岁暮归南山》:"北阙休上书,南山归敝庐。不才明主弃,多病故人

① 诗题一作《南归阻雪》。

疏。白发催年老,青阳逼岁除”,[①]知他秋时即已思归,但到岁暮才成行。《新唐书·文艺列传》载:“(王)维私邀入内署。俄而玄宗至,浩然匿床下。维以实对,帝喜曰:‘朕闻其人而未见也,何惧而匿!’诏浩然出。帝问其诗;浩然再拜,自诵所为。至‘不才明主弃’之句,帝曰:‘卿不求仕,而朕未尝弃卿,奈何诬我!’因放还。”《岁暮归南山》明是临归时所作,似不当复有此事,想出于好事人伪托,不足信。又《留别王维》:“寂寂竟何待,朝朝空自归。欲寻芳草去,惜与故人违。当路谁相假,知音世所稀。只应守寂寞,还掩故园扉。”当和《岁暮归南山》同时作于临归之时。

一、《京还留别新丰诸友》:“吾道昧所适,驱车还向东。……拂衣从此去,高步蹑华嵩。”当作于离京赴洛首途之时。

二、《初出关旅亭夜坐怀王大校书》当作于初出潼关时。这诗末二句说:“永怀蓬阁友,寂寞滞扬云。”按王昌龄登开元十五年进士第,补秘书省校书郎(见《旧唐书·文苑列传》、《唐才子传》)。《唐人行第录》说:“王大昌龄……岑嘉州集一《送王大昌龄赴江宁》,王维诗序称曰江宁大兄。又全诗孟浩然二《送王大校书》;按昌龄补秘书省校书郎,亦当是昌龄。”这诗中的王大校书亦当是王昌龄。

三、《南阳北阻雪》说:“我行滞宛许,日夕望京豫。十上耻还家,徘徊守归路。”从时序行色看,知此行只路过洛阳,并未久停,不久即到南阳。入京时遇雪,还家时又遇雪。

四、《唐城馆中早发寄杨使君》:“犯霜驱晓驾,数里见唐城。旅馆归心逼,荒村客思盈。”唐城即今河南唐河县。孟归途经此作。

五、《夕次蔡阳馆》:“听歌知近楚,投馆忽如归。……明朝拜嘉庆,须著老莱衣。”是归至今湖北枣阳蔡阳铺作。按近人王荣先《枣阳县志》载,蔡阳馆在蔡阳故城,即今蔡阳铺,在县西五十五里。蔡阳铺西通襄阳,两地相距极近。“嘉庆”一作“家庆”。《韵语阳秋》载:“唐人与亲别而复归,谓之拜家庆。”此后虽无诗纪述途中及归家时情事,想他真的就在“明朝”到家了。

据上所述,知他回襄阳所经路线是长安——洛阳——南阳——唐城——蔡阳——襄阳。入京路线当亦相同。他于开元十六年(公元七二八)

① 诗题一作《归故园作》。一作《归终南山》,误。

冬冒雪入京,其后另一年冬又冒雪返里,在长安起码有整整的一年。

他的《自洛之越》说:"遑遑三十载,书剑两无成。山水寻吴越,风尘厌洛京。扁舟泛湖海,长揖谢公卿。且乐杯中酒,谁论世上名。"知他游吴越是在入京应试失利之后。上面既已探索出他出京后即还襄阳,可见他回家后不久又离乡赴洛阳,再"自洛之越"的。

按隋唐时"自洛之越"多循汴水、邗沟、江南河。汴水即广济渠。该渠于荥阳(今河南荥阳县)北受黄河之水,经汴州(今河南开封市)、宿州(今安徽泗县)入淮水。入越旅客乘船至此东北行至楚州(今江苏淮安县)西南,转邗沟达扬州,于京口(润州治,今江苏镇江市)对岸渡长江,入江南河(邗沟、江南河即今淮安到杭州这一段运河),经润州、苏州、太湖达杭州,然后可到越中诸地。孟走的正是这条路线。现将他途中所成诸作按所经埠头顺序排列于后并略加笺释。

一、《自洛之越》,首途。

二、《适越留别谯县张主簿申屠少府》:"朝乘汴河流,夕次谯县界。幸因西风吹,得与故人会。"谯县即今安徽亳县,在汴河旁。由于顺风,他自汴至谯,一日而达。

三、《问舟子》:"向夕问舟子,前程复几多?湾头正好泊,淮里足风波。"汴水至泗州入淮水。据后二句知这诗当作于将入而未入淮水时。

四、《宿扬子津寄润州长山刘隐士》:"所思在梦寐,欲往大江深。日夕望京口,烟波愁我心。心驰茅山洞,目极枫树林。不见少微隐,星霜劳夜吟。"润州故治即今江苏镇江市。这是渡江前夕在江北望京口怀人之作。

五、《扬子津望京口》:"北固临京口,夷山近海滨。江风白浪起,愁杀渡头人。"当作于长江北岸待渡,隔江南望京口时。《丹徒县志》(清蒋宗海纂,嘉庆刻本)载:"焦山,在城东九里大江中,……山之余支,东出为二小峰,曰松山、寥山。唐时称松寥、夷山。李白有《望松寥山》诗。孟浩然诗'夷山近海滨'指此。或称海门关。"

六、《济江问同舟人》:"潮落江平未有风,轻舟共济与君同。时时引领望天末,何处青山是越中?”当作于渡江舟中。[1]

沿途尚有踪迹可寻,入越后篇章更多。他的《游云门寺寄越府包户曹徐起居》说:“我行适诸越,梦寐怀所欢。”可见他此行专为越中山水而来。吴地只是路过,这就无怪乎他集中绝少吴地纪游诗篇了。

要想尽可能详尽、无误地探索出孟浩然在越地的游踪,首先必须解决这样一个问题:他在这次以前曾否来过越地?解决这个问题并不难,只须看看他的《游云门寺寄越府包户曹徐起居》就可以了。按云门寺在今浙江绍兴城南三十里的云门山(见影印嘉庆刻本宋施宿《嘉泰会稽志》)。知这诗作于越中。这诗中有这样一句话:“良朋在朝端。”他的这些“在朝端”的“良朋”当指他在长安结识的张九龄、王维、裴朏、卢僎、裴揔等(见王士源《孟浩然集序》)。可见这诗当作于上述出长安后“自洛之越”的这一次。既然这时所作的这首诗说:“我行适诸越,梦寐怀所欢。久负独往愿[2],今来恣游盘。”那末,可见他虽然早就向往此间山川名胜,但在这次以前却的确未曾来过越地。前引此行渡江时所作《济江问同舟人》说:“时时引领望天末,何处青山是越中?”也象是以前未曾到过越中的人的口气。[3] 这也不失为一个有趣的旁证。

我曾在《谈孟浩然的“隐逸”》一文中说:“他因‘风尘厌洛京’才‘山水寻吴越’。”当时虽对孟浩然的行踪不甚了然,更不知他于出长安后与游越前之间还回过一趟襄阳,但认为他游越在出长安之后,这还是不错的。入长安前他虽未到过越地,但曾去过扬州,因此不能说以前没到过吴地。以免枝蔓,且放到第四节中详谈。

孟在越中住过几年,有些地方就可能往来经过几次。——如据《早春润州送弟还乡》和《同曹三御史行泛湖归越》“秋入诗人兴,巴歌和者稀。泛湖

① 又《渡扬子江》亦当是于此间渡江时所作。但末后“海尽边阴静,江寒朔吹生。更闻枫叶下,淅沥度秋声”四句写的是深秋景色,似不是这次渡江时所作。

② 他在长安时写的《宿终南翠微寺》说:“暝还高窗眠,时见远山烧。缅怀赤城标,更忆临海峤。”“赤城标”出孙绰《游天台山赋》:“赤城霞起而建标。”“临海峤”出谢灵运《登临海峤初发疆中作与从弟惠连见羊何共和之》诗题。火烧山象赤城标,山尖而高如临海峤。因眼前所见而不胜神往地想起前人诗赋中所写到的越地名山,可见他确乎是“久负独往愿”而想来此间游览了。

③ 这诗一作崔国辅作。崔是山阴人,一作吴郡人,似不当作此口气,疑非崔作。这诗题一作《渡浙江问舟中人》,也可能作于其后渡浙江时。

(当是太湖)同旅泊,吟会是归思”,可见他在这一时期内确曾往还于吴越之间。——因此就只能揣摩诗意,大致按时地顺序将他在越地的行止、游踪勾勒如下。

一、《与颜钱塘登樟亭望潮作》:“百里雷声震,鸣弦暂辍弹。府中连骑出,江上待潮观。照日秋云迥,浮天渤澥宽。惊涛来似雪,一坐凛生寒。”按《浙江通志》载:“钱塘江,……在(钱塘)县东南。本名浙江,……一名浙河,……又名曲江。枚乘《七发》曰:‘观涛于广陵之曲江。’今名钱塘江。其源发黟县,曲折而东,以入于海。潮水昼夜再上,奔腾冲激,声撼地轴。郡人以八月十五日倾城观潮为乐。”这诗当作于八月十五日。可知他“自洛之越”于中秋前到达杭州。又《与杭州薛司户登樟亭驿》:“水楼一登眺,半出青林高。帟幕英僚散,芳筵下客叨。山藏伯禹穴,城压伍胥涛。今日观溟涨,垂纶欲钓鳌。”当和上诗作于同时。因为,他在越虽有几年,但游迹不定,所至极广,如果不是偶尔碰上,一般是不大会再一次专程赶到钱塘去观八月潮的。钱塘县令颜某、杭州司户薛某未详。翟灏、朱点《湖山便览》引《舆地志》谓,樟亭驿在钱唐旧治南五里,今废。此二诗均佳,前诗更可上追《临洞庭》,惜一直未为人重视。

据《初下浙江舟中口号》“八月观潮罢,三江越海浔。回瞻魏阙路,无复子牟心”,知他在钱塘观潮确乎在八月十五;又,观潮后即乘船经钱塘江口(“三江”在钱塘江西端南岸,今有三江所、三江闸)入浙江溯流西南上。

他的《将适天台留别临安李主簿》说:“枳棘君尚栖,匏瓜吾岂系?念离当夏首,漂泊指炎裔。……定山既早发,渔浦亦宵济。泛泛随波澜,行行任舻枻。……羽人在丹丘,吾亦从此逝。”《论语·阳货》:“子曰:‘……吾岂匏瓜也哉,焉能系而不食?’”第二句用此典故,意谓自己被弃置不用。可见这诗当作于出长安后这次游越时。“夏首”谓孟夏。“裔”,边境。越地在东南海滨,较中原炎热,故称“炎裔”。“念离”二句即写孟夏离乡“自洛之越”事。知他当于这年四月离襄阳经洛赴越。谢灵运《富春渚》:“宵济渔浦潭,旦及富春郭。定山缅云雾,赤亭无淹薄。”“定山”二句出此,是用典预计行程,不能认为他曾经经过这些地方。谢诗李善注:“《吴郡记》曰:‘富春(今浙江富阳)东三十里,有渔浦。’《吴郡缘海四县记》曰:‘钱塘西南五十里,有定山,去富春又七十里,横出江中,涛迅迈,以游山难。辰发钱唐,巳达富春。’”朱琦

《文选集释》:“按《方舆纪要》:‘定山一名狮子山,钱唐县东南四十里。’洪氏图志同。《水经注》:‘县东定、巳诸山,西临浙江。’是已。此注西南,疑误。”唐杭州治钱塘(改“唐”为“塘”以避国号),临安在钱塘西。定山、渔浦与钱塘相近而距临安甚远。可见他此行并未迂道至临安,而是留别在杭州的临安主簿李某。《楚辞·远游》:“闻至贵而遂徂兮,忽乎吾将行。仍羽人于丹丘兮,留不死之旧乡。”孙绰《游天台山赋》:“睹灵验而遂徂,忽乎吾之将行。仍羽人于丹丘,寻不死之福庭。”即以“丹丘”喻天台山[1]。天台山在唐越州剡县东南,今浙江天台县北。这诗末“羽人”二句出此。相传汉时刘晨、阮肇曾于天台山采药遇仙。此山自来为求仙览胜的文人道士所向往。唐著名道士司马承祯曾隐此,李白亦曾来此游览。可见孟此行当是循浙江溯流赴天台山登览、求仙。

按浙江有二源。北源新安江,南源兰溪。二源在建德县(今浙江建德县梅城镇)城东南相合,以下至桐庐段称桐江。至桐庐纳入桐溪,流经富阳,称富春江。以下流经钱塘南,称钱塘江。孟浩然溯浙江赴天台山,当于建德(今梅城镇)入兰溪经婺州(今浙江金华)而往。

二、《早发渔浦潭》,溯浙江西南上,早发渔浦潭作。《古今图书集成》第九百五十一卷引旧志谓富阳附近有古迹,并说:“梁元帝时见富春青泉南有美女踏石而歌曰:‘风凄凄兮露溶溶,水潺潺兮不息,山苍苍兮万重。’歌已,忽失所在,剖石得紫玉,长尺许,今亦不存。”这诗中有句说:“美人常晏起,照影弄流沫。”虽写实景,似亦暗切当地这一传闻。

三、《经七里滩》:“复闻严陵濑,乃在此川路。……钓矶平可坐,苔磴滑难步。……观奇恨来晚,倚棹惜将暮。”若是归程,则来时已得“观奇”,必当无“恨来晚”之叹了。可见这诗是溯流西上初经七里滩时所作。《清一统志》载:“七里濑,一名七里滩,在桐庐县严陵山西。《元和郡县志》:在建德县东四十里。《太平寰宇记》:七里濑即富春渚也。叶梦得《避暑录》:七里滩,两山耸起壁立,连亘七里,土人谓之泷。旧志:七里滩上距严州四十余里,又下数里乃至钓台。两山夹峙,水驶如箭。谚云:‘有风七里,无风七十里。’言舟

---

① 孙绰《游天台山赋》“赤城霞起而建标”句李善注引《会稽记》:“赤城,山名,色皆赤,状似云霞。”登天台必经此山,二山相距甚近。可能因“赤城”而联想到“丹丘”,故藉之以喻天台。

行难于牵挽，惟视风为迟速也。”据上引诗句，知孟曾登钓台凭吊观赏，到日暮始上船。

四、《宿桐庐江寄广陵旧游》：“风鸣两岸叶，月照一孤舟。建德非吾土，维扬忆旧游。”当作于桐江近建德时。又《宿建德江》：“移舟泊烟渚，日暮客愁新。野旷天低树，江清月近人。”则已入建德境了。两诗所写都似深秋景色。自中秋后离杭至此，时节也相符。

五、《舟中晓望》：“挂席东南望，青山水国遥。舳舻争利涉，来往任风潮。问我今何适，天台访石桥。坐看霞色晓，疑是赤城标。”自婺州(今浙江金华)溯东阳江(今名金华江)可至东阳(今浙江东阳)；而天台山适在东阳东。据首二句，可揣知这诗或作于天台山西东阳附近的东阳江上。“任风潮”似谓海行，实是泛指水上行船，如谢灵运《入彭蠡湖口》：“客游倦水宿，风潮难具论。”另《寻天台山作》：“欲寻华顶去，不惮恶溪(源出今浙江缙云县东北大盆山，水多险滩，故名。后改称好溪)名。歇马凭云宿，扬帆截海行”。又《宿天台桐柏观》：“海行信风帆，夕宿逗云岛。缅寻沧洲趣，近爱赤城好。扪萝亦践苔，辍棹恣探讨。”则是写海行。这可能是此后另一次自海上至天台山，也可能是这一次自婺州至天台山后就近到海上泛舟游览。按天台山至宁海附近海边仅约百余里，登山即能见海。《越中逢天台太一子》：“兹山(指天台山)夙所尚，安得闻灵怪？上逼青天高，俯临沧海大。”且有水路可通，揣摩“缅寻”二句的意思，所谓“缅”、“近”似皆就天台山而言。传说海上有三神山。他在《宿天台桐柏观》中说：“纷吾远游意，学此长生道。日夕望三山，云涛空浩浩。”可见他到天台山之后，也可能暂赴近处海上“缅寻沧洲趣”，然后又回天台山游览。由于缺乏足够的资料，尚难断定何说属实，待考。

孟浩然游天台时住宿过的桐柏观一名桐柏宫。唐景云二年(公元七一一)睿宗召天台道士司马承祯，问以阴阳数术；后承祯固请还山，遣之(见《旧唐书·隐逸列传》)。据《清一统志》载，该观即这年为司马承祯建。据卫凭《唐王屋山中岩台正一先生庙碣》(载《全唐文》)，知司马承祯卒于开元二十三年(公元七三五)，而自开元十五年(公元七二七)以后他即居王屋山(见《旧唐书·隐逸列传》等)。孟游天台时他当在世，但不在此。司马承祯号真一先生(见《旧唐书·隐逸列传》)，一作正一先生(见卫凭碣文)。孟所访的太一子当是司马承祯的师兄弟。未详何人。

他的《越中逢天台太一子》说:“仙穴逢羽人[1],停舻向前拜。问余涉风水,何事远行迈?登陆寻天台,顺流下吴会。”按曹娥江上游叫剡溪,其一源出天台山,经新昌和他源合。可见他游天台山后即由剡溪顺流赴越州(今浙江绍兴)。据此诗揣知他似在赴越州途中才遇见太一子。想他“寻天台山”访“吾友太一子”(《寻天台山作》)时未曾晤面。

又《腊月八日于剡县石城寺礼拜》说:“石壁开金像,香山绕铁围。”按《嘉泰会稽志》载:“南明山,在(新昌)县南五里,一名石城,一名隐岳。初晋僧昙光栖迹于此,自号隐岩。支道林昔葬此山下。……梁天监中建安王始造弥勒石佛像,刘勰撰碑,其文存焉。”新昌县,五代置,唐属剡县。故说“剡县石城寺”。据此诗知孟自天台山顺剡溪赴越州途中曾至今新昌县石城山石城寺礼拜;又,自天台山赴越州之行在“腊月(阴历十二月)八日”前后。

《久滞越中赠谢南池会稽贺少府》说:“未能忘魏阙,空此滞秦稽。两见夏云起,再闻春鸟啼。怀仙梅福市,访旧若耶溪。圣主贤为宝,卿何隐遁栖?”“秦、稽”,谓越州城附近的秦望、会稽二山,借指越州。既知他自天台山抵越州在岁暮,那末他到越州以后是先逢春而后逢夏。据此可将“两见夏云起,再闻春鸟啼”表述为春—夏—秋—冬(在越地的第二年),春—夏(在越地的第三年)。头年岁暮到越州,第二年一年,到第三年夏写这诗时已有三个年头整一年半,真可算得是“久滞”了。

他在越州也不外乎凭吊游览:“怀仙梅福市,访旧若耶溪。”(《久滞越中赠谢南池会稽贺少府》)据《清一统志》知梅福市在城西三十里,相传以汉南昌尉梅福成仙后为人见于此市而得名。镜湖在城南三里,亦名鉴湖。禹穴在城南十五里宛委山上。若耶溪在城南二十里若耶山下,北流入镜湖。他的《与崔二十一游镜湖寄包贺二公》即记他在春天和友人出城游镜湖探禹穴的情景:“试览镜湖物,中流见底清。不知鲈鱼味,但识鸥鸟情。帆得樵风送,春逢谷雨晴。将探夏禹穴,稍背越王城。”据《法苑珠林》知会稽山(在城东南十三里)上有大禹寺。他曾登此寺访义公和尚,作《大禹寺义公禅》。他的《耶溪泛舟》说:“白首垂钓翁,新妆浣纱女。”按西施浣纱石有二:一在诸暨浣江中;一在若耶溪旁(见董钦德纂《康熙会稽县志》),故若耶溪又名浣纱

---

[1] 《楚辞·远游》:“仍羽人于丹丘兮。”

溪。“新妆浣纱女”,虽写实景,亦切西施事。李白《子夜吴歌四首》其二说:“镜湖三百里,菡萏发荷花。五月西施采,人看隘若耶。”可见镜湖、若耶溪一带有和西施相关的传说。

按云门山在越州城南三十里,其上有云门寺(见《嘉泰会稽志》)。秦望山在云门山南约十里,镜湖在其北约二十里。他曾溯若耶溪游云门寺,并于寺阁眺望秦望山和镜湖远景:“台岭践磴石,耶溪溯林湍。舍舟入香界,登阁憩旃檀。晴山秦望近,春水镜湖宽。”(《游云门寺寄越府包户曹徐起居》)这时他和薛八结交。薛八亦不得意。他们曾舍舟骑马至云门寺西六七里访符公和尚所处寺院:“谓余独迷方,逢子亦在野。结交指松柏,问法寻兰若。小溪劣容舟(不宜行船),怪石屡惊马。”(《云门寺西六七里闻符公兰若最幽与薛八同往》)他的《东陂遇雨率尔贻谢南池》说:“田家春事起,丁壮就东陂。殷殷雷声作,森森雨足垂。海虹晴始见,河柳润初移。余意在耕稼,因君问土宜。”可见他在越州时不仅经常遨游山水,留连忘返,甚至还有归隐此间之意。

他在越州时的熟人除了上引诸诗中的谢南池、会稽县尉贺某、崔二十一、越府户曹包某、薛八等还有当地的孔伯昭。他曾两次登其南楼;再次在秋末,宾主于南楼为诗酒之会,在座的还有沈太清、朱升,作《夜登孔伯昭南楼时沈太清朱升在座》:“山水会稽郡,诗书孔氏门。再来值秋杪,高阁夜无喧。华烛罢燃蜡,清弦方奏鹍。”

据《宿永嘉江寄山阴崔国辅少府》、《江上寄山阴崔国辅少府》,知孟和著名诗人崔国辅相识亦当在越州。《唐诗纪事》载:“国辅,明皇时应县令举,授许昌令,集贤直学士,礼部员外郎。坐王铁近亲,贬晋陵郡司马。”按《旧唐书·地理志》:“山阴,垂拱二年分会稽县置,在(越)州治,与会稽分理。”崔为山阴县尉当在应县令举授许昌令以前。但不知《与崔二十一游镜湖寄包贺二公》中的崔二十一即崔国辅否?孟集中另有《夏日与崔二十一同集卫明府宅》。若崔二十一即崔国辅,则此卫明府或是山阴县令。

前已论证他的《久滞越中赠谢南池会稽贺少府》当作于入越第三年的夏天。这时他虽然未说将往他地,但已有“久滞”之叹。永嘉之行,想在此后不久了。

他自从开元十六年入京应试以来,一直到自吴越还乡,除了出京入越前曾回家小住了一个短时期,几年内都浪迹外地。所以他在自吴越还乡后写的《还山赠湛禅师》中说:"心迹罕兼遂,崎岖多在尘。晚途归旧壑,偶与支公邻。"又同时所作《伤岘山云表观主》也说:"少小学书剑,秦吴多岁年。"

已知:

一、孟入京赴举在开元十六年(公元七二八)。在京起码有一整年,然后于岁暮还乡。

二、"自洛之越"到自吴越还乡,在越前后共四年。

三、开元二十二年或二十三年(公元七三四或七三五)秋张子容"休沐还乡"时孟已在家,而这时他写的《奉先张明府休沐还乡海亭宴集》说他和张在越分手到重逢已有"数年"不见:"万里音信断,数年云雨乖。"他和张在越分手后当年即归。可见他自吴越还乡到这时已"数年"。

那末,如果假设他自京还乡在开元十七年(公元七二九)冬,"自洛之越"在开元十八年(公元七三〇)夏、秋之际,自吴越还乡在开元二十一年(七三三)五月,则在京起码有一整年;且自吴越还乡到重逢张子容有两三年,可说"数年云雨乖"。这一推断似无大误。

四 "还山"以后及其他(此后略)

一九六三年一月十五日脱稿,十二月六日修订,于镜春园

(原载《文史》1965 年 6 月第四辑)

褚斌杰

褚斌杰(1933—2006),笔名楚子,著名学者、教育家。浙江余杭人。出生于北京,抗战期间随家移居济南,曾就读于济南第一师范学校,后入齐鲁大学中文系。1950 年考入燕京大学中文系,1952 年院系调整,转入北京大学中文系。1954 年毕业留校,任著名学者游国恩先生的助教。1955 年 7 月 10 日在《光明日报》上发表论文《关于〈长恨歌〉的主题思想及其评价》,引起强烈反响。1957 年,专著《白居易评传》由作家出版社出版,奠定了其在学术界的地位。1958 年调至中华书局哲学文学编辑室,整理出版了多种文史哲典籍。所著《白居易》一书 1962 年由中华书局出版。“文革”期间下放到湖北咸宁干校劳动。1979 年重回北大中文系,历任副教授、教授,相继出版了《中国古代文体概论》(1984)、《中国文学史纲要》(1986)、《中国古代文体学》(1991)、《诗经全注》(1999)、《戴震〈屈原赋注〉》(合校,1999)、《两汉诗传》(合著,2000)等论著,发表了数十篇学术论文,此外还指导了大批硕士博士研究生及进修教师。2006 年 11 月 1 日 18 时 49 分病逝于北京。

情理兼备的咏史之作

——屈原《天问》探赜

一

《天问》是一篇规模宏大、体制瑰奇的长诗。全诗三百五十余句，千五百多字，并全采用问句体写成。其内容，从邃古之初、宇宙洪荒写起，其中神话传说杂陈，历代兴亡并举，宏览千古，博大精微。古来就被推许为“千古万古至奇之作”（清刘献庭《离骚经讲录》）。但也认为是楚辞中最为难解之作，所谓“其创格奇、设问奇、穷幽极渺奇、不伦不类奇、不经不典奇。一枝笔排出八门六花，堂堂井井，转使读者设寻绪处，大奇大奇，然不得其解，便是大闷事”（清夏大霖《屈骚心印》）。对这样一篇难解的作品，古今学者也就歧见纷呈，莫衷一是。

最早对这首诗进行解释的是东汉王逸《楚辞章句》，他认为这是诗人屈原的一首“渫愤懑，舒写愁思”之作，其写作的缘起是屈原放逐在外，“见楚有先王之庙及公卿祠堂，图画天地山川神灵，琦玮僪佹，及古贤圣怪物行事”，“因书其壁，呵而问之”遂成此诗。所谓《天问》，即“问天”，向天发问的意思。他还认为，正因为《天问》是题壁之作，经楚人“共论述之”而成，所以文义顺序有些凌乱。据古、今人考证，古代庙堂确常画有诸如古神话和古代历史人物和故事的画卷，[①]屈原“周流罢倦，休息其下”，因受其启发或有所感触而写诗，也是可能的。但主要问题是这首诗的性质和主旨是什么？

---

① 丁晏《天问笺·自叙》云：“何以知其呵壁也？壁之有画，汉世犹然。汉鲁殿石壁，及文翁《礼殿图》，皆有先贤画像。武梁祠堂有伏戏、祝诵、夏桀诸人像。《汉书·成帝纪》观画堂画九子母。《霍光传》有周公负成王图。……”另外，《文选》载王延寿《鲁灵光殿赋》云：“图画天地，品类群生，杂物奇怪，山神海灵。写载其状，托之丹青。”壁画之俗，古已有之，诗人见画而怀古咏史，成为创作长诗《天问》的契机，或是有可能的。

《天问》一诗的文义或有某些“不次序”，但从整体上看，其内容层次还是分明的。全诗可分为前后两大部分，首问天地开辟，天象地理等方面的有关大自然的传说，也就是大自然形成的历史；次问人事，即夏、商、周三代兴衰的历史，并及于楚先；末尾赘之以诗人对自己身世遭遇的感叹。总的来看，这正是一首咏史性质的作品，也就是说是一首“述往事，思来者”的咏史诗。至于诗中列问了许多神话、传说，这乃是因为被后世视为荒诞不经、琦玮僪佹的故事，在上古却正是信以为真的，是作为史来看待的。①

既然是咏史诗，为何又取名《天问》呢？这是因为古代认为“天者，万物之总名也”(《庄子》郭象注)。天是无所不包的，既包括自然，也包括人事。又认为天是一切的主宰，“天者，统理万物”(《周礼》郑玄注)。正如游国恩先生说：“天统万物，无所不包，一切天文地理人事纷然杂陈，变幻莫测的现象，都可以统摄于天象天道之中，所以名曰‘天问’。”(《楚辞论文集》)那么，“天问”就是仰天而问，是就自然和人类的历史探究天道的问题。

而屈原又为什么要作这篇长诗，其主旨是什么呢？也就是说，它表现了诗人屈原怎样的情感和思想倾向呢？古近今人，对此有不同的领会和解释。归纳起来主要有三种说法：一是抒愤说，认为屈原遭谗被冤，流放在外，含有无限怨情，结撰此诗以抒自己的愤懑。王逸《楚辞章句》首主此说，后世许多注家亦联系诗人的身世遭遇，加以发挥，如屈复《楚辞新注》云：“《天问》者，仰天而问也。忠直菹醢，谗佞高张，自古然也。三闾抱此，视彼天地三光山川人物变怪倾欹，及历世之当亡而存，当废而兴，无不然者，非天是问，将谁问乎？萧条异代，尚欲搔首一一问之，而况抢痛者乎？”就是说，诗人含怨，表达了一种“痛极呼天”的感情。二是诘问说。清代戴震的《屈原赋注》，把《天问》的“问”，解释为诘问和问难，他说：“天地之大，有非恒情所可测者，设难疑之。而曲学异端，往往惊为闳大不经之语；及夫好诡异而善野言，以凿空为道古，设难诘之。”照戴震看来，《天问》所问的是天地间一些难以解释的问题，而特别是针对一些“曲学异端”，即毫无根据的附会之说，荒唐之言，进行

① 神话是上古人幻想的产物，是他们对自然现象和社会生活的极幼稚的解释。在我们今天看来，它极富想象力和艺术特征，但它并非是一种有意识的艺术创作。故马克思称它是“用一种不自觉的艺术方式加工过的自然和社会形式本身”。

诘难，即带有批判旧说，追求正确说明的意思。三是究理讽谏说。明清之际学者王夫之在其《楚辞通释》中，认为屈原的《天问》，是就“天理”来问人事，他说：“原以造化变迁，人事得失，莫非天理之昭著，故举天之不测不爽者，以问憯不畏明之庸主具臣，是为‘天问’，而非‘问天’。”在王夫之看来，屈原以为历史上总是“有道而兴，无道而丧”，因此，以古为鉴，讽谏楚王，是本诗的主旨。

细绎以上种种旧说，虽各偏执一隅，不能完全说明全诗的思想内容，但也并非无的放矢，而是各有其合理成分，对我们了解此诗还是有启发的。

从《天问》的整个内容看，如前所述，它是一篇别开生面的咏史之作，前半部分，自“邃古之初，谁传道之”至“羿焉彃日，乌焉解羽”凡一百十二句，是自然史方面的传说，在这部分，诗人就天地的开辟，日月的运行，大地的形状，川流的走向，以及鲧禹治水的故事等等，一一发问，它为我们再现了一个璀璨无比的远古神话世界，而其中通过诘问所流露出来的，则是诗人对宏观宇宙的思考，是对古信仰的怀疑。

全诗的后半部分，自“禹之力献功，降省下土四方”至“易之以百两，卒无禄”，凡二百四十五句，为人世间历代兴亡史，无论在篇幅上，立意上，都可以看出它是全诗的骨干。诗人在这部分中，陈事见理，对夏、商、周三代所以兴，所以亡，通过对一些历史事件的发问，表述了自己的观点，并通过对历史的反思，流露出对楚国前途的强烈忧患意识，这正是全诗的主题思想所在。最后，全诗则以楚国的现实和自己的处境做结，对楚国当权者的倒行逆施，表示了无限愤慨。

司马迁说：“余读《离骚》、《天问》、《招魂》、《哀郢》，悲其志。”（《史记·屈原列传》）司马迁将《天问》看做是屈原仅次于《离骚》的伟大作品，并称“悲其志”，其“志”何在？显然是指屈原在这首鸿篇巨制的咏史诗中所表现出来的大胆寻求真理的精神，特别是诗人的那种企图通过探寻历代兴亡之故，以为楚鉴的苦心孤诣和一片爱国情怀。这正是《离骚》中“路曼曼其修远兮，吾将上下而求索”的继续，是“恐皇舆之败绩”的隐忧之深刻化。

关于《天问》的写作年代，一般均认为作于屈原放逐时期，但具体年代已难确考。诗尾云：“伏匿穴处，爰何云？荆勋作师，夫何长？”前句是指屈原远放在荒野之中的处境，下句是说楚国不知修治内政，一再发兵打仗，国运怎能长久?下文又说:“悟过改更,我又何言”,“吾告堵敖以不长”,应正是警告楚王的口气,此诗或作于顷王立,诗人被放时期。

二

《天问》的前部分,是就自然界发问,是关于宏观宇宙和宇宙观的问题,内容十分丰富,涉及范围极广。从顺序和所包容的问题看,大致可以分为四个层次:(一)关于天地开辟、宇宙本源的问题(“邃古之初”至“何本何化”);(二)关于天体和日月星辰等诸天象的问题(“圜则九重”至“曜灵安藏”);(三)关于鲧、禹治水的问题(“不任汩鸿”“至禹何所成”);(四)关于大地及四方灵异的问题(“康回冯怒”至“乌焉解羽”)。其发问的对象和性质,主要是对古代关于自然界的神话和传说的诘难和质疑。

诗人在长诗《天问》中,首先就宇宙之初,天地形成以前的景象发问:

> 曰:邃古之初,谁传道之?
> 上下未形,何由考之?
> 冥昭瞢暗,谁能极之?
> 冯翼惟像,何以识之?

在宇宙天地的诸多问题中,最难使人理解的莫过于它的始源问题。太古洪荒,天地未辟的时候,是个什么样子?上古传说中则把它想象为明暗不分,空阔无垠的浑沌状态。诗人简练地把它形容为“冥昭瞢暗”,“冯翼惟像”,即明者不明,暗者不暗,一切朦朦胧胧,难以明状,而又充满生气。(冯,饱满充盈的样子;翼,伸张而又浮动的状态。)对天地未形的这一想象和描述,既含有哲理的推测,又具有生动宏大的气势。但诗人却以反问的口吻,分别提出问题。邃古之初,天地未辟,尚没有人类,诗人用“谁传道之”(是由谁传述下来的呢?)一语发问,十分雄辩有力。下面又用“何由考之”(怎么考证出来的),“谁能极之”(谁能研究清楚),“何以识之”(如何来识别)等不同的问句,分别加以追问,表现出一种睿智而又穷究底里的气势。

下边则对宇宙的结构、天体的运行发问:

圜则九重，孰营度之？
惟兹何功，孰初作之？
斡维焉系，天极焉加？
八柱何当，东南何亏？

他问：据说天有九层，是谁有这样大的神功来营造？天如覆盖，是怎样被系而不坠的？据说有八柱擎天，其位置在哪里？地倾东南又是怎么回事？

接下又问到日月星辰的布局和运行变化：

日月安属？列星安陈？
出自汤谷，次于蒙汜，
自明及晦，所行几里？
夜光何德，死则又育？
厥利维何，而顾菟在腹？

日月星辰是怎样各得其位，陈列在天的？传说太阳晨出于汤谷，夜息于蒙汜，一天要赶多少路程？月亮为何能缺而又圆，死而复生，怎么会有个"顾菟"(蟾蜍)在腹？接下还问了风神伯强住在何处，从哪里为大地吹来甦醒万物的"惠风"？天门如何一开一张，构成天明天晦等等。诗人仰首云天，面对着广漠无垠的天宇一一发问，一方面把我们带入到一个光怪陆离的古神话世界，其中充满着先民们的无数美丽的奇思遐想；同时诗人又对当时的这些传说不满足，提出种种怀疑，显示出一种大胆的科学探索精神。

在古传说中，鲧禹治水，重建大地，是一桩惊天动地的大事，诗人用很长的篇幅就这一神话传说的神奇内容——"鲧何所营，禹何所成"，进行了发问。就现存古文献来看，关于鲧禹治水的传说记载十分零散，说法也不尽相同。因此，我们对诗人一些发问的用意，已很难确断，但从字里行间中，却流露出诗人对这一神话传说在情理上的怀疑和不解，如对鲧的被害("顺欲成功，帝何刑焉")，禹的降生("伯禹腹鲧，夫何以变化")和治水的神奇("应龙何画，河海何历")等等。虽然如此，诗人却将这一传说故事中的神奇伟功一一写出,再现了古人在战胜自然灾害中曲折艰难的历程,以及对这一古传说的丰富想象力。

继鲧禹治水的故事之后,诗中又转向关于大地的问题。诗人针对着古传说中关于大地四方的许多奇闻异说一一发问,如问到传说中有所谓神人出入的昆仑"悬圃",它究竟坐落在何处?哪里有日照不到的地方,何处冬暖夏凉?哪里有石树成林,哪里的怪兽能语?哪里有不死之人?一蛇吞象是怎么回事?等等。古代关于大地四方的传说很多,而且怪怪奇奇,想象丰富。诗人把它们采撷入诗,一一发问,表示出一种怀疑求实的精神。

对于天地万物的疑问和探索,早在原始先民时期就已经开始了,由于知识水平的限制,他们通过想象和幻想,编织了许多神话传说故事加以解释,但远非是科学的。随着人类文化的发展,关于宇宙天地、大自然中的诸多问题,又成为哲人重新思考的问题,如在先秦哲学中,管子著《水地篇》,以水为万物之本源和生命的原始;著《四时篇》,以阴阳解释天地四时的运行,万物蕃殖的原因。齐国的邹衍,推论"至天地未生,窈冥不可考而原也。"并倡九州之外,还有"大九州"之说。《庄子》里记载有个叫黄缭的人,曾向惠施问过"天地所以不坠不陷,风雨雷霆之故"。这都说明随着社会的发展,知识的进步,对客观世界的再探讨,再认识,已成为一股思潮。屈原的《天问》,也正是此时的产物。但是,产生于原始时期的诸多神话,作为人类认识史的初始阶段,作为启人想象的浪漫主义素质,却不失其崇高博大的美学意义。诗人屈原在《天问》中,把众多的傀奇瑰丽的神话组织在一起,构成一幅远古人类所描绘的宇宙大自然的形成史的长篇画卷,同时以提问的方式,对宏阔浩渺的宇宙和纷繁的大自然,进行了自己的思考,既具有哲理意义,又具有文学性,从而构成一部"独步千古"之作。

三

宇宙的奥妙,远古的世界固然是令人难解莫测的,但人间的兴衰祸福,在诗人看来却是有迹可寻的。在长诗的后半部分,诗人以如椽的巨笔,开始由鸿濛洪荒的神话时代,转入到人间的历史。当然,在上古人民看来,人类各民族的起源也离不开神灵世界,都有一个神奇的传说,如神禹与涂山女匹合而有夏，简狄（有娀氏女）吞食上帝送来的玄鸟蛋而生商，有邰氏女因受上帝所感而降下周始祖后稷（这些在长诗《天问》中也都写到），此说明他们都有神的血统，都是上帝的子孙。但他们为什么又有更替兴亡呢？这就正是诗人所要探寻的问题，实际也正是诗人深怀着对楚国现实的忧患感，所要总结的历史经验教训。诗人在这方面所持的观点，或者说所总结出来的道理，集中地说就是"天命反侧，何罚何佑"，就是"厥严不奉，帝何求"。在诗人看来，天命是无常的，罚佑是无定的。如果一个君王放纵自己，律身不严，祈求上帝也是无用的。在这里诗人既承认天命、上帝的存在，又强调了人为、人事，这种有条件的天命论，正是诗人屈原用以评断历史，总结历史教训，并用以抨击楚国现实的武器。

春秋战国时代，随着社会的变革和发展，人们在自然观、社会历史观方面都有所变化和进步。在自然观方面，人们开始用实际生活经验和萌芽的科学，来怀疑神话传说的可靠性，如孔子的"不语怪力乱神"，对上古神话的怪诞性加以有意的修正，都表现了这样一些观念色彩。在社会历史观方面，一些进步人物的思想，虽然不完全排斥"天命"，但在天与人的关系上，则开始以重人、重民的观点，来隐蔽地转移天命决定论。具体到统治天下的问题，便是《左传》所说的"皇天无亲，唯德是辅"（僖公五年），《荀子》所说的"修道而不贰，则天不能祸"（《天论》）。这一观点，屈原在长诗《离骚》中也同样明确表示过："皇天无私阿兮，览民德焉错辅，夫唯圣哲以茂行兮，苟得用此下土。"意思是说，上天对一个在位者或一个王朝的辅佐，不是无条件的，而是要看他的德行如何来决定。这无疑是对旧有天命论的修正，而强调了人的行为、活动的责任性。《天问》中说：

皇天集命，惟何戒之？
受礼天下，又使至代之？

大意说，上天赐命给一个王朝，为何又时时警告它，使它有所戒惧？把天下交给他治理，为什么又让另一个王朝取代它？这就是诗人屈原在长诗《天问》咏史部分所要探讨和陈述的问题。诗中依次对夏、商、周（至幽王）的历史做了回顾和反思，对其治乱兴亡的缘故做了提问，特别是对于败身亡国之君的情况做了含意深永的陈述。

诗的后半部分,据古近人考证,可能有些错简的地方,但整个说来是次序分明的。按其所叙内容,大致也可以分为四个层次:(一)关于夏王朝的历史("禹之力献功"至"而黎服大悦");(二)关于殷商王朝的历史("简狄在台"至"其罪伊何");(三)关于周王朝的历史("争遣伐器"至"卒无禄");(四)关于楚国的现状和诗人的忧心。

首先,诗人对夏王朝的兴衰起伏,以至最后终为汤所灭,做了一连串发问。在传说中,夏后启乃神禹之子,代伯益而有国。但他因偷天乐耽于享乐,而终被后羿所代替。后羿本是受天之命来拯救夏民的,但不久就因贪于女色,迷于田猎而遭寒浞的暗算而惨死。浞传其子寒浇,浇也因淫乱,与嫂私通而被少康所杀。关于夏王朝前期的这段历史,《左传·襄公四年》有所记述,诗人在《离骚》中也曾提到("启《九辩》与《九歌》兮,夏康娱以自纵"以下十句)。而在长诗《天问》中,诗人更以提问的方式,对这些因纵欲而遭祸之君的历史原委,一一做了发问,特别是论到后羿之亡的时候,诗中这样写道:

> 帝降夷羿,革孽夏民;
> 胡射夫河伯,而妻彼洛嫔?
> 冯珧利决,封豨是射;
> 何献蒸肉之膏,而后帝不若?

后羿秉天意而代启拯民,得天下后,他却夺人之妻,又恃强迷于田猎。虽然他用上美的肥肉献给上帝,上帝并不满意,而至终使他灭亡了。显然,这里所表达的意思是所谓天佑天罚,并不是无条件的,而是以其行为的善恶为转移的。换句话说,就是"应之以治则吉,应之以乱则凶"(《荀子·天论》),后羿的败亡完全是他胡作非为的结果,说到底是咎由自取。

诗中论到夏桀灭亡的时候,也表达了同样的思想:

> 桀伐蒙山,何所得焉?
> 妹嬉何肆,汤何殛焉?

缘鹄饰玉，后帝是飨；
何承谋夏桀，终以灭丧？
帝乃降观，下逢伊挚。
何条放致罚，而黎服大说？

夏桀伐蒙山，得到妹嬉，于是放荡无忌地迷恋女色，虽然他也曾用玉饰的宝鼎祭飨上帝，但是上帝还是另有选择，使贤臣伊尹辅助成汤，放夏桀于鸣条，有夏灭亡，而成汤却受到黎庶百姓的拥戴。

在反思殷、周王朝历史的时候，诗人仍主要集中在盛衰、兴亡的大事上：

授殷天下，其位安施？
反成乃亡，其罪伊何？

前句问殷王朝是怎样得天下而兴的，下句问殷王朝又是以何罪失天下而亡的？殷兴于成汤伐夏桀，而诗中特别强调了汤求贤臣伊尹的故事。周之兴在武王伐纣，诗中也特别提到武王在市井得贤臣吕望为辅佐的故事：

师望在肆，昌何识？
鼓刀扬声，后何喜？
武发杀殷，何所悒？
载尸（文王木主）集战，何所急？

传说中，吕望（即吕尚，姜太公）本隐在屠肆，被文王姬昌发现，而举为辅臣，也正是《离骚》中所提到的："吕望之鼓刀兮，遭周文而得举。"这无疑是说国家之兴离不开贤臣，只有举贤授能才能安天下。反过来，诗中对于殷纣的覆亡是这样发问的：

彼纣之躬，孰能惑乱？
何恶辅弼，谗谄是服？

据《史记·殷本纪》记载,纣王“知足以拒谏,言足以饰非”,“好酒淫乐,嬖于妇人,爱妲己,妲己之言是从”。可知纣王乃是个拒谏饰非,刚愎自用,迷恋女色的昏君。这里所问的正是:纣王那个人是谁使他惑乱误国的?他是怎样憎恶辅国大臣而又信用谗佞之人的?接着诗中举出了他如何残害忠良,任用小人的实例:

比干何逆,而抑沉之?
雷开何顺,而赐封之?
何圣人之一德,卒其异方?
梅伯受醢,箕子佯狂。

据《史记·殷本纪》:“王子比干谏弗听。比干曰:‘为人臣者不得不以死争’。乃强谏纣。纣怒曰:‘吾闻圣人有七窍。’剖比干观其心。箕子惧,乃佯狂为奴,纣又囚之。”《吕氏春秋·行论篇》:“昔者纣为无道,杀梅伯而醢之。”殷纣王亲女色,用小人,杀忠臣,害贤良,竟弄得满朝的正直之士非死即狂的地步,从而“何亲就上帝罚,殷之命以不救”,也就是必然的了。

对于周朝,诗人问了周昭王溺于玩好,远游南土,寻求白雉,船沉而不返的事(“昭后成游,南土爰底?厥利惟何,逢彼白雉?”),问到周穆王巧于贪求,周游天下,不理国事的事(“穆王巧梅,夫何为周流?环理天下,夫何索求?”),诗中都做了指责。最后,问到西周的亡国之君幽王:

妖夫曳衒,何号于市?
周幽谁诛,焉得夫褒姒?

褒姒是幽王的宠妃。传说当时有两个妖人,曾献美女褒姒给幽王,幽王“见而爱之,生子伯服,竟废申后及太子,以褒姒为后,伯服为太子”(见《史记·周本纪》),从而朝政昏乱;幽王后为犬戎所杀。这样说来,西周之亡,也是亡于女祸。诗人在长诗中,还问到了夏、商、周三代历史中的许多细节,有些由于文献缺佚,已难尽解。但归纳起来主要问的都是兴衰存亡的事,而特别又集中在对亡国败身之君的陈述上。在诗人屈原看来,一个有位者或一个王朝之衰亡，不外是杀害贤良，耽于游乐，溺于女色，这些祸身亡国之由，正是诗人总结出来的历史教训。

在诗人看来，宇宙浩瀚，奇谈怪说，眩人耳目，安可一一置信？但历史长河，朝代更迭，其兴亡之迹，却思之可得，令人惊心，促人警戒。这就是长诗的主旨，诗人的立意所在。前人论述《天问》时曾说："兹细味其立言之意，以三代之兴亡作骨，其所以兴在贤臣，所以亡在惑妇。惟其有惑妇，所以贤臣被斥，谗佞益张，全为自己抒不平之恨耳。篇中点出妺喜、妲己、褒姒，为郑袖写照；点出雷开，为子兰、上官、靳尚写照；点出伊尹、太公、梅伯、箕、比，为自己写照。末段转入楚事，一字一泪，总以天命作线，见得国家兴亡，皆本于天。"（清林云铭《楚辞灯》）评论者认为《天问》的主导思想是宣扬"天命"，这是不正确的，实际上诗人是在天佑、天罚的外衣下，在认真地总结历史教训，这已如上述。至于说诗中褒贬人物，评论兴亡，都是诗人有意地在影射自己和周围的人事，这也很难说，未必可如此拘泥。但是，历史本身往往有惊人的相似，确是事实。诗人屈原身当楚怀王朝，后妃干政，党人惑君，忠良被斥，国运日下。诗人追古思今，心中不能自平，"其意念所结，每于国运兴废，贤才去留、谗臣女戎之构祸，感激徘徊，太息而不能自已。故史公读而悲其志焉。盖寓意在若有若无之际"（清蒋骥《山带阁注楚辞·余论》）这应该是比较符合诗人的心态和用意的。

但是，诗人写长诗《天问》，其思想感情之所系，最终是在现实，是在楚国。当时，诗人因正道直言，不见容于朝廷，被斥在外，眼看楚王朝君昏臣暗，国事日蹙，大厦将倾，一场国破君亡的悲剧就要发生了。他独立于苍茫的天地之间，寻往事，思来者。在他看来，历代兴亡之迹，凿凿可鉴，而他所尽忠的楚王，却如此倒行逆施，毫无醒悟。于是他心情激越，在进谏无路，救国无门的情况下，他问天，问地，问历代人事沧桑，但他又失望地感到，他的喋喋多言又有谁会来听从呢？在诗的最后，诗人写道：

薄暮雷电，归何忧？
厥严不奉，帝何求？
伏匿穴处，爰何云？
荆勋作师，夫何长？

悟过改更，我又何言？

诗中写天屈薄暮，雷鸣电闪，天愁地惨，一场惊天动地的暴风雨即将来临了。这是诗人当时写作此诗时的情景，应也是诗人对楚国现实的感受。因此他说，已到这种地步自己放归而一去不返，还有何可怕的呢？楚王不知自尊和严于律己，只是求上帝又有何用呢？如今自己被斥在外，荒居独处，还能说些什么呢？楚王为了求功，不顾国情、国力而一再兴兵打仗，国运怎能长久？楚王只要知道悔悟、改弦易张，我又有何可说？诗人在极端忧苦矛盾的心情之下，对君国仍表露出一片忠贞拳拳之心。最后，诗人用这样三句话结束了全诗：

吾告堵敖以不长，
何试上自予，
忠名弥彰？

这结尾的三句大意是说，我曾经告知过朝臣堵敖，任此君昏臣暗下去，楚之国运将不会长久。这本属我的告诫之言，怎知却将被我不幸而言中，结果使我落了个大大的忠名而已。屈复说："犹言使国家得败亡之实祸，而使我得忠谏之虚名，痛愤极矣。"(《楚辞新注》)吴世尚说："结言及此，可谓长歌当哭矣！"(《楚辞疏》)诗人的这一自嘲口吻，实包含了无限的辛酸血泪！

四

综观长诗《天问》，它是一首以咏史为内容，而史与论兼备，情与理相融的作品。它的宏富的内容和对宇宙的探索、历史的反思，表现了诗人博大精深的思想和追求真理的精神，也表现了诗人企图挽狂澜于既倒，积极救亡的爱国热忱。而它在艺术上的独创，在中国诗歌史上更是绝无仅有。从体制的宏伟，风格的雄奇说，在屈原作品中，它可与《离骚》并驾，若鸟之双翼，若车之两轮；而其形式的奇特，结体的新颖，语气的奇崛，可以说更比《离骚》而过之。故唐代诗人李贺曾赞许说："《天问》语甚奇崛，于'楚辞'中可推第一，

即开辟来亦可推第一。"(见明蒋之翘《七十二家评楚辞》)

长诗《天问》从首至尾全用问句结撰而成,这在诗歌史上确乎属于绝无仅有的奇特之作,以至被视为"不伦不类","不经不典",甚至被否认为"不是文学作品"。这当然是不正确的。因为无论从作品《天问》的主旨来看,还是从作品的形式和表现方式,以至震动人心的艺术效果来看,它无疑是文学作品;乃与长诗《离骚》一样,是一篇表达诗人理想、蕴含炽烈感情的优异诗作,只不过其"创格"更为奇特而已。

长诗《天问》呈现了哪些艺术特色呢?

首先是表现为深沉的理性思考与热烈的感情相结合。《天问》全诗完全由提问组成,从宇宙洪荒、天文、地理之事问起,继而又问人事,广涉夏、商、周三代历史,最后以问楚先和当代楚国现实作结,洋洋洒洒,无所不问,但细按其提问的方式和口气,又绝非是什么纯知识性的问答,即并非完全属于问所不知;而更多的是问所不信,问所不平,以至问所当知(即用提问方式,要人戒惧,要人警觉)。表现出诗人对自然、历史、社会深思熟虑后的一种质疑,一种见解,一种抒怀。

在对自然界现象所提的问题中,大多数是属于对前人学说的质疑,在一系列的质问中,蕴含着诗人在进行某些理性思考后,对前人成说的否定。如长诗一开头对"遂古之初"的提问,无疑是对当时流传的天地开辟前"浑沌"说的否认。诗中"圜则九重,孰营度之"说天有九层,谁经营度量的?"斡维焉系?天极焉加?"说天像个大伞,用绳子系着不使坠落,那么它的中心轴又安放在哪里?这显然是对古代认为天有九重和以"盖天"说解释天体的不信和质疑。对于古代诸多自然神话传说的提问,也都表现出作者觉得"匪夷所思"、难以理解的困惑和怀疑态度。无疑这都是出于诗人理性思考后,满怀探求真理的热情,为寻求底里,而涌动于内心的迫切发问,它带给我们的抒情主人公的形象,是一个满富挑战精神的智者的形象。

诗人在长诗《天问》中,对历代兴亡史的发问,是本诗的主旨所在,即以历史为明鉴,来警戒楚之有国者,改弦易张,以救亡图存。在这部分里,既包含着诗人对人类社会历史的深刻反思,正反两方面经验教训的总结,也倾注着诗人对历史上贤明政治、正义人物的仰慕和对昏君奸佞的挞伐,其爱憎分明的感情,充溢于字里行间。

在回顾历史的时候，对于一些有贡献而遭遇不幸的人物，对于那些除暴安良的明主，以及辅佐明主建功立业的贤臣，诗人是充满了同情心和赞美心的。如对于传说中鲧的不幸遭遇，诗中就是通过设问而寄予同情而代鸣不平的："鸱龟曳衔，鲧何听焉？顺欲成功，帝何刑焉？"对于商汤以贤相为辅佐，弔民伐罪，放逐暴君夏桀的正义之举，即大加赞扬："帝乃降观，下逢伊挚；何条放致罚，而黎服大说(悦)？"相反地对于迷于女色，惑于奸邪，颠倒黑白，赏罚不明的昏君，则通过设问予以揭露和怒责："彼王纣之躬，孰使乱惑？何恶辅弼，谗谄是服？比干何逆？而抑沉之！雷开何顺？而赐封之！"诗人对于历代兴亡作了深刻的思考，在他看来有许多历史教训是值得治国者认真反思的。由此，诗中在咏史中常常间以总结性、启迪性的发问，如论到殷的兴亡之后，则发问说："授殷天下，其位安施(移)？反成乃亡，其罪伊何？"是说天授给殷天下，王位怎么又移给了周？殷之败亡，是因为犯下了什么罪过？论到齐桓公的被杀，诗人设问说："天命反侧，何罚何佑？齐桓九会，卒然身杀！"是启发后人所谓"天命"也是反复无常，并不可靠的，九会诸侯的齐桓公，当初不可一世，只因刚愎自用，信任小人，还不是终遭杀身之祸！另外，诗中还在历史的设问中，特别于诗的最后对于自己遭遇的自阅中，还间杂着一些感叹性语句，激人心潮起伏，难以自已。正是由于作品中饱含了诗人丰富、炽烈的感情，才使这首全以问语构成的诗篇，既有理性的思考，给人以智慧，启人以深思；又能摇人心魄，激发人的爱和恨，忧与愁，以及愤懑不平的诸多感情。

我们知道，文学的特性和作品的魅力，是由多种因素促成的，诸如形象、想象和情感等等。而情感又是更为基础的。一切优秀之作，都是"为情而造文"(《文心雕龙·情采篇》)，只有"情动于中"，才能"形于声"、"形于言"而感动人。罗丹说："艺术就是感情。"《天问》一诗，全以问句结撰而成，又极含哲理，但它不是什么知识性提问，也不是纯哲理性说教，而是一篇满富感情的文学之作，是一篇激人情志、感人肺腑的长诗。从内容看，他有古神话的追记、宇宙万物的思考、历史的钩沉，但这一切又无不是经过作者感情的过滤，使"一切景语皆情语也"(此原论诗之情景交融，移论《天问》，亦可谓情事、情理交融)。从而使我们读着《天问》长诗，就仿佛看到了一位满怀爱国热情和对家国的强烈忧患意识，历尽坎坷而又报国无门的老人，仰视苍天，激愤而问，歔欷而叹的情景。王逸所谓《天问》乃诗人“渫愤懑，舒愁思”之作，从全诗感情色彩来说，是不错的。诗人撰写《天问》既有借史陈见之意，也是咏史抒怀、自述悲愁之情，这就难怪同有坎坷命运的司马迁，在《史记·屈原列传》中说，他读《天问》，也和读《离骚》、《哀郢》、《招魂》等一样为之感动而“悲其志”。黑格尔说：“艺术应该通过什么来感动人呢？一般地说，感动就是感情上的共鸣。”所以说《天问》的性质和成就，不只是理性的陈词，而是理性的思考与强烈的感情相结合，两相交融，而铸造了这篇“独步千古”的长诗。

其次，从形式看，《天问》长诗完全由问句出之，确为“创格”，但如果没有艺术思维的驾驭，就会质直、呆板、枯燥、浑然一片，以至让人难以卒读。而令人惊奇的是，《天问》这首由一百七十余句组成的问语长诗，却完全不是这样。它通过不同语词的运用，不同句式的变化，使全诗诗句错落有致，疾徐相间，且一气充盈，独具风采。

古语问句需用疑问助词，诗人在《天问》诗中，根据不同的问义和语气的要求，把众多疑问词相间使用，据统计全诗所用的表疑词就有谁、孰、胡、几、安、焉、何、几何、何由、何所、何以、何如、何故、爰何、夫何、几何、伊何、惟何等等。而在疑问词的用法上，有的放在句首，有的嵌于句中，有的用于句尾，极尽变化之能事。有的更与“之”、“而”、“以”、“焉”等虚词相连用，以表顿挫和转折。在屈原的二十多篇楚辞作品中，《天问》是唯一不用“兮”字调的，而诗人却正是以这些虚词的相间运用，来增强诗句的节奏性的。

在句式上，《天问》以四字句为主干，属四言体，但它多达四分之一左右的句式，又打破四言，杂有三言、五言、六言、七言，以至八言等不同句式，这也使诗平添了语句的错落之美。

《天问》全诗以问句构成，而问式的变化，对全诗的艺术性则起着更大的作用。试举出一个片段：

天何所沓？
十二焉分？
日月安属？
列星安陈？

出自汤谷，
次于蒙汜；
自明及晦，
所行几里？

夜光何德，
死则又育？
厥利维何，
而顾兔在腹？

女岐无合，
夫焉取九子？
伯强何处？
惠风安在？

其问式依次表现为一句一问、四句一问、两句一问，又一句一问，读起来疾徐回环，而又气脉贯通。全诗的这种句式、问式的错综变化，再加上针对不同问题所负载的感情色彩——或探究质疑，或谴责讽刺，或同情赞美，或激昂热烈，或冷峻无情，从而构成了全诗的雄肆活脱，穷幽极渺的风格，并取得了奇气袭人的效果。故有人分析说："《天问》情感喷发的强烈程度并不比《离骚》、《九章》逊色。当然，由于《天问》的表达方式独特，因此它抒情的强烈程度，是通过作者宣泄情感、欲望的强烈程度和理性思考和深刻程度传达出来的。"[①]这话是不错的。《天问》一诗，正是以其独特的形式，成为中国诗歌史上独步千古的杰作。

① 张宏洪《〈天问〉艺术研究》。